Günther Anders

Gut, dass wir einmal die *hot potatoes* ausgraben

Günther Anders

Gut, dass wir einmal die *hot potatoes* ausgraben

Briefwechsel mit
Theodor W. Adorno, Ernst Bloch,
Max Horkheimer, Herbert Marcuse
und Helmuth Plessner

Herausgegeben von
Reinhard Ellensohn und Kerstin Putz

C.H.Beck

Der vorliegende Band entstand im Rahmen des vom Österreichischen Wissenschaftsfonds FWF geförderten Forschungsprojekts «Günther Anders: Medienästhetik und intellektuelle Netzwerke» unter der Leitung von Konrad Paul Liessmann, Institut für Philosophie der Universität Wien, und Bernhard Fetz, Literaturarchiv der Österreichischen Nationalbibliothek, Wien.

Forschungsergebnisse von Austrian Science Fund (FWF): P 28490

Veröffentlicht mit Unterstützung des Austrian Science Fund (FWF): PUB 941-G

FWF
Der Wissenschaftsfonds.

www.chbeck.de
Umschlaggestaltung: Kunst oder Reklame/Distel
Satz: Fotosatz Amann, Memmingen
Druck und Bindung: Friedrich Pustet, Regensburg
Gedruckt auf säurefreiem und alterungsbeständigem Papier
Printed in Germany
ISBN 978-3-406-79164-2

myclimate
klimaneutral produziert
www.chbeck.de/nachhaltig

Inhalt

BRIEFWECHSEL MIT HELMUTH PLESSNER
(1925–1982)

VERZEICHNISSE

Vorwort

Der vorliegende Band versammelt Günther Anders' Briefwechsel mit den Vertretern der Kritischen Theorie – Max Horkheimer, Theodor W. Adorno und Herbert Marcuse –, mit Ernst Bloch (und dessen Frau Karola Bloch) und mit Helmuth Plessner, ergänzt um dazugehörige Dokumente und Briefe an Dritte. Die Originalbriefe der zum Teil lückenhaft überlieferten Briefwechsel stammen aus dem Nachlass von Günther Anders am Literaturarchiv der Österreichischen Nationalbibliothek in Wien sowie aus dem Theodor W. Adorno Archiv (Akademie der Künste, Berlin), den Nachlässen von Max Horkheimer und Herbert Marcuse (beide an der Universitätsbibliothek Frankfurt am Main, Archivzentrum), dem Ernst-Bloch-Archiv (Ernst-Bloch-Zentrum, Ludwigshafen am Rhein) und aus dem Nachlass von Helmuth Plessner (Universitätsbibliothek Groningen, Special Collections).

Am Beginn des Bandes stehen Anders' Briefwechsel mit den Vertretern der Kritischen Theorie, darauf folgen jene mit Ernst und Karola Bloch und Plessner. Das Zitat im Titel – *Gut, dass wir einmal die hot potatoes ausgraben* – stammt aus dem Brief von Günther Anders an Theodor W. Adorno vom 30.6.1963.

Der Großteil der hier versammelten Korrespondenz datiert aus der Nachkriegszeit bis in die 1970er Jahre. Die Briefwechsel mit Horkheimer und Plessner enthalten Briefe aus den Vorkriegsjahren und wurden, um die historische Zäsur und langjährige Unterbrechung der Korrespondenz durch Krieg, Vertreibung und Exil zu markieren, in zwei Abschnitte unterteilt. Insbesondere die frühen Briefe von Günther Anders sind mit seinem Geburtsnamen «Stern» gezeichnet. Stellenkommentare und Quellenangaben zu den Briefen finden sich im Anmerkungsapparat.

Für Unterstützung und Hinweise danken die HerausgeberInnen Bernhard Fetz und Konrad Paul Liessmann sowie Christian Dries, Christopher John Müller und Gerhard Oberschlick – diesem auch für die Genehmigung zur Publikation der bislang unveröffentlichten Briefe von Günther Anders. Für die Publikationsgenehmigung der Briefe von Anders' KorrespondenzpartnerInnen sei den jeweiligen RechteinhaberInnen gedankt: Joachim Kersten von der Hamburger Stiftung zur Förderung von Wissenschaft und Kultur für die Briefe von Theodor W. Adorno; Mathias Jehn von der Universitätsbibliothek Frankfurt am Main sowie Margot von Mendelssohn für die Briefe von Max Horkheimer; Harold Marcuse, Peter Marcuse und Peter-Erwin Jansen für die Briefe von Herbert Marcuse; Mirjam Josephsohn und Anne Monika Sommer-Bloch für die Briefe von Ernst Bloch und Karola Bloch; Katharina Günther für die Briefe von Helmuth Plessner.

Reinhard Ellensohn und Kerstin Putz

BRIEFWECHSEL MIT MAX HORKHEIMER

(1936–1953)

Erster Teil
(1936–1938)

1 *Günther Anders an Max Horkheimer, Paris, 12.1.1936*

Sehr geehrter Herr Horkheimer,
vor einigen Tagen teilte mir Herr *Groethuysen* mit, dass Sie sich im Augenblick in Paris aufhalten, und dass im Laufe einer Unterhaltung die Rede davon war, dass Sie mich in irgendeiner Angelegenheit sprechen wollten. Herr Groethuysen bat mich nun, Ihnen meine Adresse mitzuteilen. Da ich eventuell in einigen Tagen eine kurze Reise antreten werde, wäre ich Ihnen dankbar, wenn Sie mich – vielleicht telephonisch – benachrichtigen wollten, um was es sich handelt.

In vorzüglicher Hochachtung
Ihr
Günther Stern

2 *Max Horkheimer an Günther Anders, Paris, 29.1.1936*

Sehr geehrter Herr Stern,
Die Angelegenheit, um die es sich handelt, besteht in der Frage, ob ich in Amerika etwas für Sie tun kann. Ich habe Herrn Groethuysen gesagt, dass, wenn die Möglichkeit dazu bestehen sollte, ich Ihnen recht gern dabei nützlich wäre, hinüberzukommen.

Sie erreichen mich telephonisch fast immer um 10 Uhr im Hôtel. Heute morgen habe ich Sie angerufen, aber Sie waren bereits ausgegangen.

Mit bestem Gruß

3 *Günther Anders an Max Horkheimer, Paris, 8.2.1936*

Sehr geehrter Herr Horkheimer,
ich möchte noch einmal zurückkommen auf Ihren freundlichen Vorschlag, den Sie mir in der vorigen Woche gemacht haben.

Inzwischen sprach ich meinen «Papier-Spezialisten», der der Ansicht ist, dass meine Immigrationschancen durch den refus der örtlichen Behörden äußerst unsicher stehen. Ich glaube also, dass ich von Ihrem freundlichen Angebot wirklich Gebrauch machen werde.

In einer Woche verlasse ich Paris, um – bis meine Papierangelegenheiten so weit wie möglich geregelt sind – einem Lehrer Nachhilfestunden zu geben. Wenn Sie glauben, dass es nützlich ist, über den betreffenden Brief noch einmal zu sprechen, wäre ich Ihnen dankbar, wenn Sie mich anläuten würden.

Mit bestem Dank und in vorzüglicher Hochachtung
Ihr ergebener
Günther Stern

4 *Günther Anders an Max Horkheimer, Paris, 25.2.1936*

Sehr geehrter Herr Horkheimer,
ich komme nun also wirklich noch einmal auf das Pariser Gespräch zurück. Es scheint mir, dass mir mit einer Aufforderung des Instituts zur «Mitarbeit» ein großer Dienst geleistet wäre.

Meine Amerika-Sache steht folgendermaßen: Ich habe jetzt also, da die Deutschen Behörden sich weigerten, meinen Pass zu verlängern, einen titre de voyage, der erst einmal provisorisch, nach zwei Monaten wohl aber definitiv ist. Bekanntlich haben alle Konsulate gewisse Hemmungen, ihre Visen in solche Papiere zu drücken, da sie sie für Symptome, und nicht für Erreger der Unsolidität halten. Ich bin daher gezwungen, möglichst viele und günstige Gegenbeweise zu bringen – so Aufforderungen hiesiger Verlage und Zeitschriften, sie von Amerika aus zu beliefern, und als Kernstück unter diesen Supplementen wäre Ihre «Mitarbeiteraufforderung» sehr schön.

Was nun die «konkrete» Form dieser «Mitarbeit» betrifft, so ließe sie sich wohl auf verschiedenste Weise formulieren. Die beiden folgenden suggestions beziehen sich auf effektive Arbeiten bzw. Arbeitspläne.

I.) Ein Buch, dessen Materialsammlung noch aus Deutschland fertig daliegt, und das ich meinem hier in 14 Tagen in der «Freien Deutschen Hochschule» stattfindenden Seminar zugrunde legen werde: über den Begriff der «Aufklärung» als «philosophischer Praxis» von Lessing bis Marx. Sein Hauptstück wird eine Analyse Hegels als metaphysischer und *reaktionärer Travestie der Aufklärung* sein: die Handlung des «zu sich selbst Kommens» (ein Ausdruck Lessings) wird zum metaphysischen Prinzip aufgebläht und dadurch bagatellisiert.

II.) Die zweite Arbeit ist, was das Material anlangt, noch nicht da, aber sie scheint mir mehr als die ideologisch-philosophische Arbeit innerhalb des Rahmens der Institutsarbeit plausibel. Es handelt sich um eine *«Soziologie des Unmittelbaren»*, also der Affekte und Emotionen. Diese Arbeit bestünde erst einmal in einer Umschreibung derjenigen Affekte und Emotionen, die sich innerhalb und aus bestimmten gesellschaftlich-ökonomischen Situationen ergeben. Die Koordination von Gesellschafts- und Seelenlage würde erst einmal eine umfangreiche empirische Vorarbeit beanspruchen. Ihr zweiter Teil müsste in einer sozialen Zuordnung der bisherigen Affekttheorien oder affektverwendenden Philosophien bestehen. Die Arbeit wäre sozusagen eine Parallele zu erkenntnissoziologischen Arbeiten: die Kategorien der Gefühle bzw. die Gefühle selbst werden als Varianten sozialer Situationen nachgewiesen.

Da wären also ein paar Vorschläge, die vielleicht mehr oder minder gut für eine «Mitarbeiteraufforderung» verwandt werden könnten. An sie möchte ich eine nicht-fiktive Bitte anschließen: vor einigen Jahren schrieb ich eine (ursprünglich für die Neue Rundschau bestimmte, jetzt der nicht veröffentlichten Festschrift für Ernst Cassirer übergebene) Analyse der Welt des Arbeitslosen. (Rollenzerfall, Sprachzerfall und Weltzerfall.) Der Form nach ist die Arbeit eine soziologisch-philosophische Literaturanalyse: sie ist zugleich eine Analyse des Döblinschen Alexanderplatzromans. Meinen Sie, dass die Arbeit in Ihrer Zeitschrift eventuell Platz finden könnte?

Es tut mir leid, dass ich Ihnen mit der Dichtung der «Aufforderung» diese Mühe mache. Aber sie wird mir nützlich sein. Haben Sie meinen besten Dank!

In vorzüglicher Hochachtung

Ihr

Günther Stern

5 *Max Horkheimer an Günther Anders, New York, 13.3.1936*

Lieber Herr Stern!

Beiliegend folgt die Einladung unseres Instituts. Ich hoffe, dass sie Ihren Erwartungen entspricht. Sollten Sie irgend einen anderen Vorschlag zu machen haben, so bin ich gern bereit, ihm, soweit es uns möglich ist, Rechnung zu tragen.

Selbstverständlich interessiert mich der weitere Verlauf Ihrer Angelegenheit und ich bin Ihnen dankbar, wenn Sie mir darüber berichten.

Mit bestem Gruß!

5a *Briefbeilage: Institut für Sozialforschung an Günther Anders, New York, 14.3.1936*

Dear Dr. Stern:

We hereby confirm the request made by our Research Director, Dr. Max Horkheimer, during his recent stay in Europe early this year.

It is important for us to know whether, in case of transferring your residence to the United States, which you said would be likely, you would be able to participate in the editorial work for our periodical, as well as in some of the Institute's researches. If you accept we intend to put you in charge of certain bibliographic duties connected with the editorship; furthermore, to charge you regularly with the responsibility for reviews of new publications within the sphere of your competence, to be published in the review section of our periodical.

Moreover, there exists the possibility of incorporating your present studies into the Institute's research program. We are especially interested in all your studies concerning the German enlightenment as well as in your other essays in line with the social philosophy and sociology, which you reported to Dr. Horkheimer. As soon as you can start cooperating with us, the resulting methodical and essential problems of your investigations will be discussed with the other scientific staff of our institute for guaranteeing the uniform accomplishment of all our researches.

The question of compensation for this cooperation will be mutually settled by our administration and yourself in the event of your arrival in the United States. In any case, your salary will be high enough so that you can attend to your scientific work without the burden of material worries.

We beg you to let us know very soon whether you are now definitely decided to come over. In this case please give us by cable the name of your steamer and date of arrival, so that we can send a representative of our Institute to welcome you at the pier.

Yours very truly,

6 *Günther Anders an Max Horkheimer, Paris, 26.3.1936*

Lieber Herr Horkheimer,
eben erhalte ich die Sendung, für die ich Ihnen herzlich danke. Ich habe den Brief sogleich an das hiesige Konsulat weitergeleitet und da meine dortigen Chancen im Augenblick wohl ohnehin nicht ungünstig stehen, denke ich, dass Ihr Brief den letzten positiven Ausschlag geben wird. Ich glaube also nicht, dass ich

Ihnen in dieser Angelegenheit noch einmal Mühe verursachen werde.

Gerne werde ich Sie über den weiteren Verlauf auf dem Laufenden halten; sobald ich drüben bin, werde ich mich bei Ihnen melden, um Ihnen noch einmal persönlich zu danken.

Mit bestem Gruß,
Ihr ergebener
Günther Stern

7 *Günther Anders an Max Horkheimer, Paris, 5.6.1936*

Lieber Herr Horkheimer,
ich möchte Ihnen heute – direkt vor meiner Abreise – noch einmal sagen, wie sehr mir Ihr Schreiben im Kampf um das Visa genutzt hat. Merci.

In einer Woche fahre ich nun also mit der ROMA von Nizza ab und denke, etwa am 21. Juni in NY einzutreffen. Es wäre sehr freundlich, wenn vielleicht einer der Herren vom Institut, wie wir es seinerzeit hier erwogen hatten, am Kai sein könnte, um mich zu identifizieren. Wird sich das ermöglichen lassen?

Mit den besten Grüßen
Ihr
Günther Stern

8 *Günther Anders an Max Horkheimer, New York, 17.11.1936*

Sehr geehrter Herr Horkheimer,
ich habe beim Schreiben dieses Briefes nicht gerade das beste Gewissen: ich habe Ihnen noch immer nicht den seinerzeit verabredeten Artikel über Photomontage geliefert. Diese Verzögerung hat mehrere Gründe: einmal war ich während der ersten Monate meines Aufenthaltes sehr häufig krank; dann aber wartete ich

vergeblich auf die Sendung von Ph.-Montagen von Heartfield, auf die ich meine Analyse aufbauen wollte. Heute erhalte ich nun einen Brief von ihm – bis ich die Bildersendung habe, wird wohl noch eine ganze Zeit verstreichen. Daher möchte ich Ihnen einen anderen, und vielleicht in den Rahmen der Zeitschrift besser passenden «Vorschlag» machen.

Ich begegne hier immer wieder, und immer wieder von neuem erstaunt, dem wachsenden Einfluss, den Carnap hier hat. Nun halte ich seine ganze Sprachkritik, seine Theorie von der Ersetzbarkeit der Begriffe u.s.f. für eine höchst kompromisslerische Sache; sie ist gewissermaßen die Ideologieenthüllungstheorie des bürgerlichen Materialismus; kritisiert Worte, ohne die Interessenten der Verwendung mitzukritisieren und endet in einem bruchlosen System, das dem Anhänger den doppelten Genuss verschafft, kritisch und universal zugleich zu sein. Sehr gerne würde ich eine ausführliche Auseinandersetzung mit seinem «Logischen Aufbau der Welt» bringen. Würde Sie das interessieren?

Mit besten Grüßen
Ihr
Günther Stern

9 Max Horkheimer an Günther Anders, New York, 25.11.1936

Sehr geehrter Herr Stern,
Dass eine Kritik des sogenannten logischen Empirismus fällig ist, haben auch wir seit geraumer Zeit erkannt. Wir haben schon lange vor, in der Zeitschrift einen Artikel darüber zu bringen. Diskussionen über diesen Gegenstand haben im Institut in den letzten Monaten schon stattgefunden, teilweise in Anwesenheit von Otto Neurath. Da wir uns nun selbst mit dieser Sache befassen, kann ich Sie leider nicht damit beauftragen, es sei denn, dass Sie irgendein Teilproblem bearbeiten wollten. Dieses zu bestimmen, wäre jedoch wohl erst in einigen Wochen möglich, wenn

wir selbst schon etwas weiter sind. Sollten Sie in der Zwischenzeit gelegentlich im Institut vorbeikommen, werden wir uns freuen, mit Ihnen über diese Fragen zu sprechen.

Mit besten Grüßen

10 Günther Anders an Max Horkheimer, New York, 27.11.1936

Sehr geehrter Herr Horkheimer,
haben Sie meinen besten Dank für Ihre Zeilen. Gerne komme ich einmal in der nächsten Zeit bei Ihnen vorbei. Ihre Idee, ein Teilproblem der Carnapschen Logistik zu behandeln, ist mir sehr recht. C.s «Kritik» der Sprache zu kritisieren, wär mir am liebsten.

Mit besten Grüßen
Ihr
Günther Stern

11 Max Horkheimer (Institut für Sozialforschung) an Günther Anders, New York, 1.4.1938

Sehr geehrter Herr Stern!
Mit tiefem Bedauern haben wir in der Zeitung die Nachricht vom Tode Ihres Vaters gelesen. Über Ihren persönlichen Verlust hinaus fühlen wir gerade heute, was sein philosophisches Werk bedeutet hat, als einer der letzten Versuche, die deutsche philosophische Tradition in der Psychologie aufrecht zu erhalten. Wir sprechen Ihnen alle unser herzlichstes Beileid aus.

Zweiter Teil
(1952–1953)

12 Günther Anders an Max Horkheimer, Wien, 29.11.1952

Lieber Herr Horkheimer!
Dass ich in den Jahren, die ich nun wieder in Europa lebe, wiederholt von Ihnen, bzw. über Sie gehört und gelesen habe, ist ja nur natürlich. Aber ob Sie von meiner Anwesenheit hier wissen, ist mir etwas zweifelhaft. Es sei denn, Marcuse, den ich im Sommer in Zürich traf, habe Ihnen von mir erzählt.

Ich schreibe Ihnen aus folgendem Grunde: Ende Januar hoffe ich in München und eventuell in Heidelberg zu sein, teils um Verleger zu sehen, teils um Vorträge zu halten. Ich hatte diese Reise schon vor beinahe zwei Jahren vorgehabt, aber eine Poly-, um nicht zu sagen: Pan-Arthritis hatte mich hors de combat gesetzt. Nun bin ich wieder einigermaßen entrostet. Sehr gerne würde ich nun diese Deutschlandreise benutzen, um auch in Frankfurt zu sprechen. Ließe es sich vielleicht einrichten, dass ich im Rahmen der Universität Anfang Februar einen Vortrag hielte? Ich wäre Ihnen sehr dankbar, wenn Sie mir das arrangieren könnten.

Als Thema würde ich eine Analyse des Jugendstils vorschlagen. Das klingt zwar sehr nach «bildender Kunst»; und dass diese ausführlich drankommt, kann ich nicht leugnen; aber primär wäre es ein philosophisch-soziologischer Vortrag, der auf Diapositive verzichten könnte. –

Marcuse fragte mich seinerzeit in Zürich, ob ich mich je mit Ihnen in Verbindung gesetzt hätte, um anzufragen, ob ich eventuell zu den Research-Arbeiten des Institutes etwas beitragen könnte. Dass ich das sehr gerne täte, brauch ich kaum zu betonen. Darf ich fragen, was dort thematisch augenblicklich im Vordergrunde steht; und ob und in welcher Art ich dabei vielleicht eingehängt werden könnte?

Vor einem Jahre bat ich den Beck-Verlag, Ihnen ein Exemplar meiner kleinen Kafkaschrift zukommen zu lassen. Ob er das je getan hat, weiß ich nicht. Die Schrift ist zwar nun schon «alt»: ich schrieb ihre zweite Fassung vor 6 Jahren; aber ein paar Analysen hätten Sie vielleicht interessiert. Und mich hätte es interessiert, Ihren Eindruck zu erfahren.

Mit herzlichen Grüßen, in der Hoffnung, dass Sie und Ihre Gattin bei guter Gesundheit sind, und dass Sie trotz Ihrer großen organisatorischen Arbeit weiter zum «eigentlichen Arbeiten» kommen,

Ihr
Günther Stern

13 Max Horkheimer an Günther Anders, Frankfurt am Main, 8.12.1952

Lieber Herr Stern!
Vielen Dank für Ihre Zeilen. Sie hatten offenbar einen recht ernsthaften Krankheitsanfall und ich freue mich, dass er nun überwunden ist; ebenso auch auf die Aussicht, Sie bald hier zu sehen.

Wegen des Vortrags muss ich natürlich zunächst mit dem Kunsthistoriker sprechen, denn Sie wissen genug von der deutschen – notabene auch der amerikanischen – Universität, um sich darüber klar zu sein, dass man den Fachkollegen nicht übergehen kann. Das gilt in diesem Fall auch, wenn das Thema vorwiegend philosophisch-soziologisch behandelt wird. Aber ich hoffe, dass wir irgendetwas zustandebringen. – Wo sprechen Sie übrigens in München und Heidelberg? Gegebenenfalls könnten wir hier etwas Analoges organisieren.

Die mir teilweise von früher her bekannte Kafka-Schrift hat mich nie erreicht, aber das kann mit meinen verschiedenen Umzügen und der erheblichen Anzahl von überfüllten Arbeitsplätzen zu tun haben, an denen ich mich herumtreibe. Ich bin ziemlich sicher, dass sie irgendwo aufgestapelt liegt und ich werde jetzt nach ihr fahnden. Danken möchte ich Ihnen für den Sonderdruck aus der SAMMLUNG. Ich habe ihn noch nicht gelesen, hoffe jedoch, dass dies geschehen ist, wenn Sie hierherkommen. Dann können wir auch über Ihre Frage wegen des Instituts sprechen. Inzwischen werde ich wahrscheinlich von Ihnen hören und Ihnen auch schreiben, falls ich den Vortrag zustandebringe.

Mit freundlichen Grüßen

14 Günther Anders an Max Horkheimer, Wien, 18.12.1952

Lieber Herr Horkheimer!
Haben Sie herzlichen Dank für Ihre Zeilen vom 8. Dezember. Besonders für Ihre Wünsche für meine Gesundheit. Die ist nun gottlob wiederhergestellt, und ich kann mich auf «tournée» wagen. Wirklich sehr schön wäre es, wenn ich dabei auch eine Frankfurt-Station machen könnte; und ich wäre Ihnen sehr dankbar, wenn Sie mir einen Vortrag an der Universität arrangieren könnten.

In Heidelberg geschieht das durch Zusammenarbeit von Löwith und Böckmann (dem dortigen Germanisten); in Köln durch Alewyn. Wo ich in München, wo ich mich zuerst, um Verlegerisches zu besprechen, aufhalten werde, sprechen werde, ist noch nicht heraus.

Der Vortrag über den Jugendstil vertritt die These, dass man in der Epoche, in der man Natur grundsätzlich nur als virtuellen Rohstoff oder als virtuelles Gerät verwandte, gerade den Produkten, um die Tatsache des Naturalismus zu tarnen, das Aussehen der unberührtesten, der Urwald-Natur, gab. – Der Vortrag, der in konkrete Analysen von Produkten des Stils eingeht, ist zugleich philosophisch und soziologisch; Parallelen mit dem Lebensbegriff in der, dem Stil gleichzeitigen, Philosophie werden gezogen. – Ich werde versuchen, mir Diapositive zu beschaffen; denn ich fürchte, dass den uns Nachgeborenen der Stil nicht mehr zur eigenen Lebenserinnerung gehört.

Der Heidelberger Vortrag findet höchstwahrscheinlich an einem der letzten Januartage statt. Soweit ich es jetzt schon übersehen kann, wäre also einer der ersten Februartage am Geeignetsten für einen eventuellen Vortrag in Ffm. Glauben Sie, das ließe sich arrangieren?

Ich freue mich sehr darauf, Sie nach so Langem wieder einmal zu sehen und von Ihrer weitverzweigten und echoerzeugenden Tätigkeit aus Ihrem Munde etwas zu erfahren.

Mit herzlichen Grüßen, auch an Ihre Gattin,
und bestem Dank für Ihre Bemühungen
Ihr
Günther Stern

P. S. Da ich ausnahmslos alle meine letzten Publikationen: bei Beck, im Merkur etc. mit Günther Anders gezeichnet habe, und das unter diesem Namen veröffentlichte Kafka-Schriftchen mit Anders und nicht mit Stern identifiziert wird, würde ich vorschlagen, den Vortrag unter diesem Namen zu halten.

P. S. Ich hatte diesen Brief gerade absendebereit gemacht, als der Ihre vom 23. Dezember eintraf. Haben Sie herzlichen Dank für Ihre Bemühungen. Auch wenn es diesmal nicht arrangierbar sein sollte, würde ich auf meinem Wege nach Köln in Frankfurt haltmachen; und dass ich Sie dann sehr gerne sehen würde, wissen Sie ja. Da Briefe etwa 10–11 Tage hierher brauchen, wäre es, falls Sie mir doch noch etwas mitzuteilen haben sollten, wohl am Ratsamsten, an Prof. Paul Böckmann, Germanistisches Seminar, Heidelberg zu adressieren.

Mit den besten Wünschen für 1953
bin ich stets
Ihr
GSt.

15 *Max Horkheimer an Günther Anders, Frankfurt am Main, 23.12.1952*

Lieber Herr Stern!
Vielen Dank für Ihre Zeilen vom 18. Dezember und den kurzen Hinweis auf den Inhalt des Vortrags.

Ich sehe jetzt, dass die Kunsthistorie wohl nicht das Ihrem Problembereich zunächstliegende akademische Gebiet darstellt. Für das Institut käme der Gegenstand zwar sachlich durchaus in Frage, aber unser Programm ist mit Vorträgen und anderen Veranstaltungen für die noch verbleibenden zwei Semestermonate so gesteckt voll, dass man einfach nichts mehr hineinstopfen kann. Dagegen werde ich nun mit den hiesigen Germanisten und gegebenenfalls mit meinem Kollegen Krüger sprechen und hoffe, Ihnen anfangs Januar das Ergebnis berichten zu können. Mit May hätte ich schon früher gesprochen, er liegt jedoch seit einigen Wochen infolge eines Unfalls außerhalb Frankfurts zu Bett. Es ist durchaus möglich, dass wir es einfach in diesem Semester nicht mehr schaffen. Jedenfalls werde ich tun, was ich kann.

Mit den besten Wünschen zum neuen Jahr und vielen Grüßen
bin ich

16 *Günther Anders an Max Horkheimer, Wien, 3.1.1953*

Lieber Herr Horkheimer!
Ich möchte Sie, für den Fall, dass sich ein Vortag für mich arrangieren lassen sollte, über meine Dispositionen auf dem Laufenden halten.

Der Heidelberger Vortrag ist nun endgültig für den 28. Januar festgelegt. Da ich am 9. Februar in Stuttgart im Radio eine Vorlesung haben werde, wäre es mir am Angenehmsten, wenn ich in Frankfurt am 5., 6. oder 7. Februar spräche; der 4. oder 8. als «second choice» kämen natürlich auch in Frage.

Ich würde mich sehr freuen, wenn sich das einrichten ließe.
Mit herzlichen Grüßen und in der Hoffnung, Sie in einem Monat zu sehen.
Ihr
Günther Stern

17 Günther Anders an Max Horkheimer, Wien, 20.1.1953

Lieber Herr Horkheimer!
Ich bin gerade im Begriff, abzureisen, als ich den Brief von Herrn Prof. Kunz erhalte mit der Nachricht, dass der Vortrag für mich am 5. Februar feststeht. – Haben Sie meinen herzlichsten Dank für das Arrangement.

Mein Thema wird also der *Jugendstil* sein; das ist zwar, wie gesagt, kein eigentlich germanistischer Gegenstand – aber die kulturphilosophische Grundidee: die Bekämpfung des Naturalismus durch Verwandlung der Produkte in Schein-Natur, gilt für alle Künste der Zeit; mutatis mutandis auch für die Literatur. – Wenn Diskussion dem Vortrag folgen könnte, wäre mir das sehr lieb; in der Diskussion würde ich dann u. U. in usum der Germanisten die sakrale Jugendstilvariante George behandeln.

Sie wissen, wie gerne ich meine weiteren Pläne mit Ihnen einmal ausführlich besprechen würde. Da Sie vermutlich außerordentlich in Anspruch genommen sind, bitte ich Sie Tag und Stunde anzugeben. Vom 3.–6. Februar könnte ich mich in Frankfurt aufhalten. Dann hätte ich wohl einen Sprung nach Köln zu machen, und am 9. habe ich in Stuttgart im Radio zu sprechen.

Nochmals herzlichsten Dank,
ich freue mich auf das Wiedersehen nach so vielen Jahren.
Ihr
Günther Stern

Ev. Benachrichtigung würde mich erreichen vom 28.–31. Jan. c/o Prof. Karl Löwith, Philosophisches Seminar der Universität Heidelberg, Augustinergasse 15

18 Margot von Mendelssohn (Sekretärin Max Horkheimers) an Günther Anders, Frankfurt am Main, 26.1.1953

Sehr geehrter Herr Dr. Stern!
Im Auftrag von Professor Horkheimer darf ich Ihnen mitteilen, dass Herr Professor Sie gern am Dienstag den 3. Februar, mittags 12 Uhr sehen wird. Er erwartet Ihren Besuch im Rektorat der Universität, Mertonstraße 17.

Mit Professor Horkheimers besten Grüßen,
in ausgezeichneter Hochachtung
M. v. Mendelssohn
Sekretärin

19 Günther Anders an Max Horkheimer, Heidelberg, 28.1.1953

Lieber Herr Horkheimer,
haben Sie meinen herzlichsten Dank für die Benachrichtigung. Ich werde also am Dienstag, den 3. Februar um 12 bei Ihnen in der Mertonstraße erscheinen.

Da ich noch nicht weiß, wo ich in Frankfurt absteigen werde, darf ich wohl nach meiner Ankunft im Institut anrufen, um mir dort einen Rat von Ihnen oder Herrn Pollock einzuholen. Wann das sein wird, kann ich noch nicht recht übersehen.

Mit den besten Grüßen,
ich freue mich, Sie und Ihre Gattin wiederzusehen
Ihr Günther Stern

20 *Günther Anders an Max Horkheimer, Wien, 8.3.1953*

Lieber Herr Horkheimer,
nun, da ich meine Reise hinter mir habe, möchte ich Ihnen noch einmal herzlichst für die Arrangierung des Vortrags, bzw. der Vorträge danken. Wäre mir die Vorlesung in Frankfurt nicht sicher gewesen, so hätte ich die Reise garnicht unternommen; die unterwegs fortsprossende Tour hätte sich nicht verwirklicht; und zu den weiteren Vorträgen (die ich nun zu einer Mai-Tour zusammenzustellen im Begriff bin) wäre es auch nicht gekommen. Dank also dem primo moventi.

Nun wäre ich sehr froh, wenn ich für meinen Mai-Vortrag in Frankfurt schon einen mehr oder minder gewissen Termin festmachen könnte. Ich nehme an, dass ich von Köln, wo ich am 13. das «Mittwochsgespräch» leiten und am 14. oder 15. im Radio zu tun haben werde, zwischen dem 15. und 17. Mai eintreffen werde. Da ich am Mittwoch den 20. Mai in Stuttgart Verpflichtungen habe, würde mir Montag der 18. oder Dienstag der 19. Mai am Besten passen.

Könnten Sie es vielleicht möglich machen, einen dieser beiden Tage schon jetzt für meinen Vortrag festzulegen?

Als second choice kämen die Tage nach meinem Stuttgart-Aufenthalt: also Donnerstag der 21. oder Freitag der 22. in Betracht. –

Was das Thema angeht, so schwanke ich noch zwischen einem systematischen und einem geschichtsphilosophischen. Im ersten «HUNGER UND BEGRIFF» würde ich die Beziehungen untersuchen, die zwischen der «Allgemeinheit» des Bedürfnisses und der Generalität des Begriffs bestehen. (Unter «Allgemeinheit des Bedürfnisses» verstehe ich dabei die Tatsache, dass das Lebendige nicht «dieses» benötigt, sondern «solches»; «solchem» «nachstellt», also «solches» auch «vorstellt»; und «solches» produziert.)

Mein zweiter Vorschlag: ein Vortrag ÜBER DEN POLYTHEISMUS DES 19. JAHRHUNDERTS. (Der schroffe Ausdruck stammt aus Schlegels Athenäumsfragmenten.) In ihm würde ich die erste Phase des Kulturpluralismus behandeln, also diejenige, die mit «Toleranz» zu tun hat; noch nicht jene Kulturneutralisierung, die durch den Warencharakter der Kulturgüter verursacht ist. –

Beide Themen würden nicht in erster Linie Germanisten angehen, sondern Philosophie- resp. Geschichtsstudenten. –

Über das Ergebnis der Besprechung mit Herrn Pollock haben Sie vermutlich schon direkt gehört. Herr Pollock hat mir ein Expl. des 1. Bandes der «Authorit. Family» mitgegeben. Sobald ich meinen Rückkehr- und Umzugstrubel hinter mir habe, werde ich an einem ersten Stück probieren, ob und wie ich eine verkürzte, nicht nur für scholars bestimmte, Version des Buches herstellen kann.* –

Ich hoffe sehr, dass diese Zeilen Sie nicht in Frankfurt erreichen, sondern an irgendeinem Ferienort, wo Sie einmal Luft schöpfen können.

Mit herzlichen Grüßen, auch an Ihre Gattin
Ihr
Günther Stern

21 Max Horkheimer an Günther Anders, Frankfurt am Main, 16.3.1953

Lieber Herr Stern!
In aller Eile teile ich mit, dass ich an den von Ihnen erwähnten Tagen infolge der Rektorenkonferenz gar nicht in Frankfurt bin. Ich rate, den Vortrag etwas später zu legen, etwa gegen Ende Mai.

Von den Themen scheint mir das zweite geeigneter als das erste. Eine Entscheidung möchte ich jedoch am liebsten erst bei Semesterbeginn herbeiführen und Sie für jetzt nur bitten, dass Sie mich dann wieder anfragen, wenn ich mit den zuständigen Leuten sprechen kann. – Für jetzt fahre ich nach dem Schwarzwald.

Mit freundlichen Grüßen

---

* [Siehe Dokumente III u. IV, S. 35–42.]

22 *Günther Anders an Max Horkheimer, Frankfurt am Main, 5.6.1953*

Lieber Herr Horkheimer,
da ich fürchte, dass sich bei meinem diesmaligen Frankfurt-Aufenthalt ein Treffen kaum arrangieren lässt, möchte ich Ihnen doch das, was ich gerne mit Ihnen besprochen hätte, mindestens *so* mitteilen.

Ich bin von Bense angefragt worden, ob ich bereit wäre, die Stelle eines geistigen und künstlerischen Leiters des Januar 54 zu eröffnenden Studentenhauses der T.H. Stuttgart zu übernehmen. Ich hätte in dieser Position als weltlicher Seelenhirt zu amtieren, persönliche Schwierigkeiten oder Spannungen durchzusprechen und zu applanieren, die Studenten bei Vorträgen und Theateraufführungen zu beraten, in eventuellen Diskussionsabenden ihr Sprachniveau zu heben, für ihre Bildung im Sinne des studium generale zu sorgen.

Es versteht sich von selbst, dass mir eine reguläre Lehrtätigkeit lieber wäre. Aber da eine solche schwer erreichbar ist – mich mit 50 Jahren nun zu habilitieren ist für mich natürlich unakzeptabel – ziehe ich das Angebot in Betracht; und dies um so eher, als die Position meinen pädagogischen Inklinationen ja entgegenkommt. (Ein beträchtlicher Teil meiner Arbeiten besteht ja aus philos. Lehrdialogen: so z.B. die «Dichtstunde» (im «Merkur») und «Philosophie – für wen?» (in der «Sammlung»).)

Es wäre nun gewiss für mich von großem Vorteil, wenn Sie mir einen Brief schrieben, den ich in Stuttgart verwenden könnte. Wenn Sie in diesem Briefe betonten, dass Sie mich auf Grund meiner Arbeiten und meiner pädagogischen Inklination und Begabung für geeignet hielten, die Stelle auszufüllen; dass meine Zusammenarbeit mit den Studenten für diese ein Gewinn sein würde u.s.f., könnten Ihre Zeilen gewiss Benses Bemühungen starken Nachdruck verleihen. Vielleicht ließe sich in dem Schreiben auch beiläufig unterbringen, dass ich aus dem Milieu eines Pädagogen komme.

Dazufügen darf ich, dass es gut wäre, in der Anrede meinen, in diesem Briefkopf verwendeten, Namen zu gebrauchen. Bis jetzt bin ich dort einfach als «Anders» bekannt; würde aber, um den Anschein zu vermeiden, mein Judesein zu unterschlagen, meinen alten Namen dort mitverwenden. –

Wollen Sie so gut sein, mir mit einem solchen Brief zu helfen? –

Am Sonntag fahre ich nach Stuttgart, wo ich am Montag mit Bense ein Radio-Zwiegespräch über bzw. gegen Heideggers neues Metaphysikbuch führe. Von dort komme ich hierher zurück, um, wie ich nun mit Herrn Pollock verabredet habe, von Dienstag bis Samstag die Tagungsreferate auf ihre mögliche Buchverwendung hin durchzusehen und um mir Editionsprobleme durchzudenken. Ich hoffe dann, nach der Durcharbeitung der Referate, Edierungsvorschläge machen zu können. – Danach geht es vermutlich nach Berlin, wo Kortner am 18. im Schillertheater die von meiner Frau und mir besorgte deutsche Fassung des O'Caseyschen «Silvertassie» herausbringt. –

Sie sehen: ich bin ein commis voyageur geworden ... was bei meinem Gesundheitszustand ein etwas grimmiger modus vivendi ist. Höchste Zeit, dass ich mich irgendwo settle.

Ich hoffe sehr, Sie zwischen Stuttgart und Berlin hier doch noch für ein Viertelstündchen erwischen zu können. Falls das aber nicht glücken sollte – wünsche ich Ihnen schon heute alles Gute: d. h.: Erholung von Ihrer furchtbaren Überarbeitung und glückliche Rückkehr zu Ihren Manuskripten.

Mit herzlichen Grüßen
Ihr
Günther Stern

P. S. Für Sie persönlich möchte ich noch, um eventuell bestehende Bedenken zu zerstreuen, dazufügen, dass ich niemals einer Partei angehört habe; und dass ich, als österreichischer Staatsbürger, es vermeiden würde, in der eventuellen Position politica mit den Studenten zu diskutieren.

23 Günther Anders an Max Horkheimer, Wien, 17.7.1953

Lieber Herr Horkheimer,
ich vermute, jetzt darf man Ihnen dazu gratulieren, dass diese Rektoratszeit, die gewiss ebenso anstrengend wie ehrenvoll und ertragreich war, hinter Ihnen liegt. Hoffentlich gönnen Sie sich nun eine totale Erholung, ohne von nachträglichen Architekten-, Präsidenten-, Mensaabrechnungs- und anderen akademischen Albträumen geplagt zu sein. –

Erst seit Kurzem bin ich also wieder zuhause in Wien. Die Reise, die ich für 10 Tage geplant hatte, setzte durch Rundfunkvorträge immer neu an, bis sie in ihrer achten Woche dann doch zuende ging.

Meine diversen Frankfurt-Aufenthalte waren nicht nur durch den Kongress, in den ich zufällig hineingeriet, sehr lohnend für mich, sondern besonders durch die Chance, ein paar Tage lang mindestens ein paar charakteristische Proben der Gruppendiskussion durchgehen zu können. Das Material ist einfach unschätzbar, wie «schauerlich» es auch sein mag. Ich wüsste von keinem recording of a period, das mit diesem vergleichbar wäre. Ich wäre froh, noch einmal konzentriert darüber sitzen zu können. Denn was ich an sprachtheoretischen Glossen hinterlassen habe – ich weiß nicht, ob es Ihnen zu Gesicht gekommen ist –, stellt ja kaum mehr dar, als während der Lektüre gemachte Bemerkungen. Ich hatte ja zum Lesen und Schreiben nicht mehr als fünf Tage. –

Von Frankfurt flogen meine Frau und ich nach Berlin. Über den Theaterkrach, den man der Kortnerschen Inszenierung des von uns verdeutschten O'Casey-Stücks bereitete, haben Sie ja vielleicht in den Blättern gelesen. Es handelte sich um einen typischen antisemitischen Radau, mit Rädelsführern, Zwischenrufern etc., in nichts unterschieden von denen um 1932 oder 33, richtete sich gegen Kortner (dessen Regieleistung großartig war) und gegen die Tatsache, dass es in dem Stück einen Kriegskrüppel gibt (einen viel weniger provozierenden, als den in «All my sons»). Freilich hatte der organisierte Tumult letztlich keinen Erfolg, denn die nächsten Aufführungen verliefen vollkommen ruhig; und die Behörden rückten immerhin so energisch von den Krachmachern ab, dass das Weiterlaufen des Stücks in der nächsten Spielzeit gewährleistet ist. – Aber nach 20 Jahren Abwesenheit von der Stadt am ersten Abend etwas zu erleben, was wie die bruchlose Fortsetzung wie 33 aussah, war doch entsetzlich deprimierend. Dazu kam, dass ich dort, wo früher die Mehrzahl meiner Freunde und Verwandten gelebt hatte, in acht Tagen nicht ein einziges mir von früher her bekanntes Gesicht gesehen habe. Ich war also froh, bald nach München zurückzufliegen, wo Beck mich mit einem neuen Buchvertrag tröstete. –

Nun bin ich also wieder «zuhause» (ein höchst kontingentes Zuhause), wo ich teils das Buch für Beck fertigmache, teils den Anti-Heidegger-Vortrag vorbereite. –

Was diesen Vortrag nun betrifft, so hatte ich, nachdem Bense mich aufgefordert hatte, und Sie den Vorschlag für Frankfurt begrüßt hatten, beschlossen, noch andere Städte dazuzunehmen und wieder eine Vortragstour zu organisieren. Das scheint nun gelungen zu sein. Auch München ist interessiert, Berlin denkt, wie Sie, nicht nur an einen Vortrag, sondern auch an Seminare. So werde ich also wohl Anfang November in der Münchener Kantgesellschaft beginnen, dann Stuttgart und Frankfurt heimsuchen und von dort nach Berlin gehn.

Nun wäre es mir sehr lieb, wenn Sie mir mitteilen würden, welche Daten Sie für Frankfurt für am Geeignetsten halten. Wenn ich Seminare abhalten soll (was mir sehr lieb wäre), müsste ich ja wohl mit ungefähr drei Wochen dortigen Aufenthaltes rechnen. Da ich in keiner anderen Stadt einen so langen Aufenthalt plane, möchte ich die anderen Daten um die Frankfurt-Zeit gruppieren. Wäre etwa 8–30 November geeignet?

Was die Seminartexte betrifft, so würde ich Ihnen rechtzeitig diejenigen Passagen oder Seiten angeben, auf die sich meine Kommentare konzentrieren würden. Vielleicht könnten die dann hektographiert werden.

Darf ich auch fragen, mit welchem Betrage ich bei einer etwa dreiwöchentlichen Tätigkeit rechnen dürfte?

Es tut mir leid, dass ich mit diesem Briefe nun selbst Ihre Ferien unterbrochen habe. Aber Sie hatten mir ans Herz gelegt, Ihnen von hier aus noch einmal ein Memo zu senden; was ich hiermit getan habe.

Ich wünsche Ihnen von Herzen gute Erholung, unterbrochen von kleinen Attacken von Stolz über das, was Sie in diesen Jahren in Frankfurt zustande gebracht haben; und eine schöne Rückkehr von der praktischen zur theoretischen Vernunft.

Mit den besten Grüßen, auch an Ihre Gattin,
Ihr Günther Stern

P. S. Falls Bense Sie in der schwebenden Stuttgarter Angelegenheit darum bitten sollte, über meine moralischen und philosophischen Qualifikationen Auskunft zu geben, sind Sie wohl so gut, mich, wenn auch nicht in den Himmel, so doch in eine solide Position hinein zu loben. – GSt.

24 *Margot von Mendelssohn (Sekretärin Max Horkheimers) an Günther Anders, Frankfurt am Main, 28.7.1953*

Sehr geehrter Herr Dr. Stern!
Professor Horkheimer dankt Ihnen für Ihren freundlichen Brief vom 17. Juli. Da er zur Beantwortung vor der Abreise nach Hamburg leider nicht mehr die Zeit fand, hat er mich gebeten, Ihnen zu schreiben, um die Nachricht wegen des Seminars nicht länger zu verzögern.

Da der Gedanke seinerzeit von Herrn Professor Kunz ausging, lässt Professor Horkheimer Sie bitten, sich mit diesem direkt in Verbindung zu setzen und die Details mit ihm zu verabreden. Die Adresse ist:
Professor Joseph Kunz
Hofheim i.Ts.
Kurhausstr. 34

bezw. Deutsches Seminar, Universität, Frankfurt/M. Mertonstraße 17.

Mit Professor Horkheimers besten Grüßen und Wünschen,
in ausgezeichneter Hochachtung
M. v. Mendelssohn
Sekretärin

Dokumente zum Briefwechsel mit Max Horkheimer

I Henry Allen Moe (John Simon Guggenheim Memorial Foundation) an Max Horkheimer, New York, 10.2.1937

Dear Professor Horkheimer:
I have just received a request from Dr. Günther Stern asking that I make reference to you in the matter of his application for a Guggenheim Fellowship. This note is to say that I shall be delighted to get your opinion of his ability and promise – confidentially, as always.

Sincerely yours,
Henry Allen Moe

II Max Horkheimer: Empfehlungsschreiben Günther Anders, 1937 (für John Simon Guggenheim Memorial Foundation)

Dr. Günther Stern has been known to me for many years. He has studied at the universities of Berlin, Freiburg and Hamburg, where he has received a thorough philosophical training. Both his participations in philosophical discussions and debates, and his publications bear witness to this fact. Had it not been for the events in Germany, I believe that Dr. Stern would have been well advanced on a professional career in one of the German universities.

I know from many talks that I have had with Dr. Stern that he has been occupying himself for a considerable time with preparatory work for a book on the philosophy of music. Applying his special training acquired in the school of Professor Husserl to the interpretation of music, Dr. Stern will be able to illuminate many neglected areas of inquiry in this field of investigation. The scientific significance of such a study appears important to me and it might bear fruit beyond the sphere proper of music and its interpretation.

I therefore am glad to endorse Dr. Stern's application to your Foundation.

III Günther Anders an Friedrich Pollock, Wien, 7.3.1953

Lieber Herr Pollock,
erst vorgestern bin ich nach ziemlichen Odysseen wieder in Wien eingetroffen, und nun, nach einem rasch durchgeführten Umzug, sitz ich zum ersten Male wieder an einem Schreibtisch. Ich habe mir sofort den Jugendstilaufsatz von Frau Lanckoronska vorgenommen, ja, als ich nach der ersten Seite merkte, wie viel aus ihm zu lernen war, ihn sofort exzerpiert. Es ist wirklich erstaunlich, wie diese Frau, zwischen ihren Fremdenpensionstätigkeiten, einen Aufsatz von dieser Qualität produzieren kann. Sie sieht, freilich ohne die gesellschaftlichen Hintergründe dieses Dickichtstils ausreichend zu bezeichnen, viele Zusammenhänge. Nirgendwo fand ich die Einsicht formuliert, dass der Stil durch krampfhafte Verwendung kultischer Ideogramme sich Kultisches einreden will, außer in ihrem Aufsatz. Besten Dank, dass Sie ihn mir zusandten. Er geht mit gleicher Post an Sie zurück. –

An den Familien-Wälzer bin ich natürlich noch nicht herangegangen, konnte ich, da ich ja bis vorgestern en route war, noch nicht herangehen; dass ich Ihnen, sobald ich deutlicher sehe, gleich schreiben werde, versteht sich. Im Mai werde ich ja, wie ich Ihnen erzählte, ohnehin wieder in Deutschland sein (ich hoffe, auch wieder in Frankft. sprechen); sofern ich bis dahin nicht schon ein Probestück fertig habe, kann ich dann doch schon übersehen, ob ich die von Ihnen vorgeschlagene Arbeit gut durchführen kann, und welche Dauer die Fertigstellung der Arbeit ungefähr erfordern würde. – Die sieben Wochen, die ich bis zu meiner erneuten Abreise zur Verfügung haben werde, werden crammed sein: denn ich habe sehr viele Aufsatz- und Vortragsaufträge von der Reise heimgebracht, manche davon mit deadlines, an denen ich mich sofort aufhängen möchte.

Haben Sie noch einmal herzlichsten Dank für die Stunden, die ich mit Ihnen verbrachte; ich wäre, wie Sie wissen, sehr froh, wenn es mir gelänge, einmal aus einer Reise nach Deutschland einen Deutschlandaufenthalt zu machen. Und ich habe das Gefühl, dass Sie mir dabei, soweit das in Ihrer Kraft steht, behilflich sein würden.

Mit den besten Grüßen
Ihr
Günther Stern

IV Günther Anders an Friedrich Pollock, Wien, 23.3.1953

Lieber Herr Pollock –
seit ein paar Tagen habe ich mich nun ausschließlich mit der «Authoritative Personality» beschäftigt; und möchte schon jetzt, obwohl ich ein paar Seiten noch nicht ganz verdaut habe, versuchen, meine bei der Lektüre gemachten Bemerkungen zusammenzufassen. Sehr eindrucksvoll ist natürlich der Ansatz, die Ursachen des Antisemitismus nicht in effektiven Eigenschaften «des» Juden, sondern im Typ der «prejudiced person» aufzuzeigen; statt der Propagandaproduktion die Propagandakonsumption zu untersuchen; der Versuch, alles, was es heute an psychologischen Methoden der Individual- und Gruppenforschung gibt, zu kombinieren; statt etwas Faktisches etwas Virtuelles: also die Suszeptibilität, zum Thema zu machen; im Antisemitismus einen Unterfall von «prejudice» zu sehen; in diesem wiederum eine späte theoretische Ausformung von Sperrungsattitüden; und diese schließlich im Ganzen der Persönlichkeit zu verstehen. Diese phi-

losophischen Grundzüge, wie sie in der Introduction formuliert werden, sind m. E. so wichtig, dass sie sofort auf Deutsch erscheinen sollten. Aber die Introduction scheint mir zugreifender, eindrucksvoller und im Augenblick sehr viel wichtiger als manche der unproportioniert angeschwollenen Einzel-Untersuchungen. Und es wäre schade, wenn die Veröffentlichung solange warten sollte, bis die weniger wichtigen Teile gleichfalls in neuer Version vorliegen.

Gegen diese neue Version habe ich nun gewisse Bedenken; und zwar nicht nur solche, die sich auf die Frage beziehen, ob und wie ich die deutschsprachige Kurzversion anlegen würde, sondern auch grundsätzlichere: ob diese Version im heutigen Deutschland opportun wäre.

*

– Beginnen möchte ich erst einmal mit etwas rein Technischem: mit der Frage der nötigen Arbeitsdauer, die ich wohl etwas anders als Sie sehe. Allein schon sich wirklich vertraut zu machen mit einem solchen Berge an research, an dessen Aufrichtung so viele Wissenschaftler eine so lange Zeit hindurch zusammen gearbeitet haben, erfordert ein paar Monate. Nun müsste ja die deutsche Kurzfassung auf einen Leser zugeschnitten werden, der sich von dem ursprünglich angesprochenen nicht nur geographisch, sondern auch historisch unterscheidet, also auf einen nach-faschistischen; hätte sich also in Ton und Akzentuierung von der Urfassung sehr wesentlich zu unterscheiden; und dies um so mehr, als das Original ja in seinem sprachlichen und wissenschaftlichen Stil gewiss schon Rücksichten nehmen musste, nicht nur auf die histor. Situation der Abfassung bestimmt war, sondern auch durch Eingehen auf das Sponsoring Committee und auf das dort und damals im Committee geltende oder gewünschte Wissenschaftsideal. Missverstehen Sie mich nicht: auch mir scheint die positive Tatsache der Existenz des Bandes, wie er ist, die andere des «Kompromisses» absolut zu überwiegen. Aber die neue Version müsste eben methodisch und literarisch ein anderes Buch sein; anders geschrieben sein und, wie es mir scheint, viel direkter pädagogisch zu sein versuchen. Dass sich bis jetzt die Herstellung dieses Umwandlungsprojektes nicht verwirklicht hat, liegt vermutlich auch an den von mir genannten Schwierigkeiten der Aufgabe. Mir scheint, dass man sie, selbst wenn technische Hilfe zur Verfügung stünde, *at best in einem Jahre* leisten könnte (was vermutlich nicht finanziert werden könnte). – Dazu kommt ferner, dass die Herstellung eines «eigenen» Manuskripts viel leichter ist als die «Übersetzung» eines fremden (von vielen, auf einen einzigen Generalnenner zu bringenden, fremden Skripten zu schweigen): man hat seine eigenen Assoziationen und Schlussfolgerungen, die sonst den Fluss des Schreibens garantieren, zu stoppen; und erfüllt von fremdem Material und fremdem Denkstil mit the other fellow's brain zu denken. – Nun würde mir aber die völlige Identifizierung mit den obgenannten brains nicht ganz gelingen, da ich mich mit wesentlichen Stücken des Buches (wie Sie ahnen: mit den quantifizierenden) absolut nicht im Einklang befinde. Ich sage das ganz offen: denn ich hatte einerseits den Eindruck, dass auch Sie dem «scaling», besonders dem äußerlichen Wissenschaftsanstrich, den die Testberechnungen vortäuschen, skeptisch gegenüberstehen; aber auch deshalb, weil ich, im Unterschiede zu Ihnen (Sie äußerten sich in Frankfurt in dieser Richtung) nicht glaube, dass das Quantifizierende in der geplanten deutschen Kurzform einfach ins Beiläufige abgeschoben werden kann. Das ganze Researchmaterial ist ab ovo so deutlich für quantifizierende Auswertung angelegt; die quantifizierenden Teile nehmen so viel mehr Platz ein als die anderen, dass eine einfache Amputation kaum möglich ist. – Beschränkte man sich aber auf die, mit Teil IV beginnenden, qualitativen, so stünde man vor einer anderen Schwierigkeit. Denn diese Stücke (vor allem die Adornoschen) würden wiederum nicht Redaktion durch einen anderen Autor brauchen oder vertragen. Adornos Kapitel (deren Analysekraft oft trotz, nicht auf Grund des Materials durchschlagend ist) stellen in ihrer Mischung von Psychoanalyse, Philosophie, Kulturtheorie etwas so Einmaliges und auch literarisch so Spezifisches dar, dass nur die roheste Hand sich an deren Redaktion heranwagen würde. M. E. sollten sie, eingeleitet durch ein Kapitel, das Grundzüge des Projektes im Ganzen referiert (wobei die bereits bestehende Introduction ja weitgehend verwendet werden könnte) auf Deutsch erscheinen; und wenn sich auch für sie Alterierungsarbeiten als notwendig erweisen sollten (weil eben das Material, auf dem A. fußt, in einer separaten Publikation nicht zur Einsicht stünde), dann dürfte wohl nur der Autor selbst die Modellierungsarbeit übernehmen.

– Um auf den Haken der Quantifizierungsmethode ein wenig näher einzugehen: die Beliebigkeit der Skalen könnte manche, an amerikanischen Wissenschaftsbetrieb nicht gewöhnte, Leser doch stutzig machen. Das Skala-System setzt, ziemlich unmotiviert, voraus, dass jeder einzelnen Frage das gleiche Gewicht, jeder Antwort gleicher Symptomwert zukomme; ferner, und zwar gleichfalls ohne Begründung, dass der Schritt zwischen Ja und Nein zwei Punkte betrage, also ausgerechnet zweimal so viel wie der von «ziemlich» zu «sehr». Die Präzision, die auf Grund dieser Skala erreicht wird, muss als Pseudoexaktheit wirken – auf mich wirkte sie so –, da eben die Skala selbst beliebig ist. Durch den schwer abwehrbaren Zweifel an der Rechtmäßigkeit der quantitativen Verbrämung könnte aber der Leser auch leicht den, in den quantitativen Formulierungen versteckten Wahrheiten gegenüber misstrauisch werden. – Ferner enthalten ja (s. z.B. S. 225) die Skala-Items oft bereits als hypothesis die «connection with prejudice»; das heißt: die Deutung des items liegt dann bereits der Skala zugrunde. Die Ergebnisse beweisen daher zuweilen kaum mehr, als was in der Voraussetzung des Skala-Items bereits enthalten war.

– Es besteht für mich wenig Zweifel, dass das Grundsätzliche der Ergebnisse: eben die Tatsache der Korrespondenz von prejudiced Ideologie und (in Tiefenschichten liegenden) Attitüden, bereits *vor* dem research selbst bekannt war: ja, dass die These der Korrespondenz bereits als Voraussetzung in die Formulierung der items und der Methoden eingegangen war; sodass der komplizierte Apparat, der aufgezogen wurde, mindestens zum Teil, eine post hoc-Methode war, zur Erzeugung des guten Gewissens für diejenigen, die an etwas nur glauben, wenn es ihnen in einem «scientifically» aussehenden Kostüm präsentiert wird. Was in dem Bande gefunden wird, ist zwar vermutlich niemals falsch; zumeist aber so selbstverständlich, dass das Knirschen des Apparats die Stimme der Wahrheit übertönt. Der Leser, der auf die, in den «Conclusions» eingeräumte Kongruenz des von Sartre flott und ohne alle Maschinerie gezeichneten «Portraits des Antisemiten» mit dem mühselig zusammengesetzten Bilde, das der Band bietet, stößt, wird sich des Gefühls nicht erwehren können, dass ihm ein ungeheurer Umweg zugemutet worden sei.

– Nicht geringer ist meine Skepsis gegenüber der oft sehr schematischen Verwendung, die einige contributors von der Psychoanalyse gemacht haben. In den Beiträgen von Sanford z. B. sind die Untugenden der Analysevulgarisierungen oft höchst störend. Jedes «Haben» eines Persönlichkeitszuges wird eo ipso als «Nötighaben», also als Schwäche, gedeutet; alles, was die Figur Mack nicht zugesteht oder ableugnet, gilt als versteckt, als Symptom des Verbergenwollens; während die direkt zugestandenen shortcomings aufs Wort geglaubt werden: auf diese Manier kann natürlich alles Gewünschte «empirisch» herausgefunden werden.

– Dazu kommt (und diese Gefahr ist durch das Korrektiv der spontaneren Methoden wie T. A. T. nicht aufgewogen), dass die meisten Aussagen eben Antworten auf vorformulierte Fragen sind; die Ängste, die z. B. Mack äußert, sind ihm auf die Zunge gelegt. Was aber die, zur Verhinderung der Suggestionsfragen benutzten Methoden betrifft, also z. B. wieder T. A. T., so wird m. E. ohne genügende philosophische Prüfung die (nur in qualifizierter Form geltende) These, dass jede Erzählung autobiographisch sei, als granted vorausgesetzt; eine Voraussetzung, die nichts ist als eine Folgerung aus der selbst dubiosen self expression-Theorie. – Analoges trifft auf zahlreiche «prospective questions» zu. –

– Fraglich ist mir auch, ob es philosophisch berechtigt ist, überhaupt die, so durchgehend im Buche verwendete, Kategorie des «Syndroms» zu benutzen. Der Ausdruck ist polemisch entstanden: gegen die Behandlung der aus dem Zusammenhange gerissenen Einzelzüge der Person. Diese polemische Pointe enthält der Terminus noch immer und setzt (ähnlich wie der Ausdruck «Synthese») voraus, dass (zwar nicht das zusammenhängende Ganze selbst, aber dessen) Aufweis ein «hysteron» sei; was dubios ist. Gesamtzüge der Person sind, und zwar auch für den common sense (nur nicht für den üblichen Experimentalpsychologen) gegenstandsneutral. Dass zum Beispiel ein «brute» schlechthin ein «brute» ist, zugleich seinen Mitmenschen gegenüber wie in seiner Ideologie, ist selbstverständlich; und die Selbstverständlichkeit benötigt eigentlich kein gelehrtes Wort. Nachgewiesen werden müsste umgekehrt die Tatsache, dass hier oder da Nichtzusammenhänge bestehen: das Nichtsyndrom.

– Was den oben genannten Zweifel an der «Opportunität» (einer heutigen deutschen Version) betrifft, so meine ich Folgendes: Der Band verzichtet (ausdrücklich z. B. S. 972) auf die Aufklärung sowohl der historischen wie der wirtschaftlichen Hintergründe des Faschismus. Die Beschränkung auf das Psychologische war in einem Lande, in dem effektiver und virulenter Faschismus nicht bestand, rechtmäßig. Die Frage war damals: wer *würde*, auf Grund seines psychischen Typs, anbeißen, *wenn* es dazu käme. – Mir scheint, dass der deutsche Leser auch die Komplementärfrage stellt, mindestens stellen sollte: auf Grund welcher Situation wurde unser virtueller Faschismus aktuell? Denn die Aufgabe, die der Band in Deutschland hätte: bei der Unterbindung einer Re-Faschisierung mitzuhelfen, ist ja nur durch Kenntnis sowohl der «Syndrome» wie der (Syndrome virulent machenden) Situation, wenn überhaupt, erfüllbar. Die Beschränkung auf das Psychologische könnte die Leser enttäuschen. – Im Zusammenhange damit steht:

– So wichtig es ist, zu betonen, dass der Appell an «experience» und Fakten, auf den sich der übliche Anti-Antisemitismus beschränkte, müßig bleibt, weil die zu bekämpfende Attitüde eben eine der Erfahrungs-Unfähigkeit ist, so disappointing könnte es doch für einen heutigen Leser sein, dass ein eigentlich positiver Weg der Syndrombekämpfung oder der Erziehung nicht gewiesen wird, nicht gewiesen werden kann, weil eben die politischen Konsequenzen letztlich, durch die Beschränkung auf das Psychologische, draußen bleiben.

– Zum Schluss noch ein Argument ganz anderer Art: mir scheint, dass zahlreiche (um nicht zu sagen: 99 %) der quotations der subjects (nicht nur die in II und XX vorgestellten – Mack und Larry) durch die Schablonenhaftigkeit ihrer Antworten und durch die beispiellose Primitivität dessen, was sie über Gott, die Welt und sich selbst zu melden haben, Reaktionen im deutschen Leser hervorrufen werden, die von Respekt sehr weit entfernt sein werden, und die Sie nicht gerade wünschen. Das Bild der amerikanischen Seele, das aus den Materialien herausscheint, ist nicht sehr geeignet, good will-Gefühle einzuflößen. Zum großen Teil sind selbst die Zeugnisse der low scorer so wenig respektabel, dass der Leser leicht in spöttische Attitüden geraten kann. Plumper ausgedrückt: das Material kann als anti-american propaganda wirken.

*

So, da hätte ich mich durch das Volumen des Briefes für das des Bandes gerächt. Hoffentlich habe ich mir durch meine Worte nicht die ersten dünnen Verbindungsfäden, die ich mit dem Institut geknüpft habe, auch schon wieder gefährdet; ein Risiko, das ich nicht nur sehr ungern einginge, sondern das ich auch aus «need»-Gründen fürchte. Aber meine Argumente nach meinen needs einzurichten, habe ich eben leider – im Unterschiede zu den Versuchspersonen des Bandes – niemals gelernt; und darin ein expert zu werden, ist nun wohl doch für mich zu spät.

Sie werden ja nicht nach diesen Zeilen den Eindruck haben, dass ich die Angelegenheit unbedacht behandle. Aber die Arbeit unter Hintanstellung all der Bedenken, die ich notiert habe, doch zu übernehmen, wäre wohl nicht gerade sehr verantwortungsbewusst; und das Ergebnis hätte dann vielleicht nicht dem entsprochen, was Sie im Auge gehabt hatten. Hoffentlich ergibt sich einmal etwas Anderes. Ich hoffe sehr, im Mai die Gelegenheit zu haben, mit Ihnen zu sprechen.

Mit herzlichen Grüßen und Dank

Ihr

BRIEFWECHSEL MIT
THEODOR W. ADORNO
(1951–1968)

1 Günther Anders an Theodor W. Adorno, Wien, 5.3.1951

Lieber Herr Adorno:
vor ein paar Tagen las ich Ihren Benjamin-Aufsatz; und ich bin froh, dass Sie durch dieses Portrait das Andenken an ihn, mindestens (da ja das Andenken wohl kaum noch existiert) seine Züge aufbewahrt haben.

Ich weiß nicht, ob es Sie überrascht, diese Zeilen aus *Wien* zu bekommen. Vor 3/4 Jahren habe ich meine lectures an der New School vorübergehend abgebrochen, um meine in den letzten 15 Jahren entstandenen Schriften endlich an Verleger zu bringen, und in Wien, der Heimat meiner Frau, sind wir erst einmal gelandet. Im Moment bin ich bei der Politur des ersten Bandes meiner philosophischen Tagebücher, aus denen im nächsten «Merkur» ein Vorabdruck erscheint. – Meine kleine Schrift «Kafka – pro und contra» kommt in Kürze bei Beck in München heraus; Beck wird Ihnen ein Exemplar zusenden.

Eigentlich müsste ich, da bisher nur ein Bruchteil meiner Arbeiten abgesetzt werden konnte, meinen Europa Aufenthalt ausdehnen. Wie sich das freilich in Wien arrangieren lassen sollte, ist noch nicht klar. Das an sich Nächstliegende, Tätigkeit an der Universität, ist hier nicht möglich. – Natürlich bin ich sehr daran interessiert, herauszufinden, wie die akademischen Verhältnisse drüben liegen; wenn Sie mir gelegentlich ein paar informatorische Worte schicken könnten, wäre ich Ihnen sehr dankbar.

Kann man einmal Ihren musikphilosophischen Band sehen? Hier gibt es ihn sowenig wie die meisten in Deutschland erscheinenden Bücher. Durch das Buchhändlerbörsenblatt weiß man immerhin laufend, was man versäumt ... was hier übrigens bereits als das Optimum an Belesenheit gilt.

Mit herzlichen Grüßen auch an Ihre Frau
Ihr
Günther Stern*

2 Günther Anders an Theodor W. Adorno, Wien, 1.2.1960

Lieber Herr Adorno,

Ich übersende Ihnen beiliegend die Kopien eines Briefwechsels mit dem Fischer Verlag, der Sie vielleicht interessieren wird. Die Veröffentlichung des Buches von Frau Mahler zu verhindern, ist natürlich unmöglich, auf jeden Fall ist es zu spät dafür. Aber ich glaube, dass, wenn von mehreren Stellen aus ein gewisser moralischer Druck ausgeübt wird, die Chance besteht, die deutschsprachige Ausgabe noch erheblich zu purifizieren. Ich könnte mir vorstellen, dass auch Sie das für geboten halten.

Mit herzlichen Grüßen
Ihr
Günther Anders

Kopien auch an Ratz und Krenek.

---

* [Vgl. Adornos nicht abgeschicktes Antwortschreiben, Dokument I, S. 88.]

2a *Beilage (Kopie): Günther Anders an Rudolf Hirsch (S. Fischer Verlag), Wien, 26.1.1960*

Lieber Herr Hirsch,
Diese Zeilen sind von Sorge diktiert. Von der folgenden:

Vor einigen Wochen las ich den im Spiegel veröffentlichten Bericht über das autobiographische Buch von Alma Mahler, und ich war aufs tiefste erschreckt durch die kaum erklärbare Hemmungslosigkeit, mit der Alma Mahler die intimsten physischen Details ihres Privatlebens auftischt.

Gestern war nun Frau Helene Berg, Alban Bergs Witwe, bei uns, und auch sie hatte den Spiegel-Artikel gelesen. In der Tat war sie noch fassungsloser als ich, denn schließlich war sie ja (oder ist sie ja) eine intime Freundin von Frau Mahler. In den hiesigen Musikkreisen entwickelt sich jetzt schon so etwas wie eine indignierte Flüstercampagne gegen die Schamlosigkeit des Buches; diejenigen, die sich mühselig dafür eingesetzt hatten, den Respekt vor der Größe Mahlers nach 1945 wieder lebendig zu machen, befürchten einen Rückschlag. Denn das Buch könnte ja vielleicht von Bösartigen, nicht zuletzt auch von Antisemiten, als Fundgrube benutzt werden.

Vermutlich kommen diese Zeilen zu spät. Erst Helene Berg erzählte mir, dass die deutsche Ausgabe bei Ihnen vorbereitet werde. Aber mein Brief wäre nicht vergeblich, wenn er Sie noch dazu veranlassen könnte, mindestens die schamlosesten und blamabelsten Passagen (wie über das Bettnässen Werfels oder über dessen wiedererwachte Sexualität) noch einmal durchzusehen.

Möglich, dass der Spiegel, dessen Muse ja «Schadenfreude» heißt, eine Blütenlese der schlimmsten Stellen geliefert hat; dass also das Buch als ganzes vielleicht etwas weniger schamlos wirken wird. Hoffentlich. Aber selbst dann schiene mir eine gewisse Revision noch immer empfehlenswert.

Mit herzlichen Grüßen
Ihr
Günther Anders

2b *Beilage (Kopie): Rudolf Hirsch (S. Fischer Verlag) an Günther Anders, Frankfurt am Main, 29.1.1960*

Sehr geehrter Herr Anders,
Ich danke Ihnen für Ihr Schreiben vom 26.1. und teile weitgehend Ihre Besorgnis. Zwar war der Spiegel-Artikel ein teuflisches Elaborat, aber in dem Buch stehen Dinge, die jeden Menschen, der nicht die Unmoral schlecken will, schockieren. Wir haben infolgedessen davon abgesehen, eine Übersetzung der von Ashton redigierten Ausgabe zu bringen, sondern haben Willi Haas mit einer deutschen Edition beauftragt. Dadurch wird vieles zu Fall kommen, aber wie Sie sich denken können, und wie ich hier nicht begründen muss, mit einer gewissen Parteilichkeit gearbeitet.

Natürlich habe ich dafür gesorgt, dass Dinge wie die von Ihnen zitierte Anlage Werfels nicht angedeutet werden. Aber auf anderes, was ich nicht verteidigen konnte, legt Alma großen Wert. Ich tröste mich damit, dass, wenn wir es nicht machten, ein anderer Verlag vielleicht gleichgültiger handelnd, gerade auf Grund der bedenklichen Stellen, daraus ein Geschäft machen würde.

Greuliche Dinge standen über Alban Bergs Schwester im Manuskript der Alma und auch über ihn etwas Unmögliches. Dieses alles habe ich eliminiert, aber steinigen Sie mich bitte nicht, wenn anderes vorkommt, das Sie erschrecken wird. Eigentlich dürfte nur der Titel bleiben und der ist von Wilder. Auch Mahlers Andenken wird geschändet.

Mit aufrichtig herzlichem Gruß
Ihr
Rudolf Hirsch

3 *Theodor W. Adorno an Günther Anders, Frankfurt am Main, 9.2.1960*

Lieber Herr Anders,
schönsten Dank für Ihren Brief und die Korrespondenz mit Dr. Hirsch. Unabhängig von Ihnen hatte ich in den letzten Wochen verschiedentlich mit ihm über die Angelegenheit gesprochen, und sie ist ihm natürlich ebenso peinlich wie Ihnen und mir.

Nicht Werfels wegen. Ich muss gestehen, dass ich zwischen seiner Prosa und dem Bettnässen, das ihm seine Gemahlin attestiert, nur schwer zu unterscheiden vermag. Auch ist mir gerade in den letzten Wochen von ihm ein Manuskript in die Hände gekommen – ich habe es Frau Berg gezeigt –, das so widerwärtig und scheußlich reaktionär ist, als ob es von Melichar stammte. Er hat seine Alma verdient, und ich will mich nicht zu seinem Retter aufwerfen.

Ganz anders verhält es sich natürlich mit Mahler, und da teile ich Ihre Empfindung. Nur widerstrebt es mir, mich in eine Front von Kulturrettern einzureihen. Ob die bürgerliche Entrüstung über die Indiskretionen des aus allen Pantinen gekippten Vitalphänomens oder es selbst mir fremder ist, fällt schwer zu sagen. Die Chocks, die sie austeilt, passen am Ende doch besser zum wahren Mahler als der Enthusiasmus der kosmischen Phrase. Gern will ich über die Angelegenheit mit Hirsch noch einmal reden, auf keinen Fall aber mich an öffentlichen Protesten beteiligen. Schließlich sind es ihre Bettangelegenheiten, und mit diesen möchte ich mich nicht einmal als Abwehrender befassen. Ich für mein Teil glaube für Mahler das Bessere zu tun, wenn ich versuche, etwas einigermaßen Menschenwürdiges über ihn zu schreiben, und dabei bin ich gerade. Übrigens muss ich der Frau Mahler attestieren, dass sie in einer bestimmten Angelegenheit – dem Plan einer Versteigerung des ihr geschenkten Wozzeck-Particells – sich Frau Berg gegenüber unerwartet generös und nett benommen hat.

Obwohl ich selbst auch einmal ein Opfer ihres Tratschs geworden bin, in der Angelegenheit Schönberg – Thomas Mann, trage ich ihr alle diese Greuel viel weniger nach, als dass sie im entscheidenden Augenblick von Bergs Krankheit nicht zugegen war und nicht dafür gesorgt hat, dass er die beste medizinische Pflege empfing. Wäre das geschehen, so hätte man ihn, nach meiner tiefsten Überzeugung, retten können. Dass sie das versäumte, soll sie mit ihrem Gewissen ausmachen; das jedoch entzieht sich jeder Kontroverse.

Mit den freundlichsten Grüßen
Ihr
Adorno

4 *Günther Anders an Theodor W. Adorno, Wien, 11.2.1960*

Lieber Herr Adorno,
Besten Dank für Ihre Zeilen. Ich war froh, zu erfahren, dass Sie schon vor mir im gleichen Sinne mit Herrn Hirsch gesprochen hatten. Ihre Bemerkung über «öffentlichen Protest» verstehe ich nicht ganz. Sollte ich das vorgeschlagen haben? Offenbar habe ich mich undeutlich ausgedrückt.

Werfel: Auch mir liegt nichts ferner als Sympathie. Im Jahre 31 oder 32, als ich für den Berliner Börsenkurier schrieb, erschien von W. eine angeblich politische Brochure, die mit der ingeniösen Behauptung begann, es sei «kein Zufall, dass Skepsis sich auf Sepsis reime»; worauf ich einen septischen Hohnartikel schrieb; und seine Bernadette im Wunderland hat mich nun auch nicht gerade werfelfrommer gemacht. Aber mir scheint, dass einem die Chance anständigen Hohns aus der Hand geschlagen wird, wenn vorher der Welt Blasenschwäche als ein Hohnmotiv geliefert wird. Aus diesem Grunde bin ich auch gegen die Publizierung werfelschen Bettnässens.

Über die Indignation wegen Mahler erübrigen sich ja die Worte.

Freilich berühren Ihre Schlusszeilen über A. M. und Bergs

Tod – davon hatte ich nichts gewusst – etwas so Furchtbares, dass das Bettnbuch daneben unwichtig wird.

Mit herzlichen Grüßen
Ihr
Günther Anders

5 *Theodor W. Adorno an Günther Anders, Frankfurt am Main, 6.9.1962*

Lieber Anders,
neulich las ich durch puren Zufall, dass es eine Arbeit von Ihnen über die Pseudokonkretheit Heideggers gibt. Ich selbst bin im Augenblick mit einem Text über das befasst, was ich den Jargon der Eigentlichkeit genannt habe, und in dem, wie es die Sache mit sich bringt, Pseudokonkretheit eine wesentliche Kategorie ist.

Selbstverständlich möchte ich Sie dabei gern zitieren; abgesehen von dieser schönen Sitte aber wäre es für mich sachlich wichtig, Ihren Text möglichst bald kennenzulernen. Ich wäre Ihnen darum sehr dankbar, wenn Sie mir den genauen Titel und den Publikationsort mitteilen wollten. Und wenn Sie gar ein Separatum zur Verfügung hätten – Gott vergelt's.

In Sils Maria müssen wir einander gerade verfehlt haben; wir sind in den letzten Julitagen dort eingetroffen und waren volle fünf Wochen dort, vom schönsten Wetter begünstigt. Dass Sie nicht die Chasté umkreist haben, kann ich mir vorstellen, dass man sich aber schlechterdings nicht sollte getroffen haben, wenn Sie noch dort gewesen wären, ist doch wohl sehr unwahrscheinlich. Mir hatte Plessner vor meiner Abreise von Ihrer Anwesenheit geschrieben.

Vielleicht ist Ihnen von meinen letzten Sächelchen einiges unter die Augen gekommen, etwa der sehr exponierte Strawinsky im FORUM oder die Dialektik des Engagements in der Neuen Rundschau.

Es ist schade, dass wir gegenseitig unsere Publikationen nur so desultorisch zu sehen bekommen. Vielleicht lässt sich da bald einmal ein Wandel schaffen.

Ihnen und Ihrer Frau die schönsten Grüße von
Ihrem alten
Adorno

6 *Günther Anders an Theodor W. Adorno, Wien, 10.9.1962*

Lieber Herr Adorno,
Sonderbare Koinzidenz: Gestern hatte ich nach Anhören der Rückert-Lieder wieder in Ihrem Mahler gelesen, und heute kam Ihr Brief. – Wir sind von Sils schon in der letzten Juli Woche fortgefahren, die zu hohe Höhe war doch nicht das Rechte für mich gewesen. Schade, dass wir so aneinander vorbeigefahren sind.

Ja, die «Pseudo-Concreteness» kann ich Ihnen zuschicken. Ich habe keine Ahnung mehr, was darin steht, und ob ich das Geschriebene heute noch unterschreiben würde. Das einzige was ich noch weiß, ist das Pseudo-English, in dem der Text abgefasst war.

Ja, den Strawinsky habe ich gelesen. Ähnliche Analysen, die gleichzeitig ins konkreteste Detail und ins Generelle hineinreichen, sind mir einfach unbekannt. Aber Ihren Aufsatz in der NR habe ich noch nicht gesehen. Ich komme, da meine Eatherly-Aktion unendlich viel nichttheoretische Arbeit erfordert, kaum mehr zum Lesen. – Von mir ist in der letzten Zeit nur eine kleine Analyse des Emigrationsdaseins, bzw. deren erste Hälfte, im Merkur erschienen. Ich hoffe, im nächsten Jahr wieder mit etwas dem Umfang nach Seriöserem herauszukommen.

Mit herzlichen Grüßen, auch an Ihre Frau
Ihr
Günter Anders

7 *Theodor W. Adorno an Günther Anders, Frankfurt am Main, 13.9.1962*

Lieber Herr Anders,
schönsten Dank für Ihre Zeilen und den Aufsatz. Ich werde ihn aufs sorgfältigste daraufhin durchsehen, ob er mit meinem eigenen, einstweilen noch arg chaotischen Entwurf sich berührt. Existiert im übrigen eine deutsche Fassung? Mir wird die Insuffizienz der englischen Versionen meiner eigenen Sachen immer fühlbarer. Die amerikanische Astrologiearbeit «The Stars Down to Earth» findet sich jetzt auf deutsch in den «Sociologica II», dem Essayband, den Horkheimer und ich zusammen herausbrachten, und den Sie vielleicht sahen – wenn nicht, will ich ihn Ihnen gern schicken lassen. Einen einigermaßen vertretbaren deutschen Text aus dem Amerikanischen zu machen, hat mich ein vollkommen disproportionales Maß an Arbeit gekostet, ohne dass das Resultat mich ganz befriedigte. Ich könnte mir vorstellen, dass es Ihnen ähnlich ergeht.

Herzlichste Grüße an Sie beide, auch von Gretel,
stets Ihr
Adorno

8 *Günther Anders an Theodor W. Adorno, Wien, 18.6.1963*

Lieber Adorno,
Haben Sie herzlichsten Dank für den Korrepetitor, der heute ankam, und in dem ich bereits viel gelesen habe. Immer wieder stehe ich mit Staunen vor Ihren Analysen, in denen das Philosophische bis in die letzten handwerklichen Schnörkel hineinreicht und sich gerade im Konkretesten bewährt. Beim Lesen des ersten Kapitels habe ich viel gelacht, und es war rührend, Wiedersehen zu feiern mit einem winzigen Beitrag von ehemals, den ich längst vergessen hatte.

Ganz konnte ich freilich dieses Zitats nicht froh werden, da ich leider gestern Abend erfuhr, dass Sie wiederholt über mich aufs Verächtlichste gesprochen haben. Alltäglich ist diese Kombination von Zitieren und Verachten gewiss nicht, aber erfreulich auch nicht.

Schade!
Ihr
Günther Anders

9 *Theodor W. Adorno an Günther Anders, Frankfurt am Main, 24.6.1963*

Lieber Anders,
schönsten Dank für Ihren Brief, quand même. Sie haben an meinem neuen – der Entstehung nach übrigens schon Jahre zurückliegenden – Buch das mir Entscheidende herausgehoben, das Philosophische, das ich nicht in der Distanz vom Sachhaltigen, sondern gerade in der schrankenlosen Nähe dazu suche – eine Intention, in der ich mich wohl als Schüler Benjamins fühlen darf.

Was ist das für ein Wienerischer Tratsch, der sich da zwischen uns drängt. Dass ich je, irgendwo, «verächtlich» von Ihnen soll gesprochen haben, ist der purste Unsinn, und wäre etwas daran, so hätte ich Ihnen gewiss mein Buch nicht geschickt. Wahr ist, dass ich in Wien mich über Sie geärgert habe, und das auch offen ausdrückte. Ihr Protest gegen die Fernseherei an jenem Abend konnte doch nur eine Diskussion beeinträchtigen und von der Sache abziehen, in der ich immerhin glaubte, einiges zu sagen, was sicher nicht an sich wichtig war, aber doch dadurch es werden mochte, dass es gesagt wurde; und insofern fand ich Ihre Aktion auch gegen mich gerichtet. Weiter hat mich auch Ihr Verhalten Gehlen gegenüber verdrossen, der mich in aller Unschuld, und mit offensichtlicher Freude, auf Sie aufmerksam machte, und auf dessen Hinweis ich Sie begrüßte, so dass der Affront, den Sie ihm bereiteten, auch mich betraf. Hat man sich einmal, wie Sie und ich, entschlossen, zurückzukommen, so scheint es mir nicht möglich, die Haltung der privaten Intransigenz ungemindert einzunehmen und womöglich einen Stolz vor Königsthronen zu zeigen, wo keine sind. Ich geniere mich nicht, Ihnen zu sagen, dass ich mit jemandem wie Gehlen, bei dem alles aus einer radikalen Verdüsterung entspringt, weit besser und ernster reden kann als mit zahllosen Menschen des mittleren Fortschritts. Gerade darin, denke ich, sollten wir doch einig sein.

Was uns immer wieder trennt, ist ein gewisser Gestus von Aggressivität bei Ihnen, das Wort im weitesten Sinn verstanden – etwas von «Angeberei», was mich um so mehr befremdet, als man, wenn man seine kritischen Gedanken zu objektivieren vermag, doch gar nicht darauf angewiesen ist, sie in ein solches Auftrumpfen umzusetzen. Mein Naturell ist darin ganz verschieden, ohne dass Sie mir doch deshalb vermutlich ein höheres Maß an Konformismus in der Sache nachsagen könnten. Bestünde diese Differenz nicht, so könnten die wirklich sehr weitreichenden Übereinstimmungen viel fruchtbarer werden. Es ist nicht meine Art, Rechnungen aufzumachen, aber wenn es schon ums Private geht, so hätte ich mehr Grund gekränkt zu sein als Sie, so etwa noch wegen des maßlos gönnerhaften Tones, in dem Sie mir damals schrieben, als ich die Benjamin-Ausgabe herausbrachte.

Aber ich bin, glauben Sie mir, *nicht* gekränkt, sondern höchstens einmal verärgert, und dann sage ich das. Vielleicht helfen meine Worte, die Atmosphäre zwischen uns zu klären, die freilich noch durch ein Letztes belastet wird, das nie zwischen uns zur Sprache kam: dass Sie nämlich einmal Benjamin als Kaffeehausliteraten bezeichneten, zu einer Zeit, da Sie Herrn Heidegger für einen Philosophen hielten. Aber darüber sollten wir einmal reden. Ich, für meinen Teil, habe es bedauert, dass es in Wien nicht dazu kam, obwohl ich Sie gebeten habe, noch mit ins «Athen» zu kommen. Allerdings war das dann eine solche Massenveranstaltung, dass man ernsthaft nicht sich hätte unterhalten können, aber es wäre doch die Möglichkeit gewesen, etwas zu vereinbaren.

Haben Sie die «Eingriffe» gesehen? Wenn nicht, werde ich veranlassen, dass Sie sie geschickt bekommen.

Schönste Grüße an Ihre Frau –
stets Ihr alter
Adorno

10 *Günther Anders an Theodor W. Adorno, Wien, 30.6.1963*

Lieber Adorno,
Schönen Dank für Ihren Brief. Es ist vielleicht wirklich gut, dass wir einmal die hot potatoes ausgraben. Wenn ich Ihnen nicht gleich mit gleicher Ausführlichkeit und Offenheit antworte, so einfach deshalb, weil ich so bis über die Ohren mit Erledigung akutester Dinge (Murer-Prozess etc.) beschäftigt bin, dass ich mich nicht umkonzentrieren kann. So bald ich eine Stunde Zeit habe, werde ich einen wirklichen Antwortbrief schreiben, der freilich auch nicht nur Erfreuliches enthalten wird.

Bis dahin schönste Grüße
Ihr
Günther Anders

11 *Günther Anders an Theodor W. Adorno, Wien, 27.8.1963*

Lieber Adorno,
Nun endlich komme ich dazu, auf Ihren vor zwei Monaten geschriebenen Brief zu antworten. Ich bedauere diese abscheuliche Verzögerung. Aber ich hatte keine Lust, den Brief an Sie zwischen hundert anderen herunterzudiktieren. Erst heute finde ich die Muße für einen wirklichen Brief.

Ja, vielleicht ist es gut, dass ein paar bisher nie berührte Dinge einmal ausgesprochen werden – in unserer nun schon über Jahrzehnte ausgedehnten Bekanntschaft hat sich ja eigentlich niemals die Gelegenheit zu einem wirklich unbefangenen Gespräch ergeben. Die Bedenken haben wohl, obwohl die Affinität Ihrer und meiner Produktion (und nicht nur in den Augen Dritter) seit langem immer evidenter wird, auf beiden Seiten bestanden. Sie haben Ihre Bedenken formuliert. Lassen Sie mich nun meine aussprechen. Auf die Gefahr hin, dass sich dadurch die Spannung noch etwas verschärft. Aber vielleicht kommt es dadurch zu einem heilsamen Platzen.

Meine Hemmungen Ihnen gegenüber hatten und haben mehrere Ursachen, von denen sich freilich die meisten auf einen Generalnenner bringen lassen. Was mir die Beziehung zu Ihnen unmöglich machte, war Ihr Monokratismus. Als monokratisch hatte ich, als ich, long ago, nach Frankfurt kam, um mich zu habilitieren, Ihre Attitüde gegenüber meinem Plan und Ihre Schritte gegen diesen empfunden. Und dieser Eindruck, mit dem unsere persönliche Bekanntschaft begann, der ist nicht nur nicht schwächer geworden: denn zuweilen hatte ich geradezu den Eindruck von Terrorismus. Über die letzten zwei Jahrzehnte, in denen ich Sie ja kaum gesehen habe, kann ich nichts sagen. Aber davor hatten Sie, trotz Ihrer betonten Höflichkeit und trotz Ihres betont bürgerlichen Auftretens, etwas sonderbar Drängendes an sich, im Gespräch konnte man sich physisch cornered fühlen, und in der Tat kam es vor, dass sich der Gesprächspartner, langsam zurücktretend, verblüfft in einer Zimmerecke, wie in einer Mausefalle, vorfand. Denkbar, dass sich Menschen durch diese Behandlung erniedrigt vorkamen und sogar das Gefühl hatten, Sie beabsichtigten diesen Eindruck. Nun, ich persönlich hatte darunter wahrhaftig kaum zu leiden, wir haben einander ja nur sehr gelegentlich getroffen, und ich war ja nie in einer Lage, in der ich direkt von Ihnen abgehangen hätte. Aber ein paar nicht ganz erfreuliche incidents hat es doch auch im Verkehr mit mir gegeben. Z. B. in Amerika, wo ich zuweilen im Institutskreis wie ein gerade noch Tolerierter behandelt wurde. Als kränkend, nein geradezu als Bruch einer als selbstverständlich erwarteten Solidarität empfand ich aber Ihr Benehmen, als ich nach der Remigration zum ersten Male wieder nach Frankfurt kam um Sie, den anderen Remigranten, zu begrüßen; Sie mich aber wie einen lästigen Bittsteller durch Ihre Sekretärin mit den Worten abfertigen ließen, Herr Professor habe wirklich keine Zeit.

Damit, durch das Wort «Professor», bin ich bei einer anderen Ursache meiner Schwierigkeit Ihnen gegenüber. Es ist mir nämlich unbegreiflich, wie es möglich ist, auf der einen Seite als philosophischer Autor im prägnantesten Sinne ein Avantgardist zu sein; auf der anderen Seite aber eine offizielle Stellung zu bekleiden, und sich von denjenigen, denen man durch das, was man schreibt, die Achtung versagt, ehren zu lassen. Mir scheint, man kann nicht als ein Professor Nietzsche leben oder als ein surrealistischer Geheimrat. Etwas von dieser Kreuzung haben Sie aber in meinen Augen an sich. Solche Doppelexistenz muss sich, glaube ich, rächen. Ein Revolutionär – und als Theoretiker sind Sie das natürlich –, der sich durch seine Stellung selbst seine Hände bindet, der erregt Misstrauen.

So war in manchen Augenblicken, in denen die politischen potatoes besonders heiß wurden (atomare Situation, Notstandsgesetz etc.) das Stummbleiben Ihrer Stimme einfach beklemmend. Soweit es mir bekannt ist, haben Sie zu derartigen issues niemals öffentlich Stellung genommen. Es ist schwer, sich des Eindrucks zu erwehren, dass Sie sich, anerkannt als offiziell zugelassener Papst der Radikalität, in der ominösen und jämmerlichen Deutschen Bundesrepublik doch irgendwie häuslich eingerichtet haben. – Andererseits gerät man durch diese Aktionsaskese leicht in die Versuchung, sich an seinem Publikum zu rächen. Sie wissen, dass ich stilistisch nicht ganz unempfindlich bin. Und ich glaube, diesen Ton der Rache, der Verachtung, der Vergewaltigung in Ihrem Stil zu spüren. So missgönnen Sie z. B. Ihren Lesern durch die Fermatelosigkeit Ihrer Texte, durch grundsätzliche Vermeidung von neuen Absätzen, das Atemholen; Sie drängen ihn weiter, obwohl er bei der (sachlich legitimen) Schwierigkeit Ihrer Gedankengänge eigentlich im Schneckentempo kriechen müsste. Sie ziehen ihn in Korridore hinein, die ihm, da er über Ihren Durchblick nicht verfügt, labyrinthisch erscheinen müssen (was sie in Wahrheit garnicht sind, es sei denn, sie bilden einen labyrinthischen Zusammenhang ab) – kurz: Oft habe ich dabei den Eindruck: dieser Stil stellt eine Art von Racheaktion dar. Da Sie auf politische Aktion oder Teilnahme an wirklicher politischer Opposition verzichten, versuchen Sie, mit sprachlichen Mitteln etwas Aktionsähnliches zu erzeugen, mindestens dem Leser etwas anzutun. – Der Zusammenhang mit dem «Terrorismus», von dem ich vorhin sprach, ist klar. Denn zugleich scheinen Sie Ihre Leser dafür strafen zu wollen, dass sie Ihnen stets unterlegen, also grundsätzlich die falschen Leser sind. Literarischer Sadismus. In meinem Molussienbuche kommt ein fiktiver Autor vor, der, freilich auf eine ungewöhnliche Weise, nach seinem Leser schielt: der nämlich die Borniertheit seiner Leser stets miteinkalkuliert und pausenlos darauf achtet, um Gottes Willen keinen Augenblick lang nicht rücksichtslos gegen diesen zu sein. – Ich könnte mir vorstellen, dass Sie für Menschen, die Ihnen geistig ebenbürtig wären, die Sie lieben oder denen Sie anhängen, viel einfacher schreiben würden als für die delphinos. –

Ich sagte, man habe den Eindruck, dass Sie sich irgendwie in der Bundesrepublik häuslich eingerichtet hätten. Dass ich das behutsam formulieren muss, ist mir klar. Denn Ihre wichtigen Untersuchungen über den Antisemitismus, auch den noch heute bestehenden, sind mir nicht unbekannt. Aber der Burgfriede, den Sie da mit *Gehlen* geschlossen zu haben scheinen, der macht mich doch stutzig. Gewiss, dass alles bei ihm der Verdüsterung entspringt, das gebe ich zu. Und dass er, was Denklust, Denkkraft und Geschmack betrifft, dem, wie Sie sagen «mittleren Fortschritts»-Vieh, das ununterbrochen «fördert», und dessen blökend guter Wille mich genau so zur Raserei treibt wie Sie, turmhoch überlegen ist, darüber gibt es gar keinen Zweifel. Aber seit wann ist Verdüsterung ein Verdienst, seit wann bringt Denkkraft oder Geschmack Schuld zum Verschwinden? Nein, mein nun dreizehnjähriges Zurücksein kann mich nicht dazu verführen, die Intransigenz aufzugeben, und mich nicht dazu veranlassen, mit noch so philosophischen Männern zu sprechen, wenn sie, wie Gehlen, als Erwachsene den Nazismus lauthals mitgemacht haben. Mit Heidegger würden Sie sich ja auch nicht zusammensetzen. (Sie wissen, dass G. wegen seiner nazistischen Vergangenheit noch nicht einmal an die Wiener Universität zurückkann, obwohl an dieser schwarz gewordene Braune besonders beliebt sind.) Nein, den Burgfrieden kann ich nicht mitmachen, da reduziere ich lieber den Kreis derer, mit denen ich verkehre, im Notfall auf zero; faktisch auf die paar absolut Vertrauenswürdigen und auf die Jüngeren, die die Chance hatten, sich noch nicht besudeln zu können.

Dass ich aber *Sie*, Adorno (und damit komme ich nun zu ihren

Vorwürfen) durch den Korb, den ich Gehlen gab, mitbrüskiert hätte, das bleibt mit unverständlich. Sie begründen das mit der Tatsache, dass Gehlen Sie «in aller Unschuld» auf mich aufmerksam gemacht habe, Sie mich also durch ihn angesprochen hätten. Möglich, dass er in diesem Falle einmal unschuldig war. Aber Scherz beiseite. Dass *er* mich Ihnen zeigte, das war doch schließlich ein purer Zufall, er hatte mich eben gesehen, bevor Sie mich sahen, aber zwei Minuten später hätten Sie mich doch auch ohne seine Hilfe erkannt, oder ich Sie, und wir hätten einander begrüßt. Sie sprechen da von «Aggressivität» (obwohl ich mich auf bloße Abwehr beschränkte) – und diese «Aggressivität» nennen Sie wiederum «Angeberei» und «Auftrumpfen». Ich akzeptiere diese Wörter. Anzugeben und aufzutrumpfen scheint mir, wenn Sie darunter die Demonstration der Distanzierung verstehen, einfach geboten. Da die Nachhitler-Welt so tut, als wäre nichts gewesen, muss, so scheint mir, das «Es *ist* gewesen und ist deshalb auch heute noch» von uns ausdrücklich betont werden. Ich persönlich fühle mich jedenfalls außerstande, einem Manne, der sich von unsereins auf himmelschreiende Weise «distanziert» hatte, nun als Kongress-chum die Hand zu schütteln und mit ihm uns gemeinsam interessierende kulturkritische small-talk-Neuigkeiten auszutauschen. – Sie haben recht: «Unser Naturell ist darin ganz verschieden»: denn ich riskiere Schritte, die wie mangelnde Kinderstube oder jugendbewegt aussehen mögen; aber ich bin alt genug, um zu wissen, dass es kein zu hoher Preis ist, wenn man seine Unnachgiebigkeit mit der (auch mir nicht gerade angenehmen) jugendbewegten Direktheit bezahlt.

Nun finden Sie, dass ich puberales Benehmen (das Wort verwenden Sie freilich nicht) auch während der Fernseherei an den Tag gelegt hätte. Das sehen Sie schief, Adorno. Was das Publikum, das im engsten Raum angeblendet und angeheizt wurde, auszustehen hatte, das war so, dass niemand mehr zuhören konnte. Wenn ich protestierend den Raum verließ, so auch deshalb, weil ich seit meinem Tropenaufenthalt die direkte Hitze nicht mehr ertrage. Die Hauptsache freilich war, dass es mich empörte, als unbezahlter Statist für das Fernsehen missbraucht zu werden; und zuzusehen, wie die Diskussion, die ja schließlich die Hauptsache war, nur zum Vorwand ihrer Reproduktion gemacht wurde. Dazu kam – das können Sie nicht wissen – dass sich bei einer Lesung Dérys, ein paar Tage vorher im selben Saal das gleiche Theater abgespielt hatte, und dass man die Kurbelfritzen hatte entfernen müssen, weil der alte Déry von den ihn blendenden Teufeln so umtanzt wurde, dass er nicht lesen, und wir ihn nicht sehen oder hören konnten. Warum sollten wir uns von denen, die wir bekämpfen, stur vergewaltigen lassen?

Dass aber – denn auch hier beziehen Sie mein Benehmen auf sich – mein Protest auch gegen Sie gerichtet gewesen sein soll, das verstehe ich nicht. Worauf es mir ankam, war ja schließlich, die Diskussion im Vordergrunde zu halten; und wer mit Recht im Vordergrunde der Diskussion stand, das brauche ich Ihnen ja nicht zu erzählen. –

Es bleiben noch ein paar Punkte Ihres Briefes. Sie bezeichnen es als Tratsch, dass Sie verächtlich über mich gesprochen hätten. Was soll ich da tun? Zwei Aussagende stehen sich da gegenüber, und da ich weder dem einen noch dem anderen misstrauen kann, muss ich diese Sache wohl einfach ad acta legen.

Und nun schließlich Ihr letzter Punkt, der so archaisch ist wie meine Bemerkung über die frühe Frankfurter Zeit. Ich hätte Walter Benjamin als einen Caféhausliteraten bezeichnet? Das scheint mir, obwohl ich nach so langer Zeit natürlich nichts Bestimmtes aussagen kann, absolut unmöglich. Denkbar, dass der Ausdruck in einem anderen Sinne gefallen ist. In gewissen Hamburger Universitätskreisen, in denen andere als Universitätsphilosophie nicht vorstellbar war, wurde Walter nämlich so klassifiziert. Davon habe ich Ihnen vielleicht in Frankfurt erzählt. Eine andere Erklärung wüsste ich nicht. Sie wissen ja wahrscheinlich, dass Walter und ich uns in der Pariser Zeit vor 36 (in früheren Jahren hatten wir uns nur selten gesehen) angefreundet haben; dass er mir stilistisch enorm geholfen hat; wir haben sogar etwas zusammen gearbeitet (über Übersetzung). Und seine Existenz ist für mich von größter Bedeutung gewesen und geblieben. Die zwei Bände philosophischer Tagebücher, die ich demnächst herausbringen will, sind ihm sogar gewidmet. Dass das alles mit «Caféhausliterat» nicht gut zusammenpasst, werden Sie wohl zugeben.

Da muss wirklich ein Missverständnis vorliegen. – Was schließlich den «maßlos gönnerhaften Brief» betrifft, den ich Ihnen nach Herausgabe der Werke Benjamins geschrieben haben soll, da muss ich Ihnen einfach glauben, denn daran erinnere ich mich überhaupt nicht. Da ich Begönnertwerden genau so unausstehlich und beleidigend finde wie Sie, glaube ich auch niemals begönnert zu haben. Falls zufällig mein damaliger Brief noch existieren sollte, würde es mich interessieren, ihn zu sehen.

*

Mein Schreiben ist reichlich lang geworden. Vielleicht kann immerhin dieser Umfang Ihnen beweisen, wie wenig gleichgültig mir Ihre Existenz ist; und wie tief ich es bedauere, dass die Verwandtschaft, die zwischen Ihren und meinen Arbeiten besteht, eine andere Beziehung nicht hat nach sich ziehen können.

Mit den besten Wünschen für Sie und Ihre Produktion
Ihr alter (und langsam wirklich alter)
Günther Anders

P. S. Noch einmal die Frankfurt-Situation vor 30 Jahren. – Nachträglich ist da heute manches begreiflicher. Nämlich dass meine De-Heideggerisierung (obwohl die schroffe persönliche Abwendung von H. schon Jahre zurücklag) noch nicht restlos abgeklungen war; dass Sie die Vokabelreste, die mir noch anhingen, nicht als Restfetzen erkannten, sondern als ominöse Abzeichen betrachteten. Dazu kam, dass ich damals ausgerechnet über philosophische Musikprobleme schrieb – was Ihnen natürlich als ein Einbruch in Ihre persönlichste Domäne vorkommen musste. – Was Musikphilosophie betrifft, so würde ich heute übrigens Ihren Monopolanspruch als völlig rechtmäßig anerkennen (so wie meinen für Bildinterpretation). Ich gelte sogar, wie komisch das auch sub specie der zwischen uns bestehenden Spannung sein mag, bei Musikern, denen Sie unbequem sind, und bei Musikologen, die sich auf bloße Skelettzeichnungen beschränken, als unverbesserlicher Adornist. Was einem, was zweien, nicht alles passieren kann!

A.

12 Günther Anders an Theodor W. Adorno, Wien, 8.10.1963

Lieber Adorno,
Besten Dank für die neue Zusendung und congratulations zu dieser reichen Ernte. Ich bin nicht ganz sicher ob ich Ihre inscription richtig lese, ich glaube zu lesen: «en attendant». Wenn das die richtige Lesart ist, dann verstehe ich sie nicht, denn Ihr Warten könnte doch wohl nur einen Antwortbrief von mir zum Gegenstand haben. Und diesen ziemlich umfangreichen Brief habe ich Ihnen ja vor über einem Monat zugesandt. Bitte teilen Sie mir doch mit, ob dieser Brief verlorengegangen ist. Eine Kopie existiert, die trotz des Reproduktionszeitalters genauso gut ist wie das Original.

En attendant de ma part.
Ihr Alter
Günther Anders

13 Theodor W. Adorno an Günther Anders, Frankfurt am Main, 14.10.1963

Lieber Anders,
Ihren ausführlichen Brief habe ich richtig erhalten, und das «En attendant» in meinem Hegelbüchlein sollte einfach, wie es diese beiden Worte als stehende Wendung bezeichnen, «unterdessen, mittlerweile» sagen, und damit entschuldigen, dass ich noch nicht ausführlich geantwortet habe. Ich möchte Sie deshalb noch um etwas Geduld bitten. Ich habe die letzten Wochen mit einem äußersten Aufwand an Kraft gearbeitet, um einen sehr ambitiösen Teilkomplex aus meinem großen Buch wenigstens im Rohen unter Dach und Fach zu bringen. Das ist mir auch gelungen; aber ich bin jetzt wieder so kaputt, dass ich 14 Tage in den Süden flüchte, um das Semester einigermaßen überstehen zu können.

Anfang November bin ich wieder hier und werde dann sogleich Ihren Brief so eingehend beantworten, wie es sich gebührt.

Mit den freundlichsten Grüßen
stets Ihr
Adorno

14 *Theodor W. Adorno an Günther Anders, Frankfurt am Main, 31.10.1963*

Lieber Anders,
von Lucca, übrigens ganz gut erholt, zurückgekehrt, möchte ich endlich ihren Brief vom 27. August beantworten.

Sie sprechen von meinem Monokratismus. Seiner bin ich mir nicht bewusst, jedenfalls nicht im Sinn eines wie immer auch gearteten persönlichen Herrschaftswillens. Ich war mein Leben lang viel zu sehr sachlich, in weiterem Sinn ästhetisch gerichtet, als dass ich nach Herrschaft über Menschen gestrebt hätte. Eher ist, trotz allem theoretischen Wissen von der Macht, mein realer Sinn für diese unterentwickelt. Sie tun mir hier Unrecht. Als junger Mensch mag ich, eben aus sachlicher Passioniertheit, mich zuweilen vertiert benommen haben – der leiseste Gedanke an die Unterdrückung des Anderen lag mir fern, und gar, dass ich Sie je physisch hätte cornern sollen, scheint mir mit meiner Anlage schwer vereinbar. Die Neigungen, die Sie mir unterschieben, waren viel eher die Brechts; es ist mir nicht bekannt, dass Sie je mit Rücksicht auf jenen darüber sich beklagt hätten.

Auch dass mir seinerzeit Ihre Habilitationsschrift nicht gefiel, hat mit dem Motiv, die eigene Position als ausschließlich zu setzen, nicht das mindeste zu tun. Die Angelegenheit liegt sehr weit zurück, aber an zwei Momente kann ich mich noch deutlich erinnern. Das eine war, dass mir der Text, nach Sprache und Gesamtverhalten, überaus Heideggerisch dünkte, viel mehr als es Ihnen heute, nach der Emanzipation, in der Rückerinnerung erscheinen mag. Das andere: ich empfand die spezifisch musikalische Basis – will sagen, das technisch Innerkompositorische –

als zu schmal. Auch heute noch würde ich sagen, dass man nicht über die sogenannten Konstituentien einer Kunst verbindlich urteilen kann, wenn einem nicht die gesamten konkreten Zusammenhänge dieser Kunst gänzlich gegenwärtig sind. Ich kann mir nicht vorstellen, dass Sie darin heute anderer Ansicht wären, als ich es damals schon war. Als einen Einbruch in meine Domäne habe ich Ihre Sache keine Sekunde lang empfunden; so etwas gibt es nicht in geistigen Dingen, und zum Monopolisten tauge ich schlecht, auch in der Wahl der Gegenstände. Ich freue mich, im Postscriptum Ihres Briefes, das von diesen Dingen handelt, einen Satz zu finden, den ich als Opposition gegen die neuerdings sich ausbreitende Begeisterung für Schenker auffassen möchte. Ich finde das so grässlich, wie Sie es finden, und die Schenkerianer finden mich grässlich.

In der Angelegenheit Ihres Besuchs hier in Frankfurt habe ich mich tatsächlich schuldig gemacht. Wenn ich Sie kränkte, tut mir das von Herzen leid. Aber diese Schuld ist doch bloß eine in einem höchst allgemeinen Sinn: dass ich nämlich, als ein eingespanntes Wesen, oft als ein armes Tier, buchstäblich mit den Zähnen meine Arbeitszeit verteidigen muss. Das tue ich jedem gegenüber. Selbst zwischen Horkheimer und mir gilt die stillschweigende Verabredung, dass wir, ehe wir uns treffen, uns vorher darüber telefonisch verständigen, ob es in die Zeitdispositionen des anderen passt. Sie mögen darin ein Stück verdinglichten Bewusstseins finden, aber ohne ein solches kann man sich in der verdinglichten Welt wohl schwer behaupten. Wäre es ein unbilliges Ansinnen gewesen, mich vor jenem Besuch anzurufen? Dann hätten wir sofort eine Zeit arrangieren können. Lassen Sie mich zu diesem Punkt heute nur sagen, dass mein Verhalten, dem nachgerade eine fast panische Furcht vor plötzlichen Besuchen entspricht, nicht die leiseste Spitze gegen Sie hatte.

Der Komplex, den Sie mit dem Stichwort «Professor» bezeichnen, bedürfte der mündlichen Diskussion. Ich will Ihre Frage, more Hebraico, mit einer Frage beantworten. Würden Sie ein Ordinariat, mit dem Maß an materieller Unabhängigkeit, das es gewährt; mit der Möglichkeit, selbständig zu produzieren, die es freilässt, und vor allem mit dem weitgehenden Schutz vor irgendwelchen Kontrollinstanzen, abgewiesen haben, wenn es sich Ihnen geboten hätte? Verzeihen Sie mir, wenn ich daran zweifle. Man kann doch wohl nicht so rigoros die Frage Professor oder nicht-Professor stellen; die Antwort hängt davon ab, welchen Inhalt man einer solchen Tätigkeit verleiht. Ich bilde mir ein, dass ich mich dessen nicht zu schämen habe, was ich da getan habe und tue; zumal im Gedanken daran, dass es eine sehr erhebliche Zahl von begabten und anständigen Menschen gibt, auf die ich einen Einfluss ausübe, wie ich ihn extra muros kaum ausüben könnte. Ob die Existenz eines freien Schriftstellers, auf dem der Druck des Marktes, und vielfach der Verleger, lastet, heute tatsächlich noch soviel freier ist als die eines Professors, dessen Beruf ihn einstweilen noch vor manchen Formen der thought control behütet – das vertraue ich Ihrem Nachdenken an.

Sicherlich habe ich manchem Abscheulichen gegenüber geschwiegen. Aber ich bin kein Verkehrspolizist, der gleichzeitig an allen Ecken sein muss, wo Unfug verübt wird; wann ich zupacke, darüber muss ich schon mir selber die Entscheidung vorbehalten. Sie wird keineswegs immer so einfach von der Relevanz der Gegenstände bestimmt; vielfach von Innervation und Einfall. Vor vielleicht acht Jahren brachte das von Max Bense herausgegebene Blatt «Der Augenblick» eine freundliche Besprechung meines Bandes «Prismen». Bense schrieb danach in einer redaktionellen Notiz, man habe dieser Besprechung Raum gewährt, obwohl «Der Augenblick» in vielem mit mir nicht d'accord sei; so hätte ich es bisher unterlassen, gegen Billy Graham Stellung zu nehmen. Ich glaube nicht, dass Sie es Bense gleichtun möchten, selbst wenn man Herrn Graham und den Atomkrieg nicht so unmittelbar einander gleichsetzt, wie es jenem wohl passen würde. Über die Atombombe zu schreiben, habe ich aus einem nicht leicht zu fassenden Grund immer wieder vermieden, vielleicht wegen der Disproportion zwischen der geballten Faust eines Intellektuellen und jener Einrichtung; sicher nicht aus Feigheit. In den «Eingriffen» steht immerhin ein Passus, der auch für diejenigen keinen Zweifel zulässt, die nicht willens sind, aus meinen anderen Sachen sich einen Reim auf diese zu machen. Ich bin überhaupt anmaßend genug, wenn überhaupt, mit Lesern zu rechnen, die extrapolieren können. Eine solche schriftstellerische Technik scheint mir von der Situation heute nicht weniger gefordert als einst im achtzehnten Jahrhundert.

Von dem nun, was Sie über meine Sprache schreiben, kann ich mir, ehrlich gestanden, nur sehr schwer vorstellen, dass Sie es ganz ernst meinen. Ihre Argumentation zeugt von einer wahren Besessenheit mit dem Gedanken an den Leser. Bei meinem Zeug sind Sie offenbar nicht einmal auf die Idee gekommen, dass es mir nicht um diesen geht, weder darum, ihn zu fangen, noch ihn zu brüskieren, sondern einzig um die möglichst adäquate und strenge Darstellung der Sache. Das ist wohl das einzige, was man sprachlich im Ernst wider die Kulturindustrie vermag. Jemand wie Sie, der von sich selbst sagt, er sei stilistisch nicht unempfindlich, sollte doch nicht die Stilintentionen, die ich verfolge, und für die ich allerdings bis zum Äußersten einstehen würde, mit Argumenten abtun, die in eine Sphäre fallen, von der Sie sonst nicht minder energisch sich distanzieren als ich; wo man die Verantwortlichkeit der Formulierung dem Autismus des Autors zur Last legt. Möchten Sie, dass ich an sprachlicher Anstrengung, an Dichte des Gedankens, oder wie man das sonst nennen will, nachlasse? Fasziniert Sie Brechts Positivismus, der selbst ein Missverständnis war? Muss ich Sie daran erinnern, dass der Schriftsteller nur soweit dem allherrschenden Bann zu widerstehen vermag, wie sein Produkt selbst einen Bann erzeugt? Ich appelliere an den Dialektiker in Ihnen.

Über die Angelegenheit Gehlen lässt sich rechten. Als ich mich einmal entschloss, nach Deutschland zu gehen, war ich mir darüber klar, dass ich es dann auch mit Nazis, ehemaligen oder hartgesottenen, zu tun bekommen würde; in jedem Augenblick nochmals darauf zu reflektieren, schiene mir naiv. Was wollen Sie da, zu dieser politischen Stunde, in Wien anfangen? Ich vermeide den Kontakt mit Menschen, die Gemeinheiten begangen haben; bei jemandem wie Gehlen, sicherlich einem der kompliziertesten Fälle, handelt es sich nicht darum, sondern um eine Haltung, die mir gewiss so schroff entgegengesetzt ist wie Ihnen, der gegenüber jedoch bloße Indignation nicht ausreicht. Zu diesem Punkt habe ich Ihnen wohl bereits einiges gesagt. Hinzufügen möchte ich, dass mir alles, was auch nur entfernt ans Patzige oder Krakeelhafte grenzt, grenzenlos fremd ist. Mannesstolz, der auf die eigene Intangibilität pocht, ist mir als ein Gestus der Selbstsetzung inkommensurabel, mag das immerhin ein Rudiment jener «betont bürgerlichen» Haltung sein, die Sie meiner Jugend attestieren. Ziemlich gleichgültig ist mir, wem ich die Hand schüttle, wofern nichts von dieser auf dem Papier kleben bleibt, das ich beschreibe. Diese Reaktionsweise dürfte sich auch auf jene Herren erstrecken, die Sie mit Recht Fernsehfritzen nennen. Ich bin zu sehr gewohnt, gesellschaftlich zu denken, um mir von der spontanen, aber isolierten Aktion des Einzelnen heute das mindeste zu versprechen. Da bin ich lieber brav und verlasse mich auf das Übergreifende, das, wenn ich Glück habe, von meinen Sachen ausgeht.

Hartnäckig sein muss ich in der Sache Benjamin. Ich weiß, mit einem leider bis dato allzu guten Gedächtnis, ganz bestimmt, dass Sie und ebenso Frau Arendt Benjamin damals als einen Caféhausliteraten bezeichneten, und nicht etwa unter der Klausel des relata refero; zu tief hat sich das mir eingeprägt. In unserer Jugend dürften Sie weit professoraler gewesen sein, als Sie es mir füglich im Alter vorwerfen können; ich mache Ihnen keinen Vorwurf daraus. An den frühen Divergenzen zwischen uns hat sicherlich ein gewisses Maß an Einverständnis schuld, das Sie damals den herrschenden akademischen Anschauungen zeigten, während ich mir zumindest bewusst bin, dass ich mich in Bezug auf diese Dinge nie im mindesten geändert habe. Mit ein wenig Selbstbesinnung werden Sie mir das wahrscheinlich konzedieren.

Eine Abschrift des Briefes über die Benjamin-Ausgabe lege ich bei; «Richtet selbst». Übrigens haben Sie in eben diesem Brief Tätigkeit an der Universität als das Nächstliegende bezeichnet und um Information wegen der akademischen Verhältnisse hier gebeten.

Ich hoffe, einigermaßen vollständig auf die Dinge zwischen uns beiden eingegangen zu sein, die Sie angerührt haben. Auch mir ist es ernst, und mir liegt daran, dass zwischen uns eine Atmosphäre sich herstellt, die dem entspricht, was wir heute sind; darum schrieb ich ebenso ausführlich wie Sie.

In ein paar Wochen kommt mein neues, leider reichlich langes

Musikbuch heraus, «Quasi una Fantasia», das ich Ihnen schicken werde. Mein großes philosophisches Manuskript kommt ganz schön vorwärts, ist freilich zum Teil noch in einem mir selbst höchst ungewohnten und beängstigenden: chaotischen Zustand.

Mit den freundlichsten Grüßen
Ihr ganz gewiss nicht minder alter
Adorno

14a Beilage (Kopie): s. Brief Nr. 1: Günther Anders an Theodor W. Adorno, Wien, 5.3.1951

15 Günther Anders an Theodor W. Adorno, Wien, 16.11.1963

Lieber Adorno,
Vielen Dank für Ihre ausführliche Antwort und für die Einlage, die Kopie meines Briefes vom März 51. Diese heutigen Zeilen sind nur ein bon für eine wirkliche Beantwortung Ihres Briefes. Auch ich muss immer auf eine sich zufällig auftuende Lücke in der Zeitmauer warten, um mit der erforderlichen Geruhsamkeit replizieren zu können.

Mit den freundlichsten Grüßen
Ihr
Günther Anders

16 Günther Anders an Theodor W. Adorno, Wien, 6.12.1963

Lieber Adorno,
Entschuldigen Sie bitte, dass auch ich mich erst nach so vielen Wochen melde. Es fällt mir im Augenblick nicht ganz leicht, ausführlich zu antworten, denn ich komme gerade aus Warschau,

wo ich die chinesische Affaire in the flesh miterlebte; und noch vorgestern war ich im dortigen Gestapokeller, und der Anblick der Prügelhölle und der verzweifelten Inschriften an den Wänden ist nicht gerade dazu geeignet, Konzentration zu erleichtern. Aber ich möchte doch, ehe das Jahr zu Ende geht, diejenigen disagreements, die wirklich auf bloßem Missverständnis beruhen, bereinigen: so dass nur die rechtmäßigen und worthwhile übrigbleiben, diejenigen, die wirklich auf Verschiedenheit der Positionen und der Temperamente beruhen. Ich antworte in der Reihenfolge Ihres Briefes und beginne mit dem Missverständnis, das mein Benjamin-Passus in meinem vor zwölf Jahren geschriebenen Briefe erzeugt hat. Diesen Passus haben Sie, da meine Formulierung ungeschickt war, falsch gedeutet. Das fatale «mindestens» am Ende der zweiten Zeile bezog sich wahrhaftig nicht auf Ihre Aufbewahrungsleistung. Vielmehr hatte ich damals, also im Jahre 51 gemeint: leider ist das *Andenken* an Walter in Deutschland erloschen. Von einer «Aufbewahrung» des Andenkens an Walter zu sprechen, wäre also falsch. – Zweites Missverständnis: Sie zweifeln (S. 2, 2. Paragraph) daran, dass ich eine Professur with all the dressings abgelehnt hätte, wenn mir eine solche angeboten worden wäre. Sie brauchen daran nicht zu zweifeln, die Konjunktive «hätte» und «wäre» sind falsch. Mir *ist* nämlich nach der Veröffentlichung der «Antiquiertheit» im Jahre 57 ein philosophisches Ordinariat in einer sehr großen deutschen Universität angeboten worden. Ich *habe* damals abgesagt. In meinem Absagebrief (dessen Kopie ich vermutlich noch besitze) habe ich damals Spinoza zitiert, jene Worte, mit denen er seine Weigerung, der Ladung nach Heidelberg zu folgen, begründete.* – Im Mai 51, 3/4 Jahre nach meiner Rückkehr, war es mir noch nicht möglich, die Entwicklung in Deutschland vorauszusehen: damals hielt ich es noch für durchführbar, im akademischen Rahmen die geistigen und moralischen Aufgaben zu erfüllen. –

Und nun diejenigen Punkte, die nicht auf bloßen Missverständnissen beruhen. Dass Sie sich eines Herrschaftwillens nicht

---

* [Siehe Dokument III, S. 92.]

bewusst seien, das muss ich Ihnen glauben; aber ganz verstehen kann ich das kaum. Die Art Ihres Auftretens und Ihres Sprechens wirkt oft terroristisch, und ich weiß von manchen Ihrer Schüler, dass sie unter dem, was sie als Terror empfanden, gelitten haben. Durchaus denkbar, dass, wer wie Sie nahezu jedem Menschen, den er trifft, an geistiger Kraft überlegen ist, und der sich im ständigen Kampf gegen Unwahrheiten und gegen Halb- und Viertelwahrheiten befindet, durch diesen nachdrücklichen Einsatz für das von ihm Eingesehene als drückend und diktatorisch empfunden wird, nein dadurch wirklich drückend wird. Was ich Ihnen da vorwerfe, wird mutatis mutandis oft auch mir vorgeworfen, und gewöhnlich bestreite auch ich den Terrorismus-Vorwurf, im besten Falle räume ich ihn als Laster einer Tugend ein; und was ich mir einräume, muss ich Ihnen natürlich ebenfalls einräumen. – Nein, mit Brecht habe ich Sie da nicht verwechselt. Aber auch ihm habe ich das – was unsere ohnehin schwierige Beziehung zuweilen für längere Zeiten unmöglich gemacht hat – dann und wann gesagt; und auch in meinem kleinen Bändchen, das ich in memoriam geschrieben habe, scheint das durch. (S. 30/31)

Der Paragraph über meine Habilitationsschrift: 100 % d'accord. Die Basis meiner damaligen, übrigens niemals veroffentlichten, Schrift war viel zu schmal. Ich schrieb wohl im letzten Briefe schon, dass Sie damals die zerschlissenen Reste aus Freiburg als meinen neuesten Anzug missverstanden. Dass ich heute Ihre absolute Überlegenheit in Sachen Musikphilosophie gerne zugestehe, brauche ich wohl kaum ausdrücklich zu sagen.

Dank für den letzten Paragraphen auf S. 1. Den verzweifelten Kampf um Arbeitszeit begreife ich nur allzu gut. Mir schien damals, dass das Solidaritätsrecht (Solidarität der Remigranten, die im Schutt neu begannen) das Recht auf Arbeitszeit zu brechen hatte.

S. 2. Dass Sie aus der Professur etwas total Anderes machen als andere, sogar als alle anderen Professoren, bezweifle ich nicht. Und trotzdem erscheint mir eine solche offizielle Stellung heute als eine Fessel. Nicht nur als eine Fessel des Schreibstils, sondern auch des Tätigkeitsstils. Ich jedenfalls hätte gewisse Aktionen, die mir heute unerlässlich scheinen, als Professor niemals durchführen können, wohl auch nicht dürfen. Und ich glaube, dass mein Sprachgestus in gewissen Sprechsituationen, auf die ich nicht verzichten kann, seine Direktheit und Stärke verlieren würde, wenn ich mich daran gewöhnen würde, täglich im Lehrbetrieb zu einem bestimmten Typ von Menschen, eben zu Studenten, zu sprechen. Mein Fall mag ein Spezialfall sein. Aber da die Bombe ja nicht nur über den Dächern der Universitäten hängt, und da das Verhängnis ja nicht nur die unhappy few, die wissen, was los ist, bedroht, fühle ich mich geradezu dazu verpflichtet, einen Ton und eine Sprache zu finden, mit der ich die unhappily happy crowd erreichen kann. – Natürlich haben Sie (Schlussparagraph S. 2) völlig recht, wenn Sie betonen, dass die Texte für Extrapolierfähige heute nötiger als je sind. Solche Texte versuche auch ich ja herzustellen. Nichts wäre scheußlicher als im Massmedia-Stil gegen Massmedia-Stil zu schreiben – was heißt «wäre», denn das ist heute ja gang und gäbe. Da liegt die große Schwierigkeit auch für mich. Ob es mir oft gelingt, diejenige Sprache zu finden oder zu erfinden, die wirklich die Masse trifft, ohne im mindesten Massenstil zu sein, das weiß ich nicht. Aber Ihr Vorwurf, dass ich monoman an den Hörer oder Leser dächte, scheint mir unberechtigt. Die Alternative zwischen diesem meinem Bemühen und Ihrem Bemühen um «Strenge» scheint mir keine echte Alternative zu sein. Schließlich setzt ja jede Form von Strenge bereits einen bestimmten Hörer voraus, eine freischwebende Strenge oder Genauigkeit – wem sage ich das? – gibt es ja nicht. Dass ich damit nicht in favour of popularization spreche oder solche von Ihnen erwarte, brauche ich ja nicht zuzufügen. Die für Mundharmonika bearbeitete Kunst der Fuge ist mir genau so grauenhaft wie Ihnen, der popularwissenschaftliche Stil viel schlimmer als der akademische Stil, von dem er polemisch abhängt. Nur glaube ich eben – und hier scheiden sich eben unsere Wege –, dass man zuweilen für Mundharmonika komponieren muss, weil die Leute kein anderes Instrument haben, auf dem sie sich die heutige notwendige Melodie vorblasen können.

Gehlen und ehemalige Nazis. Auch da sind unsere Positionen, jedenfalls unsere Benehmensformen, wirklich verschieden. Sie fragen, was ich bei meiner Weigerung, mit Ex-Nazis das Minimum an Verkehr aufzunehmen, in Wien tun kann. Antwort: zum Beispiel die hiesige Antiatombewegung hier organisieren. Im übrigen ist Wien für mich vor allem Arbeitsplatz und headquarters, denn ich bin ja sehr häufig im Ausland. Ein paar Männer sind hier, die absolut unantastbar geblieben sind, mit denen stehe ich freundschaftlich; ein paar Rückkehrer, die gleichfalls völlig in Ordnung sind; und viele Jugendliche, die keine Vergangenheit zu bewältigen haben, und die sehr erfreulich und durchaus erreichbar sind. – Ich persönlich fühle mich außerstande – aber das sehe ich nicht als Regel an – mich mit einem Mann wie Gehlen auf ein Minimum von Gespräch einzulassen: auf Grund gemeinsamen geistigen Niveaus und zweifellos gemeinsamer Interessen könnte das Gespräch in ein wirkliches Gespräch ausarten, das den Anschein eines gemeinsamen, entschuldigen Sie schon das Wort, «Humanitätsnenners» hervorbrächte: und diese Situation darf, so scheint mir, nicht entstehen, es sei denn es kündige sich als Möglichkeit eine wirkliche Revision des Vergangenen an. Solche Fälle kenne ich, so bin ich zum Beispiel mit Manstein befreundet, der in der Zeit, in der wir atemlos die Eroberung Europas durch die Invasionsarmeen aus der Ferne beobachteten, als leidenschaftlicher Fallschirmspringer dabei gewesen war; der sich nun aber, und nun schon seit Jahren, im Kampf gegen Atomrüstung total aufreibt.

Folgt der Benjamin-Passus. Da kann ich das seinerzeit schon Geschriebene nicht mehr durch Neues ergänzen.

So. Durch die Ausführlichkeit und Offenheit dieses unseres Briefwechsels ist, so glaube ich und so hoffe ich, schon etwas erreicht. Ich wünsche Ihnen nun, dass Sie sich Ihre wirklich wunderbare Arbeitskraft weiter so erhalten können wie bisher und freue mich auf Ihr neues Buch. Zwar komme ich zu weniger, hoffe aber ebenfalls, Ihnen in nicht zu ferner Zukunft auch einen neuen Band zuschicken zu können. Ein Stückchen aus meiner Konformismustheorie werden Sie demnächst im «Merkur» finden.

Mit freundlichsten Grüßen und ein gutes 1964
Ihr
Günther Anders

17 Theodor W. Adorno an Günther Anders, Frankfurt am Main, 10.12.1963

Lieber Anders,
schönsten Dank für Ihren Brief. Ich habe das Gefühl, wir sind wirklich weiter gekommen; alles andere sollten wir der Entwicklung überlassen, vor allem auch unserem nächsten Zusammensein, das hoffentlich nicht zu sehr sich verzögert.

Als ein kleines Zeichen habe ich Ihnen unterdessen mein neues, ziemlich umfangreiches Buch «Quasi una Fantasia» schicken lassen und bin recht begierig, wie es Ihnen gefallen wird.

Die sprachkritische Arbeit «Jargon der Eigentlichkeit», aus der Sie vielleicht ein Bruchstück in der «Neuen Rundschau» sahen, habe ich unterdessen ganz von dem philosophischen work in progress abgetrennt, und sie soll im kommenden Herbst in der «edition suhrkamp» erscheinen. Die Schwierigkeiten der Formulierung und vor allem der Organisation sind diesmal ganz außerordentlich. Noch im Winter, etwa Februar, wird es in der «edition suhrkamp» eine andere Sache von mir geben, eine Sammlung kleinerer Aufsätze, seit fast 40 Jahren, unter dem Titel «Moments musicaux». Die Umbruchkorrektur ist schon gelesen, aber ich habe auch da bis zum letzten Augenblick wahnsinnig ändern und schleifen müssen. Man hat's halt schwer.

Ihre Wünsche erwidere ich aufs herzlichste. Ich selbst werde, wie die Großmutter aus dem Lesebuchgedicht, kaum einen Feiertag kennen, obwohl ich im Schatten der Grippe dahinschleiche.

Sehr herzlich, auch an Ihre Frau,
Ihr alter
Adorno

18 Günther Anders an Theodor W. Adorno, Wien, 13.12.1963

Lieber Adorno,
Herzlichsten Dank für Ihren Dank. Ja, auch ich habe das Gefühl, dass die Ausführlichkeit unseres Briefwechsels ihr Gutes gehabt hat, und ich freue mich über diese détente.

Mit den schönsten Ferienwünschen
Ihr
Günther Anders

19 Günther Anders an Theodor W. Adorno, Wien, 9.2.1964

Lieber Adorno,
Rasch nur ein paar Worte, um Ihnen für die zwei neuen Bände zu danken. Den ersten erhielt ich gerade am Tage nach einer Operation, und dieser wurde über der Lektüre Ihrer Seiten zu quasi una fantasia. Wenn ich nicht wüsste, wie verflucht leicht Missverständnisse zwischen uns ausbrechen, würde ich sagen, einige dieser Seiten sind so, als hätten Sie den von Benjamin fallengelassenen Stift wieder aufgenommen und über Dinge, über die er nicht hätte schreiben können, sein Werk fortgesetzt. Noch einmal, bitte kein Missverständnis.

Ohne die Krankheit hätte ich gar keine Lektüre-Zeit gehabt. Ich bitte Sie darum, mit Ihrem nächsten Buch etwas abzuwarten, denn ich beabsichtige nicht, so bald wieder krank zu werden.

Mit herzlichen Grüßen
Ihr
Günther Anders

20 *Günther Anders an Theodor W. Adorno: Briefkopie Günther Anders an Hans Deutsch, Laigueglia, 18.6.1964*

Kopie zur Informierung*

Lieber Herr Professor Deutsch,
Sie werden wohl zugeben, dass das, was da im Forum geschehen ist, nicht nur einen Lapsus darstellt, sondern einen Skandal. Zu den sechs Seiten von Herrn Professor Torberg habe ich Folgendes zu bemerken:

Torberg hat einen Text von mir veröffentlicht, ohne mich, den Autor, um Autorisierung zu fragen. Diese hätte ich ihm, wie auch Sie wissen, nicht gegeben.

Er hat ihn in einer entwürdigenden Form veröffentlicht, nämlich in kleine Fetzen zerrupft.

Und das, obwohl ich Ihr generöses Angebot, meinen Artikel zu bringen, aus Rücksicht auf Sie, trotz Ihres wiederholten Handausstreckens, ausgeschlagen hatte. In Gegenwart Ihrer Familie hatte ich Ihnen erklärt: «Offenbar übersehen Sie im Augenblick nicht, in welche Schwierigkeiten Sie sich dadurch hineinlavieren würden.»

Und das, obwohl Sie mir damals zugesichert hatten, dass Sie Herrn Professor Torberg mahnen würden, und dass Sie dafür bürgen könnten, dass nach Ihrem Gespräch mit ihm so etwas wie die erste Attacke auf mich nicht noch einmal im Forum vorkommen würde. Zu meinem großen Bedauern kann ich Ihren Bürgschaften nicht mehr glauben.

Auf die sachlichen Unrichtigkeiten, von denen Herrn Professor Torbergs Text wimmelt; oder von der Tatsache, dass er jubiliert, weil Eatherly die Bombe nicht abgeworfen habe (was weder Eatherly noch ich jemals behauptet haben, im Gegenteil: in seinem Briefwechsel mit mir betont er ausdrücklich, dass er das nicht getan habe), will ich nicht weiter eingehen. Aber wenn

* [Handschriftliche Notiz von Günther Anders]

jemand diesem Briefwechsel mit Eatherly, der heute bereits als ein Dokument unserer Zeit gilt, nachzusagen wagt, er «stinke», er stinke sogar «zum Himmel»; oder wenn jemand im Zusammenhang mit mir von «die Hosen voll» spricht; oder wenn jemand mich, einen mehr als sechzigjährigen und nicht unanerkannten philosophischen Autor mit «Burschi» anredet, dann lasse ich mir das nicht gefallen, dann schlage ich zurück. Jeder Mensch mit Ehre wird das verstehen. Also auch Sie.

Und ebenso werden Sie es wohl verstehen, dass ich diese Angelegenheit vermutlich meinem Anwalt werde übergeben müssen. Dieser Schritt kann nur durch Ihr persönliches Eingreifen vermieden werden. Nur dadurch, dass Sie selbst eine ausführliche und unzweideutige Erklärung im Forum abgeben; eine Erklärung, die wirklich als großer und nur diesem Thema gewidmeter Artikel im nächsten Heft des Forum erscheinen müsste; einer Erklärung, in der Sie Herrn Professor Torbergs Darstellung Ihres Verhältnisses zur mir (dass Sie mich «loswerden wollten») unmissverständlich als das bezeichnen, was sie ist; und in der Sie bestätigen, dass Sie mich im Gegenteil, enttäuscht über Leisers Film, wiederholt gedrängt haben, aus dem Material einen besseren Film zu machen. Dass Sie mich auch in Gegenwart meines damaligen Anwaltes Professor Peter darum gebeten haben, und dass darüber Aktennotizen existieren; dass Sie mich immer wieder, auch bei unserem letzten Treffen im Mai (als ich Ihnen das Janouch-Skript überreichte) darum gebeten haben, meine Produktion verlegen zu dürfen; und dass ich dieses Angebot, da ich zwei anderen Verlagshäusern vertraglich verpflichtet bin, stets habe ablehnen müssen.

Machen Sie es sich bitte klar, Herr Deutsch, wie Sie nun dastehen. Sie haben es zugelassen, dass ein Autor, dessen Hilfe Sie gerne akzeptiert haben, in Ihrem Organ auf das ehrenrührigste und abgeschmackteste beleidigt wird. Wenn ich diese Möglichkeit geahnt hätte – aber das wäre Ihnen gegenüber unverschämt gewesen – dann hätte ich natürlich die Beziehung zu Ihnen vorher aufgegeben und das Buchmanuskript von Janouch einem anderen Verlage zugeleitet.

Ich kann es mir vorstellen, dass Ihnen das alles mir gegenüber entsetzlich peinlich ist, und ich möchte nicht in Ihrer Haut stecken. Mir tut das leid. Aber Schuld daran trägt ausschließlich Herr Professor Torberg. Das einzig Tröstliche ist, dass die peinliche Situation durch Ihr Eingreifen ja doch noch in Ordnung gebracht werden könnte. Und darum bitte ich Sie dringlich.

Mit herzlichen Grüßen
Ihr
Günther Anders

21 *Günther Anders an Theodor W. Adorno, Wien, 16.10.1964*

Lieber Adorno,
Soeben erfahre ich, dass Sie in einer Woche hier über den Jargon der Eigentlichkeit sprechen werden. Eigentlich würde ich natürlich in den Vortrag kommen. Aber der Demiurg der schedules hat es bestimmt, dass ich, während Sie wienwärts fliegen, frankfurtwärts fliege, ebenfalls um zu sprechen. Da nun aber die Chance, Ihnen das irgendwo in between in den Lüften von Düse zu Düse verständlich zu machen, gering ist, teile ich Ihnen meine Abwesenheit voll Bedauern heute schon mit. Denn mir liegt viel daran, dass, wenn es schon Spannungen zwischen uns gibt (oder solche noch geben sollte), diese nicht durch typisch lieber Gott-hafte Zufälle aufrechterhalten oder gesteigert werden.

Herzliche Grüße
Ihr
Anders

22 *Theodor W. Adorno an Günther Anders, Frankfurt am Main, 23.4.1965*

Lieber Anders,
es ist wieder eine Ewigkeit, dass wir nichts voneinander gehört haben. Heute möchte ich Sie nur fragen, ob meine beiden letzten

Libelli, der «Jargon der Eigentlichkeit» und der dritte Band der «Noten zur Literatur», in Ihre Hände gelangt sind – sonst werde ich mich darum noch kümmern. Ich bin übrigens, als ich den Text über Kraus verfasste, den die «Noten» enthalten, zu meiner großen Freude darauf gestoßen, dass er in «Sittlichkeit und Kriminalität» sehr freundlich Ihren Vater nennt; zu meinem Erstaunen darauf, dass in dem gleichen Buch auch Freud überaus positiv erwähnt wird.

Ich selbst stecke immer noch in meinem großen Buch, und kann ein Ende kaum absehen, obwohl es länger als bis zum nächsten Jahr nicht mehr dauern darf, wenn es nicht ins Monströse zerfließen soll. Aber selbst wenn ich die Sachfragen einigermaßen bewältigen könnte, sind die der Formulierung, und der endgültigen Organisation, immer noch prohibitiv. Wenn ich wieder auf die Welt komme, werde ich playboy. Unterdessen ist an Größeres kaum zu denken, nur an Nebenprodukte, deren mir wichtigstes aus dem letzten Jahr der Strauss-Essay aus der «Neuen Rundschau» war, den Sie wohl lasen. – Unmittelbar nach Semesterende war ich in Paris. Es war eine reiche und wahrhaft anregende Zeit, vor allem auch durchs Zusammensein mit Beckett; aber ich kam noch erschöpfter zurück, als ich hingekommen war, und habe mich nun erst in Baden-Baden wieder einigermaßen in Ordnung gebracht. Wenigstens das Rohdiktat des Dialektikbuchs, mit ungezählten Einfügungen und Ergänzungen, nähert sich dem Ende; aber dann fängt die Quälerei erst recht an.

Lassen Sie mich doch wissen, was Sie tun; auch, ob der junge Eichmann irgend reagiert hat. Diese Frage schließt ja gleichsam ein philosophisches Experiment ein und einen zwischen uns kontroversen Problemkomplex. Aber darüber können wir hoffentlich einmal reden. Mit Wien wird es wohl bei mir dies Jahr nichts werden; zumal man zum Europa-Gespräch mich nicht eingeladen hat, und ich ungern in der Haltung des Touristen komme, der da nach dem Rechten sieht.

Herzlichst
stets Ihr
Adorno

23 *Günther Anders an Theodor W. Adorno, Wien, 12.12.1966*

Lieber Adorno,
Soeben kommt Ihr opus magnum an. Congratulations! Bin so gespannt, dass ich fürchte, meine Terminarbeiten werde ich in den nächsten Tagen schmökernd vernachlässigen.

Herzlichste Grüße
Ihr
Günther Anders

24 *Theodor W. Adorno an Günther Anders, Oktober 1968: Erklärung von Günther Anders*

ERKLÄRUNG*

~~Wir, Geistige und Künstler,~~ Die unterzeichnenden Intellektuellen aus Österreich sowohl wie von auswärts, müssen mit Bedauern und voll Scham feststellen, dass Kollegen von uns: repräsentative, ~~schöpferisch~~ produktiv und reproduktiv tätige Vertreter der modernen Musik von dem Generalsekretär des Wiener Konzerthauses, Herrn Peter Weiser, mit despektierlichen Ausdrücken belegt worden sind. (Peter Weiser-Interview von Franz Endler in «Die Presse» 19./20.10.68 unter dem Titel «Waghalsiges nur außerhalb der Saison»). Namen hat Herr Weiser in diesem Interview zwar nicht genannt. Da aber die Beleidigungen ausnahmslos in Zusammenhang mit der Instrumentalgruppe «Die Reihe» gefallen sind, kann für niemanden ein Zweifel darüber bestehen, dass es sich bei den von Herrn Weiser Beleidigten

* [Typoskript von Günther Anders mit handschriftlichen Korrekturen von Theodor W. Adorno]

um die Gründer der «Reihe» Friedrich Cerha und Kurt Schwertsik und um den von der «Reihe» repräsentativ herausgestellten, in Wien lebenden, Komponisten György Ligeti handelt. Wir Kollegen dieser Männer begreifen es nicht nur, vielmehr begrüßen wir es, dass die~~se~~ genannten und die mit ~~diesen~~ ihnen zusammenarbeitenden ~~erstrangigen~~ hervorragenden Instrumentalisten darauf verzichten und es als unter ihrer Würde ansehen, in Zukunft mit dem Beleidiger zusammenzuarbeiten, und wir solidarisieren uns mit ihrem Entschluss, ihre Konzerte abzusagen. Mit großer Genugtuung erfüllt es uns ferner, dass die zwei von Herrn Weiser den Herren Cerha und Ligeti als Moderne von Format gegenübergestellten Komponisten: der Franzose Boulez und der Pole Lutosławski sofort ihre Indignation über die Behandlung ihrer hiesigen Kollegen ausgedrückt und angekündigt haben, dass sie ihrerseits, nach weiterer Informierung, Protest erheben würden.

Im Ausland, wo die Kompositionen und die Aufführungsverdienste der von Herrn Weiser in erster Linie verächtlich behandelten Komponisten und die Qualität der Aufführungen der Gruppe «Die Reihe» bekannt sind, würde es sich erübrigen, auf diese Meriten eigens aufmerksam zu machen. ~~Hier zuhause~~ In Wien ist es bedauerlicherweise notwendig, noch einmal zu betonen, dass einerseits die Kompositionen von Ligeti und Cerha international im Rundfunk und in Konzerten aufgeführt werden und Bewunderung finden; und dass es andererseits allein Cerha zu danken ist, wenn nach einem Interregnum der Barbarei die unterdrückten Meisterwerke der Wiener Schule wieder zum Leben erweckt worden sind, und wenn Wien zu einer ernst zu nehmenden modernen Musikstadt geworden ist. Herr Weiser ist dieser Ansicht nun allerdings nicht. Denn in seinem erwähnten Interview findet er: «In Wien müssten wieder große Persönlichkeiten wirken». An die Bedeutung der in Wien lebenden Komponisten, so schreibt der Interviewer, glaubt er nicht, vielmehr wünsche er, «dass die neue Musik in Wien künftig wieder durch gewichtige Musiker repräsentiert» werde. – Was Herr Weiser mit der wiederholten Verwendung des Wortes «wieder» meinen kann, bleibt unerfindlich, im besten Falle führt es in die Irre, denn bekanntlich hat Cerha seine Gruppe aus dem Nichts aufgebaut und wenn man «wieder» zu den alten Zuständen zurückkehren würde, dann würde man sich in einen Zustand zurückbegeben, in dem moderne Musik, wenn überhaupt, nur ganz sporadisch, unsystematisch oder im kleinsten Kreise gepflegt worden war.

Vollends evident wird die Mentalität des auf so verantwortlichem Posten stehenden Konzertadministrators, wenn man sich seine Programmprinzipien anschaut. Bekanntlich hat Herr Weiser, beschmunzelt von den Kunstfreunden des In- und Auslandes, unter dem Dachtitel «Die 5. Symphonie» einen Konzertzyklus aufgebaut, in dem er alle fünften Symphonien aller großen Meister aufführen lässt, weil diese angeblich «das höchste Niveau jedes Komponisten» darstellen. Ein sinnvolleres als dieses rührende (auch musikgeschichtlich ~~natürlich unrichtige~~ groteske) Programmprinzip hat sich der geistig offenbar überforderte Herr Weiser nicht einfallen lassen können. Es erfüllt einen mit Mitleid, wenn man beobachtet, wie er versucht, diesen Mangel durch Größenwahnsinn wieder auszugleichen, jedenfalls kündigt er in seinem Interview an: «Ich werde noch so weit kommen, dass ich meine Gesprächspartner» (sc. die Meisterdirigenten) «ganz einfach zu bestimmten Programmen zwingen werde».

*

Die Unterzeichner erfüllt es nicht gerade mit hohem Stolz, dass ein Mann, der solche Naivität mit einer solchen Möchtegerndiktatoren-Geste verbindet, die Chance hat, eine Schlüsselstellung in der Organisierung des österreichischen Musiklebens, auch der Festwochen, einzunehmen, und seine inkompetenten Urteile und Verurteilungen im respektabelsten Blatte des Landes zum besten zu geben. Sie hoffen im Interesse der Kunst, der Sauberkeit des Kulturlebens und des Prestiges dieses Landes, dass ein derart lächerlicher Zustand in absehbarer Zeit abgestellt werden könne.

*Bitte die eingezeichneten Änderungen durchführen. Dann unterzeichne ich es mit Freuden!

Herzlichst Ihr
Adorno

---

* [Handschriftlicher Zusatz von Theodor W. Adorno]

25 *Theodor W. Adorno an Günther Anders, Frankfurt am Main, 1.11.1968*

Lieber Anders,
aus Graz hatte ich Ihnen sogleich Ihren Aufruf mit ein paar Änderungen zurückgeschickt und mich bereit erklärt, meinen Namen darunter zu setzen, wenn Sie diese Änderungen durchführen. Sie erklären sich von selbst; selbstverständlich handelt es sich nicht um Abschwächungen, aber Sie werden verstehen, dass ich in einem Text, den ich zu unterschreiben habe, mich nicht unter die «Geistigen» subsumieren möchte, die mich einerseits an Kurt Hiller, andererseits an die Arbeiter der Stirn und der Faust erinnern. Hoffentlich haben Sie sich in der Lage gesehen, meiner Bitte Rechnung zu tragen. Sehr dankbar wäre ich Ihnen für ein bestätigendes Wort.

Es war schön, Sie an dem Wiener Abend zu sehen, nur leider arg kurz. Die Grazer Sache ist recht interessant verlaufen, und ich bin auf die Wirkung gespannt.

Ihnen Beiden alles Herzliche von
Ihrem
Adorno

26 *Günther Anders an Theodor W. Adorno, Wien, 4.11.1968*

Lieber Adorno,
Sehr herzlichen Dank für Ihre Zeilen aus Frankfurt. Ich hätte Ihnen längst schon meinen Dank für die prompte Unterzeichnung des Textes ausgesprochen, wenn ich gewusst hätte, dass Sie bereits wieder zuhause sind. Erst einmal: ich habe pauschal alle Ihre Veränderungsvorschläge übernommen, mich über Ihre Ersetzung des Wortes «unrichtig» in «grotesk» gefreut, dagegen die Zusammenfassung von «Geistigen und Künstlern» in «Intellektuelle» als nicht ganz opportun empfunden, weil ich gehofft hatte, auch Signierer zu finden, die als Künstler zu bezeichnen

sinnvoller wäre, als sie als «Intellektuelle» zu bezeichnen. Da Sie aber Ihre Unterschrift von der Annahme Ihrer Veränderungen abhängig gemacht haben, habe ich Ihre Version in toto akzeptiert.

Was freilich aus dieser Aktion werden wird, das ist noch völlig unübersehbar. Bisher hat außer Ihnen (und mir) nur Hoflehner unterschrieben, Frau Berg hat leider erst einmal (weil sie noch immer unter dem Schock der Willnauer-Affaire steht, und deshalb unter Berührungsangst vor allem, was mit Druckerschwärze zu tun hat, leidet) abgesagt, aber ich habe ihr in einem langen Briefe noch einmal zu erklären versucht, wie wichtig es wäre, wenn durch ihre Unterschrift gewissermaßen die Unterschrift von Alban Berg selbst unter diesem Text stehen würde, und wie viele Menschen sich genieren würden, einen von ihr signierten Text aus Ängstlichkeit nicht mitzusignieren. Auf diesen zweiten Brief an Frau Berg habe ich noch keine Antwort. – Von Herrn Kaufmann, den ich auf Anraten der Musiker, deren Würde at stake war, ebenfalls um eine Unterschrift gebeten hatte, bekam ich einen, milde gesagt, befremdlichen und von oben herab geschriebenen Brief mit Ausdrücken wie «leise komisch» – worauf ich zu reagieren weder Lust noch Zeit habe.

Als ich Sie hier in Wien sprach, erwähnte ich vermutlich kurz, dass die zwei Cerhas ein paar Tage nach der in der Presse veröffentlichten Beleidigung bei uns waren, um das Problem durchzusprechen, und dass ich Cerha riet, zusammen mit Ligeti es als unter ihrer Würde zu bezeichnen, weiter unter den Fittichen eines Mannes wie Weiser weiterzuarbeiten. Das haben in der Tat Cerha und Ligeti getan, den kurzen Text haben sie Presseagenturen übergeben, das Faktum ihrer Nichtmitarbeit mit Weiser ist also etabliert. In meinem Gespräch mit Cerha hatte ich diesem zugesagt, dass, wenn erst einmal die Beteiligten eine solche Verweigerungserklärung veröffentlicht haben würden, eine Solidaritätsaktion von nicht direkt Beteiligten versucht werden könnte; dass es aber nicht genügen würde, den Protest im Stile von: «Lieber Peter, das war nicht nett von dir, das nächste Mal benimm dich bitte netter» aufzusetzen, sondern dass unzweideutig die Ersetzung von Herrn Weiser durch einen kompetenteren und auch in anderer Hinsicht diskutableren Mann verlangt werden müsste. Cerhas haben das sofort verstanden; Ligeti, dem ich den Text über das Telephon vorlas, ebenfalls.

Ein paar Tage später schlug das Wetter dann um, als, letztlich verursacht durch meine erste Aktion, die IGNM eine Mitgliederversammlung berief, an der ich als Nichtmusiker natürlich nicht teilgenommen habe. Über die Verhandlung weiß ich nur Bescheid durch Berichte, teils durch Ligeti, der mich sehr ausführlich telephonisch informierte. Mein Text lag dort vor. Die angeblichen Gründe dafür, dass keines der Mitglieder den Text unterschrieben hat, waren a) dessen Länge b) meine Benutzung des Programmprinzips «5. Symphonie» als Zeugnis für Weisers «Qualitäten». Gegen Cerhas Willen (Herr Polnauer, der bereits zugesagt hatte, und Herr Ligeti, zu dessen Besten ich diese Aktion schließlich auf die Beine zu stellen versucht hatte, wurden unsicher) wurde beschlossen, dass IGNM von drei Mitgliedern einen neuen, kürzeren Text aufsetzen lassen solle – was unterdessen geschehen ist, ich kenne diesen nicht wörtlich, denn man hat ihn mir nicht zugeschickt, aber Cerhas teilten mir kopfschüttelnd mit, dass a) der Text nicht kürzer sei als meiner b) die 5. Symphonie ebenfalls vorkomme – dass nur eben der Text nicht auf das abziele, worauf der meine abgezielt hatte, nämlich auf eine Ersetzung Weisers durch einen Besseren. Leider habe ich auch das Gefühl, dass die IGNMler nicht recht begreifen, dass dieser Fall exemplarisch ist; dass, was heute Ligeti und Cerha geschehen ist, morgen dem oder jenem passieren könnte, und dass man in der Durchfechtung des Falles jeden Augenblick lang deutlich betonen muss, dass es sich hier nicht um einen Einzelfall handle, sondern um ein Symptom; und dass hier diejenige Machtgruppe, die Inkompetente in Schlüsselstellungen hineinbugsiere, bekämpft werden müsste.

Da außer Ihrer und Hoflehners Unterschrift keine weitere eintraf, wandte ich mich vorgestern an Frau Tobisch, da diese ja selbst einen ähnlichen Kampf gegen den törichten Haeusserman geführt hatte, andererseits eine Wiener Personalkenntnis besitzt, die mir natürlich nicht zukommt. Außerdem betonte ich in meinem Telephongespräch, wie peinlich es mir sei, eine Unterschrift von Ihnen zu haben und diese dann u. U. (einfach deshalb weil die Zahl derer, die den Mut aufbringen zu unterschreiben, zu gering sei) «in den Kübel» zu werfen. Frau Tobisch hat umgehend mit mehreren Bekannten gesprochen, u. a. auch mit Herrn Fiechtner, der eben angerufen hat, und den ich dringend darum gebeten habe, seinen Namen nicht zu verweigern. Seine Antwort steht noch aus.

So, da hätten Sie einen Report über den Sturm in diesem schmuddligen Wasserglase, das das hiesige Kulturleben darstellt. Da Sie sofort *ja* gesagt haben, hatte ich das Gefühl, Ihnen einen genauen Bericht zu schulden.

Herzliche Grüße Ihnen Beiden, auch von Charlotte
Ihr
Günter Anders

27 Theodor W. Adorno an Günther Anders, Frankfurt am Main, 15.11.1968

Lieber Anders,
schönsten Dank für Ihren Brief, der die Komplexität der Angelegenheit jenes Aufrufs entfaltet. Heute rief mich Ligeti an, der sich gerade hier befindet – leider ist noch ganz ungewiss, ob ich ihn sehen und sein Stück hören kann, weil ich die kommenden Tage in nicht vorstellbarem Maß überlastet bin. Er sagte mir nun, er hielte es aus triftigen Gründen für besser, wenn der Aufruf *nicht* erscheint. Da nun auch Ihr Brief etwas Ähnliches zumindest als möglich unterstellt – und da ich den Aufruf in erster Linie Ligetis wegen unterschrieben habe –, so möchte ich anregen, dass wir, vor allem um ihm und Cerha nicht zu schaden, auf die Publikation verzichten. Dass ich damit nicht mich zurückziehen und vor der Verantwortung drücken möchte, muss ich Ihnen nicht sagen; aber ein solcher Aufruf hat ja wohl nur dann Sinn, wenn er denen, zu deren Gunsten er in die Welt geht, auch wirklich hilft, und obendrein wäre es nicht geschickt, wenn wir uns der Gefahr aussetzten, dass wir so desavouiert würden,

wie es mir einmal in Amerika widerfuhr, als ich einen Aufruf für Ernst Bloch publizierte.

Ich hoffe sehr auf Ihr Verständnis. Vielleicht lassen Sie mich Ihre Meinung wissen.

Herzlichst
stets Ihr
Adorno

28 *Günther Anders an Theodor W. Adorno, Wien, 18.11.1968*

Lieber Adorno,
Ja, auch ich hatte ja bereits angeregt, wofür Sie plädieren: nämlich auf den Text, bzw. dessen Veröffentlichung, zu verzichten. – Ganz rasch, to keep you well posted, die zwei letzten kleinen Wellen in dem hiesigen Wasserglassturm: erstens: haben hiesige offizielle Stellen (Operndirektion etc.) den von Ihnen und mir unterschriebenen Text für ein Produkt von Lothar Knessl gehalten – was ungeheuer ehrenvoll für Knessl ist, da dieser kein Schriftsteller sondern ein Schriftstammler ist. Aber der Ärmste hat beinahe seine (mir nicht näher bekannten) Funktionen verloren. – Zweitens: der besagte Weiser benutzte umgehend die Abwesenheit von Ligeti, um hinter dessen Rücken die Aufführung eines Ligeti-Stückes durch eine Grazer Gruppe hier im Konzerthaus anzukündigen. Damit sollte ein Keil zwischen L. und Cerha geschlagen werden – was misslungen ist, da es noch möglich war, via Frau Ligeti Ligeti zu erreichen, der prompt (was heute in Fettdruck in den Blättern steht) die Aufführung verboten hat. Diese Blamierung Weisers, die dieser sich selbst zu verdanken hat, ist viel stärker, als es die Blamierung durch meinen Text gewesen wäre. Now I'm trying to forget about the whole thing.

Herzlichst
Ihr
Günther Anders

Dokumente zum Briefwechsel mit Theodor W. Adorno

I Nicht abgeschickter Briefentwurf: Theodor W. Adorno an Günther Anders, 12.3.1951

Entwurf

Lieber Herr Stern,
schönsten Dank für Ihren Brief. Meine Freude über ihn wird einigermaßen getrübt durch den gönnerhaften Ton, in dem Sie von der Charakteristik Benjamins reden. Sie können eine Arbeit von mir anerkennen oder schärfstens ablehnen und mir das rückhaltlos sagen, aber einem Text wie diesem von oben herab, und ohne überhaupt auf ihn einzugehen, zu attestieren, dass er «mindestens» Benjamins Züge aufbewahrt habe, setzt doch wohl ein falsches Verhältnis zwischen uns. Gerade um unserer Beziehung willen möchte ich das sans façon zum Ausdruck bringen. Dazu glaube ich mich umso mehr berechtigt, als ich mich noch sehr gut daran erinnern kann, wie abschätzig Sie zu Wertheimer'schen Zeiten mir gegenüber von Benjamin als einem «Literaten» sprachen.

Auf Ihre Publikationen bin ich gespannt. Ein Exemplar der «Philosophie der neuen Musik» hatte ich vor einiger Zeit an die Universaledition geschickt und erhielt es prompt zurück; offenbar sind Büchersendungen nach Österreich immer noch unmöglich. Wir werden uns also gedulden müssen, bis Sie entweder in Deutschland auftauchen oder wieder drüben sind.

Die Verhältnisse an der hiesigen Universität, an der ich neben meiner Institutstätigkeit als a. o. Professor lehre, sind einigermaßen unübersichtlich. Das zweite Ordinariat – das erste hat

Horkheimer inne – ist nach der Berufung Gadamers auf den Jaspers'schen Lehrstuhl unbesetzt und wird es wohl während des nächsten Semesters bleiben; ehe jemand ernannt ist, wird wohl im Bereich der Philosophie kaum irgend etwas erfolgen, und Ästhetik und allgemeine Kunstwissenschaft rangieren noch nicht wieder als eigens zu vertretende Disziplinen. Sobald sich etwas ändert, will ich es Ihnen gerne mitteilen.

Wenn Sie Berthold Viertel und seine Frau sehen, grüßen Sie sie doch sehr herzlich von mir.

Unterdessen mit den freundlichsten Empfehlungen, auch an Ihre Frau
Ihr

*Sterns Brief ist zugleich anbiedernd und unverschämt. Mein Vorschlag: mit 2 Zeilen antworten und sagen, die akademischen Verhältnisse hier seien zu kompliziert, um sie in einem Brief zu umreißen – möglichst in einem Nebensatz. Auf Benjamin gar nicht eingehen. Ich würde natürlich eine *Postkarte* benutzen. Das ist ein Dreckskerl.
M.

II Günther Anders: Adorno-Gespräch in Wien Mitte Mai 66 (Protokoll)

Freundschaftliches Treffen A.-A.** in Anwesenheit Ch.*** im Hotel Rainer. Dabei wurden nach Höflichkeitsaustausch die im Briefwechsel behandelten Punkte mindestens gestreift. Die Unwahrhaftigkeit und Feigheit A.'s war um so bedauerlicher, als er Tags zuvor einen Vortrag gehalten hatte, in dem Auschwitz-Partien von äußerster Radikalität und äußerstem Schmerze enthalten waren.

---

* [Handschriftliche Notiz von Max Horkheimer]
** [Adorno-Anders]
*** [Charlotte Zelka]

Von sich aus kam er auf das im Briefwechsel behandelte Problem, wie er Professur und seine nichtakademische Funktion kombinieren könne, zurück. Die Antwort, which he volunteered, war absolut verlogen: gerade um seine unbeschränkte Freiheit zu garantieren, nehme er die offizielle akademische Position ein – was eine direkte Umdrehung meiner Frage darstellte, da ich unterstellt hatte, dass man als Ordinarius und Institutsdirektor, der er ist, diejenigen Dinge, die heute gesagt werden müssen, nicht in voller Freiheit aussagen könnte. Aber offenbar will er eben garnicht Thesen zu vertreten die Freiheit haben, die nicht auch offiziell präsentiert werden könnten; bzw. es reicht ihm offenbar, das absolut dem System widersprechende in einer so verklausulierten Sprache zu präsentieren, dass ihn eh niemand versteht.

Damit waren wir bei dem Hauptpunkt unserer Differenz: nämlich bei der philosophischen Sprache und bei der Frage, wie weit man das, was man zu sagen habe, für bestimmte Ohren zu präparieren habe. Hier verfing sich A. in einen höchst blamabelen Widerspruch: der behauptet nämlich: man habe so zu formulieren, wie die Sache selbst es verlange, irgendwie würde es dann schon da sein oder ankommen. D. h.: plötzlich war er völlig unsoziologisch, er, der sein Lebtag die soziologischen Ingredienzien jeder Theorie, selbst jedes Kunstwerks, herausgekratzt hatte. Ich sagte ihm: Wenn das der A. hören würde, denn selbstverständlich gebe es keine Sprache, die nur «der Sache» entspreche, stets sei ein bestimmtes Quantum der Kenntnis oder Unkenntnis dessen, dem mitgeteilt werde, vorausgesetzt, und diesem unausgesprochenen Publikum käme er überhaupt nicht entgegen; er verstecke die wirklichen Radikalitäten seiner Theorien im Kleide einer nur esoterisch verständlichen Sprache.

*

Im Laufe des Gesprächs fragte ich ihn, ob er u. U., wenn hier eine Matinee über Grass-Brecht arrangiert werden würde, mitauftreten würde, ob er Br. gegen die blöde Attacke durch Gr. in Schutz nehmen würde. Darauf antwortete er, er sei nicht wie Benjamin, Viertel oder ich der Faszination Br.'s erlegen und er möchte nicht als Fahnenträger Br.'s auftreten. Br. sei Terrorist gewesen – er bezog sich da vor allem auf die frühen Stücke wie die «Maßnahme», ich gab auch zu, behauptete sogar von mir aus, dass ein gewisser gemeinsamer Zug der Vorliebe für terroristische Situationen in den 20er Jahren Nazi- und kommunistische Schriftsteller verbunden habe. Dass dieses Element aber bei Br. überwunden worden sei, und die Figur des freundlichen Menschen Zentralfigur geworden sei – was A. zugab, aber gerade diese Figuren empfand er als unerträglich «schmarrenhaft sentimental». – In anderen Worten: gegen die skandalöse Attacke von Gr. persönlich aufzutreten, weigerte er sich. –

Als er zweimal das Wort «Terrorist» zur Charakterisierung Br.'s verwendet hatte, fragte ich ihn höflich aber unzweideutig, ob es ihm denn nicht bewusst sei, dass auch er bei vielen, auch bei seinen Schülern, als terroristisch gelte, und es sei doch kein Zufall, dass auch ich in dem Briefwechsel seine Syntax und den Stil seiner Textanordnung als terroristisch bezeichnet hätte, als ein Gewebe, das dem Leser kein Luft- oder Schlupfloch lasse. A. schien faktisch aufs tiefste überrascht davon, dass *er* terroristisch sei oder als terroristisch gelten könne, wie weit das ehrlich und wie weit das gespielt war, ist schwer zu beurteilen. –

Am überraschendsten war A.'s haarsträubende Bemerkung, es habe sich doch herausgestellt, dass E.* garnicht, wie er immer behauptet habe, Hiroshima bebombt habe; was nun in der Tat bedeutet, dass er, A., völlig auf das tiefste Niveau der Moralargumente der anderen hinuntersank, denn sein Argument zielte auf die Frage: wozu sollte E. dann überhaupt bereut haben? –

Mit gespieltem Bedauern sagte ich ihm, es sei doch jammerschade, dass er, dessen Autorität so groß sei, an dem gerade in Frankfurt stattfindenden Vietnam-teach-in nicht teilnehme. Darauf antwortete er: «Es ist nicht mein Stil, hinter einer Fahne herzumarschieren. Und Leute auf die Straße zu schicken.» Ich antwortete: es gebe da manche Varianten, denn auch Marcuse oder ich marschierten nicht hinter Fahnen mit, man könnte auch vor Fahnen oder als Fahnen marschieren, und was er gegen die Straße habe.

*

* [Claude Eatherly]

Sein Mitmachen der Sprachregelung der Bundesrepublik: er fragte mich: Waren Sie jemals in einem Satellitenstaate?

*

Sein Benehmen: schwer erträgliche Kombination von äußerlicher Höflichkeit und absoluter unverschämter Verachtung des Gesprächspartners: denn wenn man zu ihm spricht, schaut er einen nicht nur nicht an, vielmehr wandert sein Kopf pausenlos von rechts nach links und von links nach rechts, in Angst und Gier, um zu sehen, ob er gesehen werde und ob ein schönes Mädchen zu sehen sei. Die Eitelkeit glaubhaft, die Geilheit nicht.

Dieses Gespräch war wohl das längste, das zwischen ihm und mir in 35 Jahren stattgefunden hat. Es schloss, von ihm aus wohl auch wegen Ch., die als Alban Berg-Spielerin für ihn wichtig ist, sehr harmonisch, man dürfe nie mehr außer Kontakt kommen und dgl.

III Günther Anders an Uvo Hölscher (Dekan der Philosophischen Fakultät, Freie Universität Berlin), Seis bei Bozen, 25.8.1957

Sehr verehrter Herr Professor,
Ich hätte auf Ihr Ersuchen, Ihnen meine vita und mein Schriftenverzeichnis zuzusenden, schon längst antworten sollen. Ich bitte Sie darum, die Verzögerung meiner Antwort zu entschuldigen, denn sie hatte ernsteste Gründe. Die Viertelstunde, die ich bei meinem letzten Berliner Aufenthalt mit Ihnen verbringen durfte, gibt mir die Gewissheit, dass ich völlig rückhaltlos zu Ihnen sprechen darf.

Ihre Bitte war mit der Mitteilung verbunden gewesen, dass ich auf die Vorschlagsliste für das Ordinariat gesetzt worden sei. Ehe ich darauf zu sprechen komme, möchte ich Ihnen von Herzen für die Ehre danken, als die ich diese Nominierung auffasse; und für Ihr Vertrauen zu meinen Leistungen, ein Vertrauen, das ja nur auf wenigen, und dazu verhältnismäßig zufälligen, Veröffentlichungen basieren konnte.

Durch Ihre Mitteilung stand ich nun vor einer für mein Leben entscheidenden Frage: Jahrzehntelang hatte ich in zahlreichen fast durchweg unveröffentlichten Arbeiten, in literarischen sowohl wie philosophischen, versucht, eine neue, außerakademische Tonart des Philosophierens und Unterrichtens zu finden. Da ich in den siebzehn Jahren meiner Emigration, in denen ich diese Versuche gemacht habe, mein Leben mit «odd jobs» aller Art habe verbringen müssen, sind nahezu alle meine Schriften unfertig liegengeblieben. Vor beinahe dreihundert Jahren hat ein unvergleichlich Größerer als ich in einem Absagebrief an eine Universität das Bedenken geäußert, er fürchte, durch Unterricht auf die Weiterbildung seiner eigentlichen Arbeit verzichten zu müssen. Mutatis mutandis möchte ich dieses Argument wiederholen; womit ich natürlich nicht etwa behaupten will, dass meinen schriftstellerischen Arbeiten großer Wert zuzusprechen sei; sondern allein, dass sie, da sie seit Jahren in Form von beinahe fertigen Texten und in gesichertem Stil vorliegen, vielleicht mehr taugen, als Vorlesungen, deren Lehrstil ich, trotz der didaktischen Absichten meiner Schriften und trotz meiner pädagogischen Leidenschaft, nun erst finden müsste. Dazu kommt das Folgende:

Wenn ich mir die beinahe unübersehbare Zahl der nahezu fertigen Schriften, die völlige Fertigstellung verlangen, ins Gedächtnis rufe, dann kommt mir der Gedanke, sie alle unfertig, verwahrlost, von niemandem fertigstellbar zurückzulassen, als Untreue gegen sie und gegen mich selbst vor; nicht so sehr als Untreue gegen meine Zukunft als gegen meine Vergangenheit, in der ich unter pausenlos unbequemen Umständen die Kontinuität meines Arbeitens durchzuhalten bemüht gewesen war.

Als die Möglichkeit einer Lehrposition an der Universität auftauchte, bedeutete das – ich will das nicht ableugnen – eine sehr große Verlockung für mich. In der Tat bin ich ja kein am Schreibtisch solistisch brütender Privatgelehrter, sondern philosophisch durchaus «extravertiert»; und dass ich immer und immer wieder zu der sokratisch platonischen Form des Lehrdialogs gegriffen habe, war gewiss kein Zufall; vielmehr geschah das vermutlich faute de mieux, faute de réel. Gerade weil ich von Natur ein leidenschaftlicher Lehrer bin, schien die Chance, wirkliche Schüler statt fiktive Kreaturen vor mir zu haben, ein nicht mehr erwartetes Glück. Aber nach langen und ernsten Abwägungen habe ich doch das Gefühl, dass dasjenige, was ursprünglich faute de réel geschah, nun meine Realität geworden ist: wenn eine Ersatzleistung dreißig Jahre kultiviert wird, dann wird sie in gewissem Sinne gültiger als dasjenige, was sie ursprünglich hatte ersetzen sollen.

Auch die Lebenssicherheit, die die Position gebracht hätte – ein Zustand, den ich seit meiner Jugend nicht gekannt habe –, war natürlich ein Pro, dessen Gewicht in meinen Überlegungen ich nicht ableugnen will; um so weniger, als ich bei meiner sich ständig verschlimmernden Arthritis die technischen Erleichterungen, die eine feste Position mit sich gebracht hätte, sehr begrüßt haben würde. Aber im Vergleich mit dem, was ich auf Grund meiner mich verpflichtenden Vergangenheit zu tun zu haben glaube: nämlich meine Arbeit, so weit noch möglich, unter Dach und Fach zu bringen, konnten diese Lockungen schließlich nicht durchdringen. Es wäre einfach zu unbequem gewesen, mir selbst untreu zu werden.

Dazu kommt schließlich ein letztes Bedenken, das ich wieder dem berühmten Briefe Spinozas entnehme. Wenn ich mich recht entsinne, heißt es bei ihm, dass es ihm unbekannt sei, wo die Grenzen der Freiheit des Philosophierens, die ihm verbürgt seien, verliefen; und dass er es nicht abschätzen könnte, durch welche Gedanken er diese Grenzen überschreiten würde, ohne die öffentlich als selbstverständlich anerkannten Glaubensvoraussetzungen zu verletzen. – Nun halte ich Philosophieren seit der platonischen Kampfstellung gegen die doxa für die häretische Aktivität schlechthin. Wer sich wie ich von morgens bis abends, auch dann, wenn er nicht im strengsten Sinne «arbeitet», in dieser Aktivität aufhält, wer die häretische Tätigkeit zu seinem Alltag gemacht hat, der verliert das Augenmaß für diese Grenzen; oder es kann sogar geschehen, dass er die Grenzen willentlich überschreitet, weil er sie als Zeichen von Begrenztheit im Sinne von Beschränktheit auffasst. Im Rahmen einer Institution ist derartiges nicht möglich; man kann sich nicht für Widerspruch bezahlen lassen; und Sie werden gewiss zugeben, dass es in der Geschichte der Philosophie Figuren gegeben hat, die innerhalb des Rahmens einer Institution undenkbar gewesen wären. Mit diesen großen Figuren will ich mich natürlich nicht vergleichen; aber es gibt eben Fälle bei denen en miniature die Probleme der Großen auch akut sind.

Sie haben mich, hochverehrter Herr Dekan, darum gebeten, Ihnen Daten über mich und meine Schriften zukommenzulassen. Als ich diese Ihre Bitte durchüberlegte, hatte ich das Gefühl, dass ich Sie irregeführt hätte, wenn ich Ihnen die Unterlagen zugesandt hätte, ohne meine Bedenken zu äußern. Darum habe ich meine Entscheidung, deren ich noch nicht hundertprozentig sicher gewesen war, beschleunigt. Denn durch meine Entscheidung sind Sie ja gezwungen, sich nach einem anderen Kandidaten umzusehen, also neue Schritte zu unternehmen; und in dieser dringlichen Aufgabe möchte und darf ich Sie nicht behindern.

Ich bitte Sie darum, mir zu glauben, dass ich Ihnen für das Vertrauen und für die ehrenvolle Position, für die Sie mich in Betracht gezogen hatten, von Herzen dankbar bin. Die liberale Atmosphäre der Universität, ihre Gastfreundschaft, die Lebendigkeit der Lehrer und Studenten – das alles habe ich während meines Berliner Aufenthaltes voll Dankbarkeit genossen. Und es würde mich sehr glücklich machen, dann und wann, wenn ich glaube, Dinge mitzuteilen zu haben, die ich für wahr und wichtig halte, vor der Universität sprechen zu dürfen.

Mit dem Ausdruck der vorzüglichsten Hochachtung

Ihr ergebener

BRIEFWECHSEL MIT HERBERT MARCUSE

(1947–1978)

1 *Herbert Marcuse an Günther Anders, Washington, 25.7.1947*

Dear Stern:
I take a few minutes before the preparations of our departure in order to tell you that your Kafka – which I read on the train – is EXCELLENT – the best thing you have written thus far, and by a long shot the only serious thing that has been written on Kafka. Much of it should be developed more fully and away from Kafka. Your style too has become really good. There are still some – very few – all too pretentious and precious formulations, Adornesken, if you don't mind. But otherwise – CONGRATULATIONS from the bottom of my heart. I was really mitgenommen. Wished I could say more about it, plan to do so in my vacation.

Au revoir,
HM

2 *Herbert Marcuse an Günther Anders, Washington, 6.4.1951*

Dear Stern:
Thanks for your letter. I had indeed a very sound reason for not writing: Sophie died on February 8 after long illness. She had cancer, and the case was hopeless from the beginning. She did not know it, and she did not suffer much, but it was terrible, and I shall not get over it. I do not yet know how to spend my next

years: I shall probably take a research and teaching job at Columbia University, but not before the fall. Now I have to write a book on the philosophical aspects of psychoanalysis – outgrowth of a series of lectures which I gave here at the Washington School of Psychiatry.

When are you going to terminate your European vagabondage?

Greetings and best wishes to both of you,

Yours,

Herbert

3 *Herbert Marcuse an Günther Anders, New York, 5.5.1952*

Lieber Günther:
Ihre Nachrichten sind ganz in Einklang mit dem allgemeinen Zustand der Welt. Aber das ist kein Trost. Es tut mir furchtbar leid, dass Sie beide eine solche Unglücksperiode haben. In der Tat, man wird alt; ich merke das auch. And I don't like it at all – trotz alledem. Es ist offenbar entsetzlich schwer, den Gedanken los zu werden, dass die Welt erfolgreich vom Teufel regiert wird. Das wäre eine so schöne negative Theologie, die einem die Sachen viel leichter machen würde.

Ich habe seit einem Jahr ein research and part-time teaching appointment at Columbia University, das wahrscheinlich ein oder zwei Jahre verlängert wird. Weiter denke ich nicht. Ich wohne bei meinen Freunden Franz Neumann und Familie, in einem schönen und geräumigen Haus in Riverdale. Das ist also alles in bester Ordnung. Und trotzdem bin ich durchaus nicht auf der Höhe. Das Freud Buch geht nur sehr langsam vorwärts. Ich hoffe Anfang Juni mit Neumanns nach Europa abzudampfen: erst London, dann Frankfurt, dann Sils-Maria, und vielleicht Italien. Vielleicht können wir uns irgendwo treffen. Mein Plan ist: Frankfurt ungefähr 1.–14. Juli, Schweiz 15. Juli bis Anfang August.

Wollen Sie eigentlich in Europa bleiben? I wouldn't. Es sei denn, dass der Erfolg wirklich eine materielle Basis schafft. Wollen Sie nicht mal ans Institut in Frankfurt schreiben? Es soll dort eine dauernde Einrichtung werden, selbst wenn Horkh. zurückgeht. Noch besser wäre es natürlich, wenn Sie persönlich dort erscheinen würden – aber nur nach vorangehender schriftlicher Wiederanknüpfung der Beziehungen.

Aber in jedem Falle hoffe ich, dass wir uns im Sommer sehen. Halten Sie mich auf dem laufenden. Adresse 8.–20. Juni c/o Gertrud Marcuse, 6 Crosby Court, Greenhalgh Walk, London N. 2., – die Institutsadresse ist 34 Senckenberganlage, Frankfurt/M.

Mit den herzlichsten Grüßen und Wünschen Ihnen und Liesl,
Ihr
Herbert

4 *Herbert Marcuse an Günther Anders, New York, 9.5.1954*

Dear Günther:
The only sentence in your letter which I could decipher with reasonable certainty was the one asking for my London address. Here it is:
c/o Gertrud Marcuse
6 Crosby Court
Greenhalgh Walk
London N. 2.

I still expect to be there some time in July.
Greetings and best wishes to both of you
Yours,
Herbert

5 *Günther Anders an Herbert Marcuse, Wien, 24.9.1954*

Lieber Herbert,
ich weiß nicht, ob dieser Brief Sie in NY erreicht; aber ich schreibe ihn auf jeden Fall ins Ungefähr. Eben las ich, nichts ahnend, einen Nachruf über Ihren Freund Neumann; und ich kann mir vorstellen, dass dieser Schlag für Sie sehr schwer ist und auch für die Disponierung Ihres persönlichen Lebens einschneidende Folgen haben kann. Ich erschrak doppelt, denn offenbar verunglückte N. in der gleichen Zeit, da auch Sie in der Schweiz waren; und ich wüsste natürlich gern, dass Sie wohlauf sind. Ich selbst kannte N. nur vom Sehen und aus seinem Behemoth; aber Sie hatten mir ja zuweilen von seinen Qualitäten erzählt. Ich schreibe gleichzeitig nach Frankfurt, um von dort zu erfahren, ob Sie dabei waren und was man von Ihnen weiß.

Jetzt begreife ich sehr wohl, dass wir in den letzten Wochen nichts über Ihren Europaaufenthalt hörten. Wir beide wünschen Ihnen von Herzen, dass Sie die Ruhe finden, an Ihre Arbeit, die doch schon beinahe fertig ist, zurückzukehren, um sie gut abzuschließen.

Hier wird unter Hochdruck gearbeitet, heute schloss ich gerade einen Essay «Die Welt als Matrize und Phantom» ab (über Funk und TV); gestern hab ich jenen Philosophen, über dessen Existenzpopoismus Sie seinerzeit in Farbers philosophischen Annalen der Analanalyse geschrieben haben, gesprochen und hatte einen außerordentlichen Eindruck von ihm. Sie sehen: die Stadt, die noch vor zwei Jahren beyond all foxes gelegen hatte, ist heute, da nirgendwo, ein echtes Zentrum geworden. Das nächste Mal, wenn Sie nach Europa kommen, hoffen wir uns bereits eine schöne Wohnung erschrieben zu haben, dann müssen Sie nach Wien kommen. In der Hoffnung darauf, alles Gute und in Freundschaft

Ihr

6 *Herbert Marcuse an Günther Anders, Newton (Massachusetts), 20.9.1955*

Lieber Günther:
Herzlichen Dank für Ihre schnelle Antwort. Da ich auf die finanzielle Unterstützung der Übersetzung auf das Institut gerechnet habe, habe ich an die Herren in Frankfurt geschrieben, aber eine sehr unverbindliche und ausweichende Antwort erhalten. Ich werde mich wohl jetzt selbst nach einem deutschen Verleger umsehen müssen. Aber nochmals vielen Dank.

Was die Beacon Press anbetrifft, glaube ich, dass der Plan der Publikation Ihrer Aufsätze wegen der Schwierigkeit, einen Übersetzer zu finden, aufgegeben wurde. Sie wissen, wie difficil Ihr Stil ist, und wer kann das ins Englische übertragen? Aber ich werde mich nochmals dahinterstecken. Zu diesem Zweck bitte ich Sie, mir die drei Aufsätze zu schicken – natürlich bezahle ich dafür. Ich habe bisher hier nur den letzten Teil auftreiben können, von dem ich sehr begeistert war, aber er setzt zu viel voraus, was wohl in den vorhergehenden Teilen beantwortet war. So vor allem die Frage, inwiefern die ganze verlogene Kulturindustrie nicht doch wieder die Wahrheit darstellt, da sie ja das Beiprodukt einer Gesellschaft ist, die die (falschen, aber auch wirklichen materiellen) Bedürfnisse der Massen auf immer erweiterter Stufenleiter befriedigt. Ich wünschte, wir könnten das diskutieren.

Ich muss mich nun in den Universitätsbetrieb stürzen: das Semester fängt an.

Sehr herzlich,
Ihr
Herbert Marcuse

7 *Herbert Marcuse an Günther Anders, Newton (Massachusetts), 18.2.1956*

Lieber Günther:
Die beiden Herausgeber von DISSENT sind in New York und kommen erst nächste Woche zurück – ich möchte Ihnen aber gleich einen Interim Bescheid geben, um Ihnen zu zeigen, wie sehr mir die Sache am Herzen liegt. Der Herr Paechter liegt mir schon lange im Magen: ich glaube, er ist eins der übelsten Exemplare jener professionellen Sozialdemokraten, für die der Feind immer noch links steht und die nun einmal sophisticated denunciations nicht lassen können – außerdem von einem (berechtigten) Selbsthass gegen den «Intellektuellen» erfüllt sind. Da ich editorially nichts mit der Zeitschrift zu tun habe, habe ich seine «Erwiderung» nicht zu sehen bekommen; welchen Einfluss auch immer ich haben mag, kann ich nur sehr indirekt und privatim ausüben. Das werde ich selbstverständlich tun, sobald die Herausgeber zurück sind.

Zu meiner Schande ist unsere Korrespondenz so lückenhaft, dass ich nicht mehr weiß, welche Ihrer persönlichen Anfragen ich beantwortet habe. Peter ist als Anwalt (Arbeitsrecht) in Waterbury, Conn. tätig: glücklich verheiratet, und sehr von seinem Beruf angetan (obgleich er schrecklich wenig einbringt). Sie haben einmal im Zusammenhang mit meiner Wiederheirat von einem «Generationsproblem» gesprochen – da ich nicht weiß, was Sie meinen, kann ich nicht antworten. I don't see any. Please be more specific, old boy! And I shall continue to make propaganda for you here. By the way: das Institut ist nach wie vor offenbar abgeneigt, die deutsche Ausgabe meines Buches zu übernehmen (verständlicherweise?), und ein anderer Verleger hat sich (verständlicherweise) noch nicht gemeldet.

Sie hören von mir, sobald ich mehr weiß.

Herzlichst
Herbert

8 *Günther Anders an Herbert Marcuse, Wien, 2.3.1956*

Lieber Herbert, ich diktiere. Mich hat es wieder mal «derwischt». Inzwischen hatte ich also einen Brief von Howe, in dem er mir sehr nahe legt, ausführlichst Stellung zu nehmen gegen das Machwerk von Paechter. Ich habe den Aufsatz von P., den Sie ja inzwischen auch kennen werden, noch einmal sorgfältig durchstudiert … ZU sorgfältig. Ich finde ihn so niederträchtig, so schief in der Argumentation, so unfair, weil er im Text selber nur als Beispiel gebrachte Beiläufigkeiten zum TARGET macht; die Mischung in seinem Vorwurf ich sei highbrow Esoteriker, andererseits Stalinist, ist so sinnlos; mich als Musterbeispiel eines dernier cri Amerikaners hinzustellen, so absurd; seine ganze attitude des negativen Protzens: I am a lowbrow, ist mir so zuwider, dass ich finde, darauf kann man nicht antworten. – Mir macht es nichts aus, wenn dieser Mann, dessen Geist sich offenbar nur entzündet, wenn er jemandem schaden kann, seinen Angriff unbeantwortet veröffentlicht. – Aber ich finde es von seiten der Zeitschrift selbst indiskutabel, dass sie sich 2 Arbeiten von mir zum Nachdruck sichern, um mich zwischen dem Druck des 1. und 2. Beitrages aufs Inferiorste zu attackieren. – Dass ich dieser Zeitschrift nach dem Aufsatz über die BOMBE, den ich nicht mehr zurückziehen werde, nichts mehr gebe, werden Sie ja verstehen.

Mir schrieb Howe, dass Sie sich die Mühe gemacht haben, und in m. Angelegenheit bei ihm gewesen sind. 1000 Dank.

Haben Sie unterdessen eine Kopie Ihres Buches an Rowohlt geschickt? IF NOT, please, DO SEND IT.

Herzlichst, wie immer

9 *Herbert Marcuse an Günther Anders, Newton (Massachusetts), 14.3.1956*

Dear Günther:
I had several rather violent discussions with Howe. Here is the upshot: it is the policy of this unnecessary magazine to invite

comments from their steady collaborators and to print them as «communication». Howe does not agree with Paechter's Dreck but thinks that P. was within his right. He asked me to urge you to reply, in which case he would postpone P.'s shit for the summer issue so that his and your reply would appear in the same issue. Think it over. It could be done easily along the following lines:

His «reply» does not discuss the substance of your article but takes it only as an occasion to espouse his fake low brow defense of mass culture. He distorts your thesis. For example, you do not talk of a «conspiracy», you do not imply that previously lovers and other human beings were «intellectual giants», you do not discuss the (entirely different) question whether television can be put to better use (I doubt it). Das Rindvieh does not understand that former popular cultures could have been progressive while the prevailing one is in a demonstrable sense regressive. If people imitated Werther, they imitated the protest against a repressive order and the destruction of human autonomy; if they absorb Molly Goldberg etc. they do exactly the opposite. But you know all this better than I do. It is easy to expose the dishonesty of the thing, and the painful Gleichschaltung of the «intellectual» under the cover of denouncing non-conformity as conformity. And the appeal to the «national experience» is priceless: das gesunde Volksempfinden! I don't want to persuade you because it is indeed below any possible level – just think it over!

My publisher's European agent will get in touch with Rowohlt – but as far as I know R. is just publishing a book on Freud by the Schwätzer Ludwig Marcuse, which makes it difficult, doesn't it?

We might be in Europe this summer: I am supposed to give some lectures at the Freud centenary in Frankfurt and Heidelberg in July.

Be good.

Yours,

Herbert

10 *Herbert Marcuse an Günther Anders, Newton (Massachusetts), 5.11.1956*

Lieber Günther:
Wie gut, wieder von Ihnen zu hören! Ich wusste vorher, dass es unmöglich war, Sie in Europa zu sehen: wir mussten der Kinder wegen nach viel zu kurzer Zeit zurück. Deshalb habe ich Ihnen lieber garnichts von der Reise mitgeteilt.

Zur Frage der Übersetzung meines Buches: vor ungefähr einem Jahr haben wir darüber korrespondiert, und Sie schrieben mir, dass Sie bereit wären, sich damit zu beschäftigen. Im Juli dieses Jahres habe ich Schonauer in Frankfurt gesprochen: er teilte mir mit, dass er an der deutschen Ausgabe des Buches interessiert sei, und ich erwähnte Sie, wenn das Problem der Übersetzung aufkam. Seitdem habe ich weder von ihm noch von Klett ein Wort gehört. Ob hier ein Missverständnis vorliegt oder nicht, scheint mir unwichtig – in keinem Fall will ich, dass Sie sich mit der Übersetzung abgeben. Sie haben besseres zu tun und tun es. So just forget about it – ich würde es Ihnen nur übel nehmen, wenn Sie noch damit Zeit verschwenden.

Sie haben wahrscheinlich recht: ich sollte mich nicht so viel an große und kleine Männer anlehnen und endlich mein Eigenes sagen und schreiben. The trouble is dass meine Füße eben doch nicht so groß sind, dass ich eine selbständige Position einzunehmen wage. Immer wieder denke ich an Gide's Wort: alles ist schon einmal gesagt worden, aber da niemand hinhört, muss man es immer wieder sagen. An die Ästhetik traue ich mich nicht heran, aus dem einfachen Grunde, dass ich von Musik und Malerei überhaupt nichts verstehe – wie kann ich dann «von den Kunstwerken ausgehen»? Und «Kunst überhaupt» ist mir zu groß ... So wird es wohl bei Interpretationen bleiben. Ein Buch über «Soviet Marxism» soll im Frühjahr herauskommen: ich schrieb es aus Geldgründen but tried to make the best of it.

Günther – ich bewundere Sie! Ich kann nicht mehr so viel arbeiten und so herrlich über körperliche handicaps triumphieren. Wie machen Sie das??? I am willing to pay you for a workable advice! I shall make you my ego-ideal.

Heidegger comes into his own. Die Periode der vollendeten Barbarei findet in ihm ihren Philosophen. Was er in den letzten Jahren von sich gegeben hat, ist der reine Quatsch – wirklich nur noch die «Philosophie», die sich am Kalauer orientiert (to quote Adorno or his school). Ich weiß nicht, welche antisemitischen Bemerkungen der Kleine über mich gemacht hat – mir ist jede recht.

Bitte schreiben Sie Beck, er soll mir ein Exemplar Ihres Buches *mit Rechnung* schicken (einen Prospekt habe ich nicht erhalten). Ich möchte endlich mal wieder was Anständiges lesen (by the way: was denken Sie über Max Frisch? I like him. Gibt es drüben noch irgendetwas anderes, das ich lesen sollte?).

Sonst ist die Weltsituation entsprechend. I find myself on the side of Eden (the Prime Minister, not the Garden) and jedenfalls nicht on the side of the Hungarian «revolutionaries». What about you, old man? I wished I had you here. The Cardinals are on the loose ...

Aus Solidarität mit Ihnen habe ich mein Abonnement auf Dissentery aufgegeben.

Schicken Sie mir ein Exemplar Ihrer Kölner Rundfunk Rede. Isn't it funny: I am just working on a paper on Philosophy and Death ...

Machen Sie so weiter in dem Bewusstsein, dass Sie einer der wenigen Menschen sind, die noch diesen Titel verdienen. Meine Frau, die Sie nicht kennt, fühlt sich wegen Ihrer Briefe mit Ihnen verwandt.

Alles *GUTE* here on this fair earth (long live O'Casey)
and Günther Stern
Herbert

11 *Günther Anders an Herbert Marcuse, Wien, November/Dezember 1956*

Lieber Herbert, ich hoffe, Sie haben nun vor ein paar Tagen mein opusculum über die ANTIQUIERTHEIT DES MENSCHEN bekommen. Für mich liegt das nun längst schon weit hinten, obwohl jetzt erst – gestern wurde das Buch an die Sortimenter ausgeliefert – die öffentliche Existenz beginnt. Please do write me with your utmost frankness. – Im letzten Essay, über die Bombe, habe ich aus begreiflichen Gründen vieles entheikeln müssen; und bin dadurch, wie mir jetzt im Nachlesen scheint, so vague geblieben, dass es ignorantenhaft wirkt.

Meine Verhandlungen mit Klett sind, das schrieb ich wohl schon, versandet. Sie kamen meinen Übersetzungsforderungen zwar ein wenig entgegen, aber nicht ausreichend. Zu dem von ihnen als Maximum-fee vorgeschlagenen Betrag konnte ich die Arbeit einfach deshalb nicht annehmen, weil ich dann in der Übersetzungszeit das Lebensminimum, das ich ja, wie Ihnen bekannt ist, sehr niedrig ansetze, nicht gehabt hätte. Very sorry. Ich schlug Klett vor, irgendjemanden aus dem Frankfurter Institut zu beauftragen. Sehr intelligent ist dort «Teddys» Assistent, Jürgen Habermas. Wenn der Englisch kann (was ich annehme) wäre er an acquisition. Auch stilistisch ist er den Anderen seiner Generation turmhoch überlegen.

Die Ereignisse im Nachbarland werden immer absurder; und zwar weil sie nicht *werden*. Die Situation ähnelt der vor fünf Wochen aufs Haar. – Die Tatsache, dass die Arbeiterräte weiter existieren und Bedingungen stellen können; und dass in einem Monat 130 000 Leute das Land verlassen konnten, und dass die Armee in gewissem Zustande nicht eingegriffen hat (denn Artillerie hat sie ja nicht eingesetzt) – all das ist höchst merkwürdig; und beweist, dass es diverse Befehls- und Planungsstellen gibt, die einander neutralisieren. – Unbekannt ist, wo sich Geschichte und Klassenbewusstsein befindet. Er gehörte zu der, there is no other word for it, gekidnappten Nagygruppe. – Ich hab Sartre gebeten, durch irgendeine Aktion auf das Fehlen L.'s aufmerksam zu machen. Damit diesem nichts geschehe. – Von hier aus ist da nichts zu machen. Falsche Helfer könnten, als Beweisstücke von «connection» ruinös werden.

Andere als Analausdrücke bleiben dem Analisten und Analyzer dieser Zeit nicht übrig. – Brecht hat selbst seinen Tod gut getimed.

Ich bin ausgeweidet, darfs aber nicht sein, da ich blöde Broadcastingtexte (für Köln) dichten muss. – Aber ich hoffe, das Schwerste ist hinter mir; denn das Buch scheint ein Erfolg zu werden. Vielleicht hab ichs mal im nächsten Jahr ein bisschen leichter.

Wie geht's dem neuen Opus? Ist es draußen? Haben Sie clandestinely die Sprache gelernt? Oder war es möglich, das Thema *so* zu behandeln?

Herzlichste Grüße, mit antizipierender Herzlichkeit auch an die Frau
Ihr alter

12 Herbert Marcuse an Günther Anders, Newton (Massachusetts), 24.12.1956

Lieber Günther:
Dank für Ihre Briefe. Ihr Buch ist noch nicht eingetroffen: nach den Leseproben erwarte ich darin beinahe die ganze Wahrheit zu finden. Oder wo sonst??

Die Dinge da in Ihrer Nähe sind wirklich rätselhaft. Ich weiß nicht mehr. On the one hand: man sollte doch annehmen, dass es sich *jetzt* wirklich um eine Arbeiterbewegung handelt, mit Räten und all dem, was einst so gut war. On the other hand – – – die Begeisterung allerfinsterster Kreise gibt doch wohl zu denken. Und warum muss eigentlich die Arbeiterklasse per definitionem revolutionär bleiben? Verfallen wir da nicht dem Fetischismus der Verdinglichung? Dass Lukács dafür war, spricht für die Rebellion – oder auch das nicht? Sie haben recht, etwas von der sogenannten öffentlichen Meinung für ihn zu mobilisieren; hat Sartre geantwortet? Halten Sie mich auf dem laufenden: hier hört man so etwas nicht.

Apart from the fact that niemand zur rechten Zeit stirbt, scheint es der Brecht beinahe getan zu haben. Man ist versucht, sich damit zu trösten, dass die äußerste Negativität erreicht zu sein scheint – aber so etwas gibt es wohl auch nicht, und es kann immer noch mieser werden. Bei alledem kann und will ich – wie man so sagt – persönlich nicht klagen: es geht uns gut, und ich versuche, zu arbeiten – etwas in Ihrem Sinne, d.h. aus mir selbst …

Lassen Sie es sich trotzdem gut gehen, old boy. I take nothing back of what I said re Super Ego: nur im Schlamassel zeigt sich der Meister (a horribly repressive thought!).

Prost Neujahr, auch von Inge.

Ihr

Herbert

Das Institut wird zur Übersetzung meines Buches sicher nichts tun. So what.

13 Günther Anders an Herbert Marcuse, Wien, 27.4.1959

Lieber Herbert,

Leider habe ich auf meine Antwort auf ihren Brief keine Antwort bekommen. Bitte schreiben Sie mir doch genau, wann Sie bestimmt in Paris sind, denn wir sind so viel unterwegs (eben kommen wir zum Beispiel, of all places, aus Verona), dass es nie unmöglich ist, dass wir plötzlich auch einmal in unserem kleinen Wagen durch das septième brausen. Diesmal darf es auf keinen Fall passieren, dass wir einander verfehlen. Ob Sils-Maria klappen wird, kann ich 100 % nicht sagen, denn ich habe soeben wieder eine sanfte Anfrage aus Tokio bekommen, die ich zwar wahrscheinlich, aber nicht bestimmt absagen werde (Charlotte, der ich diktiere, hat beim Tippen dieses Satzes angeblich plötzlich a cramped index finger bekommen).

As always,

14 Herbert Marcuse an Günther Anders, Newton (Massachusetts), 4.4.1964

Lieber Günther:
Hoffentlich erreicht Sie dieser Brief irgendwo irgendwann zeitig genug für eine Antwort. Ich werde am 25. April von hier nach Frankfurt fliegen, um an der Max Weber Konferenz der Deutschen Soziologischen Gesellschaft in Heidelberg teilzunehmen. Den Mai werde ich wahrscheinlich in Frankfurt bleiben müssen (Vorlesungen); am 10. Juni treffe ich Inge in Paris; Juni und Anfang Juli in Frankreich; den Rest des Juli in Yugoslavien: Konferenz über «Perspectives of Socialism».

Ich möchte Sie sehr gern sehen und sprechen; welche Pläne haben Sie für den Frühling und Sommer? Wo und wann können wir zusammenkommen?

Eine Schande, und mea culpa, dass ich Ihnen nicht schon längst geschrieben habe. Denn after all: wieviel human beings gibt es heute noch?!

Auf Wiedersehen
Herbert

15 Günther Anders an Herbert Marcuse, Wien, 3.10.1965

Lieber Herbert,
Morgen werde ich Sie im Radio hören können, Ihr Salzburger Auftreten, Ihr Vortrag und Ihre Diskussionsbemerkungen werden hier aus dem Kulturwasserhahn herausströmen. Aber was sind Sie doch für ein mechugenah Freund! Da rufen Sie an, man freut sich, Sie in der Nähe zu wissen, man hofft, etwas zu hören, was Sie treiben und wie es Ihnen geht – nichts. Nun melden Sie sich bitte auch einmal, wenn Sie nicht gerade geographisch in der Nähe sind, wozu hat Gott der Herr die Post erschaffen?

Bei mir geht es zwei Schritt vorwärts drei zurück gut bergauf, kann schon wieder arbeiten, muss aber ein dosiertes Leben führen – was bei der Undosiertheit des Weltgeschehens, mit dem man irgendwie Schritt halten möchte, ziemlich quälend ist. Aber was hilft's?

Also bitte ein paar Worte über Ihr, Inges und Peters Ergehen.

Herzlichst

P. S. Übrigens schön, wie in den letzten Jahren Ihr Einfluss in der akademischen Jugend wächst, das haben Sie mit Ihrem one dimensional man erreicht

16 Herbert Marcuse an Günther Anders, San Diego, 12.10.1965

Lieber Günther:

Sie haben natürlich recht: ich bin grausig. Ich weiß noch nicht einmal, ob ich Ihnen geschrieben habe, dass ich hier in Kalifornien auf vorläufig drei Jahre eine Position gefunden habe, nachdem Brandeis mich nicht über die Altersgrenze hinaus behalten wollte (der Grund: meine politische Tätigkeit und mein Einfluss auf die Studenten – die, wie Sie wohl wissen, in diesem Lande die einzige Zuflucht der Opposition gegen die Schandpolitik darstellen; und auch das nur eine kleine Minorität). Sonst unerträglich, und ich tue mein Bestes, um nächstes Jahr nach Europa abzukommen: Sommersemester in Frankfurt. Außerdem hoffe ich, an dem Hegelkongress in Prag teilnehmen zu können – bis jetzt hat man mich noch nicht eingeladen. Dann werde ich nun wirklich auch nach Wien kommen. Ich muss Sie sehen und mit Ihnen klagen – Ihnen auch nicht verhehlen, dass ich über Ihre «Eichmannsöhne» wütend war. Das geht nicht. Wir können es uns nicht mehr leisten, goodie-goodies zu sein und an das Gefühl und den Verstand gefühls- und verstandloser Bestien zu appellieren. Da ist alles Argumentieren schon Kompromiss, ja Verrat an denen, die von den Bestien umgebracht worden sind – und die Eichmannsöhne werden es mit Begeisterung wieder tun, wenn sie die Chance bekommen (was wahrscheinlich ist). Sie sind ein kompromissloser Mensch – dafür habe ich Sie bewundert. Verschenken Sie sich nicht, indem Sie an die Henker Liebesbriefe schreiben ...

Günther: wir (Sie auch?) sind alt. Verwenden wir die Zeit, die wir noch haben, nicht mit tiefem und gütigem Verstehen für die, die mit dem Grauen im Bunde sind ... Wofür wir unsere Zeit verwenden sollen, brauche ich Ihnen nicht zu sagen.

Inge geht es gut; Peter arbeitet als anständiger Anwalt in Waterbury, Conn. und hat drei Kinder.

Alles Gute Ihnen, und auf Wiedersehen!

Herzlichst Ihr

Herbert

17 Günther Anders an Herbert Marcuse, Wien, 18.10.1965

Lieber Herbert,

Wirklich, höchste Eisenbahn, bzw. Flugzeug, dass wir einander einmal sehen; nicht nur deshalb, weil wir alt werden (was heißt «werden»?), sondern auch deshalb, weil es ein Jammer ist, dass die paar Leute, die weder teger noch telligent sind, einander so missverstehen, wie Sie mich missverstanden haben. Dieses Missverständnis rührt ausschließlich daher, dass wir in zwei ganz verschiedenen Welten leben (ich z. B. in einer völlig judenlosen) und zu ganz verschiedenen Publikümern sprechen. Kein Mensch hier in Europa wäre auf den Gedanken gekommen, meine Eichmannsöhne als goodie goodiehaft aufzufassen, im Gegenteil, ich bin berüchtigt als rachsüchtig – so verschieden können identische Texte in verschiedenen Milieus wirken. Dazu kommt, dass der Brief ja nur zum Schein an Eichmanns Sohn gerichtet war, dass ich die Bestialität als die heutige Situation hinstelle. Das Missverständnis des Wörtlichnehmens der Briefadressierung teilen Sie freilich ehrenvoll mit Born, der sonst gern als Andersianer auftritt, in diesem Falle aber fassungslos war.

In any case schicke ich Ihnen, da meine großen Arbeiten ja leider alle durch meine Trödelei noch nicht draußen sind, einen kleinen «Papierkorb» zu, aus dessen Inhalt Sie entnehmen können, dass Sie mich falsch klassifizieren.

Nein, Sie hatten mir nichts davon geschrieben, dass Sie nach San Diego übersiedelt sind. Please beware of the biting Birchers. Damit wir noch einander sehen können, und damit Sie den Einfluss auf die Studenten weiter ausüben können – anderswo scheint es ja in Amerika garnicht möglich zu sein, überhaupt an Menschen heranzukommen.

Ich weiß nicht, ob Sie richtig einschätzen, dass seit etwa einem Jahre Ihr Einfluss auch hier außerordentlich gewachsen ist (wobei ich unter «hier» natürlich nicht Wien meine). Erst neulich hatte ich Besuch von Leuten von dem «Argument Klub» in Berlin – und für die spielen Sie jetzt eine große Rolle.

Wir sind froh zu hören, dass es gesundheitlich Euch allen einigermaßen zu gehen scheint. Von mir ist nicht mehr zu sagen, als was ich Ihnen übers Telephon mitteilte, dass ich halt ein Infarktler bin, und dass man sich in dieser Qualität nicht gerade ungeheuer draufgängerisch fühlt. Was hilft's?

Herzlichst

18 Herbert Marcuse an Günther Anders, San Diego, 18.6.1966

Lieber Günther,

Dank für Ihren Brief und die Beilage. Was ist die Deutsche Volkszeitung? Ich habe nur noch einen kurzen Bericht in der Frankfurter Rundschau gesehen: hämisch und niederträchtig – wie es sich geziemt. Im allgemeinen habe ich den Eindruck, dass die politische Atmosphäre in Deutschland noch böser ist als hier, wo es wenigstens eine ausgesprochene Opposition gibt, und nicht nur unter den Studenten. Aber sie wird wohl auch kaputt gemacht werden in dem Maße, in dem die demokratische Unterdrückung (der «sanfte» Terror mit Zustimmung der Majorität) zum notwendigen Organisationsprinzip der Gesellschaft wird.

Hier sind unsere Sommerpläne: ungefähr 19.–31. August

Alpbach; *4.–11. September Prag*; 16.–19. September Salzburg; 20.–26. September Paris; dann zurück in die USA. Wie passt das zu Ihren Plänen? Irgendwie müssen wir uns sehen.

Die hiesige Studentenzeitung hat Ihren Brief an Rusk abgedruckt.

Herzlichst euch beiden,

Herbert

19 Herbert Marcuse an Günther Anders, San Diego, 15.7.1966

Lieber Günther:
bitte schicke mir so bald wie möglich den vollen englischen Text deiner Konfrontation Nürnberg – Vietnam, die ich eben in LES TEMPS MODERNES gelesen habe. Großartig! Ich möchte diesen wahren Beitrag zur Zeit hier veröffentlichen lassen.

Unsere Pläne: vom 20. August bis ungefähr 2. September in Alpbach; vom (ungefähr) 4. bis 11. September beim Hegel-Kongress in Prag; vom 16.–19. September Humanismus-Gespräch in Salzburg; 20.–28. September Paris; dann direkt hierher zurück.

Wie also und wo sehen wir uns??

Herzlichst euch beiden

Herbert

Noch eins: S. 2291 *Temps Modernes* ist ein Brief eines Korporals im Marine Corps zitiert: können Sie eine *Quellenangabe* schicken? (nicht für mich, aber für jene anderen!)

20 Günther Anders an Herbert Marcuse, Wien, 17.7.1966

Lieber Herbert,
Gestern sind wir von einer fünfwöchigen Reise durch die Unterwelt «heimgekehrt», einen Tag verbrachten wir in Auschwitz,

zwei Tage in Breslau, das ich fünfzig Jahre lang nicht gesehen hatte und auch beim Wiedersehen nicht wiedersah, dann zwei Tage zwischen den Resten dessen, was in Prag an Jüdischem übriggelassen worden ist. Den Reisebericht bekommen Sie. – Was Sie über die BRD schreiben, ist völlig richtig, bei Euch gibt es immerhin eine sogar steigende Opposition, dort fast nichts mehr oder fast noch nichts dergleichen. – Ihre Fragen: Die «Deutsche Volkszeitung» ist eine der DFU nahestehende, nicht schlecht unterrichtete Wochenzeitung, die einzige ihrer Art, die in Westdeutschland übriggeblieben ist. Ich benutze sie, wenn ich Fakten veröffentlichen will, die ich anderswo nicht unterbringen könnte. – Die «Frankfurter Rundschau» ist eigentlich die als liberal verschriene Antipodin der hochoffiziösen und sich im Feuilleton FZhaft gebenden FAZ. Dass die Rundschau so hämisch war, ist mir nicht recht verständlich.

Dank für Ihren Schedule. Natürlich werden wir versuchen, Euch zu treffen. Dass Sie nach Alpbach gehen, beruht auf einem Missverständnis beider Seiten, der Einladenden sowohl wie des Eingeladenen. Aber die Gegend ist herrlich schön. Wenn Ihr nach Prag im Wagen geht, dann wohnt im Hotel bzw. Schloss Hubertus, das unendliche Rosengärten und bewaldete Hügel um sich hat, freilich 20 Minuten von der Stadt entfernt ist (in Jíloviště), aber die Möglichkeit gibt, Prag-Aufenthalt mit wirklichen Ferien zu kombinieren. Wir haben dort gerade bis vorgestern drei Nächte ein erstklassiges Zimmer mit Badezimmer, Radio etc. (Nummer 6 in der Depend.) bewohnt, was uns zu Zweien inkl. Frühstück $ 5.50 pro Tag kostete.

Wie wäre es, wenn Ihr paar Tage vor Alpbach nach Wien kommen würdet? Ihr habt ja plenty of time, das alles durchzuüberlegen und durchzurechnen, da Ihr erst nach Mitte August abzufahren vorhabt.

Gleichzeitig schicke ich Ihnen einen eben erschienenen Aufsatz von Fetscher ein, bzw. die auf Sie bezüglichen Seiten, die Ihnen von neuem beweisen, dass Sie hier «angekommen» sind.

Dank für Ihre Vermittlung meines Briefes an Rusk an die Studentenzeitung.

Herzlichst und auf bald

21 Günther Anders an Herbert Marcuse, Wien, 21.7.1966

Lieber Herbert,
If you knew, oder, um mit Vergnügen, spät aber doch, Dein Du aus dem Briefe aufzunehmen: «Wenn Du wüsstest!». Dieses Mosaik ist nämlich garnicht von mir, sondern eine Zusammenstellung, mit der Charlotte mich überrascht hat, und mein Beitrag bestand wirklich nur in Polituren, der Schuh war perfekt da. Nie in meinem Leben habe ich mit einer Arbeit einen solchen Erfolg gehabt, in der Tatra gratulierte man mir, da gerade der polnische reader's digest die Sache aus TM übernommen hatte. Es geht eben nichts über die Pianistinnen.

Charlotte muss für Dich erst eine Kopie herstellen, denn sie besitzt nur eine einzige englische; ebenfalls wird sie nachschlagen, wo der Ausspruch des Cpl. zitiert war. Sie glaubt in Liberation oder so.

Wenn es Euch nicht möglich ist zwischen Prag und Salzburg hier zu sein, werden wir schon irgendeinen Modus finden, Euch da oder dort zu treffen. Nicht unmöglich, dass wir für ein paar Tage nach Prag hinauffahren. Bitte halte mich weiter auf dem Laufenden.

Mir geht es viel besser, besonders nachdem ich eine Einladung, sofort nach Tokio zu fliegen, die ich nach der Rückkehr von Auschwitz und Breslau vorgefunden hatte, abgesagt habe.

Mit gleicher Post gehen zwei opuscula an Dich ab. Die sind wirklich von mir. Das eine habe ich geschrieben, als Charlotte genau ein Jahr alt war, die anderen Dinge zwischen ihrem dritten und achtzehnten Lebensjahr, als ich ihre Betreuung noch nicht benötigte.

Auf bald und in Vorfreude, herzlichst Euch Beiden

22 *Günther Anders an Herbert Marcuse, Wien, 14.1.1967*

Lieber Herbert,
Soeben erhalte ich vom Sekretariat des War Crimes Tribunal die Mitteilung, dass vier neue Vorschläge vorliegen, darunter der Vorschlag: *Sie*. Ich habe diesen Vorschlag natürlich sofort enthusiastisch unterstützt, weiß freilich nicht, ob Sie die Möglichkeit und die Zeit haben oder es für sinnvoll halten, mitzutun. – Dass unterdessen Sartre Präsident des Tribunals geworden ist, auch Abendroth unterdessen Mitglied, haben Sie vermutlich gehört.

Seit Ihrem Hiersein haben wir leider nichts mehr von Ihnen gehört. Unterdessen ist Ihr Ruhm hier ungeheuer gestiegen. Eben entnehme ich dem Luchterhand Katalog, dass nun wirklich alle großen Bücher von Ihnen auf Deutsch herauskommen. Congratulations!

Wir waren unterdessen in London, wo die ersten Vorbereitungssitzungen für die Hauptsitzung stattfanden.

Incidentally, ich habe eine große Anzahl von außer in den USA überall erscheinenden Grundsatzglossen zum Faktum Vietnam geschrieben, denke sogar daran, diese in einem Büchlein zusammenzufassen. Glauben Sie, dass Sie außer in dem mimeographed cheese leaf, in dem Sie vor vielen Monaten einmal einen kleinen Text von mir untergebracht haben, solche Texte von mir unterbringen könnten? Wir hatten Ihnen seinerzeit das Mosaik «Nuremberg and Vietnam», das Sie in Temps Modernes gesehen hatten, auf Englisch zugeschickt, aber niemals erfahren, ob Sie es in den US irgendwo angeboten oder untergebracht haben.

Melden Sie sich einmal! Und lassen Sie es sich trotz der überhaupt nicht mehr zu qualifizierenden Vorgänge in Vietnam so gut gehen, wie es uns gut gehen kann!

Herzlichst Ihnen Beiden

23 Herbert Marcuse an Günther Anders, San Diego, 22.1.1967

Lieber Günther:
Schon seit langem wollte ich Ihnen schreiben; aber ich muss wirklich jedes Partikel meiner Zeit hier meiner eigenen akademischen und politischen Arbeit widmen. Ihr Brief war mir sehr willkommen: ich schreibe …

Erst eine sehr persönliche Bemerkung. Inge und ich haben beide nicht verstanden, warum Sie eigentlich in Österreich bleiben. Unser Eindruck von diesem Lande war vernichtend: bei weitem das reaktionärste in Europa. Es ist sicher nicht billiger als woanders, und Sie haben selbst gesagt, dass Sie aus Österreich keinerlei Einkommen beziehen. Warum also dableiben?? Selbst Westdeutschland scheint mir besser.

Nun zu Ihrem Brief. Ich kann an dem War Crimes Tribunal nicht teilnehmen. Sie wissen, dass ich ohne jede Einschränkung mich mit der Sache identifiziere. Aber meine offizielle Teilnahme würde bedeuten, dass ich die USA verlasse. Mein Job hier wäre zuende. Und ich kann hier wenigstens noch einigen Einfluss ausüben, besonders (aber nicht ausschließlich) unter den Studenten, immer noch die einzige oppositionelle Bewegung – und auch sie ist auf absteigender Linie.

Ihr Mosaik «Nuremberg and Vietnam» ist in dem hiesigen Studentenblatt «Alternatives» schon vor langem erschienen; Sie sollten ein Belegexemplar erhalten haben. Es ist keineswegs ein «cheese leaf», aber wie lange es noch erscheinen kann, ist fraglich. In jedem Fall hätte ich gern Ihre «Grundsatzglossen» hier. I'll try my best. The situation is vomitable, besonders nach der Wahl Reagan's. Und man scheint in Europa nicht zu wissen, dass der vielleicht größte Teil der Opposition gegen Johnson's slaughter in Vietnam von *rechts* kommt: man will den Krieg more effective and more ruthless geführt haben. Charming!

Dank für das Programm zu Brechts «Galilei». Nicht einmal das gibt es hier.

Mit den besten Wünschen euch beiden, auch von Inge,
herzlichst
Herbert

24 Günther Anders an Herbert Marcuse, Wien, 26.1.1967

Lieber Herbert,
Ich weiß, dass Briefe an Sie fast immer à fonds perdu geschrieben sind, aber ich mache den Versuch trotzdem. Aus folgenden Gründen:

1. Ist, wie mir angekündigt wurde, eine Aufforderung an Sie gegangen, als einer der Tribunal members des Russell Tribunals zu figurieren?

2. Vor etwa einer Woche kam hier übers Radio (aber nur einmal, und kein Blatt veröffentlichte Ähnliches) die Nachricht, dass ein Institut in Santa Barbara, von dem ich annehmen zu können glaube, dass es identisch sei mit jenem Hutchins Institut, an dem Sie, Jungk etc. teilgenommen haben, einen «Friedenskongress» mit China und Nordvietnam vorbereite; dass eine erste Sitzung in den USA bereits stattgefunden habe, eine zweite in Genf in the offing sei. Was davon ist wahr? Wer tut das? Und ist Ho und die NLF bereit, offizielle Verhandlungspartner zu delegieren, wenn die amerikanischen Delegierten so inoffiziell sind, wie es doch die Repräsentanten der Santa Barbara Organisation wären?

3. Hat dieses Unternehmen (von dem ich annehme, dass Sie dazugehören) Beziehungen zu der Russell Foundation oder dem Russell Tribunal aufgenommen?

«Unsere» Projekte sind noch in der Schwebe, ich erwarte dieser Tage die Nachricht, ob trotz des Drucks von Washington damit zu rechnen ist, dass die Hauptsitzungen in Paris stattfinden können. Wenn ja, wäre ich wohl für kürzer oder länger im Frühjahr in Paris.

*

Fröhlich sind ja die Dinge, die sich unterdessen teils in Indonesien teils in China abgespielt haben, nicht gerade. Von Vietnam zu schweigen. Übrigens ist es tatsächlich erst durch Salisburys Reportage gelungen, die sture Pro McNamara Vietnam Attitüde der europäischen großen Blätter aufzuweichen. Selbst die FAZ hat ein großes Bild einer von den Amerikanern völlig verwüsteten Stadt gebracht, mit einer Unterschrift, die ebenso gut in der Pekinger Review hätte stehen können.

Bitte melden Sie sich mindestens mit einer Karte zur Stelle. Sie sind der faulste Freund, den ich je gehabt habe.

Herzlichst Ihnen Beiden von uns beiden

25 *Günther Anders an Herbert Marcuse, Wien, 27.1.1967*

Lieber Herbert,
How strange! Gestern schrieb ich Ihnen à fonds perdu, und heute morgen kommen Ihre Zeilen an. Dank für die Veröffentlichung des Charlotteschen Mosaiks in dem Blatt, das ich nie mehr «cheese leaf» zu nennen hiermit feierlich gelobe. Beiliegend diejenigen meiner Vietnam-Glossen, die wir ins Englische übersetzt haben. Sie sind nur ein Bruchteil meines Vorrats, aber wir finden keine Zeit, vorerst mehr zu anglisieren.

Gestern lasen wir über die Reagan-Kerr Vorgänge; und ich wäre nicht überrascht, wenn das auch für Sie Konsequenzen haben würde. – Sie staunen darüber, dass ich noch in Österreich lebe. Wenn Sie mir etwas Besseres vorschlagen können, bin ich Ihnen dankbar. Jedes Land ist das falscheste. Kiesinger plus Lübke plus Strauß scheint mir nicht gerade noch reizvoller als das hiesige Dorf, das ich einfach als «headquarters» benutze, ohne den mindesten Gebrauch von dem hiesigen «Kulturleben» zu machen. – Kommen Sie im Sommer wieder nach Europa?

Was hat man bei Euch im Westen bisher über die Veranstaltungen des «Russell Tribunals» (London und Paris) zu lesen bekommen?

Körperlich geht es bergauf, meine Herzsache hoffe ich überwunden zu haben.

Alles Gute Euch Beiden, natürlich auch von Charlotte

Herzlichst

26 Herbert Marcuse an Günther Anders, San Diego, 14.12.1967

Lieber Günther:
Sehr viel Dank für «Die Schrift an der Wand» (wie oft müssen wir sie noch lesen? Und mit-ohne denselben Effekt?). Echter Günther Anders: wahr, geschrieben, wie es geschrieben werden muss, und traurig. Nur ein Bedenken: Einiges ist noch zu privat – was geht das die Anderen an? Sie bleiben immer die Anderen, die es nichts angeht – und warum sollte es auch?

Was macht man? Was tut man? Es sieht grausig aus, und das sogenannte Volk, the people – das ist nun der Feind. Wie tüchtig verhauen die Arbeiter, das «Proletariat», die jungen Demonstranten gegen die Greuel in Vietnam, wie stolz bekennen sie sich zur Politik der Verbrechen gegen die Menschheit, die ihnen allerdings ihren job garantiert. Wie ambivalent der Aufruhr in den schwarzen Ghettos, der zwar radikal, total ist, aber eben so leicht in faschistische Bewegungen münden kann!

Bleibt die Opposition der jungen Generation, besonders unter den Studenten – heute wirklich das Einzige, mit dem man sich identifizieren kann. Und was wird aus diesen Jungen, wenn sie sich nach einem Job umsehen müssen?? Den sie nur bekommen, wenn sie sich entsprechend benehmen und ein sauberes Hemd haben.

Aber Sie werden den Katzenjammer vor dem Fest sowieso zur Genüge haben …

Trotz alledem die besten Grüße und Wünsche euch beiden, auch von Inge,

Ihr
Herbert

27 *Günther Anders an Herbert Marcuse, Wien, 29.12.1967*

Lieber hochberühmter Herbert,
Nur mit Furcht und Zittern nahe ich den Stufen der hierzulande nur noch zusammen mit Marx, Mao, den Makkabäern, MacArthur und Marat genannten Prominenz – im Ernst: es ist ganz unglaublich, welchen chain effect Ihr Auftreten, namentlich in Berlin, ausgelöst hat. Wer etwas auf sich hält, nennt zu Beginn des Artikels Benjamin, zum Abschluss Sie. Spät aber doch! Und wie!

Schade, dass Sie sich, als Sie in Europa waren, garnicht gemeldet haben. Fischers überbrachten mir relativ frische Grüße, vor ein paar Tagen Maschke bereits völlig angefaulte.

Wie Sie sehen, haben wir nun endlich eine richtige Wohnung, eine herrliche sogar, die wir aber noch nicht ganz genießen können, teils, weil wir sie erst einrichten müssen, teils, weil wir, namentlich durch die letzte War Crimes Tribunal Session in Kopenhagen, so furchtbar ermüdet sind, dass es selbst für das Genießen nicht mehr reicht. Aber wir haben uns Ihre Mahnung zum survival oriented life hinter die Ohren geschrieben, und werden, ehe es zu spät ist, durch eine Schlafkur alles wieder einzubringen versuchen.

Ihre Bedenken gegen meine «Schrift» verstehe ich nicht ganz. Schließlich handelt es sich um ein Tagebuch, und dass in einem solchen auch der Schreiber zuweilen vorkommt, ist ja nicht so erstaunlich. – Die meisten meiner anderen Arbeiten, namentlich die Folgebände zur «Antiquiertheit», haben natürlich mit mir persönlich, mindestens mit mir als sujet, nichts zu tun. Ich gebe dem Verleger einfach dasjenige Manuskript zuerst which happens to be ready for print first.

Apropos «ready for print»; vor wenigen Tagen sandte ich mein Vietnambüchlein «Visit Beautiful Vietnam» an einen Verleger (Rugenstein, den Verleger der «Blätter für deutsche und internationale Politik»), der das Manuskript innerhalb zwei Monaten als Buch auf den Markt werfen wird. Aber was nutzt schon eine deutsche Ausgabe, it's not Lübke who is sending the boys over. Was nun wichtig ist, ist eine amerikanische Ausgabe. Bitte zerbrechen Sie sich den Kopf darüber, wo man das Büchlein unterbringen kann, auch wer in der Lage wäre, die zum Teil sehr schwer zu übersetzenden Texte nicht nur korrekt sondern auch mit Prägnanz zu übersetzen! Ein paar Stücke aus der Kollektion kennen Sie ja, Sie hatten sie seinerzeit an eine Studentenzeitung übergeben. Ein großer Vorabdruck, der Ihnen ein besseres Bild vom ganzen gibt, wird im nächsten Heft des «Argument» erscheinen, wo ja auch, wie Haug mir mitteilte, ein umfangreicher Artikel von Ihnen herauskommen wird. – Natürlich habe ich auch mit Dellinger, den ich ja täglich in Kopenhagen gesehen hatte, über die Möglichkeiten einer amerikanischen Ausgabe gesprochen, aber ich glaube, je mehr aus verschiedenen Richtungen geschossen wird, um so größer ist die Chance eines Treffers.

Über Kopenhagen in Kürze zu schreiben, ist unmöglich, die Session war ungleich eindrucksvoller als die in Stockholm, teils dadurch, dass drei amerikanische Ex-GIs auftraten und ausführlich über das Foltern und das «get rid of them»-Prinzip referierten; teils dadurch, dass Sartre und ich den Begriff Genocide neu formulierten und dass wir (d. h. das Tribunal im ganzen, und zwar unisono) das verdict Genocide aussprachen.

Wie weit das «Eindrucksvolle» auch einflussreich sein wird, darüber wage ich nicht auszusagen, ich mache mir da sehr wenig Illusionen, aber mein Prinzip ist da wohl von Ihrem kaum unterschieden: dass man, auch wenn man der Vergeblichkeit der Bemühungen beinahe sicher ist, trotzdem weiter versuchen muss. Ganz zu schweigen davon, that one cannot help trying to help.

Übrigens machte – was Sie interessieren wird – Stokely C. einen außerordentlich intelligenten und überlegten Eindruck auf mich. We happened to sit next to each other at the judges table. Von demagogischem Benehmen oder demagogischer Sprache kann keine Rede sein. Und wenn es in Amerika einen Senator oder Congressman, von Ministern zu schweigen, gäbe, der sprachlich so artikuliert und syntaktisch so gut disponierend wäre wie C., dann wäre es in Amerika besser bestellt. – Es würde mich interessieren zu hören, was z. B. im Westen in Zeitungen und TV von der Kopenhagen Session erschienen ist.

Ich war erstaunt, dass Ihr Brief noch aus La Jolla kam, denn ich hatte Kolko in Stockholm dahin verstanden, dass Ihr nach Eurem Europaaufenthalt nach Washington übersiedeln würdet. War das ein Missverständnis? Oder haben sich Eure Pläne geändert? Oder ändern müssen?

Woran sitzen Sie nun? Die Studenten gieren. Ich auch, denn Sie haben mir scheußlicherweise nicht eines Ihrer Bücher vom Verleger zuschicken lassen.

Alles Gute für das kommende Jahr, in das ich genauso schwarzseherisch hineingehe wie Sie. Trotzdem oder gerade deshalb um so herzlicher unsere Wünsche an Sie und Inge

Ihr

28 Günther Anders an Herbert Marcuse, Wien, 24.7.1969

Lieber Herbert,
Ich schreibe diesen Brief aus größter Sorge um Sie. Und wenn wir einander auch nur alle Jubeljahre sehen, und wenn uns auch manche Meinungsdifferenzen von einander trennen mögen, so fühle ich mich doch als Ihr langjähriger Freund und Alliierter. Deshalb bitte ich Sie darum, meine Worte nicht als Einmischerei misszuverstehen.

Sie wissen besser als ich – aber vielleicht kann ein Freundeswort doch zu einem straw that relieves the camel's back werden –, dass sich die Lage, in die Sie geraten sind, nur noch durch eine sofortige ausführliche Aufklärung bzw., sofern das juristisch möglich ist, durch eine Klage gegen Matthias retten lässt.

Was Sie bisher in dieser Angelegenheit geäußert haben, das waren die Erklärungen eines Mannes, dem die Hände gebunden zu sein schienen, und der den Eindruck erweckte, als könne er nicht zurückschlagen. So geht das nicht, das Ausmaß des bereits angerichteten Schadens ist schon heute ungeheuer. Und beschädigt sind nicht nur Sie, sondern ist auch das Prestige einer internationalen Oppositionsbewegung, auch die Reputation und Glaubwürdigkeit von Tausenden von Jugendlichen, die sich auf Sie berufen. Viele von denen fühlen sich bereits betrogen, viele sind verzweifelt, weil sie glauben, dass vielleicht ihr Prophet als Agent demaskiert vor ihnen stehe. Ganz davon zu schweigen, dass die Reaktionäre aller Länder, schön vereinigt von Reagan über Strauß bis zu Kosygin, sich schadenfroh die Hände reiben.

Es reicht auch nicht, nachzuweisen, dass die meisten Daten von Matthias inkorrekt sind; auch nicht, durch Vokabelanalyse («Drahtzieher», «jüdisches Geld») zu beweisen, woher der Pesthauch weht, nämlich aus dem entsetzlich luxlosen Orient. Und schließlich würde es auch nicht genügen, den Finger darauf zu legen, dass nicht Sie Arbeiter und Studenten in Frankreich gespalten haben (so in der «Neutralität»), da ja in Wahrheit überhaupt kein zu spaltender Block bestanden hatte und die CPF den Wunsch der Studenten und deren Versuche, gemeinsame Sache zu machen, zerschlagen hat. All das nachzuweisen genügt nicht, denn es bleiben in dem Machwerk von Matthias Aussagen übrig, von denen einige, I can't help feeling it, irgendwie in die Gegend der Wahrheit hineinreichen müssen. Hier liegt der Hase begraben. Hier ist der Punkt, den auch ich nicht verstehe. Aber irgendwie müssen Sie, selbst wenn Sie dabei sich selbst belasten müssten, uns allen begreiflich machen, aus welchen Gründen, oder aus welchen falschen Voraussetzungen heraus oder durch welche Pression Sie Ihre ursprünglich gegen Nazideutschland gerichtete Tätigkeit in einer Epoche fortgesetzt haben, in der ja (was Sie wiederum ebenso gut wie ich wissen) die «Hitlers» anderswo saßen, und nicht etwa nur in Moskau. Da aber die Vorwürfe sich auch auf die Zeit nach 51, implicite sogar auf die Zeit bis heute beziehen, wäre es höchst nützlich, wenn Sie nachweisen würden, unverblümt und höhnisch, dass Sie in derjenigen Zeit, in der Sie zum Sprecher bei der Bekämpfung des Establishments und zum Hauptsprecher der internationalen Studentenbewegung wurden, mit dem Establishment, das Sie bekämpften, nicht zusammengearbeitet haben.

Wie gesagt, Herbert, ich weiß nicht und ich verstehe auch nicht, was geschehen ist. Ich verstehe nur, wer Interesse daran hat, Ihnen und denen, die sich auf Sie berufen, zu schaden; und das Interesse besteht im Osten sowohl wie im Westen. Nichts desto weniger fürchte ich, dass es effektiv on your part Fehler oder Unterlassungen gegeben hat, die nicht erst durch die Polemik Ihrer Gegner entstanden sind. In Ihrem eigenen Interesse und in dem der Reputation aller Oppositionsbewegungen, in denen Sie eine so große Rolle spielen und hoffentlich weiterspielen können, müssen Sie sich dazu entschließen, den Mund aufzumachen. Es geht einfach nicht, dass man Sie mit Asew (wie es bereits in einer Spiegelzuschrift geschehen ist) vergleicht. Das muss gestoppt werden.

Herbert, wenn ich Ihnen irgendwie behilflich sein kann – ich weiß nicht, wie, aber vielleicht fällt Ihnen irgendetwas ein – dann sagen Sie mir das bitte.

In herzlichster Freundschaft und schönste Grüße an Inge

Ihr

29 Herbert Marcuse an Günther Anders, Cabris (Frankreich), 1.8.1969

Lieber Günther:

Bitte bitte machen Sie sich um mich keine Sorgen: es geht mir (touch wood) ausgezeichnet, denn ich habe ein schrecklich gutes Gewissen. Ihr Brief war an die falsche Adresse gerichtet: nicht ich bin es, der sich rechtfertigen muss, sondern jene, die glauben, dass es bei Matthias einiges gibt, was «in die Gegend der Wahrheit hineinreichen müsse». Günther: auch in rebus politicis kommt es letzten Endes auf Vertrauen an, und auch in rebus politicis gibt es einen Punkt, wo alle Dialektik und Vermittlung aufhört und man vor dem Entweder – Oder steht: entweder man glaubt dem Matthias, oder man glaubt mir. Meine Freunde unter den Studenten haben längst die (für sie nicht sehr schwere) Entscheidung getroffen: siehe den von Rudi Dutschke und anderen im *Spiegel* veröffentlichten Brief. Die Reaktion in USA ist dieselbe: Sie sollten nur einmal sehen, wie die Studenten reagieren, wenn jemand (ein Alter) auf die CIA Sache anspielt: Ein kurzes, helles Auflachen, und dann geht man zur Tagesordnung über. Und Sie glauben ernsthaft, dass ich eine «Erklärung» abgeben muss, vielleicht sogar «klagen»? Und Sie merken nicht, dass ich genau damit bereits (wie Sie es schon getan haben) zugeben würde, dass an den Matthias Fälschungen irgendetwas dran sein *könnte*? Was sachlich zu dem Fall zu sagen ist, habe ich in einem *persönlichen* Brief an Ernst Fischer gesagt.* Der Rest ist Schweinerei.

Schönste Grüße euch beiden
Herbert

30 Herbert Marcuse an Günther Anders, San Diego, 13.6.1978

Lieber Günther:
vielen Dank für die *Kosmologische Humoreske*. Ich war wirklich froh, endlich ein Lebens- und Gedenkzeichen von Dir zu haben. Unser Bruch damals war unnötig und unsinnig!

Schreibe mir Deine Adresse – vielleicht kommen wir doch nochmal zusammen.

Mit herzlichen Grüßen und Wünschen
Herbert

31 Günther Anders an Herbert Marcuse, Wien, 26.6.1978

Lieber Herbert,
das war eine sehr große Freude, von Dir diese, alle unsinnigen Missverständnisse aus dem Weg räumenden, Zeilen zu bekommen. Erst einmal möchte ich Dir zu Deinem 80. gratulieren, ich hatte sowieso vor, das via Suhrkamp zu tun, denn ich nahm an, dass Du diesen Tag in Europa verbringst. Ich wünsche Dir also, dass Du es treibst wie Russell, der es bis zum 96. brachte – ich

---

* [Siehe Dokument I, S. 135]

habe ihn noch gesprochen, als er 93 war. Einholen werde ich Dich zwar nicht, ich werde aber auch, beinahe an Deinem Geburtstag, 76. Und bin noch scharf auf viele weitere Jahre, da ich 10 Jahre verloren habe (nicht arbeiten konnte). Nun sitz ich wieder wild an der Arbeit, am 2. Band der «Antiquiertheit». Aber wer eher fertig ist, der Band oder ich, das steht noch in den Sternen. Ich vermute, dass auch Du noch was Voluminöses unter der Feder, bzw. dem Bleistift, hast.

Dein Brief hat mich gerade noch erwischt, denn morgen fliege ich nach Berlin (Vorbesprechung des neuen Russell Tribunals), danach nach München, wo ich den Literaturpreis der dortigen Akademie entgegennehme. Bei der Gelegenheit spreche ich über den Philosophen als den grundsätzlich «Anstößigen», das muss sich der F.J. Strauß-Mann Maier (der dortige Kultusminister) mitanhören.

Ja, schrecklich gerne möchte ich Dich wiedersehen. Hast Du Europapläne? Ich verbringe vom 17. Juli an meine Ferien (zusammen mit Liesl, meiner zweiten, die dabei war bei der Hochzeit Deines Sprösslings) in Bad Ischl, Hotel Sonnblick. In eine Höhe über 600 m darf ich mich nicht trauen, hab mir vor 2 Jahren bei Jericho of all places, wieder eine heart condition geholt.

Ich fürchte, Du willst höher hinaus. Lou rühmt sich jedes Jahr, Dich im Engadin getroffen zu haben. (Sie sammelt Zelebritäten wie Alma Mahler.)

Meine Charlotte ist seit drei Jahren wieder in USA, wo sie ein Kammermusiktrio gegründet hat. Sie hat sogar schon bei Euch in San Diego musiziert. (Nennt sich «Jugendstil-Trio», ist gewiss erstklassig.)

Schön, dass das Eis gebrochen ist. Nun müssen wir das «in the flesh» verwirklichen.

In alter Freundschaft
Günther

32 Herbert Marcuse an Günther Anders, San Diego, 27.8.1978

Lieber Günther,
zunächst meinen herzlichen Glückwunsch zur Verleihung des Literaturpreises der Münchner Akademie. Wie ist so etwas möglich? Denn Deine Bücher sind immer noch dem Establishment entfremded – so entfremded wie im Anfang!

Leider ist aus einem Treffen diesen Sommer nichts geworden: wir sind wieder im Engadin geblieben; Dein Brief kam zu spät für eine Programmänderung.

Ich musste auch dem Alter Tribut zahlen: Prostata Erkrankung. Aber wie Du bin auch ich scharf auf viele weitere Jahre, sogar *sehr* scharf – aber ich fürchte, das nützt nichts. Dabei *fühle* ich mich gesund und glücks- wie arbeitsfähig. Und ich arbeite auch: an einem Essai über Bahros *Die Alternative*.

Schön, dass Du das Thema der «Antiquiertheit» wieder aufgenommen hast – für mich immer noch Dein bestes Buch.

Entsetzlich wie lange wir uns nicht gesehen haben (seit wann?). Ich weiß überhaupt nicht, was Du von mir weißt (ich meine «privatim»): dass meine damalige Frau, Sophie, 1950 gestorben ist, Tod meiner zweiten Frau, Inge, 1973, jetzt wieder verheiratet mit Ricky Sherover, 31 Jahre «alt», arbeitet an ihrer Ph. D. These. Ich bin sehr glücklich mit ihr.

An Charlotte erinnere ich mich sehr gut: sie spielte eine Boulez Sonate für uns. Aber von Liesel weiß ich nichts. Bist Du noch in der Wohnung, in der ich Dich damals besucht habe?

Briefe helfen doch nicht viel, eine alte Freundschaft zu erneuern. Du hast wohl keine Chance, nach den U. S. A. zu kommen? Falls ich nächsten Sommer wieder in Europa bin, müssen wir uns sehen.

Sehr herzlich
Herbert

33 Günther Anders an Herbert Marcuse, Wien, 2.9.1978

Lieber Herbert,
ich bin sehr froh darüber, dass die Verstimmung zwischen uns, deren Ursache ich übrigens längst vergessen habe, nun völlig abgeklungen ist. Sehr schade, dass das Treffen in diesem Jahre nicht mehr feasible war, aber, sofern wir zwei bis dahin noch da- und nicht nur vorhanden sein werden, müssen wir das im nächsten Jahre nachholen. Dass ich einmal in die US kommen werde, ist deshalb unwahrscheinlich, weil I am not supposed to step on American ground – das war schon vor 30 Jahren so, weil ich meine citizenship aufgegeben hatte; das setzte sich fort nach meinem Briefwechsel mit Eatherly; und erhielt seine Finalität durch meine Jury membership im Vietnam War Crimes Tribunal und durch mein Vietnambuch. Zweimale war ich freilich heimlich da, aber für sowas bin ich nun zu alt. Es wird schon in Europa oder Asien sein müssen – unser Treffen, meine ich.

Ich bin sehr froh, zu hören, dass Du, der Du mich ja um vier Jahre überragst, so ausgezeichnet beisammen bist, vergnügt bist und arbeitsfähig. Dass Du über dem Buch von Bahro sitzt, ist ausgezeichnet, denn alles, was ich bis jetzt darüber gelesen habe, war ganz medioker.

Du hast die Vergangenheit etwas durcheinandergebracht, natürlich weiß ich über Deine Vergangenheit, die private, Bescheid. Über Sophies Zustand hattest Du mich schon, als ich (zusammen mit der von Dir verdrängten Liesl) Trauzeuge für Peter war, informiert. Und dann haben wir uns ja mehrere Male danach getroffen. 14 Tage waren wir (ich und Charlotte) in Sils zusammen. Dann warst Du einmal hier und wir trafen uns mit dem (auch längst schon toten) Ernst Fischer. Auch über Deine neue kinderschänderische Ehe wusste ich – Du bist halt im Gerede. Euer age gap ist noch imposanter, als der zwischen Charlotte und mir gewesen war: der war nur 28 Jahre gewesen. You win.

Dass Du die «Antiquiertheit» für mein bestes Kind hältst, macht mich etwas traurig. Denn die habe ich vor einem Vierteljahrhundert zusammengebastelt. Ich halte für besser meine «Endzeit und Zeitenende» und mein Vietnambuch. – Aber nun sitze ich wieder über dem 2. Bande der «A.», und ich glaube, namentlich durch meine Kapitel «Die Antiquiertheit der Arbeit» und «Die Antiquiertheit der Geschichte», sofern ich den noch unübersehbaren Wust noch in Ordnung bringen kann, etwas ganz Präsentables vorlegen zu können.

Wenn Du erfahren solltest, dass das «Jugendstil-Trio» in San Diego spielt, geht hin. Das ist Charlottes Gruppe, und die muss, wenn die zwei Anderen so gut musizieren wie Charlotte, hervorragend sein.

Ich spiele mit dem Gedanken, im Oktober ein bisschen nach Spanien zu fliegen. Hab nie den Prado gesehen. Und bin ein Velázquez- und Goya-«fan». Wie wär's? Könnten wir uns nicht dort treffen?

Du fragst, wie es möglich sei, dass ich in der BRD, gar in Bayern den Akademiepreis bekommen konnte. Diese Frage habe ich bei der offiziellen Ansprache, die ich zu halten hatte, gestellt; und erklärt, dass ich, der Anstößige, den Preis akzeptiere, weil die Akademie damit offensichtlich gegen den Strom schwimme. Der Zufall wollte es (oder das Zeremonial), dass ich neben den tiefschwarzen Franz Josef Strauß-Intimus, den Kultus- (nicht Kultur-) Minister Maier, gesetzt wurde. Ich warnte ihn, ehe ich auftrat, davor, zuzuhören, denn er würde mir nicht gratulieren können. Aber er hat nicht nur zugehört, sondern mir sogar (historisch erstklassige) Bücher von sich geschenkt. Das ist schwerer zu verstehen als Hegel.

Bleib frisch und gesund. Und nimm die Prostatitis nicht sehr ernst. Die hat jeder wie den Ph. D. Ich habe sie mir schon vor zehn Jahren herausnehmen lassen. Und hatte keinerlei Nachschwierigkeiten.

Grüß unbekannterweise Deine Junge und sei herzlichst gegrüßt von

Günther

34 *Herbert Marcuse an Günther Anders, San Diego, 7.11.1978*

Lieber Günther:
Es war gut, dass Du mir eine Zeit zurückgerufen hast, die ich offenbar gründlich verdrängt hatte (vielleicht nicht gründlich genug). Aber warum Liesel?

Ich bin sehr froh (und dankbar) über meine durchaus nicht «kinderschänderische» Ehe. Und ich bin froh, dass ich noch arbeiten kann. Du wirst mich für leicht größenwahnsinnig halten – aber ich glaube, dass das, was wir tun, nicht verloren ist (und vielleicht auch nicht verloren bleiben wird). Dafür gibt es zu viele Hinweise. Aber auch ohne sie sollen wir weitermachen – im Notfall hilft es wenigstens uns.

Meine Vorliebe für die *Antiquiertheit* sollte Dich nicht traurig machen: mir geht es mit meinen Sachen genau so: das Freud Buch ist mir immer noch das liebste. Jedenfalls warte ich gespannt auf den zweiten Band.

Nun zu dem Problem des Wiedersehens: wenn es mir meine Gesundheit erlaubt, wollen wir im Sommer wieder ins Engadin gehen. Wirst Du irgendwie in der Nähe sein?

Charlottes Trio ist nicht hierhergekommen: ich passe auf, ob es in Los Angeles erscheinen wird. By the way: warum «Jugendstil-Trio»?

Vielleicht sollte man doch einmal versuchen, ob Du ein Visum für die USA jetzt bekommen kannst: etwas hat sich die Situation ja doch geändert.

Herzlichst Auf Wiedersehen
Herbert

Mich interessiert an Deinem zweiten Band besonders das Kapitel «Die Antiquiertheit der Arbeit». Das ist beinahe der Schlüssel zum Ganzen! Auch für mich!

Dokumente zum Briefwechsel mit Herbert Marcuse

I Herbert Marcuse an Ernst Fischer, Cabris (Frankreich), 1.8.1969

Lieber Ernst:
Ihr Brief vom 27. Juli hat mich sehr traurig gestimmt – Eine Traurigkeit, die allerdings schnell in eine tiefe Enttäuschung umgeschlagen ist: Enttäuschung, dass ein Mann wie Sie, dem doch der Sinn für Politik in den Knochen und im Blute sein sollte, die «Hypothese» aufstellen konnte, ich hätte den Augenblick nicht erkannt, in dem der Krieg gegen Hitler Deutschland in den Kalten Krieg umschlug. Wenn diese Hypothese nur eine Beleidigung meiner Intelligenz wäre – gut, sie ist aber außerdem grundfalsch. Ich habe als einer der ersten, noch *vor* Churchills Fulton Rede, diesen «Umschlag» (der schon während des Krieges keiner war) erkannt. Und ich und meine Freunde haben im State Department gerade gegen diese Tendenz gearbeitet. Meine Tätigkeit bestand in der wirklich unbeirrbaren Anstrengung, immer wieder auf die globalen Folgen der Truman-Acheson Politik hinzuweisen, gegen die Remilitarisierung Deutschlands, die Renazifizierung, gegen den blinden Antikommunismus vorstellig zu werden. Nur eine völlige Unkenntnis der damaligen amerikanischen Verhältnisse kann zu der Ansicht verleiten, dass eine solche Arbeit damals im State Department nicht möglich war, folglich meine Tätigkeit mit der Unterstützung der offiziellen Politik zu identifizieren. Aber man braucht nun wirklich kein Experte der amerikanischen Politik zu sein, um zu wissen, dass die McCarthy Periode mit dem systematischen Angriff auf – das

State Department begann, d. h. gegen die «Kommunisten» im Department. Ich bin noch 1950 von meinen sehr linken (und auch heute noch nicht verdächtigen) Freunden dringend gebeten worden, das State Department nicht zu verlassen, weil meine Arbeit dort für die Sache äußerst wichtig sei.

Ich schreibe Ihnen dies alles als meinem Freund und Genossen, für den ich Respekt habe – ich würde diese «Erklärung» niemals an die Adresse des Herrn Matthias oder seiner Fellow-travelers (zu denen jetzt wohl auch der anscheinend hysterisch gewordene Günther Anders gehört) richten. Der Matthias weiß wohl sehr gut, dass seine Verleumdungen eine «self-validating hypothesis» darstellen. Wenn ich z. B. aussage, was meine Tätigkeit im State Department war, wäre es ohne Belang: da die Dokumentation meiner Berichte «classified information» ist, die das Department nicht ausgibt. Oder: wenn ich auf meine Bücher hinweise, die selbst eine tiefkranke Phantasie nicht als Dienst am Establishment ausgeben kann, würde es heißen: das sei eben der Deckmantel meiner eigentlichen Funktion als Agent. Das ist aber nur einer der Gründe, warum ich es ablehne, mich zu «verteidigen» oder gar zu rechtfertigen. Der Hauptgrund ist: nicht ich stehe als Angeklagter vor Gericht, sondern jene, die die Verleumdungen des Herrn Matthias glauben – auch wenn sie sie nur (wie Herr Anders) «ein bisschen» glauben. Dieser schreibt, «I can't help feeling», dass einige Aussagen in dem Machwerk des Matthias «irgendwie in die Gegend der Wahrheit hineinreichen müssen». Jawohl: z. B. dass ich Herbert Marcuse bin, und dass ich im State Department auch noch nach dem Kriege tätig war. Auch in den Verleumdungen gegen Trotzky, Bucharin, Sinovjev, und die anderen, denen der Stalinismus den blutigen Prozess gemacht hat, war immer irgend etwas, das «in die Gegend der Wahrheit hineinreichte». Pfui Deibel. Und mit der Reaktion dieser alten und älteren Herren vergleiche man den herrlich offenen Brief, den Rudi Dutschke und andere junge Genossen an den *Spiegel* geschrieben haben. Ohne die leiseste Anregung von meiner Seite, ganz spontan, weil eben diese Jungen nun wirklich wissen und riechen, wer zu ihnen, und wer ins andere Lager gehört. In den U. S. A., wo man ja schließlich meine

Tätigkeit kennt, sind die Verleumdungen niemals ernst genommen worden – kein Mensch würde eine Erklärung von mir erwarten. Und wenn der Ernst Bloch «hypothetisch» nicht mehr zwischen Lübke und mir unterscheiden kann, ist das wohl nur der Senilität zuzuschreiben.

Eines der vielen Dinge, die ich nicht verstehe, ist das Schweigen meiner Freunde am Frankfurter Institut. Diese müssen doch wissen, dass der «Tatsachenbericht» des Herrn Matthias über meine Nachkriegstätigkeit ein Gewebe übler Erfindungen ist, dass ich niemals einen «Posten» in Frankfurt hatte, überhaupt nicht in Deutschland, also schon aus geographischen Gründen nicht das habe anstellen können, was der Matthias mir zuschreibt. Schmutzige Lügen, die ein einziger Blick in eine der veröffentlichten Biographien entlarvt hätte. Und was tat ich am Russian Institute of Columbia University (mit dem Breszinsky damals in keiner Weise verbunden war) und am Russian Research Center at Harvard University?? Ich lernte Russisch, um *Sovjet Marxism* schreiben zu können (ich habe es inzwischen total vergessen); ich schrieb *Eros und Zivilisation*, und ich hielt für die Studenten eine Reihe von Vorlesungen über dialektischen Materialismus. Schandbar, nicht wahr?

Wie gesagt, Ernst, dies ist ein persönlicher Brief: ich überlasse es Ihnen, ob und wie Sie davon Gebrauch machen wollen. Von mir wird es keine «Erklärung» geben.

Gerne würden wir Sie in der Steiermark besuchen: wir müssten über all dies und anderes doch noch sprechen. Aber von Pontresina dorthin scheint es sehr weit zu sein. Wie lange bleiben Sie dort? Wir sind bis zum 13ten August hier: dann Hotel Kronenhof, Pontresina, Schweiz.

Bitte lassen Sie von sich hören. Und vor allem: gute Ferien!
Herzlichst Ihnen beiden, auch von Inge
Herbert

P. S. Dank für Ihr Telegramm!

BRIEFWECHSEL MIT ERNST BLOCH
UND KAROLA BLOCH
(1950–1974)

1 *Ernst Bloch an Günther Anders, Leipzig, 16.10.1950*

Lieber Freund,
auf Ihren freundlichen Brief und die Publikationsliste habe ich noch nicht geantwortet, weil sich schriftlich und auf Entfernung hier schwer etwas erledigen lässt. Bitte schreiben Sie mir, wann Sie hier sein können. Dann können wir alles Weitere besprechen. Sei es, dass Leipzig, Berlin, Halle oder Jena in Frage kommen.

Herzlichen Gruß, auch an die Frau,
Ihr
Ernst Bloch

2 *Günther Anders an Ernst Bloch, Sils/Engadin, 31.7.1959*

Lieber Ernst Bloch, wie wäre es mit einer philosoph. Nachkur hier. Für Diskussion stehen zur Verfügung: H. Marcuse, Adorno, Szondi, Anders, M. Susman, das Töchterchen Mirjam. Philosoph. Pausen werden mit Musik ausgefüllt von meiner Frau Charlotte. Täglich große gratis Schlachtplatte vor dem Nietzsche-Stein. Herzlichst Günther Stern-Anders

*Love Mirjam *Herzliche Grüße von Peter Szondi

---

* [Handschriftliche Zusätze von Mirjam Josephsohn und Peter Szondi]

3 Ernst Bloch an Günther Anders, Paris, 12.8.1959

Paris, bis übermorgen

Lieber Freund, besonders freute ich mich, von Ihnen zu hören. Ich denke oft an Sie, Gespräche sind überfällig, {...} Ihr Buch, mit der ergreifenden Widmung an Ihren Vater, Ihr Buch der Trauer, die ich wohlverstehe, obwohl sie nicht die meine ist. Gerade auch deshalb nicht, weil sie selber, als umgekehrte Utopie für diese zeugt, für das, was nicht veraltet – nicht, weil es sich nie, sondern weil es sich noch nie begeben hat. Sie immerhin bleibt uns übrig, nicht nur als unbetrügbarer index falsi, sondern sui. Nach dem Engadin aber kann ich wegen Pass- und Geldmangels nicht kommen, leider. Ich kann aus Ihrer Karte auch nicht sehen, wo Sie mit Adorno und Mirjam dort sind, muss mangels Adresse deshalb nach Wien schreiben. Dort, in Wien, müssen wir uns aber unbedingt sehen; es besteht Aussicht, dass ich Ende des Jahrs auf eine Woche hinkomme. Im Oktober werde ich wieder in Paris sein, bei Gelegenheit einer Vorlesung an der Sorbonne; könnten wir uns da nicht treffen?, es wäre das Sicherste. Eine solche Gastvorlesung lässt sich, wie ich sah, leicht arrangieren.

Jetzt gehe ich nach Leipzig zurück, wo mein Platz ist. Meine Existenz dort ist wichtig, mein Schweigen ist beredt. Ich kann auch, jetzt ungestört, für die Schublade arbeiten, wie ich es schließlich mein ganzes Leben lang getan habe; und es wird nicht in der Schublade bleiben. Ihre sublimen Analysen sind mir wichtig hierbei, gerade im Gewissen gegen den Nihilismus. Ihr Ernst ist mir wichtig, der hierin keinen Spaß versteht. – Herzlich grüßt Sie Ihr

Ernst Bloch

4 *Günther Anders an Ernst Bloch, Wien, 17.8.1959*

Lieber Ernst Bloch, wie schön, dass ich einmal von Ihnen gehört habe. Und wie gerne ich Sie einmal wiedersähe. Ob sich Paris machen lässt, weiß ich nicht. Ich bin allzuviel unterwegs gewesen (rund um die Welt, in Hiroshima, Nagasaki, über dem Pol etc.), außerdem einfach kontinuierlich auf Reisen in Sachen Antiatombewegung; erst vor drei Tagen nach hause (einem neuen) zurückgekehrt; und nun möchte ich versuchen, in kontinuierlicher Arbeit den zweiten Bd. der «Antiquiertheit» zu schaffen, den ich, um erst mein eben erschienenes Japanbuch herauszubringen, auf die lange Bank geschoben habe. – Wir wohnen hier nun im Grünen, ich schreibe mit Blick auf bläuliche Pflaumenbäume und sechs Windhunde; und wenn dabei nichts rechtes rauskommt, wird es meine maxima culpa sein. Ja, ein paar Tage sollten Sie hier mal draußen zu Besuch kommen, zur Belohnung spielt Ihnen meine Frau (eine gleichfalls relativ neue Pianistin) ein Wunschkonzert von Orpheus bis Boulez vor.

Die gemeinsame fröhliche Postkarte aus Sils war wohl etwas undeutlich. Ich war dort mit meiner Frau, lernte die reizende Mirjam kennen, und wir schrieben zusammen. Adorno (der mich als ein unangenehmes Möbel, als ein unbeherrschbares, betrachtet – wir machen von einander keinen Gebrauch) war in Sils gerade erwartet, ich erwähnte ihn als «Zusatzköder» für Sie. Freilich wimmelte es im Nietzsche-Ort von Theoretikern, der einzige, mit dem zu sprechen und zu diskutieren lohnte, war Herbert Marcuse, dessen hervorragende Kritik der amerikanischen Pseudopsychoanalyse Sie vermutlich gesehen haben.

Ihre Worte über mein «Buch der Trauer» haben mich mehr gefreut als die Berge von Lobhudeleien, die man über mich gestülpt hat, um mich unschädlich zu loben. – So groß wie Sie vermuten, ist die Kluft zwischen Ihrer Stellung und der meinen nicht: Lassen Sie mich erst einmal im 2. Bd. der «Antiquiertheit» die Epochenschilderung vervollständigen – die Kritik konvergiert auf einen dritten, auf den es dann ankommen wird. – Fertig ist gerade mein Buch über Hiroshima und Nagasaki (mit einer, wie ich hoffe, perniziösen Jasperskritik am Ende), das opusculum, ein ausgearbeitetes Tagebuch, geht Ihnen in einigen Tagen zu.

Meine halbe Zeit verbringe ich mit einer höchst merkwürdigen Korrespondenz: Vor 3 Monaten hatte ich einen sehr langen Brief an den Hiroshimapiloten Eatherly geschrieben (unterdessen überall, wohl auch in der DDR veröffentlicht); auf diesen Brief hat dieser arme boy from Texas so erstaunlich reagiert, dass ich, in ständiger Korrespondenz, ihn nun unzweideutig ins Antiatomlager herübergezogen habe. Eine breitere Front als die von den Opfern bis zu den Tätern reichende ist ja wohl nicht denkbar.

Ich hoffe sehr, mehr von Ihnen zu hören; dass es Ihnen auch gesundheitlich gut gehe. Würde verflucht gern einmal ein paar Abende mit Ihnen verschwatzen. Hab das sehr nötig. Denn die Leute hier (im besten Falle Käuze) können weder reden noch lachen, ich muss das solo, oder im häuslichen Duett, erledigen. Kommen Sie mal!

Herzlichst Ihr

(weißhaariger und durch Arthritis in alle Windrichtungen verzerrter)

Günther A.

5 *Ernst Bloch an Günther Anders, Leipzig, 5.12.1959*

Lieber Günther Anders,
außerordentlich hat mich Ihr Friedensbuch beeindruckt. Haben Sie Dank von mehreren Dimensionen dafür. Und wie der lautere oder – saubere Jaspers am Schluss doch noch erscheinen kann, in der Fluggastmaske. In der Tat, wir stehen uns nahe, gerade weil der Friede als das Nicht-Verformte, als das fast einzige von der Brautzeit Israels (wie Hosea die Wüstenwanderung ante rem nennt) geblieben ist. Die Energie und Ehrlichkeit des Friedensrufs rettet das Bewusstsein der anderen Seite vorm Nihil; und er stärkt noch andere, der Brautzeit genuinere Hoffnungen darin, dass sie möglich sind. (Die Hoffnung im Singular, die wir uns nicht machen, sondern die uns gegeben ist, braucht keine Stärkung.)

Ich nehme gern an, dass Sie unterdes die Sendung vom Suhrkamp Verlag erhalten haben. Leider konnte ich Ihnen ins «Prinzip Hoffnung» keine Widmung hineinschreiben; dazu müsste ich die Bände von hier abschicken und das wäre mit zuviel Umständen verbunden.

Mein erster Weg, wenn ich nach Wien kommen werde, wird zu Ihnen und Ihrer Frau sein, deren Klavierspiel zuhörend, und mit Ihnen im Kontrapunkt des Gesprächs. Ich liebe und verehre Ihre Reinheit, wenn ich das sagen darf. Und Jeremia wäre nicht ohne Jesajas, wie klärlich gerade ihr letztes Buch zeigt. Oder weniger biblisch, klassischer gesprochen: verum index sui et falsi: also zeigen wir letzterem dauernd das Verum.

Herzlich Ihr Ernst Bloch

6 *Günther Anders an Ernst Bloch, Wien, 11.12.1959*

Lieber Ernst Bloch,
welche Freude, dass das Büchl Ihnen Freude bereitet hat. Drei Tage vor Ihrem Brief erreichte der Ozean Ihrer Hoffnungen meine Schwelle, unterdessen ist meine Arbeitsveranda bereits überschwemmt – das war unwahrscheinlich gut getimet, denn ich schreib gerade an «eschatologischen Untersuchungen». (Pendant zum Japanbüchl.) Wann immer ich eine freie Minute habe, mache ich einen Hechtsprung in Ihr Meer, erst mal mal hier, mal dort, um überhaupt erst mal zu rekognoszieren, was es da alles an Traumströmungen, utopischen Fischen, Idealquallen und Hoffnungstang in unserer Vorgeschichte gegeben hat. Mein Gott, was Sie ge- und erarbeitet haben.

Wir freuen uns mächtig auf Ihr Kommen. Bitte teilen Sie uns umgehend mit

1. Wann Sie kommen (damit wir Sie in unserem Mikrocar abholen können.)
2. Was Sie
   a) essen und trinken
   b) nicht essen und nicht trinken

c) gern essen und trinken
d) enthusiastisch erhoffen
Unsere Telephonnummer: 860 123
Herzlichst
Günther

7 *Ernst Bloch an Günther Anders, Leipzig, 8.1.1960*

Lieber Günther Anders,
wusste nicht, dass ich einen so bestimmten, weihnachtlichen Termin geschrieben habe. Verzeihen Sie, dass ich Sie vergebens warten ließ. Grippe war allerdings auch da, ärgert mich jetzt wieder und macht, dass mir nicht einmal die Pfeife schmeckt, geschweige die Arbeit. Aber für uns beide ist nicht die Krankheit, sondern die Philosophie Einschulung in die erste Sterbeklasse, – ein ganzes Leben lang. Und dann der letzte Satz der 2. Mahlersymphonie, mit den Klopstockversen, durch nichts bewiesen, außer durch das, dass sie da ist, aber auch durch nichts bereits widerlegt.

Aber es schmeckt mir ausgezeichnet und ich hoffe, Ihnen das bei einem Tafelspitz im neuen Jahr zu beweisen. Herzlich Ihnen beiden

Ihr EB

8 *Günther Anders an Ernst Bloch, Wien, 14.1.1960*

Lieber Ernst Bloch,
Der Patient dem Patienten – aber empörend ist immer die Krankheit des anderen, der eigenen kann man eins auf den Kopf geben. Also alles Gute für bzw. gegen Ihre Grippe, damit Sie bald bei uns an der Spitze der Tafel tafelspitzen können.

Ihr Gustav Mahler-Hinweis ist mir leider dunkel geblieben. Ich behandle, mindestens emotional, das Nichtbewiesene als widerlegt. Aber vielleicht ist nun Ihnen diese Antwort dunkel.

Herzlichst
Ihr
Günther Anders

9 *Ernst Bloch an Günther Anders, Leipzig, 14.8.1960*

Lieber Freund,
eben kam Ihr Brief. Ich antworte umgehend, leider um zu sagen, dass ich zu Ihrer Berliner Zeit nicht hier sein werde. Fahre mit Karola nächste Woche nach Tübingen, wo ich einen Vortrag habe; danach bleiben wir vierzehn Tage im Schwarzwald.

Monatelang bin ich das Jahr über hier, und wenn Sie kommen, bin ich fort; it's a pitty. So sind für diesmal ein schönes Wiedersehen und ein nützliches Gespräch dahin. Zeit, dass ich nach Wien komme.

Herzlichen Gruß und Empfehlung an Ihre Frau
Ihr Ernst Bloch

10 *Ernst Bloch an Günther Anders, Leipzig, 15.11.1960*

Lieber Günther Anders,
das ist eine große Sache, Ihren Grosz-Essay zu lesen. Danke Ihnen, es ist eine einzigartige, haargenaue, tiefdringende Studie. Intention, Ausdruck und Gegenstand der Grosz'schen Spätbilder sind nicht nur mit sublimer Sprachmacht vorsuggeriert, sondern sie tauchen an anderem Ort auf, philosophisch. Und es spricht ein sehr guter Mensch.

«Löcher im Nichtseienden», «schwarze Ontologie» und das Strindberg'sche: «es ist schade um die Menschen» auf so ganz anderer Stufe.

Man kann viel lernen, nochmals mein Dank, herzlich Ihr
Ernst Bloch

11 Günther Anders an Ernst Bloch, Wien, 28.11.1960

Lieber Ernst Bloch,
Soeben komme ich ziemlich entmutigt aus Berlin zurück, wo ich versucht habe, die Gruppe der Antiatom-Studenten ein bisschen aufzupfeffern – aber die allgemeine Gleichschaltung, die verdoppelte Gleichschaltung: nämlich die mit der gleichgeschalteten SPD, ist so deprimierend, dass man schon den Mut zum Absurden haben muss, um nicht die Flinte ins Korn zu werfen. Und da erwartete mich – ein Meisterstück der Regie – Ihr Brief zuhause, mit dem Sie mir eine so große Freude gemacht haben, dass die Depression verflogen ist. Die paar Seiten über Grosz sind nur ein Stück aus einem größeren Aufsatz, den ich ganz unprogrammatischerweise geschrieben habe: aufgefordert von Leuten, die ich epatieren wollte, hatte ich ein provokantes Thema vorgeschlagen, in der Hoffnung, sie zu einer Ablehnung herauszufordern. Aber die Herrschaften haben unbegreiflicherweise das Thema akzeptiert, und da musste ich also.

Meine paar Tage in Berlin waren so überfüllt, dass ich nicht mehr Zeit fand, den Antrag auf Einreise in die DDR zu stellen; aber ich hoffe sehr, im Laufe des Winters inklusive Frau noch einmal nach Norden zu kommen und von dort den Abstecher nach Leipzig zu machen. Dann bekommen Sie von meiner Frau ein Hauskonzert. –

Haben Sie schon das neue Buch von Adorno über Mahler gesehen? Was ich davon verstanden habe, das ist freilich nur ein Prozent, ist ausgezeichnet; aber ich begreife nicht, für wen er schreibt, denn mit so vielen Adorni und gescheiten Adornamenten unserer Tage kann er ja als Lesern nicht rechnen.

Ich hoffe sehr, dass es Ihnen körperlich gut gehe und würde am liebsten sofort zu Ihnen fliegen, um Ihnen für die schönen Worte in the flesh zu danken.

Herzlichst
Ihr
Günther Anders

12 Günther Anders an Ernst Bloch, Wien, 23.9.1961

Lieber Ernst Bloch,
Komme soeben von einem Antiatom-Kongress in London zurück und finde in der Süddeutschen Zeitung die Nachricht über Sie. What can I do for you?

Möchte, wenn es Ihnen recht ist, sobald ich es einrichten kann, den Katzensprung zu Ihnen hinüber machen, um Ihnen hello zu sagen.

Herzlichst
Ihr
Günther Anders

13 Ernst Bloch an Günther Anders, Tübingen, 30.9.1961

Lieber Günther,
danke Ihnen für Ihren freundlichen Gruß; im Augenblick ist nichts für mich zu tun. Freue mich, aus dem leeren Journalistenlärm um den newcomer bald herauszusein. Bin zunächst hier Gastprofessor und hoffe, die Jugend sowohl zur Person wie zur Sache zu verführen. Ulbricht, mit der Endstation Stacheldraht, hat nun endgültig soviel mit Marx gemein wie Hitler mit Nietzsche; cum grano salis.

Aufs Wiedersehen (nun wird es mir leichter sein, nach Wien zu kommen) freut sich Ihr Sie und Ihre Frau herzlich grüßender
Ernst Bloch

14 Günther Anders an Ernst Bloch, Wien, 11.10.1961

Lieber Ernst Bloch,
Herzlichsten Dank für Ihre Grußzeilen. Würde Sie schrecklich gerne bald einmal sehen. Aber erst einmal sollen Sie natürlich nach den Grußattacken durch die Journalisten Ihre Ruhe haben.

Ich komme zu nichts Vernünftigem mehr, weil mir das Notwendige alle Zeit raubt. Demnächst muss ich sogar unter die Filmfritzen gehen. Aber da es sich um einen Hiroshima-Film handelt, ist Nein-Sagen unmöglich.

Mit herzlichsten Grüßen

Ihr

Günther Anders

15 Günther Anders an Ernst Bloch, Wien, 9.11.1962

Lieber Ernst Bloch,

Wie furchtbar sich die Situation in der Bundesrepublik im Laufe der letzten Woche verschlechtert hat, das kann ja nun wohl niemand mehr bestreiten. Ich frage Sie nun nicht mehr: «Warum sind Sie, als Sie zu Recht aus dem Ulbricht-Deutschland emigrierten, in die Bundesrepublik immigriert?», sondern ich bitte jetzt darum: Ziehen Sie es in Betracht, das Land, in dem es Ihnen schlecht gehen könnte, zu verlassen und stattdessen in ein Land zu gehen, in dem die Chancen für das Die-Wahrheit-Sagen größer sind. Ich bin in Sorge, dass Sie aus der Traufe in die Traufe gekommen sind. Dass wir in vielen Hinsichten nicht d'accord sind, ist völlig gleichgültig. I simply hate the idea, dass Ihnen etwas zustoßen könnte.

Herzlichst

Ihr

16 Karola Bloch an Günther Anders, Tübingen, 13.11.1962

Lieber Freund Anders,

ich weiß, dass Ihr besorgter Brief an EB bestens gemeint ist. Aber was soll er? Müssen wir, nachdem wir eine neue Existenz mühsam aufgebaut haben, in unserem Alter wieder auf die Achse gehen? Wohin? Wovon sollen wir leben? Wie kann EB sein Werk vollenden, wenn er keine materielle Basis dafür hat? Sie fürchten, es kann ihm etwas zustoßen. Aber Sie glauben doch nicht im Ernst, dass ihm Gefängnis droht, à la Augstein? Der Aufruhr, den die «Spiegel»-Affäre erzeugte, spricht eher dafür, dass solche Extravaganzen heute schwieriger sind als gestern.

Sie schreiben, dass wir aus der Traufe in die Traufe gekommen sind. Trotz der Abscheulichkeit von Adenauer und Strauß, muss man gerechtigkeitshalber sagen: in der hiesigen Traufe ist Protest möglich, Kampfstimmung vorhanden. Die gesamte *wesentliche* Presse ist *gegen* das Vorgehen der Regierung. Trotz aller Verletzungen des Rechts, ist immer noch möglich, dass Augstein aus dem Gefängnis Artikel für den Spiegel schickt; dass Abgeordnete, wie Döring, im Bundestag offen für Augstein eintreten und sich als seine Freunde bezeichnen. Noch darf man sagen, was man will. Sicher ist ein leichtfertiger Optimismus nicht am Platze; es kann ein schlimmes Ende geben. Aber die Würfel sind noch nicht gefallen. Und die Hoffnung besteht, dass Recht siegen wird.

Ja, es ist eine Traufe, aber man kann sie nicht mit der Ulbrichtschen Traufe vergleichen. Wenn Sie die Bundesrepublik mit Polen vergleichen würden, das wäre was anderes. Aber nicht mit diesem echten Nachfolgerstaat des deutschen Faschismus, mit seiner Versklavung, Leibeigenschaft von Millionen von Menschen, mit seiner Grausamkeit und totalen Entwürdigung des Menschen.

Und wie sieht es mit Österreich aus? Sind nicht von dort Antisemitismus, Hitler, Seyß-Inquart gekommen? Hat man nicht auf der Hofburg Hitler zugejubelt? Und heute kann dort Brecht nicht gespielt werden …

Der Kapitalismus ist schön von allen Seiten. Aber auch der Sozialismus hat sich mit keinem Ruhm bekleckert. Könnten Sie in die «sozialistische» DDR uns so schreiben, wie Sie hierher geschrieben haben? *Haben Sie geschrieben*, als wirklich, in Zusammenhang mit dem Harich Prozess, Ernst Bloch verhaftet werden sollte? (Es gab bereits die Anordnung des Staatshenkers Melsheimer.)

Lieber Günther Anders, ich schreibe das nicht, um mit Ihnen zu streiten. Das wissen Sie. Aber es müssen die Dinge wahr gesehen werden. – Genug davon. Nun etwas anderes: ich sprach mit Herrn Calgéer, der in Tübingen die Konzerte organisiert. Er hat großes Interesse für ein Gastspiel Ihrer Frau. Er bat mich aber um einige gedruckte Unterlagen – Programme, Pressestimmen etc. – Frl. Gastl wird sich freuen, wenn Sie im Rahmen ihrer Buchhandlung einen Vortrag hielten. So hoffen wir, dass wir uns vielleicht in Tübingen wiedersehen werden. Das wird uns sehr freuen.

Seien Sie und Ihre Frau von uns beiden herzlich gegrüßt

Ihre Karola Bloch

17 Ernst Bloch an Günther Anders, Tübingen, 28.1.1965

Lieber Günther Anders,
in München habe ich nicht gesprochen, weil ich nicht allein auftreten wollte. Weder aber bin ich Ihrer Meinung, dass die einladende Organisation eine des Kalten Krieges ist (dafür sind genug ostfreundliche Vorträge dort gehalten worden, so von Haffner), noch teile ich das mich gerade bei Ihnen überraschende Sektierertum, dass man nur in einem völlig homogenen Kreis, wo jeder eh schon weiß, sprechen soll. Dergleichen wird nicht einmal mehr von den administrierendsten Ostfunktionären verlangt; im Gegenteil. Soldatenzeitung aufwärts kommt da gewiss nicht in Betracht, doch bei anderen: distinguo (und das nicht nur politisch-strategisch).

Ihr Ernst Bloch

18 Günther Anders an Ernst Bloch, Wien, 26.7.1965

Lieber Ernst Bloch,
Ich schäme mich, *so* zu spät zu kommen als Gratulant. Aber rechtzeitig konnte ich nicht kommen, von Liesl haben Sie wahr-

scheinlich gehört, dass ich seit Monaten auf der Nase bzw. auf dem Herz liege.

Jetzt benutze ich eine freie Sekunde zwischen zwei Tranquillizerpillen, um von Herzen meine Wünsche, meine Freundschaft und meine Bewunderung auszudrücken. Die Kraft, mit der Sie nicht nur weiterdenken, sondern weiterhoffen, weiter empört sind und weiter amüsiert sind, ist einfach wunderbar – Sie sind ein Jungbrunnen für Jüngere. Ich hoffe sehr, dass wir einander bald wiedersehen werden, mit allen meinen Wünschen, natürlich auch von Charlotte, natürlich auch für Frau Karola

Ihr alter
Günther Anders

19 Günther Anders an Ernst Bloch, Wien, 9.8.1965

Lieber Ernst Bloch,
Vor einigen Tagen habe ich Ihnen meine Glückwünsche zugesandt. Diesem Briefe lasse ich einen anderen folgen, der ausschließlich von Schmerz diktiert ist. Sorry, aber ich kann auf ihn nicht verzichten.

Soeben sehe ich nämlich, dass das hiesige «Forum» einen Beitrag von Ihnen ankündigt. Das ist mir unfassbar. Wie ist es möglich, dass Sie Torberg, der seit mehr als zehn Jahren systematisch und aufs schamloseste Kaltekriegspropaganda getrieben hat, sogar für McCarthy geschrieben hat, und der noch heute, auf den Beifall der Infamsten spekulierend, die Antiatombewegung (der Sie immerhin Ihren Namen zur Verfügung gestellt haben) verdächtigt und verhöhnt; und der nun, nachdem sich sein jahrelanger Kampf gegen Brecht totgelaufen hat, seine Zeitschrift dazu verwendet, um Jungk zu attackieren, um Liesl Freundlich zu schmähen, um Fischer mit Dreck zu bewerfen (von dem auf mich geworfenen Dreck zu schweigen) – wie ist es unter diesen Umständen zu begreifen, dass Sie Torberg Arbeiten von sich überlassen? Händereibend kann Torberg nun in der Runde fragen: «Na, mit wem solidarisiert sich der Bloch? Und wen lässt er im Stich?» Und was sollen *wir* da sagen? Was sollen *wir* da antworten?

Ich wäre froh, wenn es irgendein Mittel gäbe, mit dessen Hilfe Sie das zerschlagene Porzellan wieder zusammenleimen könnten.

Voll Schmerz über diese Enttäuschung
Ihr alter
Günther Anders

20 *Ernst Bloch an Günther Anders, Tübingen, 1.9.1965*

Lieber Günther Anders,
ich lasse Sie, Liesl Freundlich, die Antiatombewegung nicht «im Stich» und «solidarisiere» mich nicht mit Torberg, wenn Nenning von mir eine Stegreifrede vom Band im Forum bringt, deren Inhalt und Gesinnung dem Torbergschen und was hinter ihm steht, ins Gesicht schlägt und so auch von 1600 Studenten demonstrativ empfunden wurde.

Auch mit veritablen Aufsätzen, die vorher von Zeit zu Zeit im Forum erschienen sind, habe ich – kraft unzweideutigen Inhalts – das Torbergsche sabotiert, keinesfalls mich auch nur dem Schein nach damit solidarisiert. So wenig übrigens wie Lukács, der ja ebenfalls mehrere Aufsätze – keinesfalls naiv, sondern wahrscheinlich wohlbedacht – dort erscheinen ließ. Auch Ernst Fischer, mit dem ich mich vor längerem darüber unterhalten habe, versteht das richtig.

«Porzellan zerschlagen»? – nun, zuverlässig nicht das unsere!

Herzlich stets Ihr alter Ernst Bloch

21 *Günther Anders an Ernst Bloch, Wien, 19.9.1965*

Lieber Ernst Bloch,
Glücklich haben Sie mich mit Ihrer Antwort leider nicht gemacht. Natürlich zweifle ich nicht daran, dass Sie, als Sie im

Forum veröffentlichten, nicht Torbergs Ansichten und Absichten vertraten. Nur scheint mir die Tatsache, dass diese Differenz zwischen Ihrer Position und der des Forums *Ihnen* klar ist und klar war, moralisch und politisch unwichtig. Was zählt, ist, so scheint mir, ausschließlich die Funktion, die ein von Ihnen gezeichneter und im Forum erscheinender Artikel *hat*, bzw. die Chance, die Sie Torberg effektiv dadurch zugespielt haben, dass Sie ihm einen Text zur Verfügung stellten.

Sie behaupten, durch Ihre Beiträge hätten Sie «unzweideutig das Torbergsche sabotiert». Das kann ich nicht verstehen. Auf eine solche Behauptung, finde ich, hätte allein Judith ein Recht gehabt: denn sie hätte darauf hinweisen können, in welchem kopflosen Zustande Holofernes sich am Morgen befand, und zwar dadurch, dass sie bei ihm erschienen war. Judith hätte sogar mit Recht sagen dürfen, sie habe nur *bei* Holofernes geschlafen, und das sogar dann, wenn sie zum Zwecke der Köpfung *mit* ihm geschlafen hätte. Aber Ihr Holofernes ist ja am Leben, nicht nur nicht kopflos, sondern pumperlgesund; und, mit dem Forum winkend, kann er Sie mit Recht als seinen Mann in Anspruch nehmen. Mit Recht: denn Ihrer Behauptung, Sie seien nur bei ihm erschienen, nicht mit ihm, haben Sie ja nicht die gleiche Publizität gegeben wie Ihrem Beitrag.

Traurig aber herzlichst, d. h.: in der Hoffnung, dass es uns einmal möglich sein werde, diese Differenz total auszubügeln.

Ihr alter
Günther Anders

22 *Günther Anders an Ernst Bloch: Briefkopie Günther Anders an Gertrud Ledebur (Kongress für die Freiheit der Kultur), Wien, 7.1.1966*

Sehr verehrte gnädige Frau,
Schon als Sie mich vor einigen Tagen fernmündlich darum baten, an dem vom «Kongress für die Freiheit der Kultur» organisierten Symposion über «Kulturpessimismus und Fortschrittsglaube»

als einer der Redner aufzutreten, hatte ich Ihnen leider mitteilen müssen, dass force majeure meine Teilnahme wohl verhindern würde. Das hat sich nun leider bestätigt.

Aber ich möchte doch diese meine Absage nicht fortsenden, ohne Ihnen genau zu erklären, warum mein Bedauern in diesem Falle ganz besonders groß ist.

Ich kann mich nämlich noch jener bösen alten Zeiten entsinnen, in denen der «Kongress für die Freiheit der Kultur» mit wirklich großzügigen Mitteln dem Kalten Kriege seinen kulturellen bzw. Glaubensüberbau zu verschaffen versuchte, und das auch mit großem Erfolg. Sie wissen ja selbst, dass die auf Ihrem Briefbogen abgedruckte Liste der Städte, in denen Ihre Organisation Sekretariate oder Komitees unterhält, noch deutlich an diese kreuzzüglerische Zeit erinnert. Wenn wir dieser Liste trauen dürfen, ist ja eine Filiale Ihrer Organisation selbst heute noch in Saigon beheimatet, obwohl, was wir dort festzustellen haben, nicht «Freiheit der Kultur» ist, sondern die Freiheit der Tortur.

Aber Ihnen, gnädige Frau, brauche ich das ja nicht mitzuteilen. Denn die Einladung, die Sie auch mir haben zukommen lassen, beweist ja aufs aufregendste, dass, mindestens in Ihrer Münchner Sektion, eine wirkliche Umwälzung stattgefunden hat. Und ich bedauere es eben, Ihnen dazu nicht persönlich, sondern nur brieflich, gratulieren zu können. Sie ahnen vermutlich, wovon ich spreche. In der Tat, es hat mich glücklich gemacht zu erfahren, dass Sie, als Sie fünf Sprecher einluden, drei auswählten, die den amerikanischen Genocid in Vietnam öffentlich und aufs schärfste verurteilt, und die Antiatom-Bewegung öffentlich, entweder durch das Gewicht ihres Namens oder durch massivere Aktivität, gefördert haben. Natürlich kann diese Auswahl von Sprechern, die Sie getroffen haben, kein Zufall sein; und Ignoranz zu unterstellen, wäre eine glatte Beleidigung Ihrer Person.

Etwas bedauerlich finde ich es nur, dass Sie für Ihre Einladung der drei Gegner der Atomrüstung und der amerikanischen Aggression in Südostasien, also für Ihre moralisch höchst selbstständige Tat, noch immer die Bögen mit dem Briefkopf des «Kongresses» verwenden – was bei Bösartigen vielleicht den Verdacht erregen könnte, dass Sie die Veranstaltung, obwohl diese den Prinzipien des «Kongresses» so schroff widerspricht, doch noch mit Mitteln des «Kongresses» finanzieren; was freilich auch einen ingeniösen Versuch darstellen könnte, den «Kongress» zu unterwandern, d.h. ihn für humane Zwecke zu verwenden. Ob es nicht vielleicht eine gute Idee wäre, die Einnahmen Ihrer Veranstaltung den Opfern der Bombenangriffe auf Süd- und Nordvietnam zur Verfügung zu stellen, diese z.B. der (von Männern wie Professor Dr. Max Born, Professor Walter Dirks, Professor Dr. Eugen Kogon, Pater Franziskus Stratmann etc. initiierten) «Hilfsaktion Vietnam» 16250 S, Bank für Gemeinwirtschaft, Düsseldorf zu überweisen?

Bitte seien Sie doch so freundlich, diesen meinen Brief als meinen Beitrag zum Symposion über «Kulturpessimismus und Fortschrittsglaube» öffentlich während Ihrer Tagung zu verlesen. Schon der Titel der alten Organisation, der Titel «Freiheit der Kultur» implizierte ja die Freiheit der Meinungsäußerung; und dass diese einem geladenen Gaste entzogen werden könnte, ist ja undenkbar.

Mit bestem Dank im voraus und mit dem Ausdruck der vorzüglichsten Hochachtung.

Ihr ergebener
Günther Anders

23 Günther Anders an Ernst Bloch, Wien, 20.1.1966

Lieber Ernst Bloch,
Indirekt hörte ich gestern, dass nun nach Ihrer Absage die Veranstaltung in München abgeblasen worden ist. Ich möchte Ihnen sagen, wie froh ich darüber bin, dass diese dubiose Organisation sich nicht mit Ihrem Namen schmücken und auch Robert Jungk nicht missbrauchen kann. Hoffentlich hat Sie die Kopie des Briefes an den «Kongress», die ich Ihnen zusandte, nicht mit Kulturpessimismus, sondern mit Fortschrittsglauben erfüllt.

Herzlichst
Ihr
Günther Anders

24 *Günther Anders an Ernst und Karola Bloch, Wien, 16.7.1967*

Liebe Blochs,
Kein Glückwunsch hat mir größere Freude bereitet als der von Ihnen. Ich hoffe, dass wir einander in Frankfurt bei der Buchmesse sehen werden, und die Gelegenheit haben werden, auf das Ende gegenseitiger Missverständnisse anzustoßen.

Herzlichst
Ihr
Günther Anders

25 *Karola Bloch an Günther Anders, Tübingen, 24.7.1967*

Lieber Günther Anders,
mit großer Bewegung, ja Erschütterung lasen wir in der Süddeutschen Zeitung Ihre recherche du temps perdu auf den Straßen von Breslau-Wrocław. Das «Fenster» und die «Kriegskinder» empfinden wir als schlechterdings vollkommene literarische Gebilde. Der ungewöhnlich kunstvolle Aufbau der langen, spiralartigen Sätze macht sie, trotz der (notwendigen) Länge, völlig transparent und lucid, man weiß immer, wo man ist. So sind diese Berichte Kunstwerke, und Ernst bewundert Ihre Vielseitigkeit. Mich, die ich in Auschwitz oder woanders meine Angehörigen verloren habe, ritzt der Inhalt blutig. Aber es muss die Form des Erzählens einzigartig sein, denn so nackt wurde ich durch dieses oft dargebotene Thema noch nie gepackt.

Mein Mann denkt wie ich; leider kommt er nicht mehr dazu Briefe zu schreiben, sonst hätten Sie unsere Empfindungen besser formuliert vorgefunden.

Wir freuen uns Sie wiederzusehen, in Frankfurt oder sonstwo.

Seien Sie herzlich gegrüßt
von Ihrer
Karola Bloch

26 Günther Anders an Ernst und Karola Bloch, Wien, 30.7.1967

Liebe Ernst und Karola Bloch,
Was soll ich, Frau Karola, zu Ihren schönen Worten über mein Breslau-Tagebuch sagen? Denn was Sie loben, sind ja letztlich die Wunden, oder der schöne Schorf über den Wunden; und aus Ihren Worten erfahre ich ja auch, dass ich die Wunden Anderer, Ihre Wunden, neu aufgerissen habe. Aus diesem Grunde muss ich meinen Dank für Ihr freundschaftliches Einverständnis mit diesem Buch mit einer Bitte um Entschuldigung verbinden. – Wenn dieses Buch überhaupt *für* jemanden geschrieben worden ist, so gewiss nicht für diejenigen, die effektiv gelitten haben und weiter zu leiden verstehen, sondern für diejenigen, die leidensunbegabt oder -unwillig sind. Die freilich *sollen* verletzt, oder wie Sie schreiben: «blutig geritzt» werden.

Ich hoffe, in ein paar Wochen die ersten Exemplare des Buches als ganzem in der Hand zu haben. Und dann erhalten Sie es sofort.

Ich hoffe, dass der etwas zu glühende Sommer Ihnen nicht schlecht bekommt, und dass Sie eine schöne schattige Ausweichstation haben.

Eben entnehme ich der Volkszeitung, dass Sie, Ernst Bloch, auch eben Geburtstag gehabt haben. Ich wünsche Ihnen Gesundheit und Arbeitskraft und eine Welt, die um eine Spur der Utopie nähergerückt ist als die beschissene heutige.

Von Liesl hatten wir ein Telegramm, dass sie einen herrlichen Flug über das Mittelmeer gehabt habe. Postalisch ist von ihr noch nichts da. Aufwiedersehen in Frankfurt.

Sehr herzlichst [1)]
Ihr
Günther

[1)] Dieser herzliche Tippfehler stammt von Charlotte

27 *Karola Bloch an Günther Anders, Tübingen, 4.1.1969*

Lieber Günther!
Ich weiß nicht, ob ich Ihnen schon erzählt habe, dass Michael Landmann den Eckermann von Bloch spielt und an einem Buch arbeitet, das «Gespräche mit Ernst Bloch» heißen wird. Ich bin gerade dabei, das Manuskript zu lesen und finde eine so hübsche Stelle über Sie, dass ich sie abtippen lasse und lege sie diesem Brief bei, hoffe, sie wird Ihnen Freude machen.

Von Liesl weiß ich, dass Sie kränkeln. Das tut uns sehr leid. Möge das Neue Jahr Ihnen wohlgesinnt sein.

Herzliche Grüße von uns beiden für Sie und Charlotte
Ihre
Karola

27a *Beilage: Ausschnitt aus Michael Landmann: «Ernst Bloch im Gespräch»*

Wie schon einmal in Berlin, sprechen wir über Günther Anders, der zu den wenigen Zeitgenossen gehört, deren Entwicklung und Produktion Ernst Bloch verfolgt, weil er ihn für eine erstaunliche, vielgesichtige Figur hält, die immer einen neuen Blick in die Welt richtet. Bloch hat ihn Mitte der Zwanziger Jahre in Paris noch als starren Husserlianer kennengelernt, und wie ist er seither gewachsen! Er neigt zwar heute dazu, ein moralischer Narr zu sein – sein Briefwechsel mit dem amerikanischen Piloten, der die Atombombe auf Hiroshima fallen ließ, sein Wohnsitznehmen in Wien aus Protest gegen die Bundesrepublik, wo doch Österreich viel übler ist –, aber immerhin ist er der einzige, bei dem Hiroshima in die Tiefe ging und der Auschwitz nicht vergessen hat. Auch im Molusserroman schwebt er wie ein echter Romantiker zwischen Dichtung und Philosophie. Vorzüglich ist auch, was er über Grosz und Kafka schrieb. «Anders» nennt er sich wohl nach einem Juden, der im 7. Jahrhundert zum Christentum übertrat und der sich auch schon so umbenamste.

Ich erzähle meinerseits, dass wir in Berlin 1958 Günther Anders, nachdem er dort einen hervorragenden Vortrag gehalten hatte, eine philosophische Professur angeboten haben, die er jedoch, obgleich er als freier Schriftsteller keine feste Sicherung hat, ablehnte, weil er dann Vorlesungen ausarbeiten müsste und sich seinen literarischen Plänen mehr verpflichtet fühlte. Das hat uns damals menschlich noch doppelt für ihn gewonnen. Eine ähnliche Absage zu Gastvorträgen erfolgte soeben wieder: er müsse sich für das Russellsche War Crimes Tribunal freihalten. Ich erheitere Bloch damit, dass ich zum Schluss noch erkläre, beinah wäre ich selbst Günther Anders geworden, weil sein Vater, der Psychologe William Stern, sich einmal für eine Studentin interessierte, die später meine Mutter wurde. Bloch: So etwas zu sagen versetzt einen Schock, so wie in Kellers «Sinngedicht» der Oberst dem jungen Reinhart erzählt, wie ein Mädchen ihn durch eine Geisterszene «wie in blühendem Leichenwachs» auf die Probe gestellt habe, und ihn dann erst fragt: «Und die Mutter, ist sie auch grau, oder noch schwarz und schlank wie dazumal?», wodurch Reinhart erfährt, dass die Gespensterspielerin seine eigene Mutter war.

In der heutigen Süddeutschen Zeitung ist ein Vorabdruck des Tagebuchs von Günther Anders erschienen, von dem beide Blochs sehr entzückt sind und das sie mir dann auch noch zur Lektüre mitgeben. Anders kehrt in dem Tagebuch heute nach Breslau, wo er geboren ist, zurück, und sieht visionär in einem Fenster, das seit 25 Jahren nicht mehr existiert, seine Mutter, die noch fünf Jahre jünger ist als jetzt seine Frau, lässt das Leben seiner neuvermählten Eltern erstehen (vgl. Lichtenberg: Über die Zeit vor der Geburt redet man zu wenig. Wo war ich, als der Hainberg entstand? Warum kümmert die Menschen immer nur, was nach dem Tode ist?) Diese Verschränkung der Zeiten ist hervorragend, ist dichterisch und philosophisch, während Proust, an den diese recherche du temps perdu erinnert, nur dichterisch, nur Material für einen Philosophen ist.

28 *Günther Anders und Charlotte Zelka an Ernst und Karola Bloch, Wien, 5.1.1969*

Liebe Blochs,
Bitte seid nicht böse, dass ich auf die Neujahrswünsche nicht gleich reagiert habe. Während Karola ihre Hand brach, brach Charlotte sich irgendetwas (was, noch unbekannt) in ihren Innereien, und ich musste sie sofort ins Spital bringen. Sie ist erst seit gestern wieder zurück, und ich kann nur hoffen, dass sich unterdessen die gebrochene Hand so gut erholt hat wie die gebrochene Innerei von Charlotte.

Unsere innigsten Wünsche für das Jahr 69!
Günther + Charlotte

29 *Günther Anders an Karola Bloch, Wien, 7.1.1969*

Liebe Karola,
Herzlichsten Dank für Ihren Brief und Ihre guten Wünsche. Diesmal geht die Post wirklich nicht von Haus zu Haus, sondern von Spital zu Spital, denn Sie sind noch immer linkshändig, und Charlotte ist auch noch nicht ganz in die Gefilde der Gesunden zurückgekehrt.

Natürlich haben Sie mir mit der Zusendung der Seite aus Landmanns Eckermännerei eine große Freude bereitet. Ich habe Ernst ja neulich in Wien gesagt, wie froh es mich macht, zu erfahren, dass er meine Produktion zu ernst nimmt. Bitte missverstehen Sie es nicht, Karola, wenn ich ein, zwei Fragen stelle, die sich auf Landmanns Text beziehen.

Ganz vorne wird von dem amerikanischen Piloten gesprochen, der die Atombombe auf Hiroshima habe fallen lassen. Dieser Satz beweist nur, dass Landmann meinen Briefwechsel mit Eatherly flüchtig gelesen hat, denn gerade mein Briefwechsel enthält den ausführlichen Brief von Eatherly, in dem dieser mitteilt, dass er die Bombe nicht geworfen habe, sondern nur als Rädchen in der Maschine mitverwendet worden sei. – Die Erklärung meines Namens «Anders» beruht auf einem Irrtum. Die Geschichte war völlig untheologisch. Ich war im Jahre 31 durch Brecht an Ihering empfohlen worden, bei dem schrieb ich im Börsencourier so viel und so Verschiedenes, dass Ihering mich darum bat, einige meiner Beiträge anders zu signieren – und aus diesem kleinen «anders» wurde der großgeschriebene Anders. Die Version, die Landmann improvisiert, könnte dahin missverstanden werden, dass ich Christ geworden sei – wovon nun wahrhaftig keine Rede sein kann. – Schließlich ist im letzten kleinen Abschnitt nicht zu entnehmen, wo Landmann anfängt, und die Blochs aufhören. Für mich besteht ein gewisser Unterschied zwischen einem Landmännischen Vergleich meines Textes mit Proust und einem Blochschen. Ich fürchte, dass Landmann – denn warum sollten die Zeilen über mich eine Ausnahme bilden? – zu wenig Gebrauch von Anführungszeichen macht, und dass dadurch zuweilen das who's who des Sprechers undeutlich bleibt. Vielleicht wäre es gut, wenn Sie Landmanns Buch im ganzen unter diesem Gesichtspunkt durchsehen würden.

Wie schön es wäre, wenn man nur anzurufen brauchte und around the corner mit Ihnen diese Dinge besprechen könnte. Wir zehren jetzt noch von den Tagen Ihres Hierseins. Und so bald wir wieder gesund sind und der tiefeingeschneite Wagen seine Verpuppung wieder abgeworfen hat, kommen wir einmal hinübergesaust, um Hallo und einiges mehr zu rufen.

Mit den herzlichsten Grüßen und allen guten Wünschen für die corpora

Ihr

30 Günther Anders an Ernst und Karola Bloch, Wien, 18.3.1969

Liebe Blochs,
Tausend Dank für die Nachfrage. Charlotte ist inzwischen wieder so gesund, dass sie kaum mehr weiß, welche Krankheit gemeint ist. Viel wichtiger ist nun Karolas Hand, die freilich, von

der Handschrift zu urteilen, auch wieder in Ordnung ist. – Hoffentlich fällt Euch der Abstieg aus der olympischen Luft von Sils in die muffige von Tübingen nicht allzuschwer. Wir empfanden stets nach der Rückkehr aus dem Engadin die Luft als Blei. – Ich habe mein Vietnammaterial für die zweite Auflage des Buches gottlob hinter mir und sitze – was mir völlig fremd und fast unerlaubt vorkommt – über etwas ganz Unblutigem: nämlich über einem Essay über die Kosmonauten. George mit seinem «Ich spüre Luft von anderen Planeten» ist nun durch die Tatsache, dass wir die anderen nicht nur spüren, sondern sehen und sogar unseren eigenen als anderen, etwas silly geworden.

Über Politisches kann man leider nur schweigen, weil einem zu viel dazu einfällt. Das Schauspiel in Bonn: der Besuch des Sowjetbotschafters beim Exnazikanzler, um diesen um Verständnis für die Lage der Sowjetunion anzubetteln, übersteigt nicht nur alles, was man hätte voraussehen können, sondern auch alles, was man als wirklich geschehen glauben kann. Never a dull moment.

Herzlichste Grüße von uns und natürlich auch von Liesl, der ich Eure Engadiner Grüße natürlich bestellt habe.

Euer
Günther

31 Karola Bloch an Günther Anders, Tübingen, 7.4.1969

Lieber Günther,
wir freuten uns, dass Charlottens Krankheit vergessen ist. Meine Hand ist zwar noch immer schwach, aber ich kann wieder schreiben, was die Hauptsache ist.

Sie haben mal geschrieben, dass Sie einen trip nach Tübingen unternehmen würden. Das war erfreulich zu hören – nun kommt die Anfrage: wollen Sie eine Einladung des Republikanischen Clubs in Tübingen annehmen, der zusammen mit dem ASTA Sie zu einem Vortrag gerne hier hätte? Das Thema können Sie selbst wählen – vielleicht *Hintergründiges* aus Vietnam, was man im

Allgemeinen nicht weiß (gerade auf diesem Gebiet (Vietnam) sind die Studenten sehr beschlagen), aber selbstredend kann es auch ganz was anderes sein – z. B. Lesung aus den schönen Fabeln, die ich Ernst immer wieder vorlesen muss. Wie gesagt: ich überlasse es Ihnen das Thema zu wählen. Ich persönlich und einige Kunsthistoriker hier würden sich über ein ästhetisches Thema freuen, aber der RC und der ASTA sind sehr politisch eingestellt.

Antworten Sie mir bald, lieber Günther. Als Termin würde ich Mitte Mai vorschlagen.

Herzliche Grüße
Karola

32 Günther Anders an Karola und Ernst Bloch, Wien, 14.4.1969

Liebe Karola,
Congratulations zur genesenen Hand. Der Handschrift ist nichts mehr vom Bruch anzumerken.

Wie gern würde ich auf die Doppel-Einladung, für die ich tausend mal danke, sofort mit einem Ja und mit einem baldigen Termin reagieren. Aber leider bin ich – was mit meiner wiederaufgeflammten Arthritis zu tun hat – momentan reichlich immobil, dass ich im Augenblick oder in den nächsten Wochen reisen könnte, ist nicht sehr wahrscheinlich. Ich brauche Euch nicht zu sagen, wie gerne ich käme, und wie gerne ich kommen werde. Nur muss ich halt erst einmal wieder auf dem Damm sein. – Das Thema werde ich dann kurz vor dem Kommen bestimmen, u. U. von der politischen Situation abhängig machen.

Und nun eine Anfrage: Würde es Dir, Ernst, recht sein, wenn ich Dir einen längeren Aufsatz über Weltraumflug widmen würde? I feel like doing it, aber ich wage nicht es zu tun ohne vorher angefragt zu haben.

Herzlichste Grüße, auch von Charlotte
Euer

33 Günther Anders an Ernst Bloch, Wien, Juli 1969

Lieber Ernst,
Lou rief eben an und bat mich darum, dir eine Kopie dieses in der Schweiz publizierten Artikels gegen H. M. zuzusenden. Ich bin gerade dabei – denn ich kenne Herbert seit 35 Jahren – in einem Brief, ihn zu drängen, dass er die in diesem Artikel behaupteten Feststellungen in einer Erklärung an eine große Presseagentur als Erfindungen festnagle und Leo Matthias verklage. – Mir ist beim Lesen dieses Aufsatzes das Haar zu Berge gestiegen, denn ich habe das schreckliche Gefühl, dass nicht alles erfunden sei, weil Marcuse sonst längst eine Gegenaktion eingeleitet hätte. Wenn ich meinen Brief aufgesetzt habe, werde ich dir, um dich au courant zu halten, eine Kopie zusenden. Es ist z. K.

Herzlichst
Günther

P. S. Aus dem Dir gewidmeten Essay über Weltraumfahrt wird ein natürlich Dir gewidmetes Büchlein darüber.

34 Karola Bloch an Günther Anders, Tübingen, 27.7.1969

Lieber Günther,
Herzlichen Dank für die Zusendung. Ich schicke sie zurück, denn ich habe den Artikel seit Monaten doppelt: einmal im «Bulletin», eine Publikation des sowjethörigen «Fränkischen Kreises» (Prof. Schneider, Würzburg) und einmal in der «Neutralität», die den Matthias vom Bulletin übernommen hat. Was ich aber nicht habe und gerne hätte, das ist die Anti-Marcuse Rede des amerikanischen KP Chefs auf der internationalen KP Tagung in Moskau. Wenn Du das hast, da wäre ich dankbar. (Um diese Rede bat ich Lou).

Wir sind so froh, dass Du an M. einen dringenden Appell richtest, eine öffentliche Erklärung abzugeben. Es ist entsetzlich, wie sich dieser Mann ins Zwielicht bringt. Lies den Leserbrief von meinem Ernst in der nächsten Nummer der Zeit. Den Brief, den Du an M. geschrieben hast, wollen wir natürlich unbedingt lesen.

Ernst freut sich über eine Widmung für ihn von Dir!

Dir und Charlotte die herzlichsten Grüße

Karola

35 Günther Anders an Karola Bloch, Wien, 31.7.1969

Liebe Karola,

Bedauere, dass ich Euch etwas Falsches geschickt hatte, Lou muss sich da geirrt haben. Die Anti-Marcuse-Rede von Gus Hall versuche ich mir jetzt zu verschaffen, vermutlich wird es etwa zehn Tage dauern, bis ich sie habe, dann bekommt Ihr eine Kopie.

Unterdessen werdet Ihr ja meinen Brief an H.M. erhalten haben. Die Situation wird immer undurchsichtiger, da H. die Gelegenheit des großen Spiegelinterviews nicht dazu benutzt hat, um durch eine unzweideutige Aussage die entsetzlichen Gerüchte zu neutralisieren. Der Schaden, den er durch das Misstrauen, das gerade bei seinen Anhängern everywhere auszubrechen beginnt, anrichtet, ist unabsehbar groß. Langsam weiß auch ich nicht mehr, was ich eigentlich denken soll.

Herzlichst

Euer

36 Günther Anders an Ernst Bloch, Wien, 15.9.1969

Lieber Ernst,

Erst einmal alles Gute!

Ich hatte gehofft, Dir einen schönen Gutschein für das erst später erscheinende, Dir gewidmete Buch schicken zu können, aber aus diesem geplanten schönen Gutschein ist leider ein mieser Übelschein geworden. Der Merkur hatte mich darum gebeten, ihm ein durch mehrere Nummern laufendes Stück zu geben, stattdessen ist der Redakteur mit der Schere Amok gelaufen, hat, was dabei übrigblieb, wie Spielkarten gemischt und dann, wahrscheinlich aus Moire, darauf bestanden, mir das Korrekturlesen abzunehmen. Da steh ich nun, ich armer Tor, und hatte gehofft, Dir ein Bouquet schenken zu können. Stattdessen komme ich nur mit ein paar ausgefransten Stengeln. –

Ich weiß, dass Du in Frankfurt gewesen bist. Natürlich wäre ich auch gekommen, leider hat Frau Gretl mich nicht rechtzeitig verständigen können. Ort und Zeit erfuhr ich von ihr erst am Tage selbst. Und da war es zu spät.

Unser Treffen hier in Wien liegt bereits ein Jahr zurück. Wie gern ich Dich bald einmal wiedersehen würde. Und wir Euch. Seid umarmt von Eurem

Günther

37 *Günther Anders an Ernst und Karola Bloch, Wien, 19.10.1969*

Lieber Ernst, liebe Karola,

Soeben erhielt ich einen Brief von meinem Freund Menachem Arnoni, dem Gründer und Herausgeber und Hauptautor der Minority of One. Diese Zeitschrift gehört zu den allerbesten parteimäßig unfestgelegten Zeitschriften des Westens. Ich lege Euch eine beliebige Nummer bei. – Arnoni hatte aus Geldgründen vor etwa einem Jahr die Zeitschrift aufgeben müssen. Nun hat er es durchgedrückt, von neuem wieder anfangen zu können. Auf S. 2 seht Ihr the Board of Sponsors. Arnoni möchte nun diese Liste etwas erweitern und wäre glücklich darüber, wenn Du, Ernst, Deinen Namen geben würdest. Ich wäre auch sehr froh darüber. – Bitte schreibt, wenn Ihr dazu bereit seid, an die folgende Adresse:

Mr. M. S. Arnoni
Hudson Dispatch
400 38th St.
Union City, New Jersey 07087

Bitte entschuldigt die Kürze dieses Briefes, ich bin erst seit gestern wieder aus dem Krankenhaus zurück.

Alles Gute und herzlichst

Günther

Charlotte lässt schönstens grüßen

38 Karola Bloch an Günther Anders, Tübingen, 10.12.1970

Lieber Günther,
besorge Dir die Frankfurter Rundschau vom 14./15. Dezember. Wenn Du dort die Besprechung der «Philosophischen Messungen» von Bloch liest, dann wirst Du erleben, was die deutsche «Linke» ist. Etwas Infameres kann man sich kaum vorstellen. Und der Herr Walter soll sogar ein Verehrer von Bloch sein! Er vergießt Krokodilstränen über die möglichen Ausfälle von Schlamm, ist aber tausendmal schlimmer als Schlamm, denn dieser ist für die Linke uninteressant, aber nicht die Frankfurter Rundschau, die politisch als die beste linke Zeitung gilt. Eine kurze Entgegnung von Ernst (nach großem Widerstreben) kommt am Montag den 16.12. in der Frankfurter Rundschau. Zum Glück ist Ernst so wenig eitel, so harmonisch in seinem Wesen, dass er sich nicht aus der Fassung bringen lässt. Aber trotzdem ist es ein Schlag für ihn so dargestellt, so den Feinden ausgeliefert zu werden.

Könntest Du nicht in der Süddeutschen Zeitung eine Besprechung der «Politischen Messungen» schreiben? Es muss von der Linken auch ein Gegenschlag kommen. Ernst hätte eine andere Ausgabe dieser Aufsätze gemacht, mit Notizen usw., wenn er voll arbeitsfähig wäre. Er hätte vielleicht sogar die Prozess-Aufsätze gebracht und dazu Erläuterungen geschrieben. Aber er kann das heute nicht mehr. Trotz seiner Vitalität, für so eine anstrengende Ausgabe reichen seine Kräfte nicht aus. Aber ihm zu unterstellen, dass er ein Betrüger ist, ist so infam, dass ich es noch für schlimmer halte, als die Beleidigungen in der DDR. Ich bin sehr traurig, wie schon lange nicht mehr. – Es war so schön Charlotte hier wiederzusehen. Sie war aufgelöst und lebhaft – eine reizende Frau. Sage ihr, dass ich mit unserem Konzertorganisator über die Möglichkeit eines Konzerts für sie und ihre Freundin schon gesprochen habe. Erwarte eine Antwort und werde dann gleich berichten.

Herzlichste Grüße Euch und Liesl
Karola

39 *Karola Bloch an Günther Anders, Tübingen, 10.12.1970*

Lieber Günther,
ich schrieb Dir heute einen Brief, machte Dich aufmerksam auf eine infame Kritik über die «Politischen Messungen», die in der Wochenend-Ausgabe der Frankfurter Rundschau erscheinen wird. Ich irrte mich im Datum: es ist *nicht* der 14./15. Dezember, sondern der 12./13.12. Besorge Dir diese Nummer.

Herzliche Grüße
Karola

40 *Karola Bloch an Günther Anders, Tübingen, 14.12.1970*

Lieber Günther,
vielen Dank für Deine prompte Antwort. Bin gespannt, was Du zu dem Walterschen Elaborat sagen wirst.

Ich füge diesem Brief ein Schreiben bei, das ich an Engelhard gerichtet habe. Ernst wollte ursprünglich nichts sagen. Deshalb mein Brief. Dann kam aber der Südwestfunk und bat ihn um eine Erwiderung. Er tat das. Am letzten Freitag wurde nun das Zeug gesendet, samt Auszügen von Walter, Worten eines Moderators und Erklärungen eines FR Redakteurs (Schütte), warum die FR diese Kritik über einen «Freund» (sic!) brachte. Man solle nicht an Vaterleitbilder sich halten und ich weiß nicht was mehr. Verständlich ist mir die ganze Sache nicht. Bloch muss irgend eine feindliche Strömung in der FR haben. Wir wissen nur nicht warum. Vielleicht ist Schütte ein «Marxist-Leninist» – die tragen nämlich die Stalinbildnisse herum neben Lenin, Marx und Mao. Sie finden auch die Prozesse richtig. Da kann man halt nix machen.

In derselben Nummer der FR ist ein Aufruf von Lukács veröffentlicht, für Angela Davis, den Ernst zugeschickt hat. Ich sammle weiter Unterschriften. Darf ich die Deine hinzufügen? Ich vermute, dass Lukács auch Nenning diesen Aufruf geschickt hat, sodass Ihr in Österreich sowieso erfasst seid. Bitte berichte mir darüber.

In Eile nur dieses.
Mit herzlichen Grüßen
Deine
Karola

P.S. Die Erwiderung von Ernst sollte heute, am Montag, in der FR erscheinen. Ich habe sie jedoch nicht gefunden.
P.P.S. Holz wird im Januar in der FR eine Erwiderung auf den Walterschen Aufsatz bringen. Die Süddeutsche Zeitung wäre so wichtig!

40a Beilage (Kopie): Brief Karola Bloch an Ernst Günter Engelhard (Frankfurter Rundschau), Tübingen, 12.12.1970

Sehr geehrter Herr Engelhard,
mein Mann dankt Ihnen für die Zusendung des Artikels von Herrn Walter und für die Bitte, Bloch möge eine Erwiderung schreiben. Bloch schreibt ungern pro domo, bat deshalb Hans Heinz Holz die Erwiderung zu schreiben. Ich habe deshalb die

Fahnen des Walter Artikels an Herrn Holz weiter geschickt. Es wäre sehr freundlich, wenn Sie das Erscheinen *beider* Artikel in *derselben* Ausgabe ermöglichen könnten.

Da nun Bloch ungern in eigener Sache schreibt, so habe ich das Bedürfnis, einige persönliche Bemerkungen zu machen, die für Sie, nicht für eine Veröffentlichung gemeint sind.

Liest man den Titel des Walterschen Aufsatzes, den Untertitel, das Motto, so erwartet man gleich danach einen Satz: «Mit fliegenden Fahnen ist in seinem 86. Lebensjahr Ernst Bloch in die CSU eingetreten». Fälschung, Verrat, gezielte Auslassungen sind ständig vorkommende Worte im Walter Artikel, sodass man wirklich stutzen muss, ob es sich wirklich um Ernst Bloch oder um einen gleichnamigen Betrüger handelt. Es ist durchaus das Recht eines Philologen von seinem Standpunkt aus über Ungenauigkeit der Jahreszahlen, Veränderungen im Text etc. zu berichten. Der Autor hat aber das Recht, *bei nicht veränderter Gesinnung*, in einer Ausgabe letzter Hand in Früherem, für den Tag Geschriebenem, den Kontext, worin das fortlaufend steht, zu verdeutlichen und klar zu machen. Er hat auch das Recht, Dinge, zu denen er heute nicht mehr steht, nicht mehr zu sagen.

Politische *Messungen* sind keine Dokumentensammlung, auch kein autobiographisches Geschichtsbuch, wie Walter meint, sie wollen sich auch an der Gegenwart *messen*. Sie bringen Blochs philosophisch-politische Überzeugung zum Ausdruck. Diese haben sich doch in seinem langen Leben so wenig geändert, wie kaum bei einem andern Autor. (Wenn man vom Stalinismus und was damit zusammenhängt absieht). *Prinzipiell* hat sich doch auch durch Kürzungen oder Auslassungen nichts geändert. Einige Änderungen waren notwendig, um den Text dem *heutigen* Leser verständlich zu machen. Und wenn die Engländer 1970 nicht so hart angepackt werden wie 1935, so ist das nur, um von der Ungeheuerlichkeit des Nazismus nicht abzulenken. Schließlich haben auch die Engländer den Nazis den Krieg erklärt. Warum kann ein Autor 1970 nicht Dinge ändern, wenn sie ihm heute nicht sinnvoll oder klar erscheinen? Brecht hat ständig seine alten, vormarxistischen Werke geändert («Trommeln in der Nacht»!), wenn ihm das sinnvoll erschien. Natürlich wäre die von Walter vorgeschlagene Methode, mit Hilfe von Anmerkungen die Dinge ins rechte Licht zu rücken, durchaus angebracht und gut. Aber diese Arbeit kann der beinah blinde Bloch nicht mehr leisten. Er hat jedoch garnichts dagegen, wenn sich Philologen finden würden, die mit Akribie die Originale samt Textänderungen herausgeben würden, samt allen ausgelassenen Stellen. Die Prozessaufsätze waren übrigens in dem Manuskript, das dem Verleger zuging, einbegriffen, aber wir haben uns doch nach langen Überlegungen entschlossen, sie zurückzustellen, denn es hätte einer großangelegten Erläuterung bedurft, um die damalige stalinistische Haltung verständlich zu machen.

Obwohl ich überzeugt bin, dass Herr Walter nicht aus Bösartigkeit zu solchen apokalyptischen Gefühlsausbrüchen gelangt wie «Katastrophe», «Tragödie» usw., obwohl ich merke, dass er unter diesem von ihm so verstandenen «Verrat» leidet, so ist es doch ungeheuerlich, wie hier ein sogenannter Linker, aus mehr oder weniger philologischen Gründen, selbst einen unglaublichen Verrat übt an einem alten Sozialisten, der trotz mancher Enttäuschung, Demütigung, Verfolgung, hoch und fest die rote Fahne hält, treu den Träumen seiner Jugend bleibt, die Träume der heutigen Jugend liebt und sie anfeuert. Walter übt Verrat an einem starken Geist und an einem makellosen Menschen, dessen Humanität und tief begründete sozialistisch-demokratische Gesinnung außer Zweifel stehen. Walter sieht das letzte Buch von Bloch ohne jeden Zusammenhang mit seinem Gesamtwerk. In die ausgestreckte Hand spuckt Walter hinein. Wenn er darüber eine Jeremiade anstellt, dass die Politischen Messungen ein Fressen für Schlamm und Co. sein werden, so kann ich nur sagen: bis jetzt hat sich kein Schlamm gemeldet, nur Walter. Seine böse Kritik von Schlamm ist für Bloch eine Ehre, sein Lob eine Beleidigung. Was geht uns diese Bagage an? Die Leute, die Schlamm lesen, sind für uns uninteressant. Aber das Urteil in der Frankfurter Rundschau, die vom politischen Standpunkt aus die beste Zeitung in der Bundesrepublik ist, die von vielen Studenten, linken Intellektuellen und Arbeitern gelesen wird, dieses Urteil ist wichtig. *Nicht* für Bloch, er kann es gelassen hinnehmen. Aber für viele Menschen, denen Bloch ein Leitbild ist, die froh sind in dieser sich fortschreitend faschisierenden BRD, mit einer sich immer weiter zerfleischenden Linken, einen Professor mit Blochscher Haltung zu haben (wie viele gibt es schon mit seiner Gesinnung?), für die ist dieser Dolchstoß ein arges Erlebnis. Lernen werden sie aus der Walterschen Besprechung nichts, denn auf die *Inhalte*, die Gesinnung geht Walter nicht ein. Da lernt schon der Leser viel mehr aus den Politischen Messungen, in denen übrigens Herr Walter auch nicht eine einzige *positive* Messung gemacht hat, das vermied er mit philologischer Genauigkeit. So den herrlichen Aufsatz «Jubiläum der Renegaten». Der passt Herrn Walter garnicht in den Kram. Wenn das keine Fälschung ist – in einem Band von etwa 500 Seiten von Bloch, nicht mal *einen* guten Aufsatz zu finden!

Ich schrieb mehr, als ich wollt. Aber der Gegenstand riss mich hin.

Mit freundlichen Grüßen,
Karola Bloch

41 Günther Anders an Karola Bloch, Wien, 15.12.1970

Liebe Karola,
Nun liegt das Machwerk vor mir, und ich bin natürlich empört, genauso empört wie Ihr, glaube aber auch heute noch, dass diese eine Attacke in dem Ozean von positiven Rezensionen, in dem Ernst seit Jahrzehnten schwimmt, einfach ertrinken wird.

Ich kann mir sehr wohl vorstellen, wie es zu jenen Veränderungen gekommen ist, die Walter als Fälschungen angreift. Vermutlich hat Ernsts Sekretär ihm die Texte vorgelesen, Ernst in seiner Lebendigkeit hat dort, wo er nicht mehr mit den alten Formulierungen einverstanden war, zu assoziieren und zu diktieren begonnen – und dadurch sind dann diejenigen Passagen entstanden, die nicht ganz von damals und nicht ganz von heute sind. Geradezu absurd ist es, dass dieser Walter Ernst vorwirft, bestimmte Aufsätze in seine Aufsatzsammlung nicht aufgenommen zu haben – was ein Autor von seinen eigenen Arbeiten in

Sammelbänden vorlegt, das muss schließlich *seiner* Entscheidung überlassen bleiben. Besser wäre es vielleicht gewesen, wenn Ernst in Anmerkungen neu hinzugefügte Stücke als neu bezeichnet hätte – die Gefahr, durch eine Mischung der Texte Bosheit zu provozieren, hätte vielleicht vorausgesehen werden können. Aber mir ist es vollkommen begreiflich, dass Ernst trotz seiner ungeheuren Vitalität bestimmte technische Dinge des Buchmachens nicht ganz hat unter seiner Kontrolle halten können – unerhört ist es, dass dieser Walter, der doch bei seiner offensichtlich großen Kenntnis der Daten bestimmt genau weiß, wie es um Ernst bestellt ist, so schreibt, als sei Ernst ein Fünfundzwanzigjähriger, der die tausend geschriebenen, getippten und gedruckten Materialien um sich versammeln und über das Material rein physisch ohne Schwierigkeiten verfügen kann. Und unglaublich ist auch die Unehrlichkeit, mit der Walter behauptet, Ernst habe sich Leuten wie Schlamm und Genossen exponiert. Wenn einer exponiert hat, dann ist es dieser Walter, ohne dessen Zeigefuror die Schlamms ja garnichts vor Augen gehabt hätten. Nichts desto weniger bin ich überzeugt davon, dass der Artikel Walter ungleich mehr schaden wird als Ernst. Wenn man die Abgefeimtheit, Rücksichtlosigkeit und Hypokrisie der Walterschen Glossierung auf eine Waagschale legt, und auf die andere die gesammelten Werke von Ernst, dann kann ja wohl darüber, welche Schale steigt und welche sinkt, kein Zweifel bestehen. Du schreibst mir, dass Ernst sich nicht aus der Fassung bringen lasse – und damit hat er natürlich völlig recht. Das wäre ja noch schöner, wenn ein aus irgendeinem Ressentiment Ernst feindlich gesinnter Publizist die Ruhe und die Selbstsicherheit von Ernst auch nur für einen Augenblick zum Zittern bringen könnte. Auch Du, so finde ich, solltest die Erregung vergessen. Natürlich begreife ich, dass Du nach den Enttäuschungen, die Du in der DDR erlebt hast, besonders empfindsam gegen Infamien geworden bist.

Was nun Deinen Vorschlag betrifft, ich sollte in der SZ über das Buch schreiben, so ist der weniger gut, als Du ahnen kannst. Ich habe schon seit Jahrzehnten keine Buchbesprechung mehr zu machen gewagt, denn immer, wenn ich mich früher auf eine solche einließ, wurde daraus ein vielmonatliches Studium, und statt des Artikels kam dann – siehe mein Kafka – entweder (im guten Falle) ein Buch oder (gewöhnlich, in hundert Fällen) ein wilder Haufen von unpublizierbaren Materialien heraus. Bitte glaubt mir, ich bin der unbegabteste Journalist weit und breit. Und alle Stücke von mir, die in Zeitungen, d. h. in der SZ, erschienen sind, waren einfach Splitter, die von Büchern abgefallen waren, oder Vorabdrucke aus zu veröffentlichenden Büchern.

Seid umarmt von Eurem und auch tausend Grüße von Charlotte und Liesl

42 Karola Bloch an Günther Anders, Tübingen, 17.12.1970

Lieber Günther,
vielen Dank für Deinen Brief. Ich habe volles Verständnis dafür, dass Du keine Buchbesprechungen machst. Ernst geht es ja ähnlich. Aber könntest du vielleicht folgendes machen: an diesen Herrn Walter (c. o. Frankfurter Rundschau, da ich seine Adresse nicht kenne) einen Brief schreiben mit ähnlichem Inhalt, wie Du ihn an mich geschrieben hast. Dein Urteil ist ihm bestimmt wichtig. In einem Suhrkamp edition-Bändchen «Über Hans Magnus Enzensberger» ist auch ein Aufsatz von eben dem Walter, in dem er schreibt, dass Günther Anders den größten Einfluss auf Enzensbergers Entwicklung hatte.

Ich nehme den ganzen Fall außerordentlich ernst. Natürlich vertusche ich das vor Ernst. So gelassen er ist, so geht ihm die Sache ziemlich auf die Nieren. Der Verrat in einer als links geltenden Zeitung erinnert zu sehr an die Verfolgungen in der DDR, an alle vergangenen Enttäuschungen. Man muss schon Blochsche innere Harmonie haben, um so ruhig auf die Gemeinheiten zu reagieren. Nach außen merkt man nichts, aber mein liebendes Herz fühlt seine innere Traurigkeit.

Schon kam ein Brief eines Wiesbadeners, der Bloch den Vorwurf macht, er predige den aufrechten Gang, gehe aber selbst krumme Wege. Das wird sich häufen. Von den reaktionären Hyänen, die bald ihr Geheul auslassen werden, will ich schweigen. Die interessieren mich nicht. Aber die vielen Anhänger von EB, für die er ein Leitbild ist, die aber auch mehr durch die Presse von ihm was wissen als durch Lektüre seiner Werke, für sie ist der Waltersche Aufsatz eine tiefe Enttäuschung, gerade weil er von einem sogenannten «Linken» kommt, in einer linken Zeitung erschienen ist. Diese sich zerfleischende Linke in der BRD bekommt noch einen Stoß. Hinzukommt: nicht nur der Walter-Artikel ist infam, aber die Aufmachung der Zeitung: die Überschriften, der Untertitel des Bildes.

Es wäre gut, wenn Du Freunde veranlassen könntest Briefe an Ernst zu schreiben, die ihre Solidarität mit ihm bekundeten.

Die Nachrichten aus Polen sind auch nicht gerade geeignet die Laune zu verbessern. Wie schlimm muss die wirtschaftliche Lage dort sein, wenn man ausgerechnet vor Weihnachten die Lebensmittelkosten so erhöht. Armer Sozialismus, warum kommst Du nicht auf einen grünen Zweig? Und doch glauben wir an ihn nach wie vor – wer einmal echter Kommunist war, der bleibt es immer. Es ist, als ob er zur organischen Substanz geworden wäre, nicht mehr herauszureißen.

Mit herzlichen Grüßen
Deine Karola

43 Günther Anders an Karola Bloch, Wien, 20.12.1970

Liebe Karola,
Vielen Dank für Deine zwei Briefe und die Einlage der Kopie Deines Schreibens an Engelhard. Ich habe das Gefühl, dass Du in Deiner Erregung über das, was da Ernst angetan worden ist, auf Ideen kommst, deren Sinn nicht ganz evident ist. Du bittest mich darum, an Walter zu schreiben. Dein Vorschlag, ihm das zu sagen, was ich Dir über ihn gesagt hatte, ist undurchführbar, schließlich kann ich ihm nicht schreiben, dass er ein infames Machwerk zusammengezimmert habe. Wohl aber, dass er sich,

obwohl so gut informiert, offensichtlich nicht bemüht habe, es sich klar zu machen, unter welchen, genaue Kontrolle verhindernden Arbeitsbedingungen Ernst seine Bücher herausbringen muss.

Aber selbst wenn ich ihm diesen Brief schriebe – welchen Erfolg versprächst Du Dir davon? Einen zweiten Aufsatz, in dem er seinen ersten revozierte, würde er ja nicht verfassen, und die Zeitung würde einen solchen Text natürlich auch garnicht veröffentlichen, da sie damit zugestehen würde, einen schweren Fehler begangen zu haben. Der Brief an Walter wäre auch deshalb schwierig, weil ich ja einen seiner Hauptpunkte: dass Ernst seine ehemals veröffentlichten Arbeiten nun nachträglich verändert habe, nicht bestreiten könnte. Und selbst wenn *das* möglich wäre – was wäre der Effekt eines Briefes von mir? Doch höchstens, dass der Mann sich im einsamen Stübchen Vorwürfe macht – und davon wird der Kohl nicht fett, dadurch wird die schwierige Situation nicht besser. Ich glaube auch nicht, dass ich für Walter eine Autorität darstelle, die Tatsache, dass er mich in einem Aufsatz einmal rühmend hervorgehoben hat, ist bedeutungslos. Aber wie gesagt, einen solchen Brief zu schreiben, wenn Du das wirklich für günstig hältst, wäre ich bereit.

Außerdem bittest Du mich darum, Freunde darum zu ersuchen, an Ernst zu schreiben, um ihn zu encourage. In Frage kämen da natürlich hier in Wien nur Fischer, Heer und Nenning, die sicherlich (es sei denn Du hättest einen von ihnen benachrichtigt) von dem Walterschen Aufsatz nichts haben läuten hören. Ich halte es für überflüssig und für unvorteilhaft, dass wir Walters Text den Leuten unter die Nase reiben. Warum sollten wir die Werbetrommel für Walter rühren? Etwas anderes ist es mit Liesl, die ich natürlich über jeden Schritt informiert habe und die – was sie Euch auch schreiben wird – genauso empört ist wie wir. Noch einmal: wenn Du es für opportun hältst, versuche ich einen Brief an Walter, und dann würdet Ihr natürlich eine Kopie bekommen. –

Du fragst an, ob Du mich Lukács für die Unterschrift unter die Angela Davis-Erklärung vorschlagen sollst. Danke, das ist überflüssig, da sich Lukács längst an mich gewandt hat und wir wegen der Sache seit 14 Tagen in Verbindung sind. Natürlich habe ich meinen Namen gegeben.

Polen verdüstert uns genauso wie Euch, und nicht zuletzt regt uns die maßlose Dummheit auf, die die Wahl des Augenblicks der Verteuerung bezeugt. Die Situation dort ist unabsehbar, ich bin überzeugt davon, dass das Schlimmste, nämlich Unruhen in den oberschlesischen Bergwerken, noch bevorsteht. M. E. war die offizielle polnische Reaktion so hart und rücksichtslos, um einen russischen Einmarsch in Polen zu verhindern. Schwer, keine Tragödie zu schreiben.

Von Herzen alles Gute Euch Beiden,
ruiniert Euch nicht Eure Feiertage

44 *Karola Bloch an Günther Anders, Tübingen, 20.12.1970*

Lieber Günther,
beiliegend der gewünschte Ausschnitt. Ich schreibe nichts mehr zu dem Thema. Es wird noch vieles auf uns zukommen. Nichts schönes. So endet dieses Jahr traurig. Aber auch sonst sieht es ja nicht rosig aus. Um die Zukunft Dutschkes bin ich in großen Sorgen. Wir stehen im ständigen Kontakt, und einzig die Solidaritat seiner Freunde hilft Dutschke über größte Schwierigkeiten hinwegzukommen.

Solltest Du das Suhrkamp-Bändchen: «Über Ernst Bloch» haben, dann lese dort das Gespräch zwischen ihm und Fritz Vilmar. Bloch erläutert dabei seine Stellungnahme zum Stalinismus.

Dir und Charlotte wünschen wir vom Herzen alles Liebe und ein gutes 1971.

Herzlichst
Karola

45 *Karola und Ernst Bloch an Günther Anders und Charlotte Zelka, Tübingen, 22.12.1970*

Lieber Günther, liebe Charlotte,
zur Jahreswende senden wir Euch die besten Wünsche.

Was die Affäre Walter anbelangt, so findet sie eine sehr gute Lösung: der Verlag wird in der edition-suhrkamp alle Emigrationsaufsätze aus den Jahren 1933–1938 im Original herausbringen.

Natürlich brauchst Du an Walter keinen Brief zu schreiben, lieber Günther. Es war eine Idee von mir, um diesen «Linken» zu belehren. Für Ernst hat es keine Bedeutung. Aber nun Schluss mit der ganzen Geschichte. Das Kapitel ist geschlossen.

Es wundert mich, wieso Du den Angela-Davis Aufruf von Lukács nicht an das «Forum» weitergegeben hast. Heute kam die neue Nummer und ich war enttäuscht, den Aufruf dort nicht gefunden zu haben. Was hast Du nun unternommen? Ich habe den Aufruf an die dpa gegeben und Unterschriften gesammelt. Neben «Prominenz» haben auch ca. 1000 Studenten unterschrieben. Hoffentlich helfen die vielen Aktionen.

Herzlichst Eure
Karola + Ernst

46 *Günther Anders an Karola Bloch, Wien, 25.12.1970*

Liebe Karola,
Da wären also die beiden Zeitungsausschnitte. Nach Ernstens eigener Äußerung würde jetzt jede weitere nur unauthentisch wirken. Ich bin froh darüber, dass seine Stellungnahme nicht nur in der FR erschienen ist, sondern vom Rundfunk verbreitet worden ist. Damit, so scheint mir, ist nicht nur der Fall erledigt, damit sollten auch Deine Emotionen über den Fall erledigt sein. Du schreibst mir, es «wird noch vieles auf uns zukommen». Mir scheint, dass Du, was Dir ins Haus fliegt, einfach in den Papierkorb werfen solltest. Ihr habt wirklich Besseres und Wichtigeres

zu tun, als Euch das Jahresende durch die Bosheiten unwichtiger Leute ruinieren zu lassen. – Dank auch für das Büchlein, das noch unangerührt auf dem Gabentisch liegt. Habt Ihr eigentlich mein Vietnambuch «Visit Beautiful Vietnam»? Wenn nicht, sende ich Euch gleich ein Exemplar ein.

Verbringt ruhige und unverärgerte Feiertage und kommt gut rüber ins neue Jahr.

Herzlichst

Euer

P. S. Wenn Dutschke nicht in England bleiben kann und begreiflicherweise nicht nach Deutschland zurück will, wie wäre denn der Gedanke Österreich? Die Arbeits- und Bibliothekmöglichkeiten sind hier freilich schlechter als anywhere else.

47 Günther Anders an Karola Bloch, Wien, 28.12.1970

Liebe Karola,
Dank für Deine Grüße und für die Mitteilung, dass durch Suhrkamp das Problem gelöst worden ist. Froh bin ich, dass damit ein Schlussstrich unter die leidige Affaire gezogen worden ist.

Was die Angelegenheit Lukács betrifft, so habe ich sie anders aufgefasst als Du. Er bat mich um meine Unterschrift und um die Besorgung anderer Unterschriften, ferner um Textveränderungsvorschläge. Den Text, den er mir zusandte hielt er also m. E. noch nicht für publikationsreif, er sollte – so verstand ich Lukács – erst mit den Unterschriften vieler zusätzlicher Autoren geschmückt werden, ehe er den Weg in die Außenwelt antreten sollte. Ich verschaffte ihm zwei Unterschriften, Heer und Nenning, und machte einen Vorschlag zur Textveränderung, den er, wie er mir telegraphierte, akzeptiert hat. Nun erwarte ich die Liste der von ihm gesammelten Unterschriften. Ich fürchte, dass Du den Text verfrüht der DPA übergegeben hast. Im übrigen habe ich den Text Nenning übergeben, aber ohne ihm das green light für Veröffentlichung zu geben, denn auch er soll natürlich die Deklaration erst dann bringen, wenn sie komplett ist, und wenn sie identisch sein wird mit dem Text, der in Amerika erscheinen soll. – Einer von uns beiden muss die Lukács Bitte falsch aufgefasst haben.

Und nun noch einmal alle unsere guten Wünsche für 1971. Von Herzen

48 Günther Anders an Ernst Bloch, Wien, 22.11.1971

Lieber Ernst,

Es ist eine Schande, dass ich Dir nur dann schreibe, wenn ich etwas von Dir will. Aber ich bin laufend über Euch unterrichtet durch Liesl.

Es handelt sich um Folgendes:

Wie Du vermutlich weißt, sind Beauvoir und Sartre angeklagt, weil sie sich seit Mai 68 öffentlich gegen das Verbot gewisser linker Zeitschriften in Frankreich eingesetzt haben. Um den Beiden Rückendeckung zu geben, hat nun Vladimir Dedijer (der jugoslawische Historiker, der als President of Sessions im Russell Tribunal fungiert hat) im Einverständnis mit Sartre und Beauvoir beschlossen, ein Komitee zu gründen, das die juristischen und moralischen Justifikationen der Verfolgung der Beiden untersuchen soll. Kommissionen sind bereits an der Arbeit. Eine Gruppe von Richtern soll dann auf Grund der Untersuchungen in öffentlicher Sitzung Stellung nehmen. Das Gründungskomitee besteht aus Dedijer, Daly (einem der wichtigsten englischen Gewerkschaftsführer) und Noam Chomsky (dem bekannten amerikanischen Linguisten, der außerdem ein wichtiges Buch über Vietnam geschrieben hat). Die Drei haben sich nun auch an mich gewandt, um dem Richterkomitee beizutreten – was ich natürlich getan habe. Außerdem sind bis jetzt aufgefordert worden: die Berrigan Brüder und der in Amerika lebende pakistanische Gelehrte Ahmad. Die Drei erwarten übrigens in den USA ebenfalls einen Prozess.

Ich bin nun von den drei Gründungspersonen darum gebeten worden, weitere eventuelle Mitglieder für diesen «body of judges» vorzuschlagen, und ich habe Dich und Böll genannt – diese zwei Vorschläge sind akzeptiert worden.

Irgendwann im Laufe der nächsten Monate wird vermutlich ein erstes Treffen dieses Komitees mit den Mitgliedern der Arbeitskommissionen und mit Sartre und Beauvoir stattfinden. Wann und wo das geschehen wird, ist noch unbekannt. In drei Wochen kommt Dedijer zu mir nach Wien, um Details zu besprechen. Schon jetzt aber steht fest, dass persönliche Teilnahme an den Sitzungen nicht unbedingt notwendig ist, dass verhinderte members auch schriftlich ihr Urteil abgeben können. Es versteht sich von selber, dass alle diejenigen, die akzeptieren, laufend mit weiteren Informationen beliefert werden werden.

Ich würde mich für die Sache sehr freuen, wenn Du, lieber Ernst, mir ein Ja zuschicken könntest.

Alles Gute Euch Beiden und Eurer Arbeit! Seid umarmt von
Günther

49 Günther Anders an Ernst und Karola Bloch, Wien, 1.12.1971

Liebe Blochs, tausend Dank für die Akzeptierung. Ich habe die Nachricht gleich nach Amerika, wo Dedijer momentan ist, weitergeleitet. – Auch ich hoffe auf einen meeting place, der nicht allzu entfernt ist. Bisher ist darüber noch nichts verlautbart worden. Ihr bleibt weiter well posted.

Herzlichst
Günther

50 *Günther Anders an Ernst Bloch, Wien, 19.9.1974*

Lieber Ernst,

Natürlich habe ich mich sofort auf Dein Geschenk gestürzt, alles war mir ja vertraut, aber nun alles, was Du über Musik gesagt hast, beisammen zu sehen und hinter einander lesen zu können, ist ein neues Vergnügen. An manchen Stellen musste ich an meine Musikphilosophie denken – das Manuskript, meine zu spät gekommene Habilitationsarbeit, stammte aus dem Jahre 29 – und durch die Lektüre Deiner musikphilosophischen Essays bin ich nun gereizt, mir das alte Manuskript auf seine Publizierbarkeit hin anzusehen. Du hast mir also einen Stoß versetzt, und das kann ich wahrhaftig brauchen.

Euch Beiden alles Gute

Herzlichst

Günther

BRIEFWECHSEL MIT HELMUTH PLESSNER

(1925–1982)

Erster Teil
(1925–1930)

1 *Helmuth Plessner an Günther Anders, Wiesbaden, 15.8.1925*

Sehr geehrter Herr Doktor,
Durch Herrn Dr. Arnold Metzger erhielt ich vor wenigen Tagen Ihre Kritik seines Buches. Er regte an, diese Kritik im «Philosophischen Anzeiger» ev. mit einer Erwiderung seinerseits zu veröffentlichen. Ich kenne das Metzgersche Buch zwar nur flüchtig, finde aber Ihre Ausführungen ganz ausgezeichnet und will sie gerne im Anzeiger bringen. Nur finde ich die Kritik ein wenig zu aphoristisch im Stil gehalten und zu unmittelbar aus der Lektüre herausgewachsen. Es wäre deshalb sehr wünschenswert, wenn das Ganze in der Form noch etwas überarbeitet werden könnte, um ihm für den Leser, der die Metzgersche Arbeit nicht kennt, eine größere Selbständigkeit und Zugänglichkeit zu geben. Der Anzeiger bringt nämlich nicht mehr die sonst übliche Trennung von Originalabhandlung und Rezension, sondern ausgesprochen kritische Untersuchungen. Aus dem soeben erschienenen Halbjahresband der Zeitschrift werden Sie diesen Charakter schon mit einiger Deutlichkeit erkennen.

Ich wäre Ihnen, sehr geehrter Herr Doktor, sehr dankbar, wenn Sie mir Ihre Ansicht zu meinem Vorschlage möglichst umgehend mitteilen wollten. Die Umarbeitung, wie sie mir vorschwebt, würde sicher keine besonderen Umstände verursachen. Nur brauchen wir natürlich dadurch mehr Zeit, dass Herr Metzger antworten will und vielleicht noch von Ihnen ein kurzer Schlussaufsatz gebracht werden muss. Zu Ihrer Orientierung möchte ich noch hervorheben, dass wir möglichst den Rezensionscharakter Ihrer Arbeit zurücktreten lassen wollen und in den Mittelpunkt die Sachen, nicht aber das Metzgersche Buch stellen müssen.

Mit freundlichen Empfehlungen
Ihr sehr ergebener

2 *Günther Anders an Helmuth Plessner, Oetz (Tirol), 20.8.1925*

Sehr verehrter Herr Doktor!
Heute morgen bekam ich – sehr verspätet – in Sölden Ihren Brief, für den ich Ihnen sehr danke. Mit Ihren Vorschlägen bin ich völlig einverstanden – besonders, da es mir aus persönlichen Rücksichten angenehmer ist, nicht derart *direkt* gegen Herrn Dr. Metzgers Buch Stellung zu nehmen. Ich bin bereit, da ich aus anderen Arbeiten hier in der Höhe sowieso herausgerissen bin, sofort die Überarbeitung in Pertisau, wohin ich momentan auf dem Wege bin, in Angriff zu nehmen. Ich bitte Sie darum, mir das Ihnen von Herrn Dr. M. zugesandte Manuskript möglichst bald nach: Pertisau / am Achensee / Tirol / poste restante / zusenden zu wollen, da es mir auch lieb wäre, wenn die Ausführungen bereits im nächsten Hefte erscheinen könnten.

Mit freundlichen Empfehlungen
Ihr sehr ergebener
Günther Stern

3 *Günther Anders an Helmuth Plessner, Pertisau (Tirol), 25.8.1925*

Sehr verehrter Herr Doktor
Eben bekam ich das Manuskript, für das ich danke. Ich setzte mich – da es draußen völlig verhängt ist – sofort an die Umarbei-

tung. Diese Umarbeitung wird nun, wie ich jetzt bereits merke, eine Verdoppelung an Umfang werden. Der ursprüngliche Umfang betrug etwas mehr als 5 enge Schreibmaschinenseiten. Wäre eine Vergrößerung in Ihrem Sinne, bzw. ist Platz genug im Halbband?

Bis zum 1. September (excl.) bin ich hier in Pertisau. Falls mein Brief Sie in relativ kurzer Zeit erreicht, darf ich Sie bitten, mir hierher (Hotel Stefanie) zu antworten. Sonst bitte an die Adresse meines Vaters: Hamburg 13. Bei St. Johannis 10 I.

In vorzüglicher Hochachtung
Ihr sehr ergebener
Günther Stern

4 *Günther Anders an Helmuth Plessner, Hamburg, 8.9.1925*

Sehr verehrter Herr Doktor!
Das Manuskript, von dem – gleich dem Schiffer des Theseus – nichts als der Anlass gleich geblieben ist, ist nun fertig gestellt; und ich denke, in Ihrem Sinne: d. h. mit nur geringer Berücksichtigung der Metzgerschen Arbeit und thematischer Ausarbeitung der vorher nur als kritische Gesichtspunkte angedeuteten Prinzipien. Ich bin momentan beim Tippen, das mir – wie immer – schwerer fällt und länger dauert als jede phil. Arbeit selbst. Ich nenne das Ganze jetzt: *«Über Ggsds-typen» anlässlich A. M. «D. G. d. E.»*

Wohin soll ich Ihnen den Durchschlag schicken? Nach Wiesbaden, oder Italien? Oder direkt an Cohen? –

Zu einer dahingehenden Bitte bin ich zwar nicht berechtigt, aber ich möchte doch die Ansicht äußern, dass ich mir gegenüber dem nun völlig veränderten Manuskript schwer eine *Erwiderung* vorstellen kann. Allerdings muss ich das völlig Ihnen und Herrn Dr. *Metzger* überlassen.

Es wäre mir sehr lieb, wenn ich eventuell in einem späteren Bande einen Parallelaufsatz über «Personen-Typen» (anlässlich der neuen veränderten Auflage von Sprangers «*Lebensformen*») bringen könnte. Läge eine solche Arbeit im Rahmen Ihrer Zeitschrift?

In vorzüglicher Hochachtung
grüßt Sie
Ihr Günther Stern

5 Günther Anders an Helmuth Plessner, Hamburg, 12.9.1925

Sehr verehrter Herr Doktor
ich hoffe, dass das Manuskript nicht nach Redaktionsschluss eintrifft, hoffe ferner, dass Sie die jetzige Fassung – mit der *ich* letzten Endes noch nicht einverstanden bin – zufrieden stellt. Sie ist jedenfalls viel ausführlicher und weniger aphoristisch. Oft war es aus dem Grunde schwierig zu disponieren, weil sowohl meine Sache, wie das Metzgersche Buch Gerechtigkeit forderten. –

Ich sehe heute zum ersten Male den 1. Band des «Phil. Anzeigers». Die Arbeiten von Pos und Lipps scheinen mir in den Motiven meiner Arbeit nicht unverwandt. Ihre Arbeit kannte ich bereits als Separatum. –

Dürfte ich Sie bitten, sowohl den Empfang des Manuskriptes zu bestätigen, als auch mitzuteilen, *ob* Sie beabsichtigen, mir nach Metzgers Erwiderung noch im gleichen Band das Schlusswort zu erteilen, oder ob Sie bzw. Metzger andere Pläne haben?

In vorzüglicher Hochachtung
Ihr
Günther Stern

6 *Günther Anders an Helmuth Plessner, o. O., 1.10.1925*

Sehr verehrter Herr Doktor
da auch ich – und zwar an Ihren Wirkungsort, nach Köln – verreist war, bekam ich erst gestern Ihre frdl. Karte aus der beneidenswerten Gegend. Mein Manuskript liegt schon lange in Wiesbaden, Sie werden es vorgefunden haben. Ihr Herr Vater war so freundlich gewesen, mir sofort die Bestätigung des Empfangs mitzuteilen. Mit gleicher Post war Kopie an Metzger abgegangen.

Ich lernte auf meiner Reise die letztsemestrige Vorlesung Heideggers kennen, die ganz ähnliche Analysen, wie mein Aufsatz brachte. Ich schrieb an Heidegger selbst, da es mir peinlich ist, vor seinen Publikationen bereits einen Weiterführungsversuch zu bringen. Aber die Tatsache, dass Heidegger nicht publiziert, kann mir natürlich nicht Grund sein, die Arbeit zurückzuziehen. –

Ich danke Ihnen sehr für die Erlaubnis, weiter in Ihrer Zeitschrift zu arbeiten.

Nun noch eine Anfrage. Im Winter (wahrscheinlich Januar) halte ich in M.-Gladbach einen Vortrag. Hielten Sie es für möglich, dass sich in *Köln* (etwa in der Kant-Gesellschaft) ein weiterer damit verbinden ließe? Ich weiß nicht, ob Sie oder die Herren Scheler oder Hartmann im Augenblick den Vorsitz der Ortsgruppe führen. Ich würde mich sehr freuen, wenn Sie mir Auskunft geben könnten.

In vorzüglicher Hochachtung
Ihr
Günther Stern

P. S. Bitte weiter, da Adresse chronisch wechselnd, *Hamburg* adressieren.

7 *Günther Anders an Helmuth Plessner, o. O., 2.10.1925*

Sehr verehrter Herr Dr.
Geht es noch, dass das Eingesandte *als Fortsetzung von Anmerkung auf S. 11* eingefügt wird? Es wäre mir sehr lieb. Es wäre mir ferner angenehm zu wissen, wann das Manuskript – falls es noch nicht in Druck ist – in Druck gelangt. Im Falle, dass noch etwa eine Woche Zeit wäre, würde ich ja ein paar Kleinigkeiten (Anmerkungen u.s.w.), die in der Korrektur nur noch schwer angefügt werden könnten, direkt an *Cohen* schicken können.

In vorzüglicher Hochachtung
Ihr ergebener
GStern

8 *Helmuth Plessner an Günther Anders, Wiesbaden, 6.10.1925*

Sehr geehrter Herr Doktor,
Ihr Manuskript und der Zusatz 11 a u. b sind wohlbehalten eingetroffen. Sollten Sie noch Anmerkungen bereits fertig haben, und sofort versenden können, so schicken Sie sie umgehend an meine Wiesbadener Adresse, damit ich sie selbst noch einfügen kann. Das Problem einer Antwort Metzgers auf Ihre Arbeit erledigt sich zunächst dadurch, dass Metzger selbst von sich aus vorerst darauf verzichtet und nur eine evt-Antwort in einem späteren Heft des Anzeigers in Aussicht nimmt. Was Sie über die Beziehung Ihres Aufsatzes zu der Heideggerschen Vorlesung schreiben, wird wohl auch Heideggers Billigung erfahren.

Lassen Sie mich bitte ferner bald wissen, wann Sie Ihren Aufsatz über «Persontypen» abschließen können, damit ich rechtzeitig genug in der Lage bin zu disponieren.

Wegen Ihres Vortrags in der Kölner Kantgesellschaft kann ich Ihnen im Augenblick keine sichere Auskunft geben. Ich bin zwar im Vorstand der Ortsgruppe, doch führt die Geschäfte ein Herr Dr. Bäcker. Soviel ich weiß, sind alle Vorträge für diesen

Winter bereits besetzt. Ich will aber nach meiner Rückkehr nach Köln gleich mit Dr. Bäcker sprechen und Ihnen dann noch genaueres schreiben.

Mit freundlichen Grüßen
Ihr ergebener

9 *Günther Anders an Helmuth Plessner, Berlin, 10.10.1925*

Sehr verehrter Herr Doktor,
vielen Dank für ihren Brief. Weitere Zusätze zu meinem Artikel erachte ich nicht mehr für unbedingt notwendig; da ich hier von Arbeiten überlastet bin (2 größere Arbeiten in kürzerer Zeit abzuliefern habe), außerdem für phil. Kurse u. Museumsführungen Dispositionen zu treffen habe, kann ich über den anderen Aufsatz (Persontypen) im Augenblick noch garnichts aussagen. Ich bitte Sie daher, erst einmal so zu disponieren, als ob er *nicht* ins nächste Heft kommt.

Es wird Sie interessieren zu hören, dass ich von Heidegger einen völlig befremdenden Brief erhielt, der – ich kann es anders nicht ausdrücken – seine Publikationshemmung zum Grunde einer Publikationssperrung seiner Schüler macht. Heidegger kennt den Aufsatz überhaupt nicht – ich schrieb ihm, weil ich nicht ohne sein Wissen ein paar seiner Termini und Grundgedanken (ohne Zitationsmöglichkeit) publizieren wollte. Ich ziehe selbstverständlich die Arbeit *nicht* zurück.

Die obige Adresse gilt bis zum 1. XI. Ich bitte Sie, dahin die Korrekturen senden zu wollen. Die neue Adresse erhalten Sie, sobald sie sicher ist.

Es grüßt Sie hochachtungsvoll
Ihr sehr ergebener
GStern

10 *Günther Anders an Helmuth Plessner, Berlin, 2.11.1925*

Sehr verehrter Herr Doktor,
es wäre mir lieb, wenn ich hören könnte, ob Sie bereits Korrekturen an mich haben schicken lassen. Ich befürchte, dass eventuell etwas verloren gegangen ist, da ich die Erscheinungszeit des Anzeigers für Anfang November annahm. Da ich noch eine kleine Anmerkung (betreffs Heidegger) anzubringen wünsche, liegt mir daran, Korrektur selbst zu lesen. Ich habe nämlich im Augenblick kein Exemplar meiner Arbeit zur Hand – kann also momentan nicht genau angeben, wo die Anmerkung am besten angebracht würde. Meine Adresse ist, wie Sie ersehen, die gleiche geblieben.

In vorzüglicher Hochachtung
Ihr
Günther Stern

11 *Helmuth Plessner an Günther Anders, Köln, 14.11.1925*

Sehr geehrter Herr Doktor!
Entschuldigen Sie bitte vielmals, dass ich Ihre Anfrage vom 2.11. so lange unbeantwortet ließ. Der Andrang im Semesteranfang ist aber für mich diesmal besonders stark, da ich Scheler, der beurlaubt ist, zu vertreten habe. Sie brauchen sich keine Sorgen zu machen wegen des Korrekturenganges. Der Verlag wird mit der Herausgabe des zweiten Halbjahresbandes doch nicht so schnell machen können, wie es ursprünglich vorgesehen war, da er wegen der augenblicklichen katastrophalen Absatzstockung noch etwas mit dem Bande zurückhalten möchte. Ihre Anmerkungen betr. Heidegger möchte ich jedoch vor der Korrektur dem Manuskript einfügen oder aber Sie bitten, sie bei der ersten Korrektur unterzubringen, also noch vor dem Umbruch. Auf jeden Fall ist zunächst keine Eile.

Ich habe inzwischen noch einmal Ihr Manuskript genau gelesen und freue mich außerordentlich über die Intention Ihrer Arbeit, die mit der meinigen weitgehend übereinstimmt. In meinen eigenen systematischen Arbeiten werde ich häufiger Gelegenheit haben, auf Ihre Untersuchung hinzuweisen und eingehend bezugzunehmen. Und noch einmal zum Schluss: Halten Sie mich bitte über Ihre weiteren Pläne auf dem Laufenden, Sie wissen, dass Ihnen der Anzeiger stets offen steht.

Mit freundlichen Grüßen
Ihr ergebener

12 Helmuth Plessner an Günther Anders, Köln, 30.11.1925

Sehr geehrter Herr Doktor!
Wie mir der Verlag mitteilt, werden die Korrekturen Ihres Beitrages im Laufe des Monats Dezember versandt werden können. Damit keine Verzögerung in der Erledigung der Korrekturen eintritt, darf ich Sie freundlichst bitten, mir eine etwaige Änderung Ihrer Adresse alsbald mitzuteilen. Der Verlag wird den 2. Halbband des ersten Jahrgangs für Ende Januar/Anfang Februar sicherstellen können, wenn, wie gesagt, in der Korrektur keine Verzögerungen eintreten.

Mit den angelegentlichsten Empfehlungen
Ihr sehr ergebener
P

13 Günther Anders an Helmuth Plessner, Berlin, 11.12.1925

Sehr verehrter Herr Doktor.
Entschuldigen Sie meine verspätete Antwort auf Ihre frdl. Anfrage, wohin Sie die Korrekturen senden sollen. Es ist jetzt fast

sicher, dass ich vom 24.12.–2.1. in Hamburg (13. Bei St. Johannis 10), von da an wieder hier in Berlin (W 15. Uhlandstr. 29 bei Schlesinger) sein werde.

In vorzüglicher Hochachtung
Ihr
Günther Stern

14 Günther Anders an Helmuth Plessner, Hamburg, 28.12.1925

Sehr verehrter Herr Doktor,
da ich meinen Hamburger Aufenthalt weit länger ausdehnen werde, als geplant, bitte ich die Korrekturen an die hiesige Adresse senden lassen zu wollen.

Hochachtungsvoll
grüßt
Günther Stern

15 Günther Anders an Helmuth Plessner, Hamburg, 28.1.1926

Sehr verehrter Herr Doktor,
mit schlechtem Gewissen teile ich Ihnen mit, dass ich noch zwei Zusätze (von zusammen etwa *einer* Druckseite) in die Korrektur-Fahnen eingefügt habe. Hoffentlich zieht das keine weiteren Unannehmlichkeiten nach sich.

Das Korrekturlesen unterbrach mich in einer völlig anderen Arbeit über die «Einheiten in der Musik» (Tonalität, Sequenz usw.). Es ist äußerst schwer, auf diesem Gebiete, in dem schon soviel – musiktheoretisch – vorgearbeitet wurde, sozusagen philosophisch bei der Stange zu bleiben.

Ich bleibe – in der Hoffnung, Sie in diesem Jahr einmal persönlich sprechen zu können – hochachtungsvoll

Ihr
Günther Stern

16 *Günther Anders an Helmuth Plessner, Hamburg, 4.3.1926*

Sehr verehrter Herr Doktor,
vor 2–3 Wochen bat *Cohen* um dringende Erledigung der Korrekturen, um mir sofort die Revision zusenden zu können; bisher ist sie nicht eingelaufen.

Dürfte ich Ihnen den Vorschlag machen, sobald der «Ph. A.» heraus ist, ein Rezensionsexemplar mit der Bemerkung *«Für Dr. Wagner»* an den *«Logos»* zu schicken? Dr. W. kennt sowohl Herrn Prof. Hartmanns (dessen Schüler er lange war), wie meine Arbeiten gut. Er steht in einem regelmäßigen Rezensionsverhältnis mit dem Logos. –

In vorzüglicher Hochachtung
Ihr Günther Stern

17 *Günther Anders an Helmuth Plessner, Hamburg, 15.3.1926*

Sehr verehrter Herr Doktor,
besten Dank für Ihre Mitteilung betreffs Revision. –

Ich komme mit folgender Frage. In circa 2–3 Wochen denke ich mit einer Arbeit über «Eigenschaftstypen» fertig zu sein, die sich aufs allerdirekteste an die vorige über Gegenstandstypen anschließt. Wenn es möglich wäre, den Aufsatz (der wohl wieder den gleichen Umfang wie der vorige haben wird) im nächsten Bande des Anzeigers unterzubringen, würde ich dem Gegenstands-Aufsatz als Schlussanmerkung einen Satz wie: «Folgt ein paralleler Artikel über E.-T.» anhängen. Nun ist es für Sie vielleicht ein Risiko, sich auf ein erst halbgelegtes Ei zu verpflichten. (Inhaltlich handelt es sich um den Zwischenbegriff zwischen dem Kopula- und Existential-Begriff des «ist», also um eine Analyse des «Habens».)

Ich wäre Ihnen deshalb dankbar, wenn Sie mir Ihre Ansicht dazu äußern würden.

Ich bleibe in vorzüglicher Hochachtung
Ihr
Günther Stern

*Besten Gruß!
W. Stern

18 Günther Anders an Helmuth Plessner, Hamburg, 17.4.1926

Sehr verehrter Herr Doktor,
leider verzögert sich die Fertigstellung der versprochenen «Eigenschaftstypen» etwas – es wird ja nicht so eilig sein. Eben komme ich von einer Englandfahrt auf Kohlenbunker zurück, das Hineinfinden in die Welt idealer Lotungen und Kurseinhaltungen ist nicht ganz einfach.

Die Anmerkung am Schluss der «Gegenstandstypen» konnte nun wohl doch nicht mehr angefügt werden; sie ist schließlich auch nicht notwendig.

In vorzüglicher Hochachtung
Ihr
Günther Stern

19 Günther Anders an Helmuth Plessner, Hamburg, 23.4.1926

Sehr verehrter Herr Professor,
die Möglichkeit dieser Anrede ist der Grund dieser Zeilen: ich freue mich Ihnen gratulieren zu dürfen. Und hoffe in diesem Jahre Ihnen noch einmal mündlich meinen Glückwunsch bringen zu können.

---

* [Handschriftliche Hinzufügung von Anders' Vater William Stern]

Vielleicht macht es Ihnen Freude zu hören: nun, da ich Ihre Schriften gelesen habe, merke ich, dass ich durch puren Zufall einer Zeitschrift nahegekommen bin, die mir viel mehr bedeutet, als lediglich eine Publikationsmöglichkeit: die Ähnlichkeit meines philosophischen Grundansatzes mit dem Ihren ist, glaube ich, schon aus der Metzger-Besprechung ersichtlich.

Der zweite Band Ihrer Zeitschrift scheint ja nun so gut wie fertig zu sein. Hoffentlich wird er ein Erfolg. Da ich ein bisschen Propaganda für den «Ph. A.» machen möchte, wäre ich Ihnen sehr dankbar für die Überlassung mehrerer Prospekte.

In vorzüglicher Hochachtung
grüßt Sie
Günther Stern

*Lieber Herr Plessner!
Herzlichen Glückwunsch zum Professor! Möge aus der Amtsbezeichnung recht bald ein Lehrstuhl werden!

Mit koll. Grüßen
Ihr
W. Stern

20 *Helmuth Plessner an Günther Anders, Köln, 27.4.1926*

Sehr geehrter Herr Doktor!
Empfangen Sie meinen herzlichen Dank für Ihre freundliche Gratulation zu meiner Ernennung. Es hat mir große Freude gemacht zu hören, dass Sie in meinen Arbeiten die Verwandtschaft zu Ihrer eigenen philosophischen Grundrichtung erkennen. Mir wurde es sofort klar, als ich Ihren Aufsatz über Gegenstandstypen las. Deshalb hat es mich auch ganz besonders interessiert, als mir Ihr Herr Vater von Ihren musikphilosophischen Plänen erzählte. Augenblicklich bin ich mit der Niederschrift des an die

---

* [Handschriftliche Hinzufügung von Anders' Vater William Stern]

«Einheit der Sinne» anschließenden zweiten Bandes, der «Kosmologie des Leibes», beschäftigt, die mich wohl bis zum Ende des Sommers dauernd in Anspruch nehmen wird. Im Mittelpunkt der Untersuchung stehen die Wesensgesetze von Organismus und Umwelt. Ich bin überzeugt, dass daraus die in der Einheit der Sinne gewonnene Theorie der sinnlichen Modalität an Klarheit und Reichweite gewinnt.

Vielen Dank, dass Sie für den Anzeiger werben wollen! Ich lasse Ihnen mit gleicher Post Prospekte zugehen.

Und nun zum Schluss noch die Bitte: übermitteln Sie bitte Ihrem hochverehrten Herrn Vater meinen aufrichtigen herzlichen Dank für seine freundlichen Glückwünsche zu meiner Ernennung, über die ich mich ganz besonders gefreut habe, und empfehlen Sie mich ihm bestens.

Mit den freundlichsten Grüßen
Ihr ergebener
P

21 Günther Anders an Helmuth Plessner, Hamburg, 27.5.1926

Sehr verehrter Herr Professor,
dürfte ich Sie höflichst fragen, wann der zweite Band des «Phil. Anzeigers» erscheinen wird? Ich hatte mehreren Bekannten schon vor längerer Zeit Separata meines Aufsatzes versprochen – leider musste ich sie bislang immer wieder warten lassen. –

Die Arbeit, die ich Ihnen unter dem Titel «Über Eigenschaftstypen» schon angezeigt hatte, ist nun so gut wie fertig, allerdings wohl auf mehr als 4 Druckbogen angeschwollen. Ich bin bei der – hoffentlich letzten – stilistischen Durchsicht, und werde sie Ihnen, sobald sie getippt vorliegt, zuschicken. Die Überschrift wird nun lauten: «Über das Haben».

Mit den besten Grüßen von meinem Vater
verbleibe ich hochachtungsvoll
Ihr
GStern

22 *Helmuth Plessner an Günther Anders, Köln, 2.6.1926*

Sehr geehrter Herr Doktor!
Der zweite Band des Anzeigers wird, da alle Korrekturen und Revisionen erledigt sind, wohl in 1–2 Wochen vorrätig sein. Ich nehme an, dass auch die Separata zu diesem Zeitpunkt zur Auslieferung kommen. –

Sehr erfreulich, dass Ihre neue Arbeit so weit vorgeschritten ist. Der Umfang ist ja allerdings etwas groß. Ich sehe dem Manuskript mit großem Vergnügen entgegen.

Es kann sein, dass wir uns Ende des Monats in Hamburg wiedersehen, da ich durch Prof. Katz in Rostock, der mich zu einem Vortrag in der dortigen Kantgesellschaft eingeladen hat, gehört habe, es bestünde auch Aussicht auf einen Vortrag in Hamburg. Ich hoffe auf baldigen Bescheid.

Mit den freundlichsten Grüßen an Sie und Ihren verehrten Herrn Vater

Ihr sehr ergebener

P

23 *Günther Anders an Helmuth Plessner, Freiburg im Breisgau, 23.6.1926*

Sehr verehrter Herr Professor,
dürfte ich Sie bitten, zu veranlassen, dass Separata und Honorar nicht an die alte Hamburger Adresse, sondern an die umstehende Freiburger Adresse übersandt werden?

Im voraus dankend

Ihr

Günther Stern

24 *Günther Anders an Helmuth Plessner, Paris, 25.8.1926*

Sehr verehrter Herr Professor
Dürfte ich Sie fragen, wann Sie das Exemplar meiner Arbeit, die Sie bereits angezeigt haben, benötigen? Sie ist zwar so gut wie fertig und liegt bereits in getipptem Zustand vor mir – aber eine letzte Feile tut noch not. Nun fällt es mir schwer, hier in Paris zu philosophieren. Wenn der Anzeiger nicht so bald herauskommt, lässt sich die Überarbeitung vielleicht noch ein bisschen herausschieben?

Mit besten Empfehlungen
Ihr Günther Stern

25 *Günther Anders an Helmuth Plessner, Paris, 12.9.1926*

Sehr verehrter Herr Professor,

ich danke Ihnen sehr für die Terminverschiebung – Sie können mit Eintreffen der Arbeit bis zum Oktoberbeginn rechnen. Wenn ich mich erst zur nochmaligen Durchsicht in diesem Trubel entschlossen habe, ist sie in wenigen Tagen auch beendet.

Gute und – bei der Kürze der Zeit – um so intensivere Erholung
wünscht Ihnen hochachtungsvoll
Ihr
GStern

26 *Günther Anders an Helmuth Plessner, Paris, 4.10.1926*

Sehr verehrter Herr Professor,
entschuldigen Sie bitte die Verspätung der Sendung: ich liege krank in meiner Pariser Matratzengruft und habe die Arbeit nur mühsam korrigieren können.

Dass der Titel nun «Über das Haben» heißt, hatte ich Ihnen schon von Hamburg aus mitgeteilt: er stimmt also weder mit meinem zu allererst mitgeteilten, noch mit jener, auf einem Druckfehler beruhenden Ankündigung im «Ph. A.» überein.

Da ich bis auf weiteres in Paris bleibe, wird sich die Änderung der Adresse auf dem Einbanddeckel empfehlen. (Also: Paris VI., 2 Rue Racine.)

Die Verteilung des Kleindrucks, die ich bei der Korrektur des Schreibmaschinenexemplars anfangs vornahm, hatte den Zweck, für den Fall, dass ich die mir zustehende Seitenanzahl überschritten haben sollte, mit weniger Platz auszukommen.

Ich wäre Ihnen sehr dankbar (Sie verzeihen hoffentlich diese sehr realistische Schlussbemerkung), wenn ich die ungefähre Summe des Honorars schon bald *erfahren* könnte, da ich über die nächsten Monate disponieren möchte.

In vorzüglicher Hochachtung
Ihr
Günther Stern

27 *Helmuth Plessner an Günther Anders, Köln, 18.10.1926*

Sehr geehrter Herr Doktor!
Ihr Manuskript ist wohlbehalten eingetroffen und liegt auf meinem Tisch zur Durchsicht. Wir müssten es natürlich in mehrere Fortsetzungen teilen und vielleicht würde es sich auch empfehlen, das Prinzip des Kleindrucks für gewisse Partien bis zu Ende durchzuführen. Ich sage das gerade im Interesse des Lesers und nicht so sehr des verfügbaren Raumes, weil die Aufmerksamkeit auf diese Weise frischer gehalten wird. Es handelt sich um teilweise sehr minutiöse Dinge, die natürlich auch ganz anders gelesen sein wollen als makroskopische Angelegenheiten. Die Höhe des Honorars kann ich Ihnen leider nicht mitteilen, da die Festsetzung der Norm pro Bogen erst Ende des Jahres erfolgen soll.

Mit den freundlichsten Grüßen und Wünschen für Ihre baldige Genesung (hoffentlich ist es nichts Schlimmes)

Ihr ergebener

P

28 *Günther Anders an Helmuth Plessner, Paris, 18.10.1926*

Sehr verehrter Herr Professor,
ich hoffe, dass Sie rechtzeitig mein Manuskript erhalten haben. Am Anfang des Monats hatte ich es hier einschreiben lassen wollen – da aber ein Bekannter von mir noch vor dem von Ihnen als letzten Termin gesetzten 15. Okt. durch Köln kam, habe ich es ihm mitgegeben. Dürfte ich Sie um einen kurzen Empfangsbescheid bitten?

In vorzüglicher Hochachtung

GStern

29 *Günther Anders an Helmuth Plessner, Paris, 25.10.1926*

Sehr verehrter Herr Professor,
besten Dank für Ihre freundliche Empfangsbestätigung. –

Bezüglich des Kleindrucks und der Aufspaltung des Manuskripts in Fortsetzungen überlasse ich Ihnen die Disponierung: sie hängt zusehr vom Umfang der anderen Manuskripte ab, über die ich keine Übersicht habe. Kleine Modifikationsvorschläge darf ich ja in den Korrekturfahnen sicher noch anbringen.

Ich hege auf Grund Ihrer Karte die Vermutung, dass Sie meine Arbeit (vielleicht nicht so sehr wegen des Themas selbst, sondern wegen der sehr ins Allerkleinste gehenden, einzelwissenschaftlich-philosophischen Methodik) als nicht völlig in den Rahmen Ihres Bandes passend empfinden. In der Tat sind ja die direkten

Konsequenzen für die faktischen Einzelwissenschaften aus den Darlegungen nicht ohne weiteres ersichtlich. Vielleicht ließe sich auch in dieser Hinsicht noch Einiges verändern.

Ich wäre Ihnen dankbar, wenn Sie mir auf diese Punkte antworten würden und verbleibe

hochachtungsvoll grüßend

Ihr

Günther Stern

P. S.: Ist jemals eine ernsthafte Besprechung des vorigen Bandes des «Ph. A.» erschienen? Wo?

GSt.

30 Helmuth Plessner an Günther Anders, Köln, 29.10.1926

Sehr geehrter Herr Doktor!
Zunächst kann ich genaueres über die Durchführung des Kleindrucks und die Aufspaltung in Fortsetzungen nicht sagen. Ich bin Ihnen dankbar, dass Sie mir die Disposition darüber überlassen. Natürlich würden Änderungen in der Korrektur zwischen Groß- und Kleindruck erhebliche Kosten machen. In diesem Punkte empfehle ich besondere Vorsicht. Zur Lektüre bin ich noch nicht gekommen, da ich immer noch mit dem Abschluss meines Buches zu tun habe. Dieser Tage kam übrigens eine Einladung Ihres Herrn Vaters, in der Hamburger Kantgesellschaft zu sprechen, worüber ich mich ganz besonders gefreut habe.

Mit den freundlichsten Grüßen

Ihr ergebener

P

31 Günther Anders an Helmuth Plessner, o. O., 1926

Sehr verehrter Herr Professor,
darf ich Sie bitten, die Disponierung des Kleindrucks völlig zu übernehmen, da ich die Kosten einer eventuellen Umgruppierung (des bereits Gesetzten) zu übernehmen nicht im Stande wäre?

Ich bin momentan leider völlig aufgefressen von Analysen gegenwärtiger franz. Musik – es wird mir schwer, dasjenige, was ich sonst nur als Exempel grundsätzlicher Untersuchungen benutze, nun zum eigentlichen Thema machen zu müssen.

In der Hoffnung, dass Sie bei Semesterbeginn Ihren Band abgeschlossen hatten

Ihr sehr ergebener
Günther Stern

32 Günther Anders an Helmuth Plessner, Paris, 12.2.1927

Im Zuge Richtung Marseille

Sehr verehrter Herr Professor
Hoffentlich ist noch kein Korrekturbogen an meine Pariser Adresse abgegangen. Ich wäre Ihnen sehr dankbar, wenn Sie den Verlag darin verständigen wollen, solange (etwa 8 Tage) die Bogen noch zurückzuhalten, bis Sie von mir eine relativ sichere Adresse erhalten haben.

Ist das Weitererscheinen des «Ph. A.» jetzt gesichert? In welchem Verlag wird er erscheinen?

Mit besten Grüßen nordwärts
Ihr
G. Stern

33 *Günther Anders an Helmuth Plessner, Nizza, 18.2.1927*

Sehr verehrter Herr Professor,
Ich wäre Ihnen sehr dankbar, wenn Sie den Verlag veranlassen würden, die K-Bogen an die Adresse meines Vaters zu senden; meine Adresse ist so wechselnd (und nur jeweils in Hamburg rechtzeitig bekannt), dass dieser Umweg sicher der nächste Weg ist.

Besten Dank im Voraus
Ihr
GStern

Adr. für die nächsten 4 Tage
Nice poste restante

34 *Günther Anders an Helmuth Plessner, Hamburg, 14.3.1927*

Sehr verehrter Herr Professor,
da ich nicht weiß, ob die Drucklegung des neuen Bandes schon direkt vor der Tür steht, würde ich Sie gerne fragen, ob es jetzt noch möglich wäre, einige Korrekturen u. Streichungen, die an den Fahnen nicht mit gleicher Freiheit vorgenommen werden konnten, im ausgesandten Exemplar anzubringen. Im Ja-Falle wäre ich Ihnen sehr dankbar für eine nochmalige Rücksendung der Arbeit für kurze Zeit. – Entschuldigen Sie bitte, dass ich Ihnen Ihre Redakteurarbeit damit verdopple,

mit besten Empfehlungen
Ihr
GStern

35 Günther Anders an Helmuth Plessner, Neubabelsberg (Potsdam), 13.8.1929

Lieber Herr Professor,
wäre es Ihnen recht, wenn ich Ihnen für den «Philos. Anzeiger» eine Auseinandersetzung mit *Karl Mannheims* Buch: *«Ideologie und Utopie»* schriebe? (Vielleicht könnte Herr Mannheim dann eine Erwiderung schreiben.) Mein Aufsatz hätte etwa den Umfang eines Druckbogens.

Mit freundlichen Empfehlungen und in der Hoffnung, Sie wieder einmal zu sprechen

Ihr sehr ergebener
Günther Stern

36 Günther Anders an Helmuth Plessner, Neubabelsberg (Potsdam), 23.8.1929

Lieber Herr Professor,
haben Sie vielen Dank für Ihren Brief. Ich werde mich an Herrn Mannheim selbst wenden, ihm kurz andeuten, unter welchen Gesichtspunkten ich über ihn zu schreiben gedenke – vielleicht lässt sich so noch etwas machen. –

Meine Dispositionen und mein etwas freizügiger Lebensstil haben sich seit der Kölner Zeit beträchtlich vermindert: erstens bin ich verheiratet, zweitens habe ich die Musikarbeit erst einmal beiseitegeschoben. Das besagt nicht, dass ich meine Habilitationsabsichten aufgegeben hätte. Im Gegenteil: mehr als je denke ich daran. Aber der Entschluss, als ménage à deux in eine Stadt überzusiedeln, wo eine spätere Habilitation vielleicht einmal nicht unmöglich sein könnte, ist naturgemäß viel schwerer als der Entschluss, als Einzelner hinzuziehen. Außerdem würde eine Doppelübersiedlung von gewissen Dozenten leicht dahin gedeutet werden können, dass man sich unberechtigten Hoffnungen auf eine Position hingäbe. Allerdings wird ein Umzug evtl. doch bald akut werden, da wir unsere bisherige Sommerwohnung im Grünen sehr bald aufgeben müssen und dann vor der Alternative stehen, grundlos in einer unmotivierten Stadt – wie Berlin – zu bleiben, oder das Risiko einer Übersiedelung zu übernehmen. –

Meine Adresse: Neubabelsberg, Merkurstr. 3 bleibt bis zum 25. Sept. gültig. Ich würde mich sehr freuen, wenn ich Sie einmal hier sehen dürfte. – Sie scheinen ja in Ihrem Briefe eine evtl. Spritztour nach Berlin in Aussicht zu stellen.

Die Arbeiten, an denen ich seit Abbruch der musikphil. Untersuchungen sitze bzw. saß, sind sehr verschiedenartig: in Paris schrieb ich einen philosophischen Louvreführer – den ich allerdings vor Publikation eines größeren «rein-philosophischen» Buches nicht veröffentlichen möchte. Eben stellte ich mit meiner Frau (die «vom Fach» ist) für das «Inselschiff» eine ausführliche Exegese von Rilkes *Duineser Elegien* fertig. Die Hauptarbeit, mit der ich mich zu habilitieren hoffe, ist eine anthropologische Rückdeutung von apriori und aposteriori: was bedeutet es für die «Intimität» des «in-der-Welt-Seins» des Menschen, für seinen «Einbettungs-Index», dass er Welt nur formal apriorisch mitweiß, dass er aber (im Unterschied zum Tier, das ein materiales apriori hat, das aber nicht mehr percipiert als antecipiert) in der Erfahrung über sein apriori hinausgehen kann?

Dass diese Arbeit gewisse Ähnlichkeiten in Ihren Absichten mit Ihrem neuen Buche hat, ist wohl schon aus den Andeutungen zu sehen. Die ersten – allerdings noch provisorischen und noch ganz und garnicht druckreifen Niederschriften lasse ich gerade tippen. –

Hoffentlich habe ich bald einmal Gelegenheit, Sie wiederzusehen –

mit herzlichen Grüßen
Ihr sehr ergebener
Günther Stern

37 *Günther Anders an Helmuth Plessner, Frankfurt am Main, 4.4.1930*

Lieber Herr Professor,
wieder einmal komme ich mit einer den «Phil. Anzeiger» betreffenden Frage. Ich bin gerade dabei, einen Vortrag über v. Gogh (zum 30. Todestage) vorzubereiten, gleichsam eine Kategorienlehre der Welt seiner letzten Bilder. Käme das als Beitrag für den Anzeiger in Frage? Da mein Aufsatz über Mannheim ziemlich bald im Soziologie-Sonderheft herauskommt, würde ich freilich verstehen, wenn Sie die rasche Aufeinanderfolge zweier Aufsätze von mir ungerecht fänden.

Bis auf weiteres wohnen wir jetzt in Frankfurt. Es wäre sehr schön, wenn wir Sie einmal bei uns sehen würden. Sie kommen doch gewiss öfters durch Frankfurt.

Mit den besten Empfehlungen
Ihr ergebener
Günther Stern

38 *Günther Anders an Helmuth Plessner, Frankfurt am Main, 10.5.1930*

Sehr geehrter Herr Professor,
haben Sie besten Dank für Ihre frdl. Aufforderung. Aber – wie Sie sehen – habe ich mich umentschlossen. Hoffentlich entstehen Ihnen durch diese Absage keine Schwierigkeiten.

Mit den besten Empfehlungen
Ihr ergebener
Günther Stern

38a Beilage (Briefdurchschlag): Günther Anders an Vittorio Klostermann, Frankfurt am Main, 10.5.1930

Sehr geehrter Herr Professor,
haben Sie vielen Dank, dass Sie sich mit Herrn Professor Plessner wegen meines Mannheimbeitrages in Verbindung gesetzt haben. Ich erhielt inzwischen von Herrn Pl. die freundliche Aufforderung, den Aufsatz einzuschicken, da der Verlag den nötigen Raum bewilligt habe. Nun habe ich das folgende Bedenken, das mir beim nochmaligen Durchlesen des Manuskriptes aufgetaucht ist: die Arbeit war ursprünglich für das Soziologie-Sonderheft geschrieben und sollte als philosophischer Beitrag von Soziologen gelesen werden. Dafür musste vieles im Rahmen eines rein philosophischen Heftes Unnötige gesagt werden. Ich möchte daher den Aufsatz in einer soziologischen Zeitschrift unterzubringen versuchen, da er sachlich da hingehört. Die Übernahme des Aufsatzes in ein anderes Heft des Anzeigers war ja nicht meine Absicht gewesen, sondern indirekt durch Herrn Professor Mannheim freundlicherweise vermittelt worden,*

* [Der Briefdurchschlag bricht hier ab]

Zweiter Teil
(1953–1982)

39 Günther Anders an Helmuth Plessner, Wien, 18.3.1953

Lieber Herr Plessner –
nun, da ich wieder «zuhause» gelandet bin, möchte ich Ihnen noch einmal sagen, wie ich mich gefreut habe, Sie nach so vielen Jahren wieder sehen zu dürfen. Dieses Mal wird ja das Zeitintervall kein Vierteljahrhundert betragen, denn im Mai werde ich wieder in Deutschland sein. Ich nehme an, dass ich am 15. Mai von Köln abfahren werde, mich vom 16. bis zum 19. oder 20. in Frankfurt aufhalten werde, um dann am 20. Mai in Stuttgart zu sprechen. Vielleicht könnte ich (am Freitag d. 15. oder – falls ich in Frankfurt erst am 19. Mai meinen Vortrag halte – am Montag d. 18.) in Göttingen sprechen. Glauben Sie, das ließe sich einrichten?

Als Thema käme entweder das Jugendstil-Thema in Frage, mit dem ich dieses Mal herumreiste (DIE VERLEUGNUNG DES ZEITALTERS, Theorie des Jugendstils); oder ein systematischer Gegenstand: HUNGER UND BEGRIFF (über den Zusammenhang der «Allgemeinheit» des Bedürfnisses und der Allgemeinheit des Logos); oder ein geschichtsphilosophischer über den Kultur-Pluralismus des frühen 19. Jahrhunderts (ÜBER DEN POLYTHEISMUS DES 19. Jhdts.). Die beiden letzten Themen habe ich auch Herrn Horkheimer für Frankfurt angeboten; beide auszuarbeiten, würde ich, da ich bis zur Abreise sehr viele von den Themen unendlich weit abgelegene Geldarbeiten zu erledigen habe, nicht in der Lage sein. Ich möchte daher abwarten, welcher meiner beiden Vorschläge mehr Gegenliebe findet. Auch von Ihnen würde ich sehr gerne hören, welchem der beiden Vorschläge Sie den Vorzug geben würden, falls ein Göttingen-Vortrag arrangierbar sein sollte; und falls Sie sich nicht für das Jugendstil-Thema entscheiden sollten.

Ich weiß: all dies ist ein Konjunktiv; teils im conjunctivus irrealis, teils im conjunctivus optativus. Aber ich hoffe sehr, dass sich ein Indikativ daraus entwickeln wird.

Ich freue mich darauf, Sie und Ihre Gattin wiederzusehen,
mit herzlichen Grüßen
Ihr
Günther Stern

P. S. Entschuldigen Sie bitte die Hieroglyphen: sie sind nicht «Ausdruck der Persönlichkeit», sondern Effekt der arthritisch unbotmäßigen Hand.

40 *Günther Anders an Helmuth Plessner, Wien, 16.4.1953*

Lieber Herr Plessner!
Vor einigen Tagen erfuhr ich mit großer Freude von Ihrer Berufung nach Berlin. Alle meine herzlichsten Glückwünsche. Ganz abgesehen von allem positiv Erfreulichen daran, wird es ja auch für Sie und Ihre Frau eine Erleichterung sein, zu wissen, dass diese ewige, anstrengende Pendelei zwischen den zwei Städten damit ein Ende nimmt. Ich nehme an, dass die Berufung erst für den Herbst gilt – in meinem Interesse, denn ich hoffe ja sehr auf meiner nächsten Deutschlandreise, die mich auch nach Frankfurt führen wird, Sie und Ihre Gattin wiederzusehen.

Bei dieser Gelegenheit würde ich schrecklich gerne auch einmal Grundsätzliches über meine, durch die beinahe zwanzig Jahre Emigration zerrissene, akademische «Karrière» mit Ihnen besprechen; denn die Hoffnung, auf einer Universität zu lehren, habe ich bis heute nicht aufgegeben, und gerade die Reaktion der Frankfurter Studenten hat meine Lehrlust neu virulent gemacht.

Hier in Wien, wo die Universität ein gegen die Außenwelt hermetisch abgeschlossenes Leben einer Auster führt, die nur durch

Zaubersprüche der politischen Parteien zum Öffnen ihrer Schalen veranlasst werden kann, ist für mich absolut nichts zu machen, und das vorläufige «Aus der Hand in den Mund leben», das meine Frau und ich durch wissenschaftliche und journalistische Arbeit mit Mühe durchführen, ist auf lange Sicht ein unmöglicher Zustand. Es wäre wirklich ein Segen, einmal von jemandem, der wie Sie die akademischen Verhältnisse in Deutschland kennt, beraten zu werden. Und ich hoffe, dass sich bei meinem nächsten Frankfurter Aufenthalt diese Chance ergeben wird.

Ich denke, ich werde mich irgendwann zwischen 10.–20. Mai in Frankfurt aufhalten.

Mit herzlichen Grüßen und nochmaligen Glückwünschen
Ihr
Günther Stern

41 Helmuth Plessner an Günther Anders, Göttingen, 9.6.1953

Lieber Herr Stern!
Falls Sie am kommenden Sonnabend noch in Frankfurt sind und sich anhand des Materials ein deutliches Bild von den Gesprächen haben machen können, möchte ich Ihnen vorschlagen, in meinem Doktoranden-Colloquium am Sonnabend 9–11 Uhr sich einmal über die Probleme einer Sprachkritik zu äußern. Wir hatten für den kommenden Samstag ein Exposé von Herrn Osmer in Aussicht genommen, doch wird er gewiss nach Rücksprache mit Ihnen bereit sein, zurückzutreten. Ich möchte es Ihnen ganz überlassen, Sie nur bitten, gegebenenfalls Herrn Osmer zu verständigen.

Mit herzlichen Grüßen
Ihr
P

42 Helmuth Plessner an Günther Anders, Göttingen, 21.10.1953

Lieber Herr Stern!
Soeben schickt mir Herr Schaeder Ihren an ihn gerichteten Brief vom 14.X. zur Kenntnis, nachdem er mir bereits vorige Woche voller Begeisterung von Ihrem Rundfunkgespräch über Heidegger am Telefon erzählt hatte. Da Schaeder zwischen dem 19. XI. und 4. XII., und dann nochmals vom 19. bis 24. XII. unterwegs ist, dürften Sie also in dieser Zeit lieber nicht kommen. Ich selbst muss zwischen dem 9. und 12. XII. zu einer Tagung nach Hamburg. Es blieben also demnach die Tage vom *5. bis 9.* und 13. bis 18. Dezember übrig. Falls Sie es so einrichten können, wäre ich für baldige Nachricht dankbar, damit wir mit dem Dekan und den interessierten Kollegen rechtzeitig ein Arrangement treffen können. Wohnen können Sie in jedem Falle, wenn ich es rechtzeitig weiß, bei mir, so dass Ihnen also bei geschickter Reisedisposition keine Extrakosten wegen Göttingen zu entstehen brauchen. Ich schreibe das vorsorglich gleich heute, da die Fakultät bzw. die interessierten Seminare Ihnen leider kein Honorar anbieten können. Ich könnte Ihnen evtl. eine Vorlesungsstunde oder einen Seminarabend zur Verfügung stellen. Meine Vorlesungen liegen: Dienstag und Mittwoch von 12–13 Uhr, Donnerstag von 10–11 Uhr und 12–13 Uhr. Das Proseminar ist Freitag von 18–20 Uhr. Über das Seminar, das ich mit meinem slavistischen Kollegen über Fragen des russischen Marxismus halte, kann ich natürlich nicht verfügen.

Lassen Sie bald von sich hören und seien Sie herzlich gegrüßt von Ihrem ergebenen
H. Plessner

43 *Günther Anders an Helmuth Plessner, Wien, 23.10.1953*

Lieber Herr Plessner –
haben Sie meinen herzlichsten Dank, besonders für Ihre freundliche Einladung, mich als Ihren Gast in Göttingen zu betrachten. Hoffentlich werde ich Sie und Ihre Gattin, falls der Besuch Wirklichkeit wird, nicht zu sehr beengen.

Bis jetzt kann ich leider noch nicht ganz feste Daten angeben. Aber es scheint mir *fast* gewiss, dass ich zwischen dem *5. und 9. Dezember* kommen könnte. Der Termin hängt noch vom Ende meiner Frankfurter und dem Beginn meiner Berliner Vorträge ab. Ob ich noch einen Seminar- oder Diskussionsabend anhänge, mache ich wohl von der Reaktion und dem Wunsche der Hörer nach dem Vortrag abhängig … –

Ich freue mich wirklich sehr, dass durch den Zufall der Abhörung meines Rundfunk-Dialogs durch Herrn Prof. Schaeder die Sache zustandekommt.

Natürlich halte ich Sie weiter auf dem Laufenden, damit Sie rechtzeitig disponieren können.

Ich freue mich schon darauf, Sie wiederzusehen,

mit herzlichen Grüßen, auch an Ihre Gattin, und meinen Empfehlungen an Herrn Prof. Schaeder,

Ihr alter

Günther Stern-A.

P. S. Entschuldigen Sie die Hieroglyphen: die Hand ist gelenkrheumatisch, und die tippende Frau in Zürich.

44 *Günther Anders an Helmuth Plessner, Wien, 14.11.1953*

Lieber Herr Plessner –
ich fürchte, ich werde meinen Vortrag in Göttingen verschieben müssen. Durch Umstände, die ich nicht übersehen kann, scheint

Frankfurt einen späteren Termin meiner dortigen Vorträge vorzuziehen – ich warte noch auf endgültige Nachricht von dort; und da ich ja Göttingen von Frankfurt aus besuchen will – anders ist es mir finanziell nicht möglich –, verschiebt sich zu meinem Bedauern dadurch eben auch meine Reise zu Ihrer Universität. Es versteht sich von selbst, dass ich Sie auf dem Laufenden halten werde. Vielleicht wissen Sie sogar über den eventuellen Termin, da Sie ja eine schizo-topische Existenz führen.

Gewiss kann ich Ihnen bald Bestimmteres mitteilen; es tut mir leid, Sie so in der Schwebe halten zu müssen, aber es ist nicht mea culpa.

Mit herzlichen Grüßen,
auch an Ihre Gattin
Ihr ergebener
Günther Stern

45 *Helmuth Plessner an Günther Anders, Göttingen, 16.11.1953*

Lieber Herr Stern, sehr schade, aber ich erwarte Sie dann in der 2. Semesterhälfte nach Weihnachten. Da meine schizo-topische Existenz aufgehört hat, denn Ador-no* ist zurück (unmusikalisch. denn Adórno ist zurück) und Horkheimer nicht mehr Rektor, weiß ich über Frankfurts Verschiebungspläne nichts. Ich selbst spreche dort am 11. Januar. Sollte für Sie etwa in Verbindung mit Hamburg oder Stuttgart noch eine *Vor*-Weihnachten Kombination möglich sein, wird sich's jedenfalls im Rahmen meines Seminars oder Vorlesungen auch dann einrichten lassen. Herzliche Grüße von uns beiden

stets Ihr H. Plessner

---

* [Im Original Zeilenumbruch: Ador-no]

46 *Günther Anders an Helmuth Plessner, Frankfurt am Main, 19.11.1953*

Lieber Herr Plessner – herzlichen Dank. – Zugleich mit Ihren freundlichen Zeilen kam Nachricht aus Frankfurt, dass ich nächsten Montag dort beginnen soll. Ich nehme also an, dass ich, wie ursprünglich erhofft, doch zwischen dem 4. und 9. Dezember in Göttingen sein kann. Vielleicht am 4., da der 5. und 6. ja Samstag/So. sind. Das Genaue schreib ich Ihnen umgehend von Frankfurt. Darf ich dann um Ankündigung bitten: «Günther Anders spricht über ‹Was ist Heideggers Metaphysik?›»

Herzliche Grüße
Ihnen beiden
und Dank für Gastfreundschaft
Ihr
Günther St.

47 *Helmuth Plessner an Günther Anders, Göttingen, 23.11.1953*

Lieber Herr Stern, *leider muss* ich Sie ausladen: zwei Dinge sind uns dazwischengekommen. Der Hauptausschuss der Forschungsgemeinschaft, die meine große Untersuchung über die Lage des wissensch. Nachwuchses finanziert, hat mich auf den 4. XII. nach Darmstadt zur Rücksprache gebeten, sodass ich erst am 5. zurückkomme: Im Laufe des 5. XII. erwarten wir aber den Lehrer meiner Frau, Prof. Dagobert Frey aus Stuttgart. Am Samstag ist aber sowieso mit Studenten nichts zu machen, andererseits möchte ich natürlich bei Ihrem Vortrag dabei sein. Es ist zu schade, dass an beiden Dingen nichts zu verschieben ist; Darmstadt war schon einmal verschoben und D. Frey kommt aus Kiel von einer Vortragsreise. Ich hoffe auf die zweite Semesterhälfte, nach den Weihnachtsferien. Grüßen Sie in Frankfurt. Von uns beiden, mit dem Ausdruck herzlichsten Bedauerns, herzliche Grüße

Ihres betrübten
H. Plessner

48 Günther Anders an Helmuth Plessner, Frankfurt am Main, 24.11.1953

Lieber Herr Plessner –
soeben erhalte ich Ihre betrübliche Postkarte. Das ist ja wirklich eine überdeterminierte force majeure. – Ob ich den Vortrag in der 2. Semesterhälfte ausrichten kann, ist nun leider auch sehr fraglich. Denn ich werde Weihnachten in Zürich bei der Familie meiner Frau verbringen – und die Reise von dort nach Göttingen wäre eine Ausgabe, die wohl keine philosophische Muse tragen würde. – Was vielleicht möglich wäre: *diesen* Freitag (den 27. 11.) zu kommen: denn ich halte meine letzte Vorlesung hier am Do abends. Wenn das passte, würde ich Freitag früh hier abfahren und abends über «Was ist Heideggers Metaphysik?» sprechen (unter dem Namen Günther Anders).

Aber das ist vermutlich in der Kürze der Zeit nicht mehr arrangierbar; und ich mache den Vorschlag im vollsten Bewusstsein des bloßen conjunctivus optativus irrealissimus. – Wenn aber der Vorschlag wider Erwarten doch zu verwirklichen sein sollte, wäre ich Ihnen sehr dankbar, wenn Sie mich rasch benachrichtigen könnten.

Mit herzlichen Grüßen
auch an Ihre Gattin
Ihr
Günther Stern

49 Helmuth Plessner an Günther Anders, Göttingen, 25.11.1953

Lieber Herr Stern!
Leider kann ich in der Kürze den Freitag nicht für Sie reservieren; da ich am übernächsten Freitag mich im Seminar vertreten lassen muss, darf ich die nächste Sitzung nicht ausfallen lassen. Abends sind wir außerdem eingeladen. Wir müssen also, so herzlich ich es auch bedaure, Ihren Göttinger Vortrag auf einen für

beide Seiten günstigeren Termin verschieben. Wir bleiben aber natürlich in Kontakt.

Mit herzlichen Grüßen, auch von meiner Frau,

Ihr

P

50 Helmuth Plessner an Günther Anders, Göttingen, 3.12.1954

Lieber Herr Stern!

Von einer Universität erhielt ich die Bitte, mich über Ihre wissenschaftlichen Arbeiten zu äußern, da man offenbar an Sie als Kandidaten für ein etatmäßiges Extraordinariat für Philosophie (und Soziologie) denkt. Ich bin an dieser Sache, wie ich Ihnen schon einmal andeutete, nicht ganz unschuldig. Deshalb wäre ich Ihnen für umgehende und eingehende Auskunft dankbar. Vor allem brauche ich ein detailliertes Schriftenverzeichnis, wenn's geht zu meiner Erleichterung mit Kommentar zu Ihren einschlägigen Publikationen. Ich weiß, dass Sie in letzter Zeit wissenschaftlich im Fachsinne nicht mehr gearbeitet haben, und weiß daher auch nicht, ob Sie Wert auf eine derartige Chance legen. Ihnen brauche ich ja nicht zu sagen, dass vollkommene Diskretion erste Voraussetzung dafür ist, dass etwas gelingt. In jedem Falle wäre ich Ihnen für rasche und ausführliche Auskunft dankbar.

Mit herzlichen Grüßen

stets Ihr

H. Plessner

51 Günther Anders an Helmuth Plessner, Wien, 13.12.1954

Lieber Herr Plessner!
Erst einmal herzlichen Dank für diesen, mir natürlich äußerst wichtigen Brief; und nicht nur für den Brief: denn dass Sie bei dieser Angelegenheit das primum movens sind, darüber besteht ja wohl kein Zweifel. Ich hätte Ihnen natürlich sofort geantwortet, wenn nicht gerade am Morgen des Postempfanges meine Frau schwer erkrankt wäre; ich sandte Ihnen daher, als kleinen bon, der Ihnen den Empfang Ihres Briefes und meinen Dank zeigen sollte, eine kleine Arbeit über Sartre, die Sie ja unterdessen erhalten haben werden.

Erst einmal das Grundsätzliche: Ja, ich lege durchaus Wert auf eine solche Chance. Die völlige Isolation geistiger Arbeit tut dem Arbeitenden nicht nur gut; außerdem leide ich an pädagogischer Abstinenz, denn ich habe Lehrleidenschaft, aber wenig Lehrgelegenheit. – Natürlich würde ich sehr gerne wissen, wo man Interesse für mich hat; denn an jede Universität würde ich wohl nicht gehen; ungern z. B. an eine so exponierte Universität wie Berlin oder an eine solche, an der Philosophie allzu eng mit der Kirche verbunden ist. – Dass ich, weniger aus eigener Schuld, als durch die Weltgeschichte, in einen Stil philosophischen Schreibens hineingekommen bin, der oft unakademisch ist, wissen Sie ja; aber ich glaube, auch das Unakademische ist streng und skrupelhaft geblieben. Und meine Verwendung aller literarischer Formen hat gleichfalls Präzisionsabsicht: nämlich, die jeweils dem Thema oder dem Hörerkreis angemessene Form zu finden.

Wie Ihnen bekannt ist, habe ich 1933 Deutschland verlassen. Die 17 Jahre bis zu meiner Rückkehr nach Europa, 1950, waren, abgesehen von meiner Lehrtätigkeit in den letzten Jahren an der New School in New York, angefüllt mit tausend odd jobs, von denen die meisten manuell waren; sie zielten einfach auf Überleben. Aber ich habe in jener Zeit mit einer, geradezu an Faulheit grenzenden, Beharrlichkeit nicht aufgehört, über philosophischen Arbeiten zu sitzen – und der Umfang der unfertigen, von dort mitgebrachten Arbeiten: über Moral, philosophische

Anthropologie, Kunstphilosophie ist für mich fast ein Albdruck, denn ich werde Jahre brauchen, um alles druckfertig zu machen. Erschienen ist in der Emigrationszeit von mir relativ wenig; nach meiner Rückkehr aber stiegen die Chancen rasch; und nun versuche ich, soweit mir das Alltags-Geldverdienen (zumeist durch Rundfunksendungen) Zeit lässt, nachzuholen, was versäumt wurde. –

Meine Arbeiten: Ich werde nur von meinen wissenschaftlichen Arbeiten sprechen; und zwar nur von den Hauptstücken; dass ich auch als Novellist hervorgetreten bin, und zum Beispiel durch Heinrich Mann mit einem Preis ausgezeichnet wurde, erwähne ich nur Ihnen gegenüber.

Die frühesten Arbeiten von mir haben Sie, glaube ich, gesehen. Da war erst einmal meine Dissertation bei Husserl («*über die Situationsabhängigkeit der logischen Sätze*»), in der ich, also gegen Husserl, am Beispiel der Nicht-prädikativen-Sprachformen den Kompetenzbereich der ablösbaren «Noemata» einschränkte. Sehr gekürzt übernahm ich diese Arbeit in den Essayband «*Über das Haben*» 1927, von dem Sie ebenso wissen wie von zwei Aufsätzen von mir, von denen Sie einen im «Philosophischen Anzeiger» ja selbst herausgebracht haben, während der andere, gegen Mannheim, im Max Weber-Archiv erschien. Daneben kamen in der zweiten Hälfte der 20er Jahre kleinere Musikphilosophische Beiträge von mir in Musikzeitschriften heraus (Zeitschrift für Musikwissenschaft, Die Musik, Anbruch). Damals schrieb ich – und hier beginnt nun die verlagslose, die schreckliche Zeit, die ein Vierteljahrhundert währte – eine *Musikphilosophie*: über die «Weltkategorien» der Musik, deren Gegenstandscharakter, deren Identität von Struktur und Stimmung, deren Raum und Zeit. Wie gesagt, die Arbeit ist niemals erschienen, denn als sie fertig war, wurden die verlagstechnischen und politischen Schwierigkeiten schon nahezu unüberwindbar. In der gleichen Zeit verfasste ich einen Essay «*Mensch ohne Welt*» (in Form einer Interpretation des Döblinschen Buches «Berlin Alexanderplatz»), über das Verhältnis von Arbeitslosigkeit und Welt- und Sprachzerfall. Döblin hat damals den Aufsatz als die kompetente Interpretation seines Romans bezeichnet. Schließlich stammt aus der gleichen Zeit eine systematisch philosophische Arbeit, die ich auch heute noch für gelungen halte: ein langer Vortrag für die Kant Gesellschaften in Frankfurt und Hamburg: «*Die Weltfremdheit des Menschen*» (1930), der damals einen gewissen Eindruck auf die Hörer: Cassirer, Tillich, Mannheim, Wertheimer und Goldstein machte. In ihm sind die meisten Gedanken, die heute ein Vierteljahrhundert später, über die «Unbehaustheit» etc. geäußert werden, vorformuliert; und viele Thesen Sartres vorweggenommen. Letzteres kein Zufall, denn der Vortrag, der in Deutschland nicht mehr erscheinen konnte, erschien dann gekürzt und in zwei Lieferungen 1934 und 36 in den «Recherches Philosophiques», Paris; und hatten dort ein sehr starkes Echo. Eine Kopie des zweiten Stückes geht an Sie mit gleicher Post ab.

Von den umfangreichen Arbeiten meiner Amerikazeit 1937–50 – einer ganzen Kiste, die auch Naturphilosophisches enthält, will ich gar nicht sprechen, da sie eben unveröffentlicht sind. Was dort erschien, waren Nebenarbeiten: 1. der erste Vorabdruck meiner Kafka-Schrift (in «Commentary»). 2. Arbeiten in Farbers «Philosophy and Phenomenol. Research» (der ich als Foreign Ass. Editor angehöre, als der ich Sie sehr bitte, einmal eine philosophische Arbeit einzusenden): a) Kunstphilosophisches: «*Homeless Sculpture*» (über Rodin und die Platzlosigkeit der Skulpturen des 19. Jhdts., 1944; später ins Französische, von Jean Wahl übersetzt, im Deukalion). b) «*The Acoustic Stereoscope*» 1949: eine kurze Darstellung meiner Experimente mit zwei gleichzeitigen Tonquellen zwecks Stereoskopierung des Raumeindrucks im Radio; der Artikel wurde, da die Schrift der Industrie zuging, die Grundlage für eine Millionenindustrie, an der ich freilich nicht Teil hatte. – Systematisches: c) «*On the pseudo-concreteness of Heidegger's Philosophy*», ein 40seitiger Aufsatz gegen den Sorge-Begriff, in dem das Faktum Hunger, also die Tatsache des Bedürfnisses, unterschlagen sei. d) «*Emotion and Reality*», eine kurze Auseinandersetzung mit Sartres Emotionstheorie. (Ihnen zugesandt). e) Sinnes-Philosophisches: «*The Cyclopic effect*» (über dreidimensionales Sehen mit *einem* Auge; erscheint im nächsten Hefte).

1950 kam ich nach Europa zurück. Seitdem erschien meine

Kafka-Schrift: «*Kafka – pro und contra*» (erst in der Neuen Rundschau, dann im Sammelband der Neuen Rundschau, dann in der Beckschen Verlagsbuchhdlg., dann auf Jugoslavisch, und nun erscheinen eine englische Ausgabe bei Bowes and Bowes und in Amerika in der Yale University Press). Der Band hat Staub aufgewirbelt. Und den Umfang der Diskussion kann ich nicht übersehen. – Daneben erschien viel im «Merkur»: so die zwei Lehrdialoge «*Die Dichtstunde*» und «*Die Übersetzungsstunde*». Auch in der «Sammlung» erschien ein Dialog von mir, zwei weitere liegen angenommen dort. Mehrere Auszüge aus meinen philosophischen Tagebüchern sind auch schon erschienen, so in der «Wandlung» (abgedruckt im Jahrbuch für Lyrik, im Merkur und anderswo); eine Analyse von Becketts Godot erschien in der Neuen Schweizer Rundschau unter dem Titel «*Sein ohne Zeit*» und wurde von Suhrkamp in seiner Zeitschrift abgedruckt; der Aufsatz nimmt die Probleme meines Döblin-Essays wieder auf. –

Meine gegenwärtigen Arbeiten: Ich bin dabei folgende Schriften fertig zu machen: 1. den ersten Band meiner *philosophischen Tagebücher*, etwa 500 Seiten, Buchvertrag mit Beck; 2.) eine etwa 100seitige philosophische Analyse von Radio und Television («*Die Welt als Phantom und Matrize*»); diese wird gerade getippt und könnte Ihnen unter Umständen bald zugehen; 3.) eine Schrift über die Diskrepanz zwischen dem Ausmaß dessen, was wir produzieren, und dessen, was wir auffassen können; also über die Tatsache, dass «wir uns selbst nicht gewachsen sind»; unter besonderer Berücksichtigung der Tatsache der Atombombe; Titel: «*Wir Titanen*». Die beiden letztgenannten Arbeiten erscheinen erst einmal als partielle Vorabdrucke im «Merkur»; dann wohl als Broschüren; 4.) eine «*Philosophie des Jugendstils*», gleichfalls 100 Seiten, schon in Tippform: über den gußeisernen Salondschungel, der die Tatsache, dass Natur nur noch als Rohstoff galt, verdecken sollte; 5.) eine sehr ausführliche Auseinandersetzung mit Heideggers neuer Phase. – Für die Druckfertigstellung aller dieser Arbeiten, von denen ich eine nach der anderen abstoßen möchte, rechne ich mit 2 bis 3 Jahren, da ich ja dazwischen immer wieder zeitraubende Tagesarbeit einschieben muss. –

So, da hätten Sie ein Kurzportrait der einen Seite meines literarischen Gesichts. Ich glaube durchaus, dass die Breite meiner Produktion die Tatsache, dass mein akademisches Leben durch force majeure unterbrochen war, ausgleicht; dass ich als Lehrer Manches zu bieten hätte, besonders ein konkretes Philosophieren, das nicht an Philosophien ansetzt, sondern an den Dingen selbst. Besonders in Kunstphilosophie glaube ich völlig Selbständiges zu leisten. Dass ich passionierter Lehrer bin – ich habe sehr viel Privatunterricht gegeben in meinem Leben –, habe ich ja schon gesagt. Ich würde also sehr gerne hören, wo, was für mich cooking ist. Und zu wissen, dass Sie es waren, der das Feuer unter meinem Topf entzündet hat, erfüllt mich mit Freude und Dankbarkeit. Hoffentlich sieht man bald einmal einander.

Mit herzlichen Grüßen, stets
Ihr
Günther Anders-Stern

Entschuldigen Sie bitte diese Druckfehler-Kollektion. Da ich selbst, durch Arthritis tipp-unfähig bin und meine Frau krank liegt, habe ich den Brief einer Analphabetin diktieren müssen.

51a Beilage: Günther Anders: Publikationsliste

Im Brief genannte Publikationen:

Über das Haben, Essayband, Bonn 1927
Über die sogenannte Seinsverbundenheit des Bewußtseins, Archiv für Sozialwissenschaften, 1929 (?)
Die Weltfremdheit des Menschen (1930), erschienen unter den Titeln: «Une Interpretation de l'aposteriori» und «Pathologie de la liberté», in «Recherches Philosophiques», Paris, 1934 und 36
«Ritual without religion» (über Kafka) in Commentary
In «*Philosophy & phenomenol. Research*»:
Homeless Sculpture
The Acoustic Stereoscope

On the pseudo-concreteness of Heidegger's Philosophy
Emotion and Reality
The Cyclopic effect
Kafka pro und contra, C.H.Becksche Verlagsanstalt, 1951 und anderswo
Im «*Merkur*»:
Die Dichtstunde
Die Übersetzungsstunde
und Stücke aus meinen «Tagebüchern»
«Dichten heute» in «Die Wandlung» 1948
«Sein ohne Zeit» in «Neue Schweizer Rundschau» 1954

52 Helmuth Plessner an Günther Anders, Göttingen, 17.12.1954

Lieber Herr Stern!
Herzlichen Dank für die erbetenen Angaben und die Zusendung zweier Arbeiten, von denen ich «Pathologie de la Liberté» Ihnen wieder zustelle, die andere aber behalten darf (?). Allerdings sind mir bei der Durchsicht Ihres Schriftenverzeichnisses Zweifel gekommen, ob Ihr Oeuvre den Wünschen der nicht genannt sein wollenden Universität entspricht. Man möchte offenbar eine stärkere Betonung der Soziologie, wenn auch im philosophischen Sinne. Da überdies einer der Ordinarien besonders an ästhetischen und literarphilosophischen Fragen interessiert ist und sich in ihnen für kompetent hält, fürchte ich von dieser Seite Opposition. Immerhin will ich mein Möglichstes versuchen.

Mit herzlichen Grüßen und den besten Wünschen zum Fest und neuen Jahr

Ihr
Helmuth Plessner

53 *Günther Anders an Helmuth Plessner, Wien, 20.12.1954*

Lieber Herr Plessner –
herzlichen Dank für die Benachrichtigung. Nun werde ich mich also gedulden. – Ja, von der kleineren Arbeit über *«Emotions» habe* ich noch Kopien; das Expl. brauch ich also *nicht*.

Beste Wünsche für die Feiertage,
herzliche Grüße und Dank,
Ihr
G. A. St.

54 *Günther Anders an Helmuth Plessner, Wien, 4.6.1955*

Lieber Herr Plessner,
dies, um mich ganz unverbindlich für eine Stippvisite in Göttingen anzumelden. Ende Juni soll ich auf irgendeinem vom NWDR und der Darmstädter Akademie organisierten Televisionskongress sprechen. Der wird wohl in Hamburg stattfinden. Da läge Göttingen direkt auf dem Wege.

Es wäre natürlich sehr schön, wenn ich auf dem Rückweg, also Anfang Juli, in G. aussteigen könnte, um Sie und die anderen Herren (wie Nohl und Schaeder) zu begrüßen. Ich nehme an, bei Ihnen ist um die Zeit das Semester noch nicht zuende. Oder doch schon?

Ich nehme auf die Reise, um für eventuelle Vortragsabende gerüstet zu sein, eine philosophische Novelle mit; könnte also u. U. vorlesend einen Abend bestreiten.

Es wäre sehr schön, wenn das klappen würde. Sobald ich Genaueres weiß, schreib ich noch einmal. Denn ob die Herren mich in Hamburg oder in Darmstadt wünschen, haben Sie, da sie das Programm der Tagung beizulegen versäumten, noch nicht verraten. Hoffentlich Hamburg plus Göttingen.

Mit herzlichen Grüßen, auch an Ihre Gattin,
Ihr
Günther Stern

55 Helmuth Plessner an Günther Anders, Göttingen, 8.6.1955

Lieber Herr Stern!
Leider lässt sich Ihr Plan nicht verwirklichen. Wir sind Anfang Juli im Haag, wo ich auf der Jahresversammlung der Deutsch-Holländischen Gesellschaft einen Vortrag habe.

Haben Sie in Sachen der Freien Universität, Berlin, noch irgendetwas gehört? Ich teilte Ihnen damals den näheren Grund meiner Anfrage nicht mit, da derartige Dinge natürlich diskret behandelt sein wollen. Inzwischen ist nun erheblich Zeit verstrichen, und ich fürchte, dass man sich auf den am Orte lehrenden Spranger-Schüler Lieber, der ein schwaches und ganz überholtes Buch «Wissen und Gesellschaft» veröffentlichte, geeinigt hat. Ich weiß aber, dass Eduard May kräftig für Sie eingetreten ist.

Mit herzlichen Grüßen
stets Ihr
H. Plessner

56 Günther Anders an Helmuth Plessner, Wien, 10.6.1955

Lieber Herr Plessner!
Herzlichen Dank für Ihre rasche Antwort. Das ist wirklich sehr schade, dass Sie Anfang Juli abwesend sein werden. Ich vermute, dass Sie Ihre Ferien gleich an diese Hollandreise anschließen. – Wann ich durch Göttingen komme, kann ich noch nicht mit Bestimmtheit voraussagen, da ich damit rechne, dass nach Abschluss der Hamburger Tagung sich dieses oder jenes, Freundetreffen hier, Vorlesung da, noch unvorhersehbar ergeben wird. Vielleicht komme ich also erst in der zweiten Juliwoche in die Göttinger Gegend. – Wäre es nicht möglich, dass einer der anderen Herren: Herr Prof. Schaeder oder Nohl einen Abend arrangieren, an dem ich etwas von mir vorlesen könnte?

Aus dem peripheren Nest Wien ist plötzlich durch Staatsvertrag, Festwochen und Pen Club Kongress eine globale Metropole geworden. Man trifft auf den Straßen nicht nur Bekannte aus allen Ecken der Welt, sondern auch aus allen Ecken des eigenen Lebens. –

Nein, in Sachen der Universität Berlin habe ich niemals mehr etwas gehört. Dass Herr May für mich eingetreten ist, freut mich sehr; aber er tut es offenbar «hinter meinem Rücken» (was ja nichts Negatives ist).

Gestern las ich gerade in den Beckmann-Tagebüchern, dass Sie ihn am Montag den 22. April 46 gesehen haben. Da kam durch komische Koinzidenz Ihr Brief.

Mit herzlichen Grüßen, auch an Ihre Gattin
Günther St.-Anders

57 *Günther Anders an Helmuth Plessner, Wien, 21.10.1956*

Das ist ja schön, cher ami, dass Sie sich in dieses unphilosophischste aller Länder hineintrauen. Aber ich muss Sie warnen: das letzte philos. Buch, das hier geschrieben worden ist, hat Marc Aurel im Vindobonensischen Winterlager verfasst. Machen Sie sich also nach dieser 2000-jährigen Pause auf keine philosoph. Diskussionen gefasst. Außer mit mir. Aber ich freue mich bereits darauf.

Warnung 2: Wien ist die Stadt mit der proportional geringsten Hotelbettenzahl. Und die Einwohner leben von den einander sich für die primitivsten Löcher überbietenden Fremden. Man muss lange vorher reservieren. Soll ich für Sie? Wenn ja, in welcher Preislage? Solo? Oder mit Ihrer Frau? Ich rate als absolut empfehlenswert und nicht zu teuer: *Pension Nosseck, am Graben*. Ganz zentral, nah zur Uni, Zentralheizung.

Dank für den Glückwunsch. Aber es sind nicht die Tagebücher, die nun herauskommen, sondern ein Essayband. (Der Prospekt ist irreführend, weil man die paar eingeschalteten Tagebuchblätter abgedruckt hat.) Will vor den Tagebüchern erst ein paar andere Dinge herausbringen. Natürlich habe ich Beck gebeten, Ihnen das Buch, sobald es draußen ist (ich bin noch bei den Revisionen) zuzusenden. Herrlich wär's natürlich, wenn Sie es irgendwo verreißen könnten.

Dass es Gurwitsch, für den In-der-Welt-Sein und In-Paris-Sein zusammenfallen, geglückt ist, wieder an *seinem* Platz zu leben (er hofft immer, D'Alembert als Nachbar zu haben), das ist ja lustig. Ingarden kenn ich nur flüchtig.

Schön, dass Sie so viel herumkommen. Ich hatte gehofft, nach dem Buche auch mal rauszukommen. Nach Italien, das ich (obwohl ich bis zum Stillen Ozean gekommen bin) nicht kenne – aber I just don't see how to make it.

Übermorgen tritt hier Martinus Pontifex in der Unität auf. Nach 30 Jahren haben sie ihn als übermorgig entdeckt. Aber ich werde nicht dabei sein.

Dagegen mit größtem Vergnügen bei Ihren Vorträgen Anfang Dezember.

Herzliche Grüße –
bitte Antwort wegen Zimmerbesorgung,
Ihr
Günther Anders

58 Helmuth Plessner an Günther Anders, Göttingen, 7.11.1956

Lieber Freund!
Auf Ihren instruktiven Brief vom 21.X. habe ich mich sofort an Prof. Leo Gabriel mit der Bitte gewandt, doch das Rektorat oder die Fakultät zu veranlassen, mir in einem guten Hotel ein Zimmer zu bestellen. Die von Ihnen empfohlene Pension habe ich zunächst nicht genannt. Bis heute ist nun, ich möchte sagen: wie zu erwarten war, keine Antwort eingetroffen. Ich werde mich deshalb heute an den Rektor der Universität wenden und wäre Ihnen dankbar, wenn Sie vielleicht in ein paar Tagen auf dem Rektorat einmal erinnern wollten, da ich vermute, dass die

biedermeierliche Tradition in den dortigen Büros noch wirksam geblieben ist.

Ich will mit meiner Frau kommen und nach Möglichkeit nicht in einer Pension wohnen, da man dann mit den Mahlzeiten zu sehr gebunden ist.

Mit herzlichen Grüßen
Ihr
P

59 Günther Anders an Helmuth Plessner, Wien, 9.11.1956

Lieber Herr Plessner –
natürlich rufe ich gerne einmal in diesen Tagen auf dem Rektorat an, um zu mahnen; ich glaube freilich nicht, dass ich damit irgendetwas erreiche. – Sie missverstehen den Ausdruck «Pension», der hier *nichts* über Mahlzeiten-Zwang präjudiziert. Nur Frühstückeinnehmen wird erwartet, und das ist Ihnen ja vermutlich nicht unwillkommen. – Soll ich nicht doch dort für Sie zu reservieren versuchen? Wenn ja, für wann?

Hier ist man, da die Ereignisse ja ganz benachbart sind, etwas nervös. Aber man weiß auch etwas besser über die Dinge Bescheid als die Zeitungen.

Ich freue mich, Sie bald hier zu sehen,
herzliche Grüße, auch an die Gattin
Ihr
Günther Stern

60 Helmuth Plessner an Günther Anders, Göttingen, 12.11.1956

Lieber Herr Stern,
Inzwischen hat Professor Gabriel geschrieben: wir sind im Hotel Regina untergebracht, werden am 1. abends in Wien eintreffen

und am Bahnhof abgeholt. Damit hat sich alles geklärt und ich danke Ihnen herzlich für Ihre Hilfsbereitschaft.

Mit herzlichen Grüßen und auf Wiedersehen

Ihr

P

61 *Günther Anders an Helmuth Plessner, Wien, 14.11.1956*

Also Willkommen im Regina! Meine Telephon No.: U 41.196 L

Herzliche Grüße

Günther St.-A.

62 *Helmuth und Monika Plessner an Günther Anders, Göttingen, 24.12.1956*

Lieber Herr Stern, herzlichsten Dank für das Buch, das hier wenige Tage nach meiner Rückkehr eintraf. Bisher nur geblättert, zu viel will immer sofort erledigt sein. Graz war noch reizend (philos. war nur Weinhandl ansprechbar); Innsbruck hielt ich nur die Soziol. des Sports – zu der ich in Ihren Anmerkungen einen sehr schönen Passus fand. Wir blieben noch einen ¾ Tag in München, um die zwar nicht übermäßig reiche, aber gut ausgewählte und sehr instruktiv gemachte van Gogh Ausstellung zu sehen. Wir wünschen Ihnen ein – nicht zu melancholisch getöntes Fest und ein glückliches, erfolgreiches und gesundes neues Jahr. Auf gutes Wiedersehen mit Ihren Helmuth u. Monika Plessner.

63 *Günther Anders an Helmuth und Monika Plessner, Wien, 27.12.1956*

Liebe Herr und Frau Plessner,
1000 Dank für die Grüße! Schön, dass die zwei weiteren Reisestationen noch nett waren. Aber dass Sie in München waren, ohne sich die Kortnersche Faustaufführung anzusehen, ist schade.

Gerade las ich in der Ztg. von Ihrer Ehrung. Congratulations.

Inzwischen ist ein Gerücht zu meinen Ohren gedrungen, dass der arme Gabriel (dessen Frau uns, glaub ich, unsere philos. Vergnügtheit als der Feierlichkeit der Philosophie unwürdig ziemlich übel genommen hat) über meine «Antiquiertheit» etwas schreiben soll. Und zwar in jener «Presse», mit der ich das bei Tisch erzählte rencontre hatte. – Ich bin gespannt. – Erste Rezensionen sind draußen, sehr lobende, aber glatt vorbeilobende. (Für Dinge gelobt, die ich nicht nur nicht gesagt habe, sondern nie sagen würde.) Hoch die soliden Tadel!

Inzwischen hab ich Vortragseinladungen nach Düsseldorf und Wuppertal; werde mich also wohl von Anfang April an in Norddeutschld. herumtreiben. Und diesmal hoffe ich sehr, Göttingen mitzunehmen.

Ich leg Ihnen etwas in postalischer Valuta bei: ich hatte nämlich am letzten Abend Ihre Frau angepumpt (was mir scheußlich war, seit der letzten Inflation aus der Übung).

Alles Gute Ihnen beiden und Ihrer Familie für 1957 –
herzliche Grüße
Ihr
Günther Stern-A.

64 *Helmuth Plessner an Günther Anders, Göttingen, 24.8.1957*

Lieber Herr Stern, darf ich Ihnen herzlich zum Preis des Droste Verlages – Düsseldorf gratulieren, an dessen Verleihung ich nicht ganz unschuldig bin! Wir waren zweite Hälfte Juli 14 Tage in Polen, ich als membre de l'Institut Int. de Philosophie, das seine diesjährige Tagung in Warschau abhielt. So traf man Russen, Chinesen und Satelliten. Aus Berlin W war Schottländer, die gute Seele, mit dazugekommen und wir waren viel zusammen. Er sprach fast in jeder Diskussion! Ich wusste gar nichts von Ihrer familiären Verbindung ...

Die Reise war menschlich ermutigend und sehr eindrucksvoll. Die Städte Warschau und Breslau werden mit Liebe und historischer Pietät wiederaufgebaut, Breslaus historischer Kern, übrigens lang nicht so getroffen wie etwa Köln oder Dresden, weil es keine Bombenteppiche, sondern «nur» Artillerie gegeben hatte, ersteht in alter Schönheit. Die Außenbezirke, vor allem die Wohnviertel im Süden, fehlen noch. Immerhin leben schon wieder 380 000 Polen in der Stadt. Natürlich wirkt das Leben ärmlich und matt, auch in Warschau. Aber die Leute sind froh, die jungen (und alten) Intellektuellen kritisch-rebellisch. Hier sind Ansätze. Noch ist Polen, noch Marx ganz verloren. Krakau, zauberhaftes Mittelalter, gemütliche Universitätsstadt österreichischen Gepräges unverletzt. Wir machten auch eine Exkursion nach Auschwitz. Die Polen haben das Lager z. T. als Museum erhalten. Das fröhliche Reisebüro Orbis (staatlich) hatte auf das Programm gesetzt: ... Buffet froid. Das war dann aber doch durchgestrichen. Keiner von den 50 Philosophen, die da von Baracke zu Baracke im leise weinenden Regen dahintrabten, konnte sprechen, geschweige schlucken. Man sollte die ganze Bundesrepublik dahin führen ...

Wie geht es Ihnen und dem Buch?

Wir waren Mitte August für eine Woche in Belgien, wollen aber im September in den Süden, bevor das Semester und das Dekanat mich wieder pressen.

Herzliche Grüße und Glückwünsche
von uns Beiden Ihr H. Plessner

65 *Günther Anders an Helmuth Plessner, Wien, 31.8.1957*

Lieber Herr Plessner,
tausend Dank für Ihre Gratulation; und nicht nur für diese, sondern dafür, dass Sie, gewissermaßen hinter meinem Rücken, diese wahrhaftig gratulationswürdige Situation mitproduziert haben. Als ich die erste Benachrichtigung vom Verlag (der mir unbekannt war) erhielt, war ich fest davon überzeugt, dass es sich um ein Missverständnis handeln musste: denn dass man bei einem Preisausschreiben, an dem man nicht teilnimmt, ja von dem man nichts weiß, als Sieger ausgeht, das ist gewissermaßen zuviel. Strukturell hat das beinahe etwas von «Pech» an sich. – Alewyn hat mich dann über die wunderliche Angelegenheit aufgeklärt.

Dieses Wunder geschah, als ich zum ersten Male nach über zehn Jahren Ferien machte; und zwar mit schlechtestem Finanzgewissen; der Trostbrief hat mir das beste Gewissen von der Welt verschafft. Also nochmals: thanks!

Komischerweise lief ich zwei Tage vor der Heimkehr, in Bozen, wo ich aus Langeweile am Abend einen internationalen Pianistenwettbewerb anhörte, in Jean Wahl hinein; der mir seinerseits mitteilte, dass Gabriel Marcel um die Ecke wohnte: gerade fand irgendein Europarettungskongress statt, und Bozen war ebensovoll von Philosophen wie von Pfirsichen und Zwetschgen. Letztere waren aber beträchtlich saftiger.

Was Sie über Polen schreiben, ist außerordentl. interessant. Ich hatte bereits Ähnliches von einem Reporter gehört, der mit dem Gastspiel des Burgtheaters nach Warschau und Krakau gekommen war. Ja, auch ich bin durch die Entwicklung in den Satellitenländern etwas zuversichtlicher; nur völlig aussichtslos scheint es in Ostdeutschland. Vor drei Monaten war ich von Westberlin, wo ich in der Fr. Univ. gesprochen hatte, für einen Nachmittag nach Ostberlin gegangen. Seit Brechts Tod herrscht dort geistig die absolute Öde; mir scheint, auch Bloch hat man so ziemlich zum Verstummen verdammt; und wenn Männer wie Kantorowicz (der der geborene Orthodoxe ist) es nicht mehr aushalten, dann muss es wirklich zum Nichtaushalten sein. – Ich glaube, es gibt kein Ostland mit so wenig Intellektuellen: in gewissem Sinne ist es das Pech der Zone, dass jeder entwischen kann; das Land schwitzt denjenigen Gärstoff, den es nötig hat, aus; während die anderen Ostländer, da ihre Grenzen hermetisch sind, fermentieren. –

Dass Sie Schottländer (den ich bei meinem diesmaligen Berlinaufenthalt zum ersten Male seit 30 Jahren gesehen habe) in Warschau getroffen haben, ist sehr komisch. Gerne hätte ich Sie bei Ihrem Breslaubesuch vertreten: denn ich bin ja, wie Sie wissen, Breslauer (vermutlich haben Sie auch deshalb so ausführlich über die Stadt geschrieben); und ich würde gerne meine recherche du temps perdu bis zum Ursprung zurückverfolgen. Mal wird mir's schon gelingen.

Sie fragen nach meinem Buch. Ich kann mit dem Erfolg, scheint mir, zufrieden sein. Jedenfalls verkauft es sich gut, beinahe verdächtig gut. Heute bekam ich den Text der engl. Übersetzung zugeschickt, der so verbos und verquollen ist, dass ich nicht die mindeste Familienähnlichkeit entdecken kann. – Am stärksten ist das Echo auf das letzte, das Atombomben-Kapitel; und ich sehe voraus, dass ich in den kommenden Monaten und Jahren pausenlos über dieses Thema werde schreiben müssen.

Sie sprechen von so vielen teils gemachten teils zu machenden Reisen, dass ich garnicht begreife (voll Neid garnicht begreife), wie Sie die mit Arbeiten kombinieren. Denn ich bin unterwegs nicht nur stinkfaul, sondern einfach unintelligent. Drei große Manuskripte, die ich unterwegs hatte zuendepolieren wollen, liegen total unangerührt vor mir.

Ich wünsche Ihnen einen schönen Süd-Aufenthalt (wiederum voll Neid, denn erst gestern früh bin ich aus Bozen zurückgekommen)

mit herzlichen Grüßen, natürlich auch an Ihre liebe Frau

Ihr

Günther St.-A.

66 Günther Anders an Helmuth Plessner, Wien, 8.9.1977

Lieber Helmuth Plessner,
meine Gratulation kommt reichlich spät. Bitte nehmen Sie das nicht als Nachlässigkeit, ich war krank. Nun aber möchte ich das Versäumte nachholen.

Noch sehe ich Sie vor mir, wie Sie vor garnicht so vielen Jahren, obwohl um zehn Jahre älter als ich, nach stundenlangem Herumklettern im Engadin, rüstig in Sils erschienen. Ich konnte das damals kaum mehr. Ich hoffe von Herzen, dass Sie noch derselbe sind und noch wohlgemut in physischen oder geistigen Bergen herumklettern können. Aber nicht nur um Ihnen alles Gute zu wünschen, schreibe ich, sondern auch, um Ihnen zu danken.

Und das nicht nur dafür, dass Sie mir vor genau einem halben Jahrhundert durch Abdruck meines Erstlings im «Philos. Anzeiger» den Weg in die Öffentlichkeit geebnet haben. Sondern, und vor allem, dafür, dass Sie mich aus dem un-, nein anti-naturwissenschaftlichen Ansatz Heideggers herausgeführt haben. Mein anthropologischer Vortrag, mit dem ich im Jahre 29, begleitet von Hannah Arendt, von Kantgesellschaft zu Kantgesellschaft reiste, um einen Habilitationsort zu finden – er hieß «Die Weltfremdheit des Menschen» und ist nur auf französisch erschienen –, wäre ohne den Einfluss, den Sie auf mich in Köln ausgeübt hatten, kaum möglich gewesen. (Übrigens habe ich danach noch hunderte von Seiten über philos. Anthropologie geschrieben, darüber auch in der New Yorker «New School» Vorlesungen gehalten, aber sie blieben unveröffentlicht, weil ich es damals vorzog, meine moralphilosophischen Schriften druckreif zu machen.) Gleichviel, ohne Sie ist meine philosophische Entwicklung nicht vorstellbar, Sie haben mich aus der Freiburger Sturheit herausgelockt. –

An wen alles man nicht mehr schreiben kann! Und wie dünn gesät sind wir Übriggebliebenen! Wirklich, nur Sie, Marcuse und ich sind noch übrig. Wir letzten Mohaniquaner sollten uns einmal treffen, um zusammen vergangener Jahre zu gedenken, die wir ja nicht nur miterlebt und miterlitten, sondern, jeder auf seine Art, mitgeprägt haben.

Ich drücke Ihnen und Ihrer lieben Frau aufs freundschaftlichste beide Hände und bleibe Ihr alter

Günther Stern-Anders

67 *Monika Plessner an Günther Anders, Erlenbach (Zürich), 13.9.1977*

Lieber Herr Anders,

In Helmuths Namen und Auftrag herzlichen Dank für Ihren lieben Geburtstagsbrief. Es hat ihn aufrichtig gefreut, wieder einmal etwas von Ihnen zu hören. Leider kann er selbst nicht schreiben, da ihm die Hände seit Jahren den Dienst versagen. Sonst ist er wohlauf, liest viel, hört Musik, und wir machen, wenngleich langsam noch größere Spaziergänge. Am 4. waren wir, getreulich geleitet, in München. Einige nächste Freunde und die Töchter hatten sich eingefunden. Helmuth erinnert sich so mancher Begegnung mit Ihnen und würde Sie sehr gern einmal wiedersehen.

Mit seinen – und meinen –

Grüßen und Wünschen

Ihre

Monika Plessner

68 *Monika Plessner an Günther Anders, Erlenbach (Zürich), 17.4.1978*

Lieber Herr Anders,

In Helmuths Namen Dank für Ihre «Kosmologische Humoreske», die Sie ihm mit so herzlicher Zueignung geschickt haben. Er ist sehr beeindruckt. Wie schade, dass man so weit von einander entfernt ist und sich nicht darüber unterhalten kann. Helmuth ist zwar noch immer ein großer Leser und Unterhalter. Aber das Schreiben will ihm nicht mehr von den Händen, die fast ganz gelähmt sind. Übrigens sind wir fast schon im Aufbruch.

Zum 1. Juli ziehen wir nach 16jähriger Abwesenheit zurück nach Göttingen. Hier vertreibt uns eine gigantische «Überbauung». Die neue Adresse ist dann
Charlottenburger Straße 19
D 34 Göttingen (ab 1. Juli)

Mit herzlichen Grüßen von uns beiden
Ihre
Monika Plessner

69 Helmuth und Monika Plessner an Günther Anders, Göttingen, 22.1.1980

Lieber Herr Anders!
Sie machen es Ihrer Mitwelt ein wenig schwer, Ihnen für Ihr bezaubernd – ernst – gelassenes Buch zu danken.

Die Adresse ist einfach unleserlich – und so versuch ich denn, über den Verlag, an Sie heranzukommen. Ich habe Helmuth viel aus Ihrem Buch vorgelesen. Vor allem über Breslau, wo ich ein Viertel-Jahrhundert zugebracht habe.

Wir sind beide mit Ihnen durch die neu-alte Stadt gewandert und an mancher Stelle hätte ich Ihnen sagen können: Da war das – und dort jenes. Die Hohenzollernstraße war die erste Straße meines Herzens und das alte Matthiasgymnasium jetzt Ossolineum ist mein Elternhaus. Ja … tempi passati.

Wir haben uns einigermaßen im Altersheim eingelebt und sind dankbar, noch beisammen sein zu dürfen.

Wir gedenken Ihrer in Herzlichkeit
Ihre Helmuth und Monika Plessner

70 *Monika Plessner an Günther Anders, Göttingen, 28.4.1982*

Sehr geehrter, lieber Herr Anders!
Mein Mann lässt Ihnen herzlich für Ihr Buch «Ketzereien», das ihm vom Verlag zugesandt wurde, danken. Er selbst kann leider nicht mehr lesen. Ich habe ihm jedoch schon einige Partien vorgelesen, die ihm sehr gefallen haben. Er bewundert Ihre Fähigkeit, Schweres leicht zu sagen und wünscht Ihnen weitere Schaffenskraft. Er gedenkt der alten Verbundenheit in Herzlichkeit.

Mit seinen – und meinen – herzlichen Grüßen verbinden wir unsere Wünsche für Ihr Wohlergehen.

Ihre
Monika Plessner

71 *Günther Anders an Helmuth Plessner, Wien, 5.5.1982*

Liebe Plessners,
diese herzlichen Worte aus Göttingen haben mir wirklich sehr wohl getan. Es freut mich, dass Ihnen ein paar meiner Tagebucheintragungen Spaß gemacht haben. Auch ich bin, lieber alter Freund, nun ein Wackelgreis, wenn ich Ihnen mit meinen 80 auch nicht Konkurrenz machen kann. Und ich muss leider, sinnlos gebunden durch drei Termini, noch drei Bücher fertigmachen.

Aber *Ihnen darf* und *soll* man gratulieren – denn dass nun Ihre gesammelten Werke – spät aber doch – herauskommen, nachdem Sie durch mannigfache Umstände so lange hatten warten müssen, ist doch gewiss eine sehr große Genugtuung.

Mit allen guten Wünschen
Ihr alter, jawohl: alter
Günther Stern-Anders

P. S. Gestern bekam ich vom Suhrkamp-Verlag die zwei Bände über Mannheim zugesandt. Und erfuhr aus dem 2. Bande, dass

Sie vor genau einem halben Jahrhundert sehr freundlich über mich geschrieben haben. Herzlichen Dank über die 5 Dezennien hinweg!

A.

72 Günther Anders an Helmuth Plessner, Wien, 17.9.1982

Herzlichste Grüße und Wünsche und Gratulation zur Werksrenaissance von dem Ihnen auf den Fersen folgenden

Günther Anders

73 Helmuth und Monika Plessner an Günther Anders, Göttingen, 23.10.1982

Liebe Freunde und Gratulanten!

Bitte halten Sie meinem hohen Alter zugute, dass ich die vielen Briefe, Telegramme, Geschenke und Ehrungen anlässlich meines neunzigsten Geburtstages nur gesamthaft würdige.

Ich danke Ihnen allen von ganzem Herzen.

Helmuth Plessner

Göttingen, im Oktober 1982

*Göttingen, am 23.X.1982

Für die besondere Herzlichkeit Ihrer Gratulation, lieber Herr Anders, sagt Helmuth Ihnen besonderen Dank.

Auf den Fersen folgend? Da müssen Sie aber 7 Meilenstiefel haben.

Ihrer getreulich gedenkend

Ihre Helmuth und Monika Plessner

---

* [Handschriftlicher Zusatz zur gedruckten Briefkarte]

ANMERKUNGEN

ZU DEN BRIEFEN

Briefwechsel mit Max Horkheimer (1936–1953)

Gesamter überlieferter Briefwechsel mit Max Horkheimer (1895–1973): Nachlass Max Horkheimer, Universitätsbibliothek Frankfurt am Main, Archivzentrum, UBA Ffm, Na 1, 50.

1

Anders an Horkheimer, Paris, 12.1.1936; Typoskript, NL Horkheimer
Briefkopf: Absender: Günther Stern / 192 Avenue Daumesnil / Paris 12me / Did. 41.92.

Herr Groethuysen ... Paris: Bernhard Groethuysen (1880–1946), deutsch-französischer Philosoph, lehrte bis 1932 in Berlin, danach in Paris. Anders emigrierte Anfang März 1933 nach Paris.

2

Horkheimer an Anders, Paris, 29.1.1936; Typoskript (Durchschlag), NL Horkheimer
Briefkopf: Adressat: Herrn Dr. Günther Stern / 192 Avenue Daumesnil / Paris 12e.

hinüberzukommen: Das Institut für Sozialforschung hatte seit 1934 seinen Sitz an der Columbia Universität in New York.

3

Anders an Horkheimer, Paris, 8.2.1936; Manuskript, NL Horkheimer
Briefkopf: Absender: 192 Avenue Daumesnil / (Did. 41.92).

«Papier-Spezialisten» … Immigrationschancen … refus der örtlichen Behörden: Anders emigrierte 1936 von Paris weiter in die USA und benötigte für die Aus- bzw. Einreise entsprechende Dokumente.

4

Anders an Horkheimer, Paris, 25.2.1936; Typoskript, NL Horkheimer
Briefkopf: Absender: Dr. Günther Stern / 192 Avenue Daumesnil / Paris 12me.

einer Aufforderung des Instituts zur «Mitarbeit»: Nach der Machtergreifung der Nationalsozialisten 1933 wurde das von Max Horkheimer geleitete Institut für Sozialforschung in Frankfurt geschlossen; es unterhielt Zweigstellen in Genf und Paris; 1934 fiel der Entschluss, den Hauptsitz des Instituts nach New York zu verlegen. Eine «Mitarbeiteraufforderung» des Instituts (s. Briefbeilage Nr. 5a) sollte – als Bescheinigung einer zukünftigen Einkommensmöglichkeit – Anders' Emigration in die USA erleichtern.

einen titre de voyage: vgl. das französische Reisedokument «Titre d'Identité et de Voyage», ausgestellt am 22.5.1936 auf den Namen Günther Stern, NL Anders, LIT 237/L3/1.

Ein Buch, dessen Materialsammlung noch aus Deutschland fertig daliegt, und das ich meinem hier in 14 Tagen in der «Freien Deutschen Hochschule» stattfindenden Seminar zugrunde legen werde: über den Begriff der «Aufklärung» als «philosophischer Praxis» von Lessing bis Marx: vgl. Anders, «Bild der gegenwärtigen Deutschen Philosophie und ihrer Vorgeschichte. Vortrag, gehalten bei Gabriel Marcel (1933)», in: Anders 2001: 12–25 (sowie: Anders, «Exzerpt-Materialien für Homunculus oder Der Wahnsinn des Deutschen Idealismus (1936/37)», Manuskripte, NL Anders, LIT 237/W71). Das erwähnte Buchprojekt kam nicht zustande. – Die Freie Deutsche Hochschule in Paris (mitbegründet und geleitet von László Radványi alias Johann L. Schmidt, dem Ehemann von Anna Seghers) bot aus Deutschland und Österreich emigrierten bzw. vertriebenen WissenschaftlerInnen eine Lehr- und Publikationsmöglichkeit im Exil; sie bestand von 1935–1939, von 1938–1939 erschien die «Zeitschrift für Freie Deutsche Forschung», hg. v. der Freien Deutschen Hochschule.

die Handlung des «zu sich selbst Kommens» (ein Ausdruck Lessings): vgl. G. E. Lessings Drama *Miß Sara Sampson* (1755), in dem Marwood, die Sara ermorden wird, im 4. Aufzug, 9. Auftritt den Satz spricht: «Ich muß weder mich noch sie zu sich selbst kommen lassen.»

eine «Soziologie des Unmittelbaren»: Die Arbeit wurde nicht realisiert; vgl. dazu Anders, «Emotion and Reality (In Connection with Sartre's ‹The Emotions›)» (Anders 1950) und *Lieben gestern* (Anders 1986).

eine (... jetzt der nicht veröffentlichten Festschrift für Ernst Cassirer übergebene) Analyse der Welt des Arbeitslosen ... Döblinschen Alexanderplatzromans ... in Ihrer Zeitschrift: Anders' Aufsatz «Der verwüstete Mensch. Über Welt- und Sprachlosigkeit in Döblins ‹Berlin Alexanderplatz›» entstand 1931 und erschien erstmals 1965 (Anders 1965; wieder in: Anders 1984: 3–30). Der Text wurde weder in der 1936 in Oxford publizierten Festschrift *Philosophy & History. Essays presented to Ernst Cassirer* (Klibansky/Paton 1936) noch in der *Zeitschrift für Sozialforschung* veröffentlicht.

5

Horkheimer an Anders, New York, 13.3.1936; Typoskript (Durchschlag), NL Horkheimer

5a

Briefbeilage: Institut für Sozialforschung an Anders, New York, 14.3.1936; Typoskript (Durchschlag), NL Horkheimer
Briefkopf: Adressat: Dr. Günther Stern / 192 Avenue Daumesnil / Paris, XIIe.

our periodical... reviews of new publications: Anders veröffentlichte 1937–39 ein Dutzend Rezensionen in der *Zeitschrift für Sozialforschung* des Instituts für Sozialforschung (Anders 1937a-c, 1938a-c, 1939).

6

Anders an Horkheimer, Paris, 26.3.1936; Typoskript, NL Horkheimer
Briefkopf: Absender: Günther Stern / Paris 12me / 192 Avenue Daumesnil. – Adressat: Herrn Professor Dr. Max Horkheimer, New York.

7

Anders an Horkheimer, Paris, 5.6.1936; Typoskript, NL Horkheimer
Briefkopf: Absender: Paris 12me / 192 Avenue Daumesnil.

8

Anders an Horkheimer, New York, 17.11.1936; Typoskript, NL Horkheimer
Briefkopf: Absender: Dr. Günther Stern / 70W 69th street / SU 7–7463.

Artikel über Photomontage … Heartfield: vgl. Anders, «Über Photomontage. Ansprache zur Eröffnung der Heartfield-Ausstellung 1938 in New York», in: Anders 1984: 175–191. (In der *Zeitschrift für Sozialforschung* erschien kein Beitrag von Anders zum Thema.)

Zeitschrift … Carnap … seinem «Logischen Aufbau der Welt»: Der von Anders für die *Zeitschrift für Sozialforschung* vorgeschlagene Beitrag zum Philosophen und Vertreter des logischen Empirismus Rudolf Carnap (1891–1970) kam nicht zustande (s. Brief Nr. 9). Carnaps erstes Hauptwerk *Der Logische Aufbau der Welt* war 1928 erschienen.

9

Horkheimer an Anders, New York, 25.11.1936; Typoskript (Durchschlag), NL Horkheimer
Briefende: Adressat: Dr. Günther Stern / 70 West 69th Street / New York. N. Y.

Kritik des sogenannten logischen Empirismus … in der Zeitschrift einen Artikel … Diskussionen … Otto Neurath: Im Herbst 1936 fanden im Institut für Sozialforschung in New York Diskussionen zwischen Vertretern der Frankfurter Schule und des logischen Empirismus, darunter Otto Neurath (1882–1945), statt (vgl. Dahms 1994: 82 f.). Horkheimer und das Institut standen dem logischen Empirismus äußerst kritisch gegenüber, was sich in Horkheimers Aufsatz «Der neueste Angriff auf die Metaphysik» manifestierte, der 1937 in der institutseigenen *Zeitschrift für Sozialforschung* erschien (Heft 1/1937, 4–53). In derselben Zeitschriftennummer erschien Neuraths Aufsatz «Inventory of the Standard of Living» (ebd., 140–151).

10

Anders an Horkheimer, New York, 27.11.1936; Typoskript, NL Horkheimer
Briefkopf: Absender: Dr. Günther Stern / 70 W 69th N. Y. C. / SU 7–7463.

C.s «Kritik» der Sprache zu kritisieren: Der Beitrag über Rudolf Carnap kam nicht zustande.

11

Horkheimer (Institut für Sozialforschung) an Anders, New York, 1.4.1938; Typoskript (Durchschlag), NL Horkheimer
Briefkopf: Adressat: Dr. Günther Stern / 105 West 75 Street / New York. N. Y.

Nachricht vom Tode Ihres Vaters … sein philosophisches Werk: Anders' Vater war der Psychologe und Philosoph William Stern (1871–1938); er gilt als Begründer der differentiellen Psychologie und veröffentlichte (u. a. zusammen mit seiner Frau Clara Stern) wichtige Beiträge zur Entwicklungs- und Kinderpsychologie. Für seine Philosophie eines «kritischen Personalismus» ist die Unterscheidung zwischen Person und Sache grundlegend (vgl. Stern 1906–1924). 1933 emigrierte Stern aus Deutschland über die Niederlande in die USA, wo er bis zu seinem Tod am 27.3.1938 an der Duke University in Durham (North Carolina) lehrte.

12

Anders an Horkheimer, Wien, 29.11.1952; Typoskript, NL Horkheimer
Briefkopf: Absender: Günther Stern / Wien I / Krugerstraße 18/4. – Adressat: Herrn Professor Max *Horkheimer* / Universität Frankfurt / Rektorat.

Marcuse, den ich im Sommer in Zürich traf: vgl. Brief Herbert Marcuse an Anders, 5.5.1952, S. 100.

Analyse des Jugendstils: s. Anm. zu Brief Nr. 14.

Kafkaschrift … ich schrieb ihre zweite Fassung vor 6 Jahren: Anders, *Kafka – pro und contra. Die Prozeß-Unterlagen.* München 1951. (Zuvor in gekürzter, «zweiter Fassung» in der *Neuen Rundschau* erschienen, Anders 1947a; wieder in: Anders 1984: 45–131). Der Text basiert auf dem 1934 am Pariser «Institut d'Études Germaniques» gehaltenen Vortrag «Theologie ohne Gott» (vgl. Anders 1984: 46).

13

Horkheimer an Anders, Frankfurt am Main, 8.12.1952; Typoskript (Durchschlag), NL Horkheimer
Briefkopf: Adressat: Herrn / Dr. Günther Stern / *Wien I.* / Krugerstraße 18/4.

Sonderdruck aus der SAMMLUNG: Anders, «Philosophie – für wen? Über echte und unechte Esoterik (aus den ‹Philosophischen Tagebüchern›)» (Anders 1952b).

14

Anders an Horkheimer, Wien, 18.12.1952; Typoskript, NL Horkheimer
Briefkopf: Absender: Günther Stern / Wien I / Krugerstraße 18/4. – Adressat: Herrn Prof. Max Horkheimer / Frankfurt/M.

In Heidelberg geschieht das durch Zusammenarbeit von Löwith und Böckmann (dem dortigen Germanisten); in Köln durch Alewyn: Am 28. Januar 1953 hielt Anders auf Vermittlung von Karl Löwith (vgl. Löwith an Anders, 10.9.1952, in: Anders/Löwith 2018: 129) bzw. des Germanisten Paul Böckmann (Prof.,

Univ. Heidelberg) einen Vortrag zum Thema Jugendstil. In Köln sprach Anders auf Vermittlung von Richard Alewyn in der Reihe «Mittwochsgespräche» zum Thema (s. Anm. u.).

Vortrag über den Jugendstil: Anders hielt diesen Vortrag am 5. Februar 1953 an der Universität Frankfurt (s. Brief Nr. 17). Anfang der 1950er Jahre beschäftigte er sich intensiv mit dem Thema: Im Januar 1953 sprach er in Heidelberg (s. o.), im Februar 1953 an der Universität Köln über den Jugendstil (vgl. Brief von Anders an Carl Linfert, 10.2.1953, WDR-Archiv, HA WDR 3571); im Mai 1953 hielt er in Köln im Rahmen der Vortragsreihe «Mittwochsgespräche» einen Vortrag zum Thema (vgl. Artikel «‹Die gußeiserne Liane›. Dr. Anders (Wien) beim 129. Mittwochsgespräch», in: Kölnische Rundschau (Ausgabe Köln), 16. Mai 1953, [7]; Zeitungsausschnitt im NL Anders, LIT 237/W24). Anders verfasste außerdem den 1953 im Hessischen Rundfunk gesendeten Radiobeitrag «Die Verleugnung. Theorie des Jugendstils» (Anders 2020: 206–212; vgl. auch das Konvolut «Die Verleugnung. Theorie des Jugendstils»; NL Anders, LIT 237/W24).

Ich hatte diesen Brief gerade absendebereit gemacht, als der Ihre vom 23. Dezember eintraf: Brief Nr. 14 u. 15 haben sich offenbar gekreuzt; es ist zu vermuten, dass ein zweiter Brief Anders' vom 18.12. nicht erhalten ist, auf den sich Horkheimer in Brief Nr. 15 bezieht.

15

Horkheimer an Anders, Frankfurt am Main, 23.12.1952; Typoskript (Durchschlag), NL Horkheimer
Briefkopf: Adressat: Herrn / Dr. Günther Stern / *Wien I.* / Krugerstraße 18,4.

meinem Kollegen Krüger … May: Gerhard Krüger (1902–1972), Philosoph, 1952 als ordentlicher Professor nach Frankfurt berufen (s. Briefwechsel Adorno-Anders, Anm. zu Dokument I, S. 290). Kurt May (1892–1959), Germanist, 1952 als ordentlicher Professor nach Frankfurt berufen.

16

Anders an Horkheimer, Wien, 3.1.1953; Typoskript, NL Horkheimer
Briefkopf: Absender: Günther Stern / Wien I / Krugerstraße 18/4. – Adressat: Herrn Professor Horkheimer / Frankfurt a. M.

Der Heidelberger Vortrag … am 9. Februar in Stuttgart im Radio eine Vorlesung: s. Anm. zu Brief Nr. 14. – Am 18.4.1953 sendete der SDR (mit Hauptsitz Stuttgart) die Sendung «Günther Anders liest aus eigenen Werken» (Auskunft SWR-Archiv).

17

Anders an Horkheimer, Wien, 20.1.1953; Typoskript, NL Horkheimer
Briefkopf: Absender: Günther Stern / Krugerstr. 18/4 / Wien I. Adressat: Herrn / Prof. Max Horkheimer / Frankfurt/Main. – Handschriftliche Notiz am unteren Briefrand: «Di 3. 12.00».

Brief von Herrn Prof. Kunz: Josef Kunz (1906–1990), Germanist, ab 1951 ao. Professor für Deutsche Philologie an der Universität Frankfurt/M.

Vortrag für mich am 5. Februar feststeht: Anders' Vortrag über den Jugendstil, s. Anm. zu Brief Nr. 14.

am 9. habe ich in Stuttgart im Radio zu sprechen: s. Anm. zu Brief Nr. 16.

18

Margot von Mendelssohn (Sekretärin Horkheimers) an Anders, Frankfurt am Main, 26.1.1953; Typoskript (Durchschlag), NL Horkheimer
Briefkopf: Adressat: Herrn / Dr. Günther Stern / p.Adr. Prof.

Dr. Karl Löwith / Philosophisches Seminar / Universität / *Heidelberg* / Augustinergasse 15.

19

Anders an Max Horkheimer, Heidelberg, 28.1.1953; Manuskript, NL Horkheimer

Herrn Pollock: Friedrich Pollock (1894–1970), Soziologe und Mitarbeiter des Instituts für Sozialforschung.

20

Anders an Horkheimer, Wien, 8.3.1953; Typoskript, NL Horkheimer
Briefkopf: Absender: Günther Stern / bei Dr. Broda/Wien / Prinz Eugenstr. 14. – Adressat: Herrn Prof. Dr. / Max Horkheimer/Frankfurt.

Köln, wo ich am 13. das «Mittwochsgespräch» leiten und am 14. oder 15. im Radio zu tun haben werde: s. Anm. zu Brief Nr. 14. – Mitte Mai 1953 nahm Anders im Kölner Funkhaus des Nordwestdeutschen Rundfunks (NWDR) ein Rundfunkgespräch mit Richard Alewyn zum Thema «Kann Lyrik noch verlautbart werden?» bzw. «Lyrik – stumm oder verlautbart?» auf (vgl. Briefwechsel Anders – Carl Linfert 1953, WDR-Archiv, HA WDR 3571; vgl. Typoskripte zur Sendung, HA WDR 3490).

«HUNGER UND BEGRIFF»: vgl. Anders, «Bedürfnis und Begriff» (1957) (Anders 2018: 292–309); ferner «Bedürfnis und Begriff 1936–38», «Bedürfnis und Idee» (1939) (Anders 2018: 223–277, 278–282) sowie die Kapitel «Der unterschlagene Hunger» im Aufsatz «Nihilismus und Existenz» (1946) und «Die Tatsache des ‹Hungers›» im Aufsatz «Die Schein-Konkretheit von Heideggers Philosophie» (1948) (Anders 2001: 62–64, 81–83).

ÜBER DEN POLYTHEISMUS DES 19. JAHRHUNDERTS. (Der schroffe Ausdruck stammt aus Schlegels Athenäumsfragmenten): Friedrich Schlegel, *Athenäums-Fragmente*, vgl. u. a. Fragment [451]: «Universalität ist Wechselsättigung aller Formen und aller Stoffe. [...] Das Leben des universellen Geistes ist eine ununterbrochne Kette innerer Revolutionen; alle Individuen, die ursprünglichen, ewigen nämlich leben in ihm. Er ist echter Polytheist und trägt den ganzen Olymp in sich.» (Schlegel 1967: 165–255; hier: 255). Vgl. auch Anm. zum Brief an Plessner, 18.3.1953, S. 368.

Herrn Pollock ... ein Expl. des 1. Bandes der «Authorit. Family» mitgegeben. ... ob und wie ich eine verkürzte, nicht nur für scholars bestimmte, Version des Buches herstellen kann: Anders stand mit Friedrich Pollock wegen einer möglichen Mitarbeit an Veröffentlichungen des Instituts für Sozialforschung, u. a. an einer deutschen Buchversion der hier angesprochenen Studie *The Authoritarian Personality* (Adorno et al. 1950), in Kontakt; vgl. Briefe Anders an Pollock, Dokumente III u. IV, S. 35–42. Zu einer Zusammenarbeit hinsichtlich letzterem kam es nicht: Anders nahm das Angebot nicht an.

21

Horkheimer an Anders, Frankfurt am Main, 16.3.1953; Typoskript (Durchschlag), NL Horkheimer
Briefkopf: Adressat: Herrn / Dr. Günther Stern / bei Dr. Broda / *Wien* / Prinz Eugenstr. 14.

22

Anders an Horkheimer, Frankfurt am Main, 5.6.1953; Typoskript, NL Horkheimer
Briefkopf: Absender: Günther Anders-Stern / z. Z. Studentenhaus, Raum 331 / Frankfurt.

von Bense angefragt… die Stelle eines geistigen und künstlerischen Leiters des Januar 54 zu eröffnenden Studentenhauses der T. H. Stuttgart: Der Philosoph und Wissenschaftstheoretiker Max Bense (1910–1990) war seit 1950 ao. Professor an der Technischen Hochschule Stuttgart (später: Universität Stuttgart). 1954 wurde dort ein neues Studentenwohnheim eröffnet. Eine Zusammenarbeit mit Anders kam nicht zustande. (Ein Empfehlungsschreiben Horkheimers in dieser Sache ist nicht bekannt.)

mich mit 50 Jahren nun zu habilitieren: Anders' geplante Habilitation mit einer Arbeit über Musikphilosophie war Anfang der 1930er Jahre gescheitert (vgl. Anm. S. 273).

die «Dichtstunde» (im «Merkur») und «Philosophie – für wen?» (in der «Sammlung»): vgl. Anders 1952a u. 1952b.

dass ich aus dem Milieu eines Pädagogen komme: Anders' Vater William Stern lieferte als Wissenschaftler und Hochschullehrer wichtige Beiträge zur (Kinder-)Psychologie und Pädagogik (s. Anm. zu Brief Nr. 11).

mit Bense ein Radio-Zwiegespräch über bzw. gegen Heideggers neues Metaphysikbuch: Gespräch zwischen Anders und Max Bense (1910–1990) anlässlich des Erscheinens von Heideggers *Einführung in die Metaphysik* (einer Vorlesung aus dem Jahr 1935; vgl. Heidegger 1953). Erstsendung: 1.10.1953, SDR (vgl. Anders/Bense 1953).

Herrn Pollock… die Tagungsreferate auf ihre mögliche Buchverwendung hin durchzusehen: Vgl. zu Anders' Kontakt mit Friedrich Pollock in Sachen Mitarbeit am Institut für Sozialforschung Anders' Briefe an Pollock, Dokumente III u. IV, S. 35–42; bzw. Anm. zu Brief Nr. 20. Bei den genannten Tagungsreferaten handelt es sich um die Beiträge zur Konferenz des Instituts zum «Gruppenexperiment» im Mai 1953 (s. Anm. zu Brief Nr. 23; vgl. Pollock 1955; vgl. auch Anders' Brief an Plessner vom 16.4.1953 und Plessners Brief vom 9.6.1953, S. 213 f.).

Berlin, wo Kornter am 18. im Schillertheater die von meiner Frau und mir besorgte deutsche Fassung des O'Caseyschen «Silvertassie» herausbringt: Anders und Elisabeth Freundlich hatten das Anti-Kriegs-Stück *The Silver Tassie* (1928; *Der Preispokal*) des irischen Dramatikers Sean O'Casey ins Deutsche übersetzt. Fritz Kortner inszenierte das Stück am Berliner Schillertheater (vgl. Freundlich 1992: 137 f.; s. Anm. zu Brief Nr. 23).

österreichischer Staatsbürger: Anders hatte 1951 die österreichische Staatsbürgerschaft erhalten.

23

Anders an Horkheimer, Wien, 17.7.1953; Typoskript, NL Horkheimer

Briefkopf: Absender: Günther Stern / bei Dr. Broda / Prinz Eugenstr. 14 / Wien/Österreich. – Adressat: Herrn Prof. Max Horkheimer / Frankfurt/M.

Rektoratszeit: Horkheimer war von 1951–1953 Rektor der Frankfurter Universität.

Die Reise: vgl. zu Anders' Deutschland-Reise im Sommer 1953 die Tagebuchaufzeichnungen in «Ruinen heute» (Anders 1985: 228–255).

Frankfurt-Aufenthalte ... den Kongress, in den ich zufällig hineingeriet ... Gruppendiskussion: Das vom Institut für Sozialforschung 1950/51 durchgeführte «Gruppenexperiment» (Pollock 1955) sollte wissenschaftlich fundiert erforschen, «wie charakteristische Gruppen der Bevölkerung der Bundesrepublik zu weltanschaulichen und politischen Fragen tatsächlich stehen» (Horkheimer/Adorno: «Vorwort», in: Pollock 1955: v f.). Dazu wurde die Gruppendiskussionsmethode angewandt, d. h. die an der Studie Beteiligten sollten bestimmte Themen (wie «Demokratie», «Schuld», «Juden», «westliches Ausland», «Osten», «Remilitarisierung») in Kleingruppen möglichst frei diskutieren. Ergebnisse und Verfahrensweisen des Gruppenexperiments wurden in einer vom Institut im Mai 1953 in Frankfurt veranstalteten Konferenz vorgestellt und diskutiert (vgl. ebd.: vi).

Theaterkrach, den man der Kortnerschen Inszenierung des von uns verdeutschten O'Casey-Stücks bereitete ... «All my

sons»: Die Premiere von O'Caseys pazifistischem Stück *Der Preispokal* in der Inszenierung von Fritz Kortner fand am 20. Juni 1953 (unmittelbar nach der Niederschlagung des Aufstands vom 17. Juni 1953 in der DDR durch die Sowjetarmee) am Westberliner Schillertheater statt (vgl. Critchfield 2008: 138 f.; vgl. Anm. zu Brief Nr. 22). In «Ruinen heute» notiert Anders über die Proteste während der Aufführung: «Den zweiten Akt – das Bild der Ruinenwelt des ersten Weltkrieges – nahmen Provokateure zum Anlaß, um Tumult zu machen. Man glaubte sich zurückversetzt in das Jahr 1932.» (Anders 1985: 234) – Arthur Miller, *All my Sons* (Theaterstück 1947).

Beck… das Buch für Beck… den Anti-Heidegger-Vortrag: C.H.Beck Verlag; vgl. Anders 1956a; zum Radiogespräch über Heidegger s. Anm. zu Brief Nr. 22.

Bense… schwebenden Stuttgarter Angelegenheit: s. Anm. zu Brief 22.

24

Margot von Mendelssohn (Sekretärin Horkheimers) an Anders, Frankfurt am Main, 28.7.1953; Typoskript (Durchschlag), NL Horkheimer
Briefkopf: Adressat: Herrn / Dr. Günther Stern / bei Dr. Broda / *Wien* / Prinz Eugenstr. 14.

Professor Kunz: s. Anm. zu Brief Nr. 17.

Dokumente

I

Henry Allen Moe (John Simon Guggenheim Memorial Foundation) an Max Horkheimer, New York, 10.2.1937; Typoskript, NL Horkheimer
Briefkopf: Absender: John Simon Guggenheim Memorial Foundation / 551 Fifth Avenue, New York, N. Y. – Adressat: Professor M. Horkheimer / International Institute of Social Research / 429 West 117 Street / New York City.

a request from Dr. Günther Stern asking that I make reference to you in the matter of his application: Anders hatte sich 1936/37 mit einem Projektantrag über die Fertigstellung und Übersetzung seiner (1930/31 als Habilitationsschrift geplanten, jedoch nicht eingereichten) Arbeit über Musikphilosophie um ein Stipendium der John Simon Guggenheim Memorial Foundation New York beworben und u. a. Max Horkheimer als Referenz für ein Empfehlungsschreiben genannt (vgl. die Dokumente in: Anders 2017: 141 ff.). Anders erhielt das Stipendium nicht.

II

Max Horkheimer: Empfehlungsschreiben Günther Anders, 1937 (für John Simon Guggenheim Memorial Foundation); Typoskript (Durchschlag), NL Horkheimer

a book on the philosophy of music: s. Anm. 0.; vgl. Anders 2017.

III

Anders an Friedrich Pollock, Wien, 7.3.1953; Typoskript (Durchschlag), NL Anders 237/B277
Briefkopf: Absender: Günther Stern / Wien I / Prinz Eugenstr. 14 / bei Dr. Broda.

Jugendstilaufsatz von Frau Lanckoronska: Maria Lanckoronska, «Das Jugendstil-Ornament in der deutschen Buchkunst», in: Stultifera navis. Mitteilungsblatt der Schweizerischen Bibliophilen-Gesellschaft, 9/1952, 4–18. – Anfang der 1950er Jahre beschäftigte sich Anders intensiv mit dem Jugendstil und hatte am 5. Februar 1953 an der Universität Frankfurt einen Vortrag zu diesem Thema gehalten (vgl. Anders an Horkheimer, 20.1.1953, Brief Nr. 17, S. 24, u. Anm. dazu, S. 253).

Familien-Wälzer: Gemeint ist die von Theodor W. Adorno und den SozialwissenschaftlerInnen Else Frenkel-Brunswik, Daniel J. Levinson und R. Nevitt Sanford 1950 veröffentlichte Studie *The Authoritarian Personality* (Adorno et al. 1950). Pollock hatte Anders den Band im Februar 1953 in Frankfurt übergeben; Anders sollte erwägen, «eine verkürzte, nicht nur für scholars bestimmte, Version des Buches» zu erstellen (vgl. Brief Nr. 20, Anders an Horkheimer, 8.3.1953, S. 26).

IV

Anders an Friedrich Pollock, Wien, 23.3.1953; Typoskript (Durchschlag), NL Anders 237/B277
Briefkopf: Absender: Günther Stern / bei Dr. Broda/Wien / Prinz Eugenstr. 14. – Adressat: Herrn Prof. / Fr. Pollock / Frankfurt/M.

«Authoritative Personality»… Introduction… Einzel-Untersuchungen: *The Authoritarian Personality*, «Introduction» (Adorno et al. 1950: 1–27). Die nahezu 1000 Seiten starke Studie zum Typus der autoritären Persönlichkeit – «an ‹anthropolo-

gical› species we call the authoritarian type of man» (ebd.: ix) – besteht zum überwiegenden Teil aus Einzeluntersuchungen der beteiligten AutorInnen.

Sponsoring Committee: The American Jewish Committee.

Teil IV ... Adornos Kapitel: vgl. *The Authoritarian Personality*, Part IV: Qualitative Studies of Ideology (Adorno et al. 1950: 601–783), bestehend aus vier Einzeluntersuchungen Theodor W. Adornos (Chapters XVI–XIX): «Prejudice in the Interview Material», «Politics and Economics in the Interview Material», «Some Aspects of Religious Ideology as Revealed in the Interview Material», «Types and Syndromes». (In deutscher Übersetzung in: Adorno 1973: 105 ff.)

Das Skala-System: Für die Studie *The Authoritarian Personality* wurden bei der Befragung von Personengruppen u. a. Skalen mit vorgegebenen Aussagen verwendet: «Each scale was a collection of statements, with each of which the subject was asked to express the degree of his agreement or disagreement.» (Adorno et al. 1950: 13). Die Skalen wurden vier Themenbereichen zugeordnet: «anti-Semitism» (A-S Scale), «ethnocentrism» (E Scale), «politico-economic conservatism» (PEC Scale) sowie «antidemocratic tendencies in the personality itself» (F [Fascism] Scale) (vgl. ebd.: 13, xxvii ff.).

Ferner enthalten ja (s. z. B. S. 225) die Skala-Items oft bereits als hypothesis die «connection with prejudice»; das heißt: die Deutung des items liegt dann bereits der Skala zugrunde: Mit «Skala-Items» sind die einzelnen Aussagen bzw. Statements der verwendeten Skalen angesprochen (s. Anm. o.). Anders bezieht sich hier auf eine Stelle zur «Construction of the Fascism (F) Scale», in der es zur Auswahl der Statements (items) heißt: «For every item there was a hypothesis, sometimes several hypotheses, stating what might be the nature of its connection with prejudice. The major source of these hypotheses was the research already performed in the present study.» (Adorno et al. 1950: 225)

die, in den «Conclusions» eingeräumte Kongruenz des von Sartre flott und ohne alle Maschinerie gezeichneten «Portraits des Antisemiten»: vgl. *The Authoritarian Personality*, «Conclusions»: «There is marked similarity between the syndrome which we have labeled the authoritarian personality and ‹the portrait of the anti-Semite› by Jean-Paul Sartre. Sartre's brilliant paper became available to us after all our data had been collected and analysed.» (Adorno et al. 1950: 971, Anm. 1) Sartres «Portrait de l'antisémite» erschien erstmals 1945 in *Les Temps Modernes* (N° 3, Dezember 1945); vgl. Sartre 1994: 9–36.

In den Beiträgen von Sanford … die Figur Mack: vgl. die Einzeluntersuchungen von R. Nevitt Sanford in *The Authoritarian Personality*: «The Contrasting Ideologies of Two College Men: A Preliminary View» (Chapter II, worin die beiden Personen «Mack: A Man High on Ethnocentrism» und «Larry: A Man Low on Ethnocentrism» vorgestellt werden); «Ethnocentrism in Relation to Some Religious Attitudes and Practices» (Chapter VI), «Genetic Aspects of the Authoritarian Personality: Case Studies of Two Contrasting Individuals» (Chapter XX) (Adorno et al. 1950: 31–56, 208–221, 787–816).

der spontaneren Methoden wie T. A. T.: Beim «Thematic Apperception Test» (T. A. T.) werden den Testpersonen nicht vorformulierte Fragen gestellt oder Skalen vorgelegt, sondern Bilder gezeigt, zu denen sie Geschichten erzählen sollen (vgl. Adorno et al. 1950: 489 ff.).

T. A. T. … These, dass jede Erzählung autobiographisch sei, als granted vorausgesetzt; eine Voraussetzung, die nichts ist als eine Folgerung aus der selbst dubiosen self expression-Theorie. – Analoges trifft auf zahlreiche «prospective questions» zu: vgl. zum «Thematic Apperception Test» (T. A. T.): «Various investigators of T. A. T. […] have found that the content of these stories reveals desires or needs of the personality. Any person in the story with whose actions the subject concerns himself […] represents a medium through whom the subject expresses his own inner tendencies, and the actions themselves are indicative of the nature of these tendencies.» (Adorno et al. 1950: 490) Vgl. zur Methode der hier von Anders gemeinten «projective questions»: «*Projective Questions* […] present the subject with ambiguous and emotionally toned stimulus material. […] The questions are not ambiguous in their formal structure, but in the sense that the answers are at the level of emotional expression rather than at the level of fact and the subject is not aware of their implications. […] One projective question was, ‹What would you do if you had only six months to live, and could do anything you wanted?› […].» (Adorno et al. 1950: 16)

Der Band verzichtet (ausdrücklich z. B. S. 972) auf die Aufklärung sowohl der historischen wie der wirtschaftlichen Hintergründe des Faschismus. Die Beschränkung auf das Psychologische: «Furthermore, our findings are strictly limited to the psychological aspects of the more general problem of prejudice. Historical factors or economic forces operating in our society to promote or to diminish ethnic prejudice are clearly beyond the scope of our investigation.» (Adorno et al. 1950: 972)

die in II und XX vorgestellten – Mack und Larry: s. Anm. o.

Briefwechsel mit Theodor W. Adorno (1951–1968)

Gesamter überlieferter Briefwechsel mit Theodor W. Adorno (1903–1969): Nachlass Günther Anders, Literaturarchiv der Österreichischen Nationalbibliothek, Wien; Theodor W. Adorno Archiv, Akademie der Künste, Berlin.

1

Anders an Adorno, Wien, 5.3.1951; Typoskript, Adorno Archiv; Typoskript (Durchschlag), NL Anders, LIT 237/B1479. (Veröffentlicht in: Adorno 2003: 283)
Briefkopf: Absender: Günther Stern / Krugerstraße 18/4 / Wien I.

Ihren Benjamin-Aufsatz: Adorno, «Charakteristik Walter Benjamins», in: Neue Rundschau, 61. Jg., H. 4/1950, 571–584 (wieder in: *Prismen*; Adorno, GS 10.1, 238–253).

meine lectures an der New School: An der New Yorker New School hielt Anders 1949 und 1950 die Kurse «Philosophy of Art» und «The Philosophy of Culture» (vgl. New School Bulletin, Vol. 6, No. 1, Sept. 6th 1948, 75 f., und Vol. 7, No. 1, 1949/50, Sept. 5th 1949, 75 f.; vgl. NL Anders, LIT 237/W17/1–4, LIT 237/W51/1–2).

Wien, der Heimat meiner Frau: Im Frühjahr 1950 kehrte Anders aus dem US-amerikanischen Exil nach Europa zurück und ließ sich in Wien nieder; die Schriftstellerin und Publizistin Elisabeth Freundlich (1906–2001), seit 1945 mit Anders verheiratet, war gebürtige Wienerin.

ersten Bandes meiner philosophischen Tagebücher … «Merkur»: Anders' erste Veröffentlichung im *Merkur* erschien erst 1952 unter dem Titel «Die Dichtstunde» (Anders 1952a). Vgl. auch Anders 1952b. Die philosophischen Tagebücher erschienen erst 1967 unter dem Titel *Die Schrift an der Wand. Tagebücher 1941–1966* (Anders 1967b).

«Kafka – pro und contra»: Anders 1951.

Ihren musikphilosophischen Band: Adorno, *Philosophie der neuen Musik* (1949) (Adorno, GS 12).

Ihre Frau: Adornos Frau, die Chemikerin und Unternehmerin Margarete (Gretel) Adorno (1902–1993, geb. Karplus).

2

Anders an Adorno, Wien, 1.2.1960; Typoskript, Adorno Archiv Briefkopf: Absender: Günther Anders / Wien/Mauer / Ölzeltgasse 15. – Handschriftliche Notiz von Anders am oberen Briefrand: «Kopie».

Buches von Frau Mahler: Alma Mahler-Werfel (1879–1964; geb. Schindler), österr. Salonière, Komponistin, Schriftstellerin; verheiratet mit Gustav Mahler (1860–1911), Walter Gropius (1883–1969), Franz Werfel (1890–1945); veröffentlichte 1958 ihre Memoiren *And the Bridge is Love* (New York 1958), deren deutsche Übersetzung 1960 unter dem Titel *Mein Leben* erschien.

Ratz und Krenek: Erwin Ratz (1898–1973), österr. Musikwissenschaftler (vgl. Brief Anders an Ratz, NL Anders, LIT 237/B1467). – Ernst Krenek (1900–1991), österr. Komponist, Musiker (vgl. Briefwechsel Anders-Krenek, NL Anders, LIT 237/B209 u. B872).

2a

Beilage (Kopie): Anders an Rudolf Hirsch (S. Fischer Verlag), Wien, 26.1.1960; Typoskript, Adorno Archiv; vgl. auch NL Anders, LIT 237/B1467
Briefkopf: Adressat: Fischer Verlag / z.H. Herrn Dr. Rudolf Hirsch / Frankfurt.

Rudolf Hirsch: Der Verleger Rudolf Hirsch (1905–1996) war Cheflektor und Mitglied der Geschäftsleitung des S. Fischer Verlags in Frankfurt am Main.

im Spiegel veröffentlichten Bericht: «Alma Werfel: Genies im Ziergarten», Der Spiegel, Nr. 1/2, 1960, 64 ff.

Helene Berg, Alban Bergs Witwe: Helene Berg (1885–1976; geb. Nahowski), österr. Sängerin, von 1911 bis zu dessen Tod 1935 mit dem österr. Komponisten Alban Berg (1885–1935) verheiratet, danach Nachlassverwalterin des Komponisten.

die schamlosesten und blamabelsten Passagen … über das Bettnässen Werfels oder über dessen wiedererwachte Sexualität: Aus Alma Mahler-Werfels Autobiographie *Mein Leben* zitierte der «Spiegel» im oben erwähnten Artikel diverse Passagen über Franz Werfel, das «Wiedererwachen seiner Sexualität» sowie dessen Herzanfälle: «Er war so unglücklich, daß er während der Anfälle das Wasser nicht halten konnte […].» (Spiegel 1960: 67)

2b

Beilage (Kopie): Rudolf Hirsch (S. Fischer Verlag) an Anders, Frankfurt am Main, 29.1.1960; Typoskript, Adorno Archiv; vgl. für den Originalbrief: NL Anders, LIT 237/B1467

von Ashton redigierten Ausgabe … Willi Haas mit einer deutschen Edition beauftragt: Alma Mahler-Werfels *And the Bridge is Love* (1958) war in Zusammenarbeit mit E. B. Ashton (alias Ernst Basch) entstanden. Die deutsche Ausgabe enthält ein Vorwort von Willy Haas, der darauf hinweist, dass «bei der Herausgabe Rücksichten zu nehmen [waren]», v. a. auf im Buch erwähnte noch lebende Personen (Mahler-Werfel 1960: 10).

Alban Bergs Schwester: die österr. Pianistin Smaragda Eger-Berg (1886–1954, geb. Berg).

der Titel … ist von Wilder: vgl. zum Titel von Alma Mahler-Werfels Autobiographie *And the Bridge is Love* den Schlusssatz aus Thornton Wilders Roman *The bridge of San Luis Rey* (1927): «There is a land of the living and a land of the dead, and the bridge is love, the only survival, the only meaning.» (Wilder 1928: 140)

3

Adorno an Anders, Frankfurt am Main, 9.2.1960; Typoskript, NL Anders 237/B1479; Typoskript (Durchschlag), Adorno Archiv
Briefkopf: Absender: Prof. Dr. Theodor W. Adorno / Frankfurt am Main / Kettenhofweg 123.

Werfels … seine Gemahlin … von ihm ein Manuskript … so widerwärtig und scheußlich reaktionär ist, als ob es von Melichar stammte: Franz Werfel (1890–1945), Schriftsteller, ab 1929 mit Alma Mahler-Werfel verheiratet; sein Interesse für Fragen der Musikästhetik schlug sich u. a. im Roman *Verdi. Roman der Oper* (1924) nieder. Welches Manuskript Werfels hier gemeint ist, war nicht zweifelsfrei zu ermitteln. Alois Melichar (1896–1976), österr. Komponist, Dirigent, Musikschriftsteller; veröffentlichte u. a. (polemische) Schriften gegen die Zwölftonmusik, in denen er sich auch gegen Adorno persönlich wandte, etwa als «hochverehrte[n] Patriarch[en] des Alten atonalen Testaments» (Melichar 1960: 154).

Frau Mahler … des ihr geschenkten Wozzeck-Particells: Alma Mahler-Werfel hatte das Particell von Alban Bergs *Wozzeck* von diesem als Geschenk erhalten und es 1956 wiederum Helene Berg geschenkt (vgl. Rode-Breymann 2015: 293 ff.).

Angelegenheit Schönberg – Thomas Mann: Nach der Veröffentlichung von Thomas Manns Roman *Doktor Faustus* (1947) kam es zu einem heftigen, über mehrere Jahre andauernden Konflikt zwischen Mann und dem Komponisten Arnold Schönberg, da dieser im Roman nicht als Urheber der Zwölftontechnik erwähnt wird. Alma Mahler-Werfel hatte Schönberg darauf hingewiesen und vermittelte in der Folge zwischen diesem und Thomas Mann, den sie zu einer erklärenden Nachbemerkung im *Faustus* anregte. Adorno wurde in die Auseinandersetzung hineingezogen, da er Mann bei der Abfassung des Romans beratend zur Seite gestanden war, vor allem der musikalisch-philosophische Teil stammt wesentlich von Adorno.

Bergs Krankheit nicht zugegen… medizinische Pflege: Alban Berg litt an Furunkulose, an deren Folgen er in der Nacht zum 24. Dezember 1935 verstarb. Dass mangelnde medizinische Versorgung und die «materiellen Verhältnisse» am Tod Bergs schuld gewesen seien, äußerte Adorno auch in einem Brief an Ernst Krenek vom 7.2.1936 (Adorno/Krenek 1974: 112; vgl. Ertelt 2018). Alma Mahler-Werfel war beim Tod Bergs in New York und nicht «zugegen», wie Adorno schreibt.

4

Anders an Adorno, Wien, 11.2.1960; Typoskript, Adorno Archiv; Typoskript (Durchschlag), NL Anders 237/B1479
Briefkopf: Absender: Günther Anders / Wien/Mauer / Ölzeltgasse 15.

von W. eine angeblich politische Brochure… einen septischen Hohnartikel… seine Bernadette im Wunderland: vgl. Franz Werfel, *Realismus und Innerlichkeit.* Berlin, Wien, Leipzig 1931 (vgl. für das von Anders erwähnte Zitat S. 12: «Skepsis reimt sich immer auf Sepsis.»); vgl. Anders' Artikel «Das religiöse Erlebnis», in: Berliner Börsen-Courier, Nr. 378, 15.8.1932; Werfel, *Das Lied von Bernadette.* Stockholm 1941 (Roman über das Leben der heiliggesprochenen Bernadette Soubirous und ihre Marien-Erscheinungen in Lourdes).

A. M. und Bergs Tod: vgl. zu Alma Mahler-Werfel und Alban Bergs Tod die Anm. zu Brief Nr. 3.

das Bettnbuch: Alma Mahler-Werfels Autobiographie, s. Anmerkungen o.

5

Adorno an Anders, Frankfurt am Main, 6.9.1962; Typoskript, NL Anders 237/B1479; Typoskript (Durchschlag), Adorno Archiv

Briefkopf: Absender: Prof. Dr. Theodor W. Adorno / Frankfurt am Main / Kettenhofweg 123.

Pseudokonkretheit Heideggers ... Jargon der Eigentlichkeit ... Sie dabei gern zitieren: Anders, «On the Pseudo-Concreteness of Heidegger's Philosophy» (Anders 1948; vgl. Anders 2001: 72–115); Adorno, *Jargon der Eigentlichkeit. Zur deutschen Ideologie* (1964; wieder in: Adorno, GS 6: 413–526); Adorno zitiert Anders darin nicht, sehr wohl aber in der *Negativen Dialektik*, die ursprünglich den «Jargon der Eigentlichkeit» als Teil enthalten hätte sollen; vgl. Adorno, GS 6: 82, Anm.: «Günther Anders (Die Antiquiertheit des Menschen, München 1961, S. 186 ff., 220, 326, und vor allem: On the Pseudo-Concreteness of Heidegger's Philosophy, in: Philos. & Phenomenol. Research, Vol. VIII, Nr. 3, p. 337 ff.) hat vor Jahren schon die Pseudokonkretheit der Fundamentalontolgie angeprangert.»

Mir hatte Plessner ... von Ihrer Anwesenheit geschrieben: vgl. Helmuth Plessner an Theodor W. Adorno, 26.7.1962: «Wir [...] begegnen ab und zu dem Günther Stern, der von seinen Erfolgen schwärmt (und mit einer sehr netten amerik. Pianistin verheiratet ist).» (Theodor W. Adorno Archiv, Frankfurt am Main, Br 1145/60)

Strawinsky im FORUM oder die Dialektik des Engagements in der Neuen Rundschau: vgl. Adorno, «Das Gesetz der Dialektik» («Strawinsky – ein dialektisches Bild»), in: Forum, H. 102, Juni 1962, und H. 103/104, Juli/August 1962 (Forum 1962: 252–

255, 325–329) (wieder in: Adorno, GS 16, 382–409); Adorno, «Zur Dialektik des Engagements», in: Neue Rundschau, 73. Jg., H. 1/1962, 93–110 (unter dem Titel «Engagement» wieder in: Adorno, GS 11, 409–430).

6

Anders an Adorno, Wien, 10.9.1962; Typoskript, Adorno Archiv; Typoskript (Durchschlag), NL Anders 237/B1479
Briefkopf: Absender: Günther Anders / Wien/Mauer / Dreiständeg. 40.

nach Anhören der Rückert-Lieder wieder in Ihrem Mahler gelesen: Gustav Mahler, *Fünf Lieder nach Texten von Friedrich Rückert für Singstimme und Klavier/Orchester* (1901/02); vgl. Adorno, *Mahler. Eine musikalische Physiognomik.* Frankfurt/M. 1960 (Adorno, GS 13, 149–319).

den Strawinsky … Ihren Aufsatz in der NR: s. Anm. zu Brief Nr. 5; NR = Neue Rundschau.

meine Eatherly-Aktion: vgl. Anders' Briefwechsel mit dem US-Piloten Claude Eatherly (1918–1978), der unter dem Titel *Off limits für das Gewissen* veröffentlicht wurde (Anders/Eatherly 1961). Nach seiner Beteiligung am Atombombenabwurf auf Hiroshima am 6. August 1945 (als Pilot eines der Enola Gay vorausgeschickten Wetteraufklärungsflugzeugs) wurde Eatherly, von Schuldgefühlen geplagt, straffällig und kam in psychiatrische Behandlung. Anders sah im «schuldlos schuldig» gewordenen Eatherly, der «als Maschinenstück in einen technischen Apparat eingeschaltet gewesen und […] verwendet» worden war, ein Symbol des technokratischen Zeitalters (Anders 1982a: 191–360, hier: 207, 210).

eine kleine Analyse des Emigrationsdaseins … im Merkur: Anders, «Der Emigrant», in: Merkur, H. 173, 1962, 601–622 (Anders 1962b; wieder unter dem Titel «Post Festum» in: Anders 1985: 64–93; Anders 2021).

7

Adorno an Anders, Frankfurt am Main, 13.9.1962; Typoskript, NL Anders 237/B1479; Typoskript (Durchschlag), Adorno Archiv
Briefkopf: Absender: Prof. Dr. Theodor W. Adorno / Frankfurt am Main / Kettenhofweg 123.

Aufsatz … eine deutsche Fassung?: Anders, «Die Schein-Konkretheit von Heideggers Philosophie» (dt. Übersetzung in: Anders 2001: 72–115; engl. Original 1948).

Die amerikanische Astrologiearbeit «The Stars Down to Earth» … auf deutsch in den «Sociologica II»: vgl. Adorno, «Aberglaube aus zweiter Hand», in: Horkheimer/Adorno 1962: 142–167.

Gretel: Adornos Frau Margarete Adorno.

8

Anders an Adorno, Wien, 18.6.1963; Typoskript, Theodor W. Adorno Archiv; Typoskript (Durchschlag), NL Anders 237/B1479
Briefkopf: Absender: Günther Anders / Wien/Mauer / Dreiständeg. 40.

den Korrepetitor … Wiedersehen zu feiern mit einem winzigen Beitrag von ehemals: vgl. Adorno, *Der getreue Korrepetitor. Lehrschriften zur musikalischen Praxis*. Frankfurt/M. 1963. Darin verweist Adorno im Abschnitt «Über die musikalische Verwendung des Radios» auf Anders' Aufsatz «Spuk und Radio» aus dem Jahr 1930 (Adorno, GS 15: 371; vgl. Anders 2017: 248–250).

9

Adorno an Anders, Frankfurt am Main, 24.6.1963; Typoskript, NL Anders 237/B1479; Typoskript (Durchschlag), Adorno Archiv

Briefkopf: Absender: Prof. Dr. Theodor W. Adorno / Frankfurt am Main / Kettenhofweg 123.

in Wien... die Fernseherei... Gehlen: Am 11.6.1963 nahm Adorno in Wien an der Diskussion «Die geistigen Voraussetzungen einer Literaturstadt» teil (veranstaltet von der Österreichischen Gesellschaft für Literatur und den «Europa Gesprächen» der Stadt Wien). An diesem Gespräch, das für das Fernsehen aufgezeichnet wurde, nahm u. a. auch der Philosoph und Soziologe Arnold Gehlen (1904–1976) teil (vgl. Anm. zu Brief 11). Weitere Diskutanten waren, unter der Leitung von Wolfgang Kraus: Franz Theodor Csokor, Robert Jungk, Michael Kustow, Robert Neumann und Peter von Tramin (vgl. ÖGfL-Archiv; Adorno/Tobisch 2003: 304).

Hat man sich einmal, wie Sie und ich, entschlossen, zurückzukommen: Gemeint ist Adornos und Anders' Rückkehr aus dem US-amerikanischen Exil nach Europa (BRD bzw. Österreich).

maßlos gönnerhaften Tones, in dem Sie mir damals schrieben, als ich die Benjamin-Ausgabe herausbrachte: Gemeint ist Anders' Brief vom 5.3.1951 (Brief Nr. 1); vgl. auch Adornos nicht abgeschicktes Antwortschreiben, Dokument I, S. 88. Die von Adorno mitherausgegebene Ausgabe der Schriften Walter Benjamins in zwei Bänden erschien 1955 (Benjamin 1955).

«Eingriffe»: Adorno, *Eingriffe. Neun kritische Modelle.* Frankfurt/M. 1963 (wieder in: Adorno, GS 10.2: 455 ff.). Adorno erwähnt darin – in Anspielung auf Anders' Aufsatz «On the Pseudo-Concreteness of Heidegger's Philosophy» (1948) – die «von Günther Anders so genannt[e] Pseudokonkretion des Seinsdenkens» (Adorno, GS 10.2: 467; vgl. Anders 1948; Anders 2001: 72–115).

10

Anders an Adorno, Wien, 30.6.1963; Typoskript, Adorno Archiv; Typoskript (Durchschlag), NL Anders 237/B1479
Briefkopf: Absender: Günther Anders / Wien/Mauer / Dreiständeg. 40.

Murer-Prozess: Im Juni 1963 fand in Graz der Prozess gegen Franz Murer (1912–1994; seit 1938 NSDAP-Mitglied, von 1941–43 Stabsleiter und Referent des Gebietskommissariates Wilna/Vilnius-Stadt) statt: Murer war wegen mehrfachen Mordes im Ghetto Wilna angeklagt. Der Geschworenenprozess endete trotz erdrückender Beweislage mit einem Freispruch und gilt als einer der größten Justizskandale Österreichs (vgl. Pöschl 2007).

11

Anders an Adorno, Wien, 27.8.1963; Typoskript, Adorno Archiv; Typoskript (Durchschlag), NL Anders 237/B1479 (Veröffentlicht in: Adorno 2003: 276–280)
Briefkopf: Absender: Günther Anders / Wien/Mauer / Dreiständeg. 40.

als ich, long ago, nach Frankfurt kam, um mich zu habilitieren, Ihre Attitude gegenuber meinem Plan und Ihre Schritte gegen diesen: Anders plante 1930/31 sich mit der Arbeit «Philosophische Untersuchungen über musikalische Situationen» an der Universität Frankfurt bei Paul Tillich zu habilitieren. Die Habilitation kam nicht zustande: Die Arbeit wurde nicht eingereicht und erst postum veröffentlicht (Anders 2017). Adorno habilitierte sich 1931 ebenfalls bei Tillich in Frankfurt mit der Arbeit «Kierkegaard. Konstruktion des Ästhetischen». Anders' Annahme, Adorno habe seine Habilitation durch konkrete Schritte verhindert, ist nicht belegbar; Adornos informelle negative Einschätzung der Habilitationsschrift dürfte aber einen gewissen Einfluss auf Tillichs (zögerliche) Haltung ausgeübt haben (vgl. ebd.: 354 ff.).

in Amerika ... im Institutskreis: Gemeint ist das in die USA emigrierte Frankfurter Institut für Sozialforschung. Während seiner Zeit im US-amerikanischen Exil (1936–50) hatte Anders Rezensionen in der institutseigenen *Zeitschrift für Sozialforschung* veröffentlicht (1937–39) (vgl. Briefwechsel mit Max Horkheimer, Brief vom 13.3.1936, S. 14). Im Institutskreis in Los Angeles hatte er 1942 an einem Seminar über die Theorie der Bedürfnisse teilgenommen (vgl. die Diskussionsprotokolle, u. a. zu Anders' dort vorgestellten «Thesen über ‹Bedürfnis›, ‹Kultur›, ‹Kulturbedürfnis›, ‹Kulturwerte›, ‹Werte›» in: Horkheimer 1985: 559–586).

In meinem Molussienbuche kommt ein fiktiver Autor vor: vgl. Anders' in den 1930er Jahren begonnenen und 1992 erstmals veröffentlichten Roman *Die molussische Katakombe*, der aus Dialogen und Geschichten rund um das fiktive Land Molussien besteht (Anders 2012). Bei der hier angesprochenen Figur eines «fiktiven Autors» handelt es sich, wie man annehmen darf, um eine spontane Erfindung. Vgl. auch Anders 1986b: 41 f.

Ihre wichtigen Untersuchungen über den Antisemitismus: vgl. Adorno/Horkheimer: «Elemente des Antisemitismus. Grenzen der Aufklärung», in: *Dialektik der Aufklärung* (1947) (Horkheimer/Adorno 1987: 197–238) sowie die Studie *The Authoritarian Personality* (Adorno et al. 1950; vgl. Anders an Max Horkheimer, Wien, 8.3.1953, S. 26).

mein nun dreizehnjähriges Zurücksein: Anders war 1933 nach Paris, 1936 nach New York bzw. in die USA emigriert. 1950 kehrte er nach Europa zurück und ließ sich in Wien nieder.

dass G. wegen seiner nazistischen Vergangenheit noch nicht einmal an die Wiener Universität zurückkann: Arnold Gehlen war 1933 der NSDAP beigetreten; von 1940 bis 1945 war er ordentlicher Professor für Philosophie an der Universität Wien.

unbezahlter Statist für das Fernsehen: Das Gespräch, an dem Adorno am 11.6.1963 im Wiener Palais Palffy als Diskutant und Anders als Zuhörer im Publikum teilgenommen hatten, war für das Fernsehen aufgezeichnet worden (vgl. Adorno/Tobisch 2003: 304; s. Anm. zu Brief Nr. 9).

Lesung Dérys, ein paar Tage vorher im selben Saal: Am

14.3.1963 fand im Wiener Palais Palffy eine Lesung des ungarischen Schriftstellers Tibor Déry statt (vgl. ÖGfL-Archiv).

Walter Benjamin … in der Pariser Zeit vor 36 … wir haben sogar etwas zusammen gearbeitet (über Übersetzung): Walter Benjamin (1892–1940) und Anders waren entfernt verwandt (Benjamin war ein Cousin von Anders' Mutter Clara Stern) und kannten sich aus früher Kindheit. Während Anders' Zeit im Pariser Exil (1933–36) standen sie in engerem Kontakt und arbeiteten u. a. gemeinsam an einem geplanten, nicht gesendeten, nur in Fragmenten erhaltenen Dialog für den Pariser Rundfunk zum Thema Übersetzung. Vgl. Anders' Aufzeichnungen, Ms., Benjamin Archiv, Akademie der Künste, Berlin, Sign.: Do-0060-0063; vgl. Benjamins Aufzeichnungen «La Traduction – Le pour et le contre» (Benjamin, GS VI: 157–160); vgl. Brief Anders an Rolf Tiedemann, Wien, 8.5.1971, NL Anders, LIT 237/B355.

Die zwei Bände philosophischer Tagebücher … sind ihm sogar gewidmet: Anders' Tagebuchaufzeichnungen erschienen erstmals 1967 in Buchform unter dem Titel *Die Schrift an der Wand. Tagebücher 1941 – 1966*; der Band enthält keine Widmung für Walter Benjamin, sondern für Anders' dritte Ehefrau Charlotte Zelka (Anders 1967b).

den «maßlos gönnerhaften Brief»: s. Brief Nr. 1 bzw. Anm. zu Brief Nr. 9.

12

Anders an Adorno, Wien, 8.10.1963; Typoskript, Adorno Archiv; Typoskript (Durchschlag), NL Anders 237/B1479
Briefkopf: Absender: Günther Anders / Wien/Mauer / Dreiständeg. 40.

die neue Zusendung … Ihre inscription: Adorno, *Drei Studien zu Hegel. Aspekte, Erfahrungsgehalt, Skoteinos oder Wie zu lesen sei.* Frankfurt/M. 1963 (Exemplar mit Widmung für Günther Anders: «En attendant», NL Anders; s. Brief Nr. 13).

13

Adorno an Anders, Frankfurt am Main, 14.10.1963; Typoskript, NL Anders 237/B1479; Typoskript (Durchschlag), Adorno Archiv
Briefkopf: Absender: Prof. Dr. Theodor W. Adorno / Frankfurt am Main / Kettenhofweg 123.

Hegelbüchlein: s. Anm. zu Brief Nr. 12.

meinem großen Buch: Adorno, *Negative Dialektik* (1966) (Adorno, GS 6).

14

Adorno an Anders, Frankfurt am Main, 31.10.1963; Typoskript, NL Anders 237/B1479; Typoskript (Durchschlag), Adorno Archiv (Veröffentlicht in: Adorno 2003: 280–284)
Briefkopf: Absender: Prof. Dr. Theodor W. Adorno / Frankfurt am Main / Kettenhofweg 123.

Ihre Habilitationsschrift: Anders' geplante Habilitationsschrift «Philosophische Untersuchungen über musikalische Situationen» (1930/31; Anders 2017); s. Anm. zu Brief Nr. 11.

im Postscriptum Ihres Briefes … die neuerdings sich ausbreitende Begeisterung für Schenker: Heinrich Schenker (1868–1935), österr. Musiktheoretiker, Komponist; entwickelte eine Methode zur Analyse tonaler Musik nach Strukturebenen («Schichten») und zu deren Reduktion auf eine elementare Grundstruktur («Ursatz», «Urlinie»). Vgl. Anders' Bemerkung in Brief Nr. 11, dass er «bei Musikologen, die sich auf bloße Skelettzeichnungen beschränken, als unverbesserlicher Adornist» gelte (S. 62).

das von Max Bense herausgegebene Blatt «Der Augenblick» eine freundliche Besprechung meines Bandes «Prismen» … redaktionellen Notiz … Billy Graham: vgl. Guenter Klingmann: «Kulturkritik und Gesellschaft. Notizen zu Adornos ‹Prismen›», in: Augenblick. Aesthetica, Philosophica, Polemica. Hg. v. Max

Bense. 1. Jg., H. 3/1955, 50–53; vgl. ebd. unter «Anmerkungen», S. 62: «Zum Referat G. Klingmanns über Adornos Kulturkritik: wir bringen dieses Referat zum Abdruck, obwohl die innere Ambivalenz und vitale Schwäche dieser Kulturkritik, die z. B. der gegenwärtigen Kulturindustrie der Kirchen und dem Billy-Graham-Kitsch eine merkwürdige Schonung angedeihen läßt, zu wenig festgehalten erscheint.» Billy Graham (1918–2018) war ein international bekannter US-amerikanischer evangelikaler Pastor und Prediger.

In den «Eingriffen» steht immerhin ein Passus: vgl. die Passagen zum Verhältnis von Theorie und Praxis in Adornos *Eingriffen*, u. a.: «Der Theoretiker, der heute in praktische Kontroversen eingreift, erfährt regelmäßig und beschämend, daß, was er an Gedanken etwa beizubringen hat, längst gesagt ward und meist besser beim ersten Mal. […] Noch dem kritischen Gedanken droht Ansteckung an dem, was er kritisiert.» (Adorno, GS 10.2: 533); «Die praktischen Aussichten sind darum beschränkt. Wer überhaupt Vorschläge anmeldet, macht leicht sich zum Mitschuldigen.» (Adorno, GS 10.2: 458)

Frau Arendt: Hannah Arendt und Günther Anders waren von 1929 bis 1937 verheiratet (vgl. Arendt/Anders 2016).

Eine Abschrift des Briefes über die Benjamin-Ausgabe lege ich bei: s. Brief Anders an Adorno, 5.3.1951 (Brief Nr. 1).

«Quasi una Fantasia»: Adorno, *Quasi una fantasia. Musikalische Schriften II* (1963) (wieder in: Adorno, GS 16: 249 ff.).

Mein großes philosophisches Manuskript: vgl. Adorno, *Jargon der Eigentlichkeit* (1964) und *Negative Dialektik* (1966) (Adorno, GS 6).

14a

Beilage (Kopie): s. Brief Nr. 1: Anders an Adorno, Wien, 5.3.1951

15

Anders an Adorno, Wien, 16.11.1963; Typoskript (Durchschlag), NL Anders 237/B1479
Briefkopf: Absender: Günther Anders / Wien/Mauer / Dreiständeg. 40.

16

Anders an Adorno, Wien, 6.12.1963; Typoskript, Adorno Archiv; Typoskript (Durchschlag), NL Anders 237/B1479
Briefkopf: Absender: Günther Anders / Wien/Mauer / Dreiständeg. 40.

Warschau, wo ich die chinesische Affaire in the flesh miterlebte: 1963 reiste Anders zur Tagung des Weltfriedensrates nach Warschau, wo er am 2. Dezember eine «Ansprache am Denkmal der Ghettokämpfer» hielt (vgl. Anders NL 237/W182/7/1; Anders 1964c). Mit der «chinesischen Affaire» sind die sich zunehmend verschlechternden politischen Beziehungen zwischen der Volksrepublik China und der Sowjetunion gemeint.

mein Benjamin-Passus in meinem vor zwölf Jahren geschriebenen Briefe: s. Brief Nr. 1.

Mir ist nämlich nach der Veröffentlichung der «Antiquiertheit» im Jahre 57 ein philosophisches Ordinariat in einer sehr großen deutschen Universität angeboten worden.... In meinem Absagebrief... Spinoza zitiert: Anders war 1957 – ein Jahr zuvor war der erste Band der *Antiquiertheit des Menschen* erschienen – unter den Kandidaten für die Neubesetzung des philosophischen Ordinariats der Freien Universität Berlin (vgl. Briefwechsel Anders-Richard Alewyn, NL Anders, 237/B4 u. B433). In seinem Absagebrief an den Dekan der Philosophischen Fakultät der FU Berlin vom 25.8.1957 (s. Dokument III, S. 92) zog Anders seine Bewerbung mit dem Hinweis auf die für seine Arbeit – die «häretische Tätigkeit» des Philosophierens – notwendige Freiheit zurück und verwies auf Baruch de Spinoza (s. Anm. S. 292).

Brecht … in meinem kleinen Bändchen, das ich in memoriam geschrieben habe: vgl. Anders, *Bert Brecht. Gespräche und Erinnerungen*: Darin berichtet Anders von einem Gespräch, in dem er Bertolt Brecht «[…] an seine Thesen über das ‹Schreiben der Wahrheit› erinnerte und fragte, was er damit denn meine. Warum die Wahrheit denn *sein* solle? Und sein *solle*? Und die Lüge nicht? Nämlich nicht ‹*erlaubt*› sei (*sein* Wort) und nicht herrschen *dürfe* (gleichfalls *sein* Wort)? Was diese Ausdrücke denn in seinem Munde zu suchen hätten? Ob nicht auch er durch sie an jenem ‹Pfaffengerede› teilnehme, das er so verachte? […] Woraufhin er nicht etwa dies oder jenes antwortete oder antwortlos blieb; sondern, in der Überlegenheit seiner Position nicht im mindesten erschüttert, in höhnisches Lachen ausbrach. Vermutlich versteht er meine Frage genau so wenig wie ich sein Lachen. Hier ist ein Punkt, an dem zwei völlig verschiedene und endgültig ineinander nicht übertragbare Sprachen aneinandergrenzen.» (Anders 1962a: 30 f.)

Habilitationsschrift … meiner damaligen, übrigens niemals veröffentlichten, Schrift: vgl. Anders 2017; vgl. Anm. zu Brief Nr. 14.

Revision des Vergangenen … Manstein … als leidenschaftlicher Fallschirmspringer dabei gewesen … Kampf gegen Atomrüstung: Bodo Manstein (1911–1977), Arzt, Sachbuchautor, engagiert in der Anti-Atom-Bewegung, u. a. im «Kampfbund gegen Atomschäden». Über seine eigene politische Vergangenheit notierte Manstein in seinem Buch *Im Würgegriff des Fortschritts*: «Der Verfasser kommt ursprünglich nicht aus dem Lager der Pazifisten, im Gegenteil, er war auch während des Zweiten Weltkrieges noch lange Zeit von der Richtigkeit der deutschen ‹Verteidigung› mit Waffengewalt überzeugt. Das unmittelbare Kriegserleben an den verschiedenen Fronten war ein harter Lehrmeister. Gefangenschaft und Nachkriegszeit haben weiteres Nachdenken erzwungen. Die innere Umstellung vollzog sich trotzdem langsam, wurde aber um so fester, je deutlicher sich neben der zivilisatorischen Fehlentwicklung der Bankrott des Gewaltdenkens offenbarte.» (Manstein 1961: 403)

Konformismustheorie … im «Merkur»: Anders, «Der sanfte

Terror. Theorie des Konformismus» und «Der sanfte Terror (II). Theorie des Konformismus», in: Merkur, H. 193–194, 1964, 209–224, 334–354.

17

Adorno an Anders, Frankfurt am Main, 10.12.1963; Typoskript, NL Anders 237/B1479; Typoskript (Durchschlag), Adorno Archiv
Briefkopf: Absender: Prof. Dr. Theodor W. Adorno / Frankfurt am Main / Kettenhofweg 123.

«Quasi una Fantasia»: s. Anm. zu Brief Nr. 14.

«Jargon der Eigentlichkeit» ... ein Bruchstück in der «Neuen Rundschau» ... von dem philosophischen work in progress abgetrennt: Adorno, «Jargon der Eigentlichkeit», in: Neue Rundschau. 74. Jg., H. 3/1963, 371–385; der Text war ursprünglich als Teil der *Negativen Dialektik* geplant; Adorno, *Jargon der Eigentlichkeit. Zur deutschen Ideologie* (1964; wieder in: Adorno, GS 6).

«Moments musicaux»: Adorno, *Moments musicaux. Neu gedruckte Aufsätze 1928–1962* (1964); wieder in: Adorno, GS 17: 7–161.

18

Anders an Adorno, Wien, 13.12.1963; Typoskript, Adorno Archiv; Typoskript (Durchschlag), NL Anders 237/B1479
Briefkopf: Absender: Günther Anders / Wien/Mauer / Dreiständeg. 40.

19

Anders an Adorno, Wien, 9.2.1964; Typoskript, Adorno Archiv; Typoskript (Durchschlag), NL Anders 237/B1479
Briefkopf: Absender: Günther Anders / Wien/Mauer / Dreiständeg. 40.

die zwei neuen Bände: s. Anm. zu Brief Nr. 17.

20

Anders an Adorno: Briefkopie Anders an Hans Deutsch, Laigueglia, 18.6.1964; Typoskript (Kopie), Adorno Archiv
Briefkopf: Absender: Günther Anders / z. Z. Pensione Augustus / Laigueglia (Savona).

Deutsch … Forum: Die österreichische Zeitschrift *Forum* erschien 1962–1964 im Hans Deutsch Verlag des Wiener Juristen Hans Deutsch (1906–2002).

Torberg hat einen Text von mir veröffentlicht, ohne mich, den Autor, um Autorisierung zu fragen: vgl. Anders, «Anders ruft Torberg», Typoskript, NL Anders, 237/W185/8; vgl. Friedrich Torberg, «Ein Meinungsaustausch in Sachen demokratischer Gesinnung», in: Forum, XI. Jg., H. 126–127, Juni/Juli 1964, 306–311. Friedrich Torberg (1908–1979) hatte als Herausgeber des *Forum* Anders' Text, mit dem dieser auf Torbergs Glosse «Das Unbehagen in der Gesinnung» (Forum, H. 124, April 1964, 212 f.) reagierte, nicht im Original veröffentlicht, sondern, ohne Autorisierung durch den Autor, in verzerrender Weise in seinem eigenen Text zitiert und zerpflückt. Ausgangspunkt dieser Auseinandersetzung zwischen (dem Antikommunisten) Torberg und Anders war das im Wiener Volkstheater aufgeführte Stück *Gilda ruft Mae West* von Michel Parent, das Torberg (mit Seitenhieben auf Anders) als antiamerikanisch und tendenziös kritisierte. Das Stück thematisiert den Abwurf der Atombombe auf Hiroshima, die Hauptfigur ist nach dem Vorbild des Hiroshima-

Piloten Claude Eatherly gestaltet. Anders hatte einen Briefwechsel mit Eatherly veröffentlicht (Anders/Eatherly 1961).

Torberg … die erste Attacke auf mich: vgl. Friedrich Torberg, «Das Unbehagen in der Gesinnung», in: Forum, H. 124, April 1964, 212 f.

Torbergs Text … er jubiliert, weil Eatherly die Bombe nicht abgeworfen habe: vgl. Torberg: «Es [das Buch, i. e. der Briefwechsel Anders/Eatherly 1961] stinkt. Es stinkt zum Himmel – aus dem Claude Eatherly die Atombombe nämlich *nicht* abgeworfen hat. Er gehörte nämlich gar nicht zur Besatzung des betreffenden Flugzeugs. Er gehörte nicht einmal zu den Augenzeugen jenes Luftangriffs.» (Torberg 1964b: 309) Claude Eatherly war Pilot eines Wetteraufklärungsflugzeugs über Hiroshima, und nicht der Enola Gay, von der die Atombombe abgeworfen wurde, s. auch Anm. o. Vgl. zur Darstellung Eatherlys im Briefwechsel mit Anders: Anders 1982a: 238, 294.

eine Erklärung, die … im nächsten Heft des Forum erscheinen müsste: Eine solche Erklärung von Hans Deutsch ist nicht erschienen.

dass Sie mich im Gegenteil, enttäuscht über Leisers Film, wiederholt gedrängt haben, aus dem Material einen besseren Film zu machen … auch in Gegenwart meines damaligen Anwaltes Professor Peter: vgl. Hans Deutsch an Anders, Wien, 5.3.1962: «Seit langem ist es für mich ein Herzensbedürfnis, zum Kampf gegen die Atomgefahr beizutragen. […] Da ich gottseidank über ausreichende finanzielle Mittel verfüge, habe ich es für richtig gehalten, den mir vorgeschlagenen Film ‹Hiroshima ist überall› zu finanzieren. Die in diesem Film vertretenen Prinzipien unterstütze ich von ganzem Herzen, ich werde auch meine in Österreich erscheinende Zeitschrift ‹Das Forum› und die Bücher des Hans Deutsch Verlages in diesem Geiste und gemäß den darin enthaltenen Prinzipien führen, bzw. herausbringen.» (NL Anders, 237/B571) Der angesprochene Film von Erwin Leiser (1923–1996), in den Anders in der Planungsphase als Autor involviert war, wurde schließlich von Leiser allein unter dem Titel «Wähle das Leben!» realisiert (vgl. Briefwechsel Anders-Leiser, NL Anders, 237/B1498); ein Buch zum Film erschien im Hans

Deutsch Verlag (Leiser 1963). Anders' und Deutschs Pläne, unter dem Titel «Hiroshima ist überall» (vgl. Anders 1982a) einen eigenen Anti-Atom-Film zu produzieren, und zwar unter Verwendung von Filmmaterial, das Leiser für seinen Film nicht verwendet hatte (vgl. Anders an Deutsch, 11.10.1963, NL Anders, 237/B77), zerschlugen sich. Anders hatte in dieser Sache den Rat des Anwalts Wilhelm Peter eingeholt (vgl. Briefwechsel Anders – Wilhelm Peter, NL Anders 237/B1505).

das Janouch-Skript: Im Hans Deutsch Verlag erschien 1965 Gustav Janouchs Bildbiographie *Franz Kafka und seine Welt*. Anders hatte Hans Deutsch das Manuskript vermittelt.

21

Anders an Adorno, Wien, 16.10.1964; Typoskript (Durchschlag), NL Anders 237/B1479
Briefkopf: Absender: Günther Anders / Wien-Mauer / Dreiständeg. 40.

dass Sie in einer Woche hier über den Jargon der Eigentlichkeit sprechen werden: Adorno hielt am 23. Oktober 1964 im Wiener Redoutensaal den Vortrag «Jargon der Eigentlichkeit» (vgl. ÖGfL-Archiv).

dass ich ... frankfurtwärts fliege, ebenfalls um zu sprechen: Anders reiste im Oktober 1964 nach Frankfurt, um u. a. im nahegelegenen Mainz einen Vortrag zu halten (vgl. Briefdurchschlag Anders an Jens Jahnke, Wien, 18.10.1964, NL Anders, LIT 237/B183).

22

Adorno an Anders, Frankfurt am Main, 23.4.1965; Typoskript, NL Anders 237/B1479; Typoskript (Durchschlag), Adorno Archiv
Briefkopf: Absender: Prof. Dr. Theodor W. Adorno / Frankfurt am Main / Kettenhofweg 123.

der «Jargon der Eigentlichkeit» und der dritte Band der «Noten zur Literatur»: vgl. Anm. o. (Adorno, GS 6); *Noten zur Literatur*, 3. Band (1965) (Adorno, GS 11).

Text über Kraus ... dass er in «Sittlichkeit und Kriminalität» sehr freundlich Ihren Vater nennt ... Freud: vgl. Adornos Aufsatz «Sittlichkeit und Kriminalität» über Karl Kraus' gleichnamigen, erstmals 1908 erschienenen Band (Adorno, GS 11: 367–387), in dem Kraus im Text «Die Kinderfreunde» den Psychologen William Stern, Anders' Vater, als Gutachter in einem Wiener Gerichtsprozess erwähnt (Kraus 1987: 167–192, hier: 177 ff.), im Zuge dessen auch Sigmund Freud befragt wurde (ebd.: 184 ff.). Adorno erwähnt Freud und Stern in seinem Aufsatz als «von Kraus gerühmte Psychologen» (Adorno 1974: 367).

meinem großen Buch ... Dialektikbuchs: Adorno, *Negative Dialektik* (Adorno, GS 6).

Strauss-Essay aus der «Neuen Rundschau»: Adorno, «Richard Strauss. Geboren 11. Juni 1864», in: Neue Rundschau, 75. Jg., H. 4/1964, 557–587 (wieder in: Adorno, GS 16: 565–606).

der junge Eichmann: vgl. Anders, *Wir Eichmannsöhne. Offener Brief an Klaus Eichmann* (Anders 1964a).

Europa-Gespräch: Gesprächsreihe der Stadt Wien (s. Anm. zu Brief Nr. 9).

23

Anders an Adorno, Wien, 12.12.1966; Typoskript, Adorno Archiv; Typoskript (Durchschlag), NL Anders 237/B1479
Briefkopf: Absender: Günther Anders / 1230 Wien/Mauer / Dreiständeg. 40.

Ihr opus magnum: Adorno, *Negative Dialektik* (Adorno, GS 6).

24

Adorno an Anders, Oktober 1968: Erklärung von Günther Anders; Typoskript (Kopie) mit handschriftlichen Korrekturen von Adorno; Sammlung Gerhard Oberschlick

ERKLÄRUNG: Anders hatte Adorno die Erklärung zur Unterzeichnung zugesandt (vgl. auch: Adorno/Tobisch 2003: 258 f.), woraufhin Adorno einige wenige Korrekturen darin vornahm: Er änderte die Formulierung «Wir, Geistige und Künstler» in «Die unterzeichnenden Intellektuellen», «schöpferisch und reproduktiv tätige Vertreter der modernen Musik» in «produktiv und reproduktiv tätige Vertreter der modernen Musik», «diese und die mit diesen zusammenarbeitenden erstrangigen Instrumentalisten» in «die genannten und die mit ihnen zusammenarbeitenden hervorragenden Instrumentalisten», «Hier zuhause» in «In Wien» sowie «dieses rührende (auch musikgeschichtlich natürlich unrichtige) Programmprinzip» in «dieses rührende (auch musikgeschichtlich groteske) Programmprinzip».

Peter Weiser-Interview von Franz Endler in «Die Presse» 19./20.10.68 unter dem Titel «Waghalsiges nur außerhalb der Saison»: vgl. Zeitungsausschnitt «Die Presse», 19./20.10.1968, NL Anders, LIT 237/B1479. – Im angesprochenen Artikel, der Interviewpassagen mit dem damaligen Generalsekretär der Wiener Konzerthausgesellschaft Peter Weiser (1926–2012) enthält, heißt es u. a.: «Weder das Programm noch die Einteilung der Zyklen [des Wiener Konzerthauses] sei, nach Peter Weisers Ansicht, ausschlaggebend für die Zukunft der Musik in Wien. ‹Wichtig ist nur eines: In Wien müßten wieder große Persönlichkeiten wirken. Ein Boulez mit Sitz in Wien oder eine permanente Anwesenheit von Lutosławski oder Penderecki würden mit einem Schlag die gesamte Szene ändern. Ein Ernst Krenek an der Akademie für Musik und darstellende Kunst und andere bedeutende Theoretiker in Wien würden der ganzen Stadt wieder Auftrieb geben.› Weiser glaubt nicht an die Bedeutung der in Wien lebenden Komponisten, er weiß, daß er mit ihren Werken kein Publikum anlocken kann, er hat auch erfahren, daß selbst Ensembles wie ‹die reihe› keine Chance mehr haben, echte Diskussionen heraufzubeschwören. [...] Peter Weisers Wünsche: Daß die neue Musik in Wien künftig wieder durch gewichtige Musiker repräsentiert wird.»

«Die 5. Symphonie» einen Konzertzyklus: vgl. die im Artikel «Waghalsiges nur außerhalb der Saison» zitierten Aussagen Peter Weisers zum «[...] Zyklusmotto ‹Die Fünfte Symphonie›, das Weiser nach wie vor verteidigt. Und zwar vorerst, weil es Publikum angelockt habe und dann, in zweiter Linie, weil er meint, mit der jeweils Fünften Symphonie hätten die vorgestellten Komponisten ihr höchstes Niveau erreicht.» (Vgl. Zeitungsausschnitt «Die Presse», 19./20.10.1968, NL Anders, LIT 237/B1479)

25

Adorno an Anders, Frankfurt am Main, 1.11.1968; Typoskript, NL Anders 237/B1479; Typoskript (Durchschlag), Adorno Archiv
Briefkopf: Absender: Prof. Dr. Theodor W. Adorno / Frankfurt am Main / Kettenhofweg 123.

aus Graz hatte ich Ihnen sogleich Ihren Aufruf mit ein paar Änderungen zurückgeschickt: s. Brief Nr. 24: «Erklärung». – In Graz hielt sich Adorno wegen seines dort am 24. Oktober 1968 gehaltenen Vortrags «Konzeption eines Wiener Operntheaters» auf (vgl. Ankündigung, Zeitungsausschnitt, NL Anders, LIT 237/B1479; vgl. Wiederabdruck des Vortrags in: Adorno, GS 19: 496–515).

mich nicht unter die «Geistigen» subsumieren möchte, die mich einerseits an Kurt Hiller, andererseits an die Arbeiter der Stirn und der Faust erinnern: Adorno hatte in der hier angesprochenen «Erklärung» (Brief Nr. 24) die Formulierung «Wir, Geistige und Künstler» durch «Die unterzeichnenden Intellektuellen» ersetzt. – Kurt Hiller (1885–1972), sozialistisch-pazifistischer Publizist und Schriftsteller, u. a. Hrsg. von «Das Ziel. Jahrbücher für geistige Politik» (1916 ff.) und Mitbegründer des «Politischen Rats geistiger Arbeiter» (1918). – Der Ausdruck «Arbeiter der Stirn und der Faust» gehört zur Terminologie des Nationalsozialismus (vgl. Hachtmann 2006).

Es war schön, Sie an dem Wiener Abend zu sehen: Adorno hielt sich anlässlich der Präsentation seiner 1968 erschienenen Alban Berg-Monographie *Berg. Der Meister des kleinsten Übergangs* (Adorno, GS 13) von 17. bis 23. Oktober in Wien auf (vgl. Adorno/Tobisch: 256 f.).

26

Anders an Adorno, Wien, 4.11.1968; Typoskript, Adorno Archiv; Typoskript (Durchschlag), NL Anders 237/B1479
Briefkopf: Absender: Günther Anders / 1090 Wien / Lackierergasse 1/5.

Bisher hat außer Ihnen (und mir) nur Hoflehner unterschrieben, Frau Berg … noch immer unter dem Schock der Willnauer-Affaire: vgl. zur angesprochenen Erklärung, die der Bildhauer, Maler und Grafiker Rudolf Hoflehner (1916–1995) unterzeichnet hatte, Brief Nr. 24. – Mit der sog. «Willnauer-Affaire» ist die Herausgabe der Briefe Alban Bergs an seine Frau Helene Berg gemeint, die diese als Herausgeberin besorgte (vgl. Berg 1965). Der Musikkritiker, Publizist und spätere Kulturmanager Franz Willnauer (*1933) richtete die Briefe für den Druck ein, wobei Helene Berg für die Edition keine oder kaum Brieforiginale zur Verfügung stellte und durch zahlreiche Streichungen stark in die Edition eingriff. Ein Zerwürfnis und Rechtsstreitigkeiten folgten. (Vgl. Spiegel 1966)

Brief an Frau Berg … Herrn Kaufmann … Brief: Im Nachlass von Anders ist keine Korrespondenz mit Helene Berg (ebensowenig in deren Nachlass) oder mit dem Musikwissenschaftler Harald Kaufmann (1927–1970) erhalten.

Als ich Sie hier in Wien sprach: s. Anm. zu Brief Nr. 25.

IGNM: Internationale Gesellschaft für Neue Musik.

meine Benutzung des Programmprinzips «5. Symphonie» als Zeugnis für Weisers Qualitäten: vgl. die im Artikel «Waghalsiges nur außerhalb der Saison» zitierten Aussagen Peter Weisers über Schwierigkeiten der Programmierung im Wiener Konzerthaus: «Programme, die auch zeitgenössische Musik enthalten, würden nur ungern in Kauf genommen. [...] ‹Der Gewerkschaftsbund hat abgelehnt, den Zyklus ‹Die Fünfte Symphonie› zu abonnieren, weil darin Werke von Mahler, Sibelius und Schostakowitsch vorkommen. Und das also Werke des 20. Jahrhunderts sind› [...].» (Vgl. Zeitungsausschnitt «Die Presse», 19./20.10.1968, NL Anders, LIT 237/B1479.)

Herr Polnauer: Josef Polnauer (1888–1969), Musikwissenschaftler, Kompositionslehrer, Beamter; Schüler Arnold Schönbergs und Alban Bergs.

Frau Tobisch, da diese ja selbst einen ähnlichen Kampf gegen den törichten Haeusserman geführt hatte: Die österr. Schauspielerin Lotte Tobisch (1926–2019) hatte als Betriebsrätin des Wiener Burgtheaters die Besetzungspolitik des damaligen Direktors des Burgtheaters Ernst Haeusserman (1916–1984; Burgtheater-Direktor: 1959–68) kritisiert und eine «größere Palastrevolution» gegen ihn initiiert (vgl. Adorno/Tobisch 2003: 52 f.).

Herrn Fiechtner: Helmut Albert Fiechtner (1911–1984), rumän.-österr. Publizist, Musikkritiker, -wissenschaftler.

27

Adorno an Anders, Frankfurt am Main, 15.11.1968; Typoskript, NL Anders 237/B1479; Typoskript (Durchschlag), Adorno Archiv Briefkopf: Absender: Prof. Dr. Theodor W. Adorno / Frankfurt am Main / Kettenhofweg 123.

Ligeti... der sich gerade hier befindet... sein Stück: Der ungar.-österr. Komponist György Ligeti (1923–2006) hielt sich in den Jahren 1967/68 wiederholt in Frankfurt auf, wo er auch mit Adorno zusammentraf und dessen Seminare an der dortigen Universität hörte (vgl. Ligeti 2007: 506). Beim hier angesprochenen Stück handelt es sich sehr wahrscheinlich um Ligetis *Atmosphères* (für großes Orchester, 1961). (Vgl. Burde 1993: 144 f.; Kaufmann 1993: 253, 275)

Aufruf für Ernst Bloch: Am 27.11.1942 war im *Aufbau* Adornos (Spenden-)Aufruf «Für Ernst Bloch» erschienen (wieder in: Adorno, GS 20.1: 190 ff.). Zuvor hatte Bloch in einem Brief an Adorno vom 18.9.1942 auf seine schwierige materielle Situation im US-amerikanischen Exil hingewiesen (Bloch 1985: 443 ff.). Adornos öffentlicher Aufruf war jedoch keineswegs im Sinne Blochs; er reagierte darauf mit einem klarstellenden Leserbrief im *Aufbau* vom 4.12.1942 (vgl. ebd.: 446 f.).

28

Anders an Adorno, Wien, 18.11.1968; Typoskript, Theodor W. Adorno Archiv; Typoskript (Durchschlag), NL Anders 237/B1479 (Veröffentlicht in: Tobisch/Adorno 2003: 260 f.)
Briefkopf: Absender: Günther Anders / 1090 Wien / Lackiererg. 1/5.

Lothar Knessl: österr. Musikjournalist, Komponist, Förderer neuer Musik (*1927).

Dokumente

I

Nicht abgeschickter Briefentwurf: Adorno an Anders, 12.3.1951; Typoskript (mit handschriftlicher Ergänzung von Max Horkheimer), Theodor W. Adorno Archiv
Briefkopf: *Entwurf* / an Herrn Dr. Günther Stern, Wien I, Krugerstr. 18/4.

Charakteristik Benjamins: s. Anm. zu Brief Nr. 1.

Zu Wertheimer'schen Zeiten: Max Wertheimer (1880–1943) war 1929–1933 Professor für Psychologie an der Universität Frankfurt, wo Adorno und Anders zu dieser Zeit an ihrer Habilitation bei Paul Tillich arbeiteten. Adorno habilitierte sich 1931; Anders' Habilitation kam nicht zustande (s. Anm. zu Brief Nr. 11).

Ihre Publikationen: vgl. Anm. zu Brief Nr. 1.

«Philosophie der neuen Musik»: s. Anm. zu Brief Nr. 1.

Das zweite Ordinariat – das erste hat Horkheimer inne – ist nach der Berufung Gadamers auf den Jaspers'schen Lehrstuhl unbesetzt: Hans-Georg Gadamer (1900–2002) verließ 1949 die Frankfurter Universität und trat in Heidelberg die Nachfolge von Karl Jaspers (1883–1969) an. Max Horkheimer (1895–1973) wurde 1949 auf den Frankfurter Lehrstuhl für Sozialphilosophie berufen, den er bereits 1930–1933 innegehabt hatte; das frei gewordene zweite Ordinariat wurde 1952 mit Gerhard Krüger (1902–1972) besetzt.

Berthold Viertel und seine Frau: Der Schriftsteller und (Theater-)Regisseur Berthold Viertel (1885–1953) war mit Anders befreundet und v. a. während des US-amerikanischen Exils mit ihm in Kontakt. Bis 1948 war Viertel mit der Schauspielerin und Autorin Salka Viertel (1889–1978; geb. Steuermann) verheiratet, danach mit der Schauspielerin Elisabeth Neumann (1900–1994).

II

Günther Anders: Adorno-Gespräch in Wien Mitte Mai 66 (Protokoll), Typoskript, NL Anders 237/B1479

einen Vortrag gehalten hatte, in dem Auschwitz-Partien von äußerster Radikalität und äußerstem Schmerze enthalten waren: Am 18. Mai 1966 hielt Adorno im Wiener Palais Palffy den Vortrag «Funktionalismus heute» (vgl. ÖGfL-Archiv; vgl. Adorno, GS 10.1, 375–395).

Grass-Brecht … ob er Br. gegen die blöde Attacke durch Gr. in

Schutz nehmen würde: Günther Grass' Stück *Die Plebejer proben den Aufstand. Ein deutsches Trauerspiel* (Uraufführung 1966) thematisiert den niedergeschlagenen Aufstand in der DDR vom 17. Juni 1953: Ein (nicht namentlich als Bertolt Brecht bezeichneter) «Chef» eines Ost-Berliner Theaters probt seine Bearbeitung von Shakespeares *Coriolanus*; aufständische Arbeiter fordern vom Theatermacher politische Unterstützung für ihre Interessen, dieser jedoch zögert, verwendet den realen Aufstand für den fiktiven im Stück; ersterer wird niedergeschlagen (vgl. Grass 1968).

Br. sei Terrorist gewesen – er bezog sich da vor allem auf die frühen Stücke wie die «Maßnahme»: In Brechts (unter dem Eindruck der Schriften Lenins entstandenem) Lehrstück *Die Maßnahme* (Uraufführung 1930) verantworten sich vier kommunistische Agitatoren vor dem «Kontrollchor» der Partei: Sie haben einen ihrer eigenen Genossen, der einen politischen Auftrag gefährdete, mit dessen Einverständnis getötet. Der Kontrollchor beurteilt dies am Ende des Stückes mit Einverständnis: «Wir sind einverstanden mit euch.» (Brecht, Werke 3: 98, 125)

Br. … die Figur des freundlichen Menschen: vgl. u. a. Brechts Stück *Der gute Mensch von Sezuan* (Uraufführung 1943) (vgl. Brecht, Werke 6: 175–281).

dass E. garnicht, wie er immer behauptet habe, Hiroshima bebombt habe: Claude Eatherly, mit dem Anders einen 1961 veröffentlichten Briefwechsel führte (Anders/Eatherly 1961), war in den Atombombenabwurf auf Hiroshima am 6. August 1945 als Pilot eines Wetteraufklärungsflugzeugs (und nicht der Enola Gay) involviert; s. Anm. zu Brief Nr. 6.

dem gerade in Frankfurt stattfindenden Vietnam-teach-in: Am 22. Mai 1966 fand an der Frankfurter Universität der vom Sozialistischen Deutschen Studentenbund (SDS) organisierte Kongress «Vietnam – Analyse eines Exempels» statt, bei dem Herbert Marcuse das Hauptreferat hielt (vgl. Marcuse 1966).

III

Anders an Uvo Hölscher (Dekan der Philosophischen Fakultät der Freien Universität Berlin), Seis bei Bozen, 25.8.1957; Typoskript (Durchschlag), NL Anders, LIT 237/B168
Briefkopf: Absender: Dr. Günther Stern-Anders / z.Zt. Seis bei Bozen / ab 1. September: Wien IV, Prinz Eugenstr. 14. – Adressat: Dekanat der Freien Universität Berlin / zu Händen Herrn Prof. Uvo Hölscher.

meinem letzten Berliner Aufenthalt… Vorschlagsliste für das Ordinariat: Auf Vorschlag von Richard Alewyn (und auf Empfehlung von Helmuth Plessner, vgl. Brief Anders an Plessner, 31.8.1957, S. 235) war Anders 1957 unter den Kandidaten für die Neubesetzung des philosophischen Ordinariats der Freien Universität Berlin (s. Anders an Adorno, 6.12.1963, S. 69). Im Zuge dieses Berufungsverfahrens hielt Anders 1957 an der FU Berlin einen Gastvortrag mit dem Titel «Bedürfnis und Seele. Ein Beitrag zum psycho-physischen Problem» (vgl. Briefe Anders-Alewyn, NL Anders, 237/B4 u. B433).

Vor beinahe dreihundert Jahren hat ein unvergleichlich Größerer als ich in einem Absagebrief an eine Universität das Bedenken geäußert: vgl. Baruch de Spinoza, Brief an J. Ludwig Fabritius, Professor der Univ. Heidelberg und kurfürstlichen Rat, 30.3.1673: «Mein erstes Bedenken ist, daß ich wohl auf die Weiterbildung der Philosophie verzichten müßte, wenn ich mich dem Unterricht der Jugend widmen wollte.» (Spinoza 1986: 206; Brief Nr. 48)

ein letztes Bedenken, das ich wieder dem berühmten Briefe Spinozas entnehme: vgl. Baruch de Spinoza, Brief an J. Ludwig Fabritius, 30.3.1673: «Dann habe ich das Bedenken, daß ich nicht weiß, in welche Grenzen die Freiheit zu philosophieren einzuschließen ist, damit ich nicht den Anschein erwecke, als wolle ich die öffentlich anerkannte Religion stören; […].» (Spinoza 1986: 206; Brief Nr. 48)

Briefwechsel mit Herbert Marcuse (1947–1978)

Gesamter überlieferter Briefwechsel mit Herbert Marcuse (1898–1979): Nachlass Günther Anders, Literaturarchiv der Österreichischen Nationalbibliothek, Wien; Nachlass Marcuse, Universitätsbibliothek Frankfurt am Main, Archivzentrum.

1

Marcuse an Anders, Washington, 25.7.1947; Typoskript, NL Anders, LIT 237/B1501

your Kafka: Anders, «Franz Kafka – pro und contra» (Anders 1947a).

2

Marcuse an Anders, Washington, 6.4.1951; Typoskript, NL Anders, LIT 237/B1501
Absender: H. Marcuse / 4609 Chevy Chase Blvd. / Washington 15, D. C. – Adressat: Mr. Günther Stern / Krugerstr. 18 IV / Wien I / Austria.

Sophie: Sophie Marcuse (1901–1951; geb. Wertheim), erste Frau von Herbert Marcuse.

a book on the philosophical aspects of psychoanalysis: Marcuse,

Eros and Civilization. A philosophical inquiry into Freud (Marcuse 1955).

3

Marcuse an Anders, New York, 5.5.1952; Typoskript, NL Anders, LIT 237/B1501
Briefkopf: Absender: 2780 Arlington Ave. / New York 63, N. Y. – Handschriftliche Notiz von Anders am unteren Briefrand: «Antwortete 12.5.»

Unglücksperiode: Anders war 1951/52 auf Grund eines akuten Gelenkrheumatismus für Monate kaum arbeitsfähig.

research and part-time teaching appointment at Columbia University: Marcuse war 1952/53 Senior Fellow am «Russian Institute» der Columbia University, 1954/55 am «Russian Research Center» der Harvard University.

Franz Neumann und Familie: Franz Neumann (1900–1954), Politikwissenschaftler, 1936–1942 Mitarbeiter am New Yorker Institut für Sozialforschung um Horkheimer, Adorno und Marcuse, verheiratet mit (Marcuses späterer Frau) Inge Werner (1913–1973), zwei Söhne Thomas und Michael.

Freud Buch: Marcuse 1955.

Institut … Horkh.: Institut für Sozialforschung, Max Horkheimer.

Gertrud Marcuse: Mutter von Herbert Marcuse.

Liesl: Elisabeth Freundlich (1906–2001), zweite Frau von Anders.

4

Marcuse an Anders, New York, 9.5.1954; Typoskript, NL Anders, LIT 237/B1501
Absender: H. Marcuse / 2780 Arlington Ave. / New York 63,

N. Y. – Adressat: Mr. Günther Stern / c/o Broda / Prinz Eugen Str. 14 / Vienna IV, Austria.

5

Anders an Marcuse, Wien, 24.9.1954; Typoskript (Durchschlag), NL Anders, LIT 237/B1501
Briefkopf: Absender: Günther / c/o Broda / Prinz Eugenstr. 14 / Vienna IV., Austria.

Nachruf über Ihren Freund Neumann: Franz Neumann verunglückte am 2.9.1954 bei einem Autounfall in der Schweiz tödlich. Marcuse war in den Unfall nicht involviert.

Behemoth: Franz Neumann, *Behemoth. The Structure and Practice of National Socialism*. Toronto, New York, London 1942. (2nd, revised ed. 1944)

«Die Welt als Matrize und Phantom»: Anders 1955c.

jenen Philosophen … Sie seinerzeit in Farbers philosophischen Annalen: gemeint ist Jean-Paul Sartre, über dessen Buch *L'être et le néant* (1943) Marcuse eine Rezension in Marvin Farbers Zeitschrift *Philosophy and Phenomenological Research* verfasste (Marcuse 1948). Sartre hielt sich 1954 wegen der geplanten Aufführung seines Stücks *Schmutzige Hände* am Wiener Volkstheater, die er (vergeblich) zu verhindern versuchte, in Wien auf.

6

Marcuse an Anders, Newton (Massachusetts), 20.9.1955; Typoskript, NL Anders, LIT 237/B1501
Absender: H. Marcuse / 26 Magnolia Ave. / Newton 58, Mass. – Adressat: Mr. Günther Stern / Prinz Eugenstr. 14 / Wien IV / Austria.

der Übersetzung: Die dt. Übersetzung von Marcuses Buch *Eros and Civilization* erschien 1957 im Klett-Verlag (Stuttgart) unter dem Titel *Eros und Kultur* (Marcuse 1955).

Beacon Press … Plan der Publikation Ihrer Aufsätze: Bei Beacon Press (Boston) erschien Marcuses Buch *Eros and Civilization* (Marcuse 1955); eine englische Publikation von Anders' im *Merkur* erschienenen Artikeln «Die Welt als Phantom und Matrize» (Anders 1955c) bei Beacon Press war offenbar geplant, blieb aber unrealisiert.

7

Marcuse an Anders, Newton (Massachusetts), 18.2.1956; Typoskript, NL Anders, LIT 237/B1501
Absender: H. Marcuse / 26 Magnolia Ave. / Newton 58, Mass. – Adressat: Mr. Günther Anders / Prinz Eugenstr. 14 / Vienna IV / Austria.

Die beiden Herausgeber von DISSENT: Irving Howe (1920–1993), amerikanischer Literatur- und Kulturkritiker; Lewis A. Coser (1913–2003, urspr. Ludwig Cohen), Soziologe, emigrierte 1933 nach Paris, 1941 in die USA; *Dissent* (New York), 1954 gegründete linksintellektuelle Zeitschrift.

die Sache: In *Dissent* erschien Anfang 1956 eine etwas gekürzte englische Übersetzung von Anders' im *Merkur* erschienenem ersten von drei Artikeln über das Fernsehen (Anders 1955c; Anders 1956c). Daraufhin schrieb Henry M. Pachter einen Verriss, der im Sommer-Heft erschien (unter Pseudonym, Rabassiere 1956), von dem Anders bereits vor Drucklegung erfahren hatte. Das Angebot der Herausgeber, im selben Heft eine Erwiderung auf Pachters Kritik zu publizieren, nahm Anders nicht an.

Herr Paechter: Henry M. Pachter (1907–1980, urspr. Heinz Maximilian Paechter), Journalist und Publizist, emigrierte 1933 nach Paris, 1940 in die USA; publizierte auch unter dem Pseudonym Henry (Henri) Rabassiere (Rabassière, Rabasseire).

seine «Erwiderung»: Rabassiere 1956.

Peter: Sohn (1928–2022) von Herbert und Sophie Marcuse.

meiner Wiederheirat: Herbert Marcuse heiratete nach dem Tod seiner ersten Frau Sophie (1951) und dem tödlichen Autounfall seines Freundes Franz Neumann (1954) 1956 dessen Witwe Inge Neumann (1913–1973, geb. Werner).

das Institut: Institut für Sozialforschung, Frankfurt am Main.

die deutsche Ausgabe meines Buches: Marcuse 1955.

8

Anders an Marcuse, Wien, 2.3.1956; Typoskript (Durchschlag), NL Anders, LIT 237/B1501
Briefkopf: Absender: Günther.

Howe: Irving Howe, s. Anm. zu Brief Nr. 7.

das Machwerk von Paechter: Rabassiere 1956.

2 Arbeiten von mir: In *Dissent* erschienen «The World as Phantom and as Matrix» (Anders 1956c) und «Reflections on the H Bomb» (Anders 1956b).

Aufsatz über die BOMBE: s. o., Anders 1956b.

eine Kopie Ihres Buches: Marcuse 1955.

9

Marcuse an Anders, Newton (Massachusetts), 14.3.1956; Typoskript, NL Anders, LIT 237/B1501
Absender: H. Marcuse / 26 Magnolia Ave. / Newton 58, Mass. – Adressat: Mr. Günther Anders / Prinz Eugenstr. 14 / Vienna IV / Austria.

this unnecessary magazine: *Dissent*.

Paechter's Dreck: s. Anm. zu Brief Nr. 7.

Werther: J. W. Goethes Briefroman *Die Leiden des jungen Werther(s)* (1774), vgl. «Werther-Effekt».

Molly Goldberg: Hauptfigur der US-amerikanischen Radioserie *The Rise of the Goldbergs* (1929–49, NBC) und der Fernsehserie *The Goldbergs* (1949–54, CBS); Molly Goldberg wurde von der Schauspielerin, Autorin und Produzentin Gertrude Berg (1899–1966) verkörpert, die dafür einen Emmy Award gewann.

a book on Freud by the Schwätzer Ludwig Marcuse: Ludwig Marcuse, *Sigmund Freud. Sein Bild vom Menschen*. Hamburg 1956.

10

Marcuse an Anders, Newton (Massachusetts), 5.11.1956; Typoskript, NL Anders, LIT 237/B1501
Briefkopf: Absender: / 26 Magnolia Ave. / Newton 58, Mass.

Übersetzung meines Buches: Marcuse 1955.

Schonauer: Franz Schonauer (1920–1989), Lektor des Ernst Klett-Verlags Stuttgart; eine dt. Übersetzung von Marcuses *Eros and Civilization* erschien 1957 bei Klett (Marcuse 1955).

Gide's Wort: «Toutes choses sont dites déjà; mais comme personne n'écoute, il faut toujours recommencer.» (André Gide, *Le Traité du Narcisse*, 1891)

Buch über «Soviet Marxism»: *Soviet Marxism. A Critical Analysis* (Marcuse 1958).

Heidegger … Ich weiß nicht, welche antisemitischen Bemerkungen der Kleine über mich gemacht hat: Am 24.10.1956 hielt Martin Heidegger an der Universität Wien einen Vortrag unter dem Titel «Der Satz vom Grund» (Heidegger 1957: Vorwort, 191–211); Anders erwähnt das in einem Brief an Helmuth Plessner vom 21.10.1956 (s. S. 230) und berichtete möglicherweise auch Marcuse darüber. Aufgrund von Heideggers Verwicklungen in den Nationalsozialismus wurden Marcuse und Anders zu dessen heftigsten Kritikern.

Beck: Verlag C.H.Beck, München.

on the side of Eden … nicht on the side of the Hungarian «revolutionaries»: Anthony Eden (1897–1977), britischer Premierminister 1955–57. Die Westmächte, insbesondere Großbritannien und Frankreich, waren im Oktober 1956 vor allem mit der Suezkrise beschäftigt und hielten sich aus der Ungarnkrise weitgehend heraus; die Regierung Eden war explizit nicht an einer Konfrontation mit der Sowjetunion im Zusammenhang mit der Ungarnkrise interessiert (vgl. Dalos 2006: 138 ff; Heinemann/Wiggershaus 1999: 368). Der ungarische Volksaufstand (23.10.–4.11.1956) gegen die Kommunistische Diktatur und die Sowjetische Besatzung, für ein demokratisches Mehrparteiensystem und die Unabhängigkeit Ungarns konnte aus Sicht der Kommunisten nicht als «Revolution», allenfalls als «Konterrevolution» verstanden werden (vgl. Dalos 2006: 114 f.).

The Cardinals are on the loose: wörtlich: Die Kardinäle laufen frei herum.

Dissentery: Zeitschrift *Dissent*.

Ihrer Kölner Rundfunk Rede: «Gespräch über Rembrandt zum 350. Geburtstag des Meisters», Radiobeitrag von Anders, WDR, gesendet am 25.9.1956 (Anders 2020: 271–300).

Meine Frau: Inge Marcuse (vormals Neumann).

this fair earth (long live O'Casey): Anspielung auf ein Zitat aus Sean O'Caseys Autobiographie *Sunset and Evening Star* (1954), das Marcuse dem zweiten Teil von *Eros and Civilization* als Motto voranstellte: «[...] Oh, we have had enough of the abuse of this fair earth! [...]» (Marcuse 1955: 127).

11

Anders an Marcuse, Wien, November/Dezember 1956; Typoskript (Durchschlag), NL Anders, LIT 237/B1501
Handschriftliche Notiz von Anders am linken oberen Briefrand: «Marcuse».

ANTIQUIERTHEIT DES MENSCHEN: Anders 1956a.

Meine Verhandlungen mit Klett: Anders verhandelte (auf Vorschlag Marcuses) mit dem Klett-Verlag über eine deutsche Übersetzung von Marcuses *Eros and Civilization* (Marcuse 1955).

Die Ereignisse im Nachbarland: Der Ungarnaufstand 1956.

Geschichte und Klassenbewusstsein … Er gehörte zu der … gekidnappten Nagygruppe … das Fehlen L.'s: gemeint ist Georg Lukács (vgl. sein Buch *Geschichte und Klassenbewusstsein. Studien über marxistische Dialektik*. Berlin 1923). Lukács war eine der intellektuellen Führungsfiguren des Ungarnaufstandes (Petőfi-Kreis), Mitglied des ZK der KPU und Minister im Kabinett des Reformpolitikers Imre Nagy (1896–1958), das im November 1956 von den Sowjets gestürzt und durch eine Moskautreue Regierung unter János Kádár ersetzt wurde. Nagy und seine Gruppe wurden nach Rumänien deportiert und 1958 hingerichtet. Lukács, der zum Kreis um Nagy gehörte, durfte 1957 wieder nach Ungarn zurückkehren.

Ich hab Sartre gebeten: vgl. Briefdurchschlag Anders an Jean-Paul Sartre, 4.12.1956, NL Anders, LIT 237/B1508.

Brecht hat selbst seinen Tod gut getimed: Bertolt Brecht war am 14.8.1956 verstorben.

blöde Broadcastingtexte (für Köln): Von 1953–56 verfasste Anders mehrere Künstlerporträts für den Nordwestdeutschen Rundfunk (NWDR), vgl. Anders 2020: 213 ff.

12

Marcuse an Anders, Newton (Massachusetts), 24.12.1956; Typoskript, NL Anders, LIT 237/B1501

Absender: H. Marcuse / 26 Magnolia Ave. / Newton 58, Mass. – Adressat: Mr. Günther Stern / Prinz Eugenstr. 14 / Wien IV / Austria.

Ihr Buch: Anders 1956a.

Die Dinge da in Ihrer Nähe: Der Ungarnaufstand 1956.

hat Sartre geantwortet?: Keine Antwort Sartres überliefert; s. Anm. zu Brief Nr. 11.

Inge: Inge Marcuse.

Das Institut: Institut für Sozialforschung, Frankfurt am Main.

13

Anders an Marcuse, Wien, 27.4.1959; Typoskript (Durchschlag), NL Anders, LIT 237/B1501
Briefkopf: Absender: Günther Anders / Prinz Eugen Str. 14 / Wien 4.

das septième: siebtes Arrondissement von Paris.

Ob Sils-Maria klappen wird: Marcuse und Anders trafen einander im Sommer 1959 in Sils, vgl. Anders an Ernst Bloch, Sils/Engadin, 31.7.1959, S. 141.

wieder eine sanfte Anfrage aus Tokio: 1958 reiste Anders nach Japan, um am *IV. Internationalen Kongress gegen Atom- und Wasserstoffbomben und für Abrüstung* in Tokio teilzunehmen; zu einer zweiten Japan-Reise kam es nicht.

Charlotte: Charlotte Zelka (1930–2001), dritte Frau von Günther Anders.

14

Marcuse an Anders, Newton (Massachusetts), 4.4.1964; Typoskript, NL Anders, LIT 237/B1501
Absender: Herbert Marcuse / 26 Magnolia Ave. / Newton 58, Mass. – Adressat: Mr. Günther Anders / Oeltzeltgasse 15 / Wien – Mauer / Austria.

Max Weber Konferenz: 15. Deutscher Soziologentag «Max Weber und die Soziologie heute» (Heidelberg, 28.–30.4.1964).

Konferenz über «Perspectives of Socialism»: Zweite Konferenz der *Praxis*-Gruppe (Zeitschrift *Praxis*, Zagreb 1965–74) im Rahmen der *Sommerschule auf Korčula* (1963–74) über «Sinn und Perspektiven des Sozialismus».

15

Anders an Marcuse, Wien, 3.10.1965; Typoskript (Durchschlag), NL Anders, LIT 237/B1501
Briefkopf: Absender: Günther Anders / Wien/Mauer / Dreiständeg. 40.

Ihr Salzburger Auftreten: Beim 1. Salzburger Humanismusgespräch 1965 («Mensch und Menschlichkeit in der Industriekultur», 25.–27.6.1965, veranstaltet vom ORF) hielt Marcuse das Einführungsreferat unter dem Titel «Tendenzen in der fortgeschrittenen Industriegesellschaft» (Marcuse 1970; Marcuse 2008).

Inges und Peters Ergehen: Inge Marcuse; Peter Marcuse, Sohn von Herbert Marcuse aus erster Ehe.

Ihrem one dimensional man: Marcuse, *One-Dimensional Man. Studies in the Ideology of Advanced Industrial Society* (Marcuse 1964).

16

Marcuse an Anders, San Diego, 12.10.1965; Typoskript, NL Anders, LIT 237/B1501
Briefkopf: Absender: University of California, San Diego / Department of Philosophy / Herbert Marcuse / La Jolla, California 92038 / 8831 Cliffridge Ave.

hier in Kalifornien ... Brandeis: Marcuse war von 1954–1965 Professor für Politikwissenschaft an der Brandeis University in Waltham, Mass. 1965 erhielt er eine Professur für Politikwissenschaft an der University of California in San Diego.

Hegelkongress in Prag: VI. internationaler Hegel-Kongress (Prag, 4.–11.9.1966).

«Eichmannsöhne»: Anders, *Wir Eichmannsöhne. Offener Brief an Klaus Eichmann* (Anders 1964a).

17

Anders an Marcuse, Wien, 18.10.1965; Typoskript (Durchschlag), NL Anders, LIT 237/B1501
Briefkopf: Absender: Günther Anders / Wien/Mauer / Dreiständeg. 40.

Missverständnis des Wörtlichnehmens der Briefadressierung teilen Sie freilich ehrenvoll mit Born, der sonst gern als Andersianer auftritt, in diesem Falle aber fassungslos war: vgl. dazu den Brief von Max Born (1882–1970; s. Anm. S. 331) an Günther Anders vom 21.8.1964, in dem er die vermeintliche persönliche Adressierung von Anders' Buch *Wir Eichmannsöhne* an Klaus Eichmann kritisiert (NL Anders, LIT 237/B1484).

«Papierkorb»: Beilage im Nachlass von Marcuse nicht erhalten.

Birchers: *John Birch Society*, rechtsextreme antikommunistische Organisation in den USA, lancierte 1963 die Verschwörungstheorie, an der mexikanischen Grenze stünden Tausende kommunistische chinesische Soldaten für einen Angriff auf San Diego bereit (Pipes 1998: 72).

«Argument Klub»: Zeitschrift *Das Argument* (1959 ff.), herausgegeben von Wolfgang u. Frigga Haug.

18

Marcuse an Anders, San Diego, 18.6.1966; Typoskript, NL Anders, LIT 237/B1501
Briefkopf: Absender: 8831 Cliffridge Ave. / La Jolla, Cal. 92037.

Ihren Brief und die Beilage: Brief nicht erhalten. Anders schickte Marcuse vermutlich einen Zeitungsausschnitt seines Artikels in der *Deutschen Volkszeitung*, in dem er sich zum (un)möglichen Protest gegen die Verurteilung der russischen Schriftsteller Andrej Sinjawski (1925–1997) und Juli Daniel (1925–1988), die in einem Schauprozess am 14.2.1966 zu mehreren Jahren Arbeitslager verurteilt wurden, äußert (Anders 1966a; Anders 1968a: 142–144).

Bericht in der Frankfurter Rundschau: Frankfurter Rundschau, 16.2.1966, 1–3 («Europäische Kommunisten nennen Moskauer Urteil ‹unbegreiflich›», «Der Tag wird kommen»); 23.2.1966, 1 («Sowjet-KP verteidigt Urteil gegen Schriftsteller»).

Alpbach: Marcuse nahm 1966 am *Europäischen Forum Alpbach* unter dem Generalthema «Gesellschaft versus Wirtschaft» teil und hielt zusammen mit dem tschechischen Philosophen Jindřich Zelený ein Seminar unter dem Titel «Hegel zwischen Ost und West» (vgl. Wirth 2015: 124).

Brief an Rusk: Offener Brief von Günther Anders an US-Außenminister Dean Rusk vom 4.2.1966, erschienen in der Zeitschrift *Alternatives* (Anders 1966b; auf dt. wieder in: Anders 1968a: 135–137).

19

Marcuse an Anders, San Diego, 15.7.1966; Typoskript, NL Anders, LIT 237/B1501
Briefkopf: Absender: 8831 Cliffridge Ave. / La Jolla, Cal. 92037.

deiner Konfrontation Nürnberg – Vietnam … LES TEMPS MODERNES: Anders, «Nuremberg et le Vietnam. Mosaïque» (Anders 1966c; dt. Fassung: Anders 1967a).

Hegel-Kongress in Prag: VI. internationaler Hegel-Kongress (Prag, 4.–11.9.1966).

Humanismus-Gespräch in Salzburg: 2. Salzburger Humanismusgespräch 1966 («Der Mensch als Befund und Entwurf. Möglichkeiten und Grenzen einer philosophischen Anthropologie heute», 16.–19.9.1966).

Brief eines Korporals im Marine Corps … Quellenangabe: Der 20-jährige Marine Korporal Ronnie Wilson berichtete in einem Brief an seine Mutter von den Greueln des Vietnamkriegs («Mutter, ich mußte eine Frau töten und ein Baby …») (Anders 1966c:

2291; Anders 1967a: IV). Das englische Originalzitat («Mom, I had to kill a woman and a baby ...») stammt aus einem Artikel von Eric Norden, «American Atrocities in Vietnam», in: *Liberation. An independent monthly* (New York), February 1966.

20

Anders an Marcuse, Wien, 17.7.1966; Typoskript (Durchschlag), NL Anders, LIT 237/B1501
Briefkopf: Absender: Günther Anders / Wien/Mauer / Dreiständeg. 40.

Den Reisebericht: «Besuch im Hades», in: Anders 1967b: 269–426. (Wiederabdruck in: Anders 1979)

DFU: Deutsche Friedens-Union, Kleinpartei in der BRD (1960–90).

FZhaft gebenden FAZ: Frankfurter Zeitung, Frankfurter Allgemeine Zeitung.

Aufsatz von Fetscher: Iring Fetscher, «Die Sicherung des Friedens. Ein Problem der politischen Theorie», in: Merkur, H. 220, Juli 1966, Jg. 20 (H. 7), 611–630 (die Marcuse betreffenden Seiten: 626–630).

Ihre Vermittlung meines Briefes an Rusk: Anders 1966b.

21

Anders an Marcuse, Wien, 21.7.1966; Typoskript (Durchschlag), NL Anders, LIT 237/B1501
Briefkopf: Absender: Günther Anders / Wien/Mauer / Dreiständeg. 40.

Dieses Mosaik: Anders 1966c (vgl. «Nürnberg und Vietnam. Synoptisches Mosaik», Anders 1967a).

Charlotte: Charlotte Zelka (1930–2001).

TM: Les Temps Modernes

zwei opuscula: Beilage im Nachlass von Marcuse nicht erhalten.

wo der Ausspruch des Cpl. zitiert war … Liberation oder so: s. Anm. zu Brief Nr. 19.

22

Anders an Marcuse, Wien, 14.1.1967; Typoskript (Durchschlag), NL Anders, LIT 237/B1501
Briefkopf: Absender: Günther Anders / 1238 Wien/Mauer / Dreiständeg. 40.

War Crimes Tribunal: Vietnam War Crimes Tribunal (erstes Russell-Tribunal) 1966–67; von Bertrand Russell, Ken Coates u. a. unter dem Dach der Bertrand Russell Peace Foundation initiiert zur Untersuchung und Dokumentation US-amerikanischer Kriegsverbrechen im Vietnamkrieg.

Abendroth: Wolfgang Abendroth (1906–1985), Jurist und Politikwissenschaftler.

Grundsatzglossen zum Faktum Vietnam … Büchlein: Anders, *Visit beautiful Vietnam – ABC der Aggressionen heute* (Anders 1968a).

in dem mimeographed cheese leaf … einen kleinen Text von mir: Anders' offener Brief an Dean Rusk erschien 1966 in der Zeitschrift *Alternatives* (Anders 1966b).

das Mosaik «Nuremberg and Vietnam»: Das engl. Original ist im Nachlass von Anders nicht vorhanden (vgl. Anders 1966c; Anders 1967a).

23

Marcuse an Anders, San Diego, 22.1.1967; Typoskript, NL Anders, LIT 237/B1501
Briefkopf: Absender: 8831 Cliffridge Ave. / La Jolla, Cal. 92037.

Mosaik «Nuremberg and Vietnam» ... Studentenblatt «Alternatives»: Der englische Text erschien nicht in der Zeitschrift *Alternatives*, sondern (lt. Anders 1967a) in der Zeitschrift *Downdraft*; in *Alternatives* erschien Anders' Brief an Rusk (Anders 1966b).

Wahl Reagan's: Ronald Reagan (Republikaner, späterer US-Präsident) wurde 1966 zum Gouverneur von Kalifornien gewählt.

Johnson's slaughter: US-Präsident Lyndon B. Johnson (Demokrat).

das Programm zu Brechts «Galilei»: Anders, «Brechts ‹Leben des Galilei›», in: Programmheft des Burgtheaters, Wien 1966 (Anders 1966d).

24

Anders an Marcuse, Wien, 26.1.1967; Typoskript (Durchschlag), NL Anders, LIT 237/B1501
Briefkopf: Absender: Günther Anders / 1238 Wien/Mauer / Dreiständeg. 40.

ein Institut in Santa Barbara ... Hutchins Institut, an dem Sie, Jungk etc. teilgenommen haben, einen «Friedenskongress» mit China und Nordvietnam vorbereite ... eine erste Sitzung in den USA bereits stattgefunden habe, eine zweite in Genf in the offing sei ... Ho und die NLF: Im Dezember 1965 nahm Marcuse u. a. mit Robert Jungk (1913–1994) an einer Veranstaltung des – von Robert M. Hutchins (1899–1977) gegründeten und geleiteten – *Center for the Study of Democratic Institutions* (St. Barbara, Calif.) u. d. T. «Technology and Politics» teil. Bei der hier angesprochenen «Friedenskonferenz» handelt es sich um die zweite Konferenz u. d. T. *Pacem in Terris* (nach der gleichnamigen Enzyklika von Papst Johannes XXIII.), veranstaltet vom CSDI vom 28.–31. Mai 1967 in Genf (die erste Konferenz fand im Februar 1965 in New York statt, vgl. Reed 1968). Hồ-chí-Minh, Präsident der Demokratischen Republik Vietnam (i. e. Nordvietnam, 1945–1969), war zur Konferenz eingeladen, nahm aber nicht teil. NLF = National Liberation Front (Nationale Befreiungsfront Südvietnams).

die Dinge, die sich unterdessen teils in Indonesien teils in China abgespielt haben: vgl. den Militärputsch, die Vernichtung der indonesischen Kommunisten («Massaker in Indonesien» 1965/66) und die Machtübernahme durch General Suharto als Regierungs- und Staatschef in Indonesien 1966/67; im Januar 1967 kommt es im Kontext der chinesischen Kulturrevolution zur Zerschlagung der Kommune Shanghai durch die Volksbefreiungsarmee.

Salisburys Reportage: Harrison E. Salisbury, Korrespondent der *New York Times*, reiste im Dezember/Januar 1966/67 nach Hanoi und berichtete in einer Artikelserie über den Vietnamkrieg, was zu einem Umschwung der öffentlichen und politischen Meinung beitrug (vgl. Salisbury 1967).

Pro McNamara Vietnam Attitüde: Robert McNamara, US-Verteidigungsminister 1961–68, entschiedener Befürworter der militärischen Offensive gegen (Nord-)Vietnam.

FAZ … großes Bild einer von den Amerikanern völlig verwüsteten Stadt … Unterschrift: vgl. Frankurter Allgemeine Zeitung, 21.1.1967, 17: «Nara Dinh, die drittgrößte Stadt Nordvietnams, ist bei Luftangriffen der Amerikaner auf militärische Ziele zu zwei Dritteln zerstört worden. Wer noch glaubte, daß die Zivilbevölkerung in den Städten tatsächlich vom Bombenterror verschont bliebe, den muß dieses Bild eines Besseren belehren.»

25

Anders an Marcuse, Wien, 27.1.1967; Typoskript (Durchschlag), NL Anders, LIT 237/B1501
Briefkopf: Absender: Günther Anders / 1238 Wien/Mauer / Dreiständeg. 40.

Charlotteschen Mosaiks … «cheese leaf»: vgl. Anders 1967a; s. Anm. zu Brief Nr. 23.

Vietnam-Glossen: Beilage im Nachlass von Marcuse nicht erhalten. – Die meisten seiner verstreut publizierten Glossen zum

Vietnamkrieg versammelte Anders im Band *Visit beautiful Vietnam* (Anders 1968a); ein erwogener zweiter Band kam nicht zustande (vgl. das Konvolut «Vietnam» mit Glossen aus den Jahren 1966–1970, NL Anders, LIT 237/S43).

Reagan-Kerr Vorgänge: Clark Kerr, Präsident der University of California, einem Zentrum der Studentenproteste gegen den Vietnamkrieg, wurde von Ronald Reagan, der im November 1966 zum Gouverneur von Kalifornien gewählt worden war, kurz darauf aus dem Amt gedrängt. Reagan forderte auch öffentlich die Abberufung Marcuses, der seit 1965 eine Professur für Politikwissenschaft an der UC in San Diego innehatte.

Kiesinger plus Lübke plus Strauß: Kurt Georg Kiesinger (Bundeskanzler der BRD 1966–69, CDU), Heinrich Lübke (Bundespräsident der BRD 1959–69, CDU), Franz Josef Strauß (Bundesfinanzminister 1966–69, CDU).

26

Marcuse an Anders, San Diego, 14.12.1967; Typoskript, NL Anders, LIT 237/B1501
Briefkopf: Absender: 8831 Cliffridge Ave. / La Jolla, Cal. 92037.

«Die Schrift an der Wand»: Anders, *Die Schrift an der Wand. Tagebücher 1941–1966* (Anders 1967b).

27

Anders an Marcuse, Wien, 29.12.1967; Typoskript (Durchschlag), NL Anders, LIT 237/B1501
Briefkopf: Absender: Günther Anders / 1090 Wien / Lackiererg. 1/5.

Marx, Mao, den Makkabäern, MacArthur und Marat: Karl Marx, Mao Zedong, Douglas MacArthur (Hochdekorierter Offizier der US-Armee, 1880–1964), Jean-Paul Marat.

Ihr Auftreten, namentlich in Berlin: Marcuse nahm vom 10.–13.7.1967 an einer viertägigen Veranstaltungsreihe an der FU Berlin teil, die sich den «Möglichkeiten der außerparlamentarischen Opposition in der BRD» widmete und vom Sozialistischen Deutschen Studentenbund (SDS) veranstaltet wurde. Er hielt dort zwei Vorträge über «Das Ende der Utopie» und «Das Problem der Gewalt in der Opposition» und nahm an zwei Podiumsdiskussionen u. a. mit Jacob Taubes und Rudi Dutschke teil (vgl. Marcuse 1967b; Marcuse 1968).

Fischers: Ernst Fischer (1899–1972), österr. Schriftsteller und KPÖ-Politiker, und seine zweite Frau Louise Eisler-Fischer (1906–1998), österr. Publizistin, Übersetzerin (vormals Ehefrau von Hanns Eisler).

Maschke: Günter Maschke (1943–2022), damals linker politischer Aktivist, in Deutschland wegen Fahnenflucht verurteilt, emigrierte 1966 nach Wien, wo er bei den sozialistischen Studenten aktiv war, 1968 Flucht nach Kuba, verbüßte 1969/70 eine einjährige Haftstrafe in Deutschland (vgl. dazu den Briefwechsel zwischen Anders und Maschke 1966–1971, LIT 237/B1502). Später Abkehr von der Linken und Teil der Neuen Rechten.

eine richtige Wohnung: Lackierergasse 1/5, 1090 Wien.

«Visit Beautiful Vietnam» … als Buch: Anders, *Visit beautiful Vietnam – ABC der Aggressionen heute* (Anders 1968a).

Studentenzeitung: s. Anm. zu Brief Nr. 23.

Vorabdruck … im nächsten Heft des «Argument»: «Der amerikanische Krieg in Vietnam oder Philosophisches Wörterbuch heute» (Anders 1967c).

Haug: Wolfgang Haug, Herausgeber der Zeitschrift *Das Argument*.

Artikel von Ihnen: «Ziele, Formen und Aussichten der Studentenopposition» (Marcuse 1967a).

Dellinger: Dave Dellinger (1915–2004), amerikanischer Autor und politischer Aktivist, Mitglied des ersten Russell-Tribunals (Vietnam War Crimes Tribunal).

dass Sartre und ich den Begriff Genocide neu formulierten: vgl. Jean-Paul Sartre, «On Genocide» (Sartre 1968); vgl. Anders,

«Remarks on Genocide» im (Brief-)Konvolut «Erstes Russell-Tribunal», NL Anders, LIT 237/B1477a.

Stokely C.: Carmichael Stokely (1941–1998), amerikanischer Bürgerrechtler, Mitglied des ersten Russell-Tribunals (Vietnam War Crimes Tribunal).

Kolko: Gabriel Kolko (1932–2014), amerikanischer Historiker.

28

Anders an Marcuse, Wien, 24.7.1969; Typoskript (Durchschlag), NL Anders, LIT 237/B1501

Briefkopf: Absender: Günther Anders / 1090 Wien / Lackiererg. 1/5. – Handschriftliche Notiz von Anders am linken oberen Briefrand: «Letztes Ex[em]pl[ar]».

Anders sandte einen Durchschlag des Typoskripts an Ernst Fischer (mit handschriftlicher Notiz am linken oberen Briefrand: «Zur Informierung / Schönste Grüße / Gü»; Teilnachlass Ernst Fischer, Literaturarchiv der Österreichischen Nationalbibliothek, LIT 37/B1275).

die Lage, in die Sie geraten sind … Klage gegen Matthias: 1969 war Marcuse mit dem (falschen) Vorwurf konfrontiert, ein Agent des amerikanischen Geheimdienstes CIA (gewesen) zu sein. Der Journalist und Schriftsteller Leo Matthias griff die abstrusen Vorwürfe, die zuerst in den USA auftauchten, im *Bulletin des Fränkischen Kreises* auf (Matthias 1969), von dort gelangte die Geschichte u. a. in den *Spiegel* («Obszöne Welt», in: Der Spiegel, Nr. 27, 1969, 108–109; vgl. dazu Laudani 2013; Jansen 1999).

Kosygin: Aleksej N. Kosygin, 1964–80 Ministerpräsident der UdSSR.

in der «Neutralität»: L. L. Matthias, «Wer ist Herbert Marcuse?», in: Neutralität. Kritische Schweizer Zeitschrift für Politik und Kultur, 7. Jg., Juni 1969, Nr. 6, 10–12 (Matthias 1969).

CPF: Kommunistische Partei Frankreichs (recte: PCF).

Asew … einer Spiegelzuschrift: Anders spielt hier auf einen Leserbrief des Schweizer Journalisten Emil Arnold an, in dem dieser auf den «Fall Asew» (Evno F. Azef, 1869–1918, russischer Doppelagent) verweist (Der Spiegel, Nr. 29, 1969, 13).

29

Marcuse an Anders, Cabris (Frankreich), 1.8.1969; Typoskript, NL Anders, LIT 237/B1501
Briefkopf: Absender: Herbert Marcuse / chez Madame Bravais Turenne / 06-Cabris, FRANCE.

den von Rudi Dutschke und anderen im Spiegel veröffentlichten Brief: Leserbrief «Neue Linke», in: Der Spiegel, Nr. 31, 1969, 13–14.
Brief an Ernst Fischer: s. Dokument I, S. 135.

30

Marcuse an Anders, San Diego, 13.6.1978; Typoskript, NL Anders, LIT 237/B1501
Briefkopf: Absender: University of California, San Diego / Department of Philosophy / La Jolla, California 92037.

Kosmologische Humoreske: Anders, *Kosmologische Humoreske und andere Erzählungen* (Anders 1978).
Unser Bruch damals: vgl. Anders' Brief an Marcuse im Zusammenhang mit den CIA-Vorwürfen 1969 (Brief Nr. 28) und Marcuses Enttäuschung über Anders' Misstrauen (Brief von Marcuse an Ernst Fischer, s. Dokument I, S. 135).

31

Anders an Marcuse, Wien, 26.6.1978; Typoskript, NL Marcuse, UBA Ffm, Na 3, 454.
Briefkopf: Absender: Günther / 1090 Wien / Lackiererg. 1/5 / Tel.: 434 510.

2. Band der «Antiquiertheit»: Anders, *Die Antiquiertheit des Menschen. Bd. 2. Über die Zerstörung des Lebens im Zeitalter der dritten industriellen Revolution* (Anders 1980).

des neuen Russell Tribunals: Drittes Russell-Tribunal über die Situation der Menschenrechte in der BRD, 1977–79.

Literaturpreis der dortigen Akademie: Anders erhielt 1978 den Literaturpreis der Bayerischen Akademie der schönen Künste.

der F. J. Strauß-Mann Maier: Franz Josef Strauß, bayerischer Ministerpräsident 1978–88, CSU; Hans Maier, bayerischer Kultusminister 1970–86.

Liesl … Hochzeit Deines Sprösslings: Anders war 1948 Trauzeuge bei der Hochzeit von Marcuses Sohn Peter (vgl. Brief Nr. 33); seine zweite Frau Elisabeth Freundlich war ebenfalls anwesend.

vor 2 Jahren bei Jericho: Anders reiste 1976 nach Israel, um seine Schwester Eva Michaelis-Stern und deren Familie zu besuchen.

Lou: Louise Eisler-Fischer.

Charlotte … wieder in USA: Anders' dritte Frau Charlotte Zelka kehrte von einem Besuch bei ihrer Familie in Monrovia (Kalifornien) nicht mehr nach Wien zurück und lebte seither von Anders getrennt (vgl. Arendt/Anders 2016: 86).

32

Marcuse an Anders, San Diego, 27.8.1978; Manuskript, NL Anders, LIT 237/B1501
Briefende: Absender: 8831 Cliffridge Ave / La Jolla, Ca. 92037.

Essai über Bahros Die Alternative: Marcuse veröffentlichte 1978 einen Aufsatz über Rudolf Bahros Buch *Die Alternative. Zur Kritik des real existierenden Sozialismus* (1977) unter dem Titel «Protosozialismus und Spätkapitalismus – Versuch einer revolutionstheoretischen Synthese von Bahros Ansatz» (Marcuse 1978).

«Antiquiertheit»: Anders 1956a.

33

Anders an Marcuse, Wien, 2.9.1978; Typoskript (Bl. 2), NL Marcuse, UBA Ffm, Na 3, 454; Typoskript (Durchschlag), NL Anders, LIT 237/B1501
Briefkopf: Absender: Anders / 1090 Wien / Lackiererg. 1/5.

die Verstimmung zwischen uns: vgl. Anm. zu Brief Nr. 30.

meine citizenship aufgegeben hatte: Anders hat 1950 mit seiner Rückkehr aus dem US-amerikanischen Exil nach Europa die US-amerikanische Staatsbürgerschaft aufgegeben.

Briefwechsel mit Eatherly: *Off limits für das Gewissen* (Anders/Eatherly 1961).

Jury membership im Vietnam War Crimes Tribunal: s. Anm. zu Brief Nr. 22.

Vietnambuch: Anders, *Visit Beautiful Vietnam – ABC der Aggression heute* (Anders 1968a).

Zweimale war ich freilich heimlich da: Mit «heimlich» sind vermutlich Privatreisen gemeint; vgl. dazu Anders 1987: 33.

die «Antiquiertheit»: Anders 1956a.

«Endzeit und Zeitenende»: Anders, *Endzeit und Zeitenende. Gedanken über die atomare Situation* (Anders 1972).

Vietnambuch: Anders, *Visit Beautiful Vietnam – ABC der Aggression heute* (Anders 1968a).

2. Bande der «A.» … meine Kapitel «Die Antiquiertheit der Arbeit» und «Die Antiquiertheit der Geschichte»: Anders 1980: 91–109, 271–315.

Franz Josef Strauß-Intimus, den Kultus- (nicht Kultur-) Minister Maier: s. Anm. zu Brief Nr. 31.

34

Marcuse an Anders, San Diego, 7.11.1978; Typoskript, NL Anders, LIT 237/B1501
Briekopf: Absender: 8831 Cliffridge Ave / La Jolla, Calif. 92037.

Antiquiertheit … zweiten Band: Anders 1956a; Anders 1980.

Freud Buch: Marcuse, *Eros and Civilization. A philosophical inquiry into Freud* (Marcuse 1955).

Dokumente

I

Marcuse an Ernst Fischer, Cabris (Frankreich), 1.8.1969; Typoskript, Teilnachlass Ernst Fischer, LIT 37/B877/4
Briefkopf: Absender: Herbert Marcuse / chez Madame Bravais-Turenne / 06 – Cabris, FRANCE.

Ihr Brief vom 27. Juli: Ernst Fischer schrieb am 27.7.1969 – anlässlich von Marcuses Absage eines geplanten Podiumsgesprächs in Hamburg mit Fischer und Ernst Bloch (zur Feier von Fischers 70. Geburtstag) und eines in diesem Zusammenhang erschienenen Artikels in der *Zeit* – einen Brief an Marcuse, in dem er ihm nahelegt, zu den CIA-Vorwürfen eine Erklärung abzugeben (Brief von Ernst Fischer an Herbert Marcuse, Wien, 27.7.1969, Typoskript, Teilnachlass Ernst Fischer LIT 37/B231/4; Nathias Neutert, «Ent oder weder. Mit Ernst Bloch im Café», in: Die Zeit, Nr. 30, 25.7.1969, 17). Fischer und Bloch reagierten auf den *Zeit*-Artikel mit zwei Leserbriefen («Nicht gegen Marcuse», in: Die Zeit, Nr. 32, 8.8.1969, 9); nach Marcuses Brief an Fischer verfasste dieser einen neuerlichen Leserbrief an die *Zeit* («Für Marcuse», Typoskript, Teilnachlass Ernst Fischer LIT 37/B1578, Konvolut «Debatte um Marcuse»), der nicht erschienen ist.

Churchills Fulton Rede: Die Rede von Winston Churchill im Westminster College in Fulton, USA, am 5.3.1946 markiert den Beginn des Kalten Krieges.

Truman-Acheson Politik: Harry S. Truman (US Präsident 1945–53) und Dean Acheson (US-Außenminister 1949–53) waren führende Vertreter einer strikt antikommunistischen US-Außenpolitik, v. a. die Truman-Doktrin und Containment-Politik markierten das Ende der Kriegskoalition mit der UdSSR und den Beginn des Kalten Krieges.

McCarthy Periode: nach dem Senator Joseph McCarthy benannte, von einem hypertrophen Antikommunismus geprägte Phase nach dem Zweiten Weltkrieg («McCarthy-Ära», 1940er und 1950er Jahre).

Verleumdungen gegen Trotzky, Bucharin, Sinovjev, und die anderen: Im Rahmen der Stalin'schen Säuberungen wurden in den Moskauer Schauprozessen von 1936–38 zahlreiche hochrangige kommunistische Funktionäre angeklagt und zum Tod verurteilt, darunter Nikolaj I. Bucharin (1888–1938) und Grigori J. Sinowjew (1883–1936). Mit der Ermordung von Leo Trotzki (1879–1940) im mexikanischen Exil durch einen Agenten waren alle möglichen Opponenten Stalins aus dem Weg geräumt.

den herrlich offenen Brief: Leserbrief «Neue Linke», in: Der Spiegel, Nr. 31, 1969, 13–14.

wenn der Ernst Bloch «hypothetisch» nicht mehr zwischen Lübke und mir unterscheiden kann: Anspielung auf ein Zitat im oben genannten *Zeit*-Artikel von Nathias Neutert («Ent oder weder. Mit Ernst Bloch im Café», in: Die Zeit, Nr. 30, 25.7.1969, 17): «‹Das macht ja einen schlimmen Vergleich mit Lübke möglich›, meinte er [Bloch] zu Marcuses Absage.» – Heinrich Lübke (Bundespräsident der BRD 1959–69, CDU).

Breszinsky: Zbigniew Brzezinski (1928–2017), polnisch-amerikanischer Politologe und Politikberater.

Sovjet Marxism: Marcuse 1958.

Eros und Zivilisation: Marcuse 1955.

Briefwechsel mit Ernst Bloch und Karola Bloch (1950–1974)

Gesamter überlieferter Briefwechsel mit Ernst Bloch (1885–1977) und Karola Bloch (1905–1994): Nachlass Günther Anders, Literaturarchiv der Österreichischen Nationalbibliothek, Wien; Ernst-Bloch-Archiv, Ernst-Bloch-Zentrum, Ludwigshafen am Rhein.

1

Bloch an Anders, Leipzig, 16.10.1950; Typoskript, NL Anders, LIT 237/B1483
Briefkopf: Absender: Philosophisches Institut / der Universität Leipzig / Prof. Dr. Ernst Bloch. – Adressat: Herrn / Dr. Günther Anders-Stern / Wien XIII / Wattmanngasse 11.

Ihren freundlichen Brief und die Publikationsliste: nicht erhalten.

Sei es, dass Leipzig, Berlin, Halle oder Jena in Frage kommen: Ernst Bloch hatte seit seiner Rückkehr aus dem US-amerikanischen Exil nach Europa (DDR) eine Professur an der Universität Leipzig inne; er wollte Anders, der im Frühjahr 1950 aus dem US-amerikanischen Exil nach Europa zurückgekehrt war und sich in Wien niedergelassen hatte, für einen Lehrstuhl an einer ostdeutschen Universität empfehlen. Dies kam nicht zustande; Anders blieb in Wien.

die Frau: Elisabeth Freundlich (1906–2001), Publizistin, Schriftstellerin.

2

Anders an Bloch, Sils/Engadin, 31.7.1959; Manuskript (Postkarte), Bloch-Archiv, EBA, BEB2, 003014
Briefkopf: Absender: Anders / Wien-Mauer / Ölzeltg. 15. – Adressat: Monsieur le prof. / Ernst Bloch / Rencontre intern. d. Philosophie / Cerisy-la-Salle / (Normandie) / Frankreich.

H. Marcuse, Adorno, Szondi, Anders, M. Susman, das Töchterchen Mirjam: vgl. zu Anders' Aufenthalt in Sils, bei dem er mit den hier genannten zusammentraf, auch den Brief an Herbert Marcuse, Wien, 27.4.1959, S. 111. – Peter Szondi (1929–1971), ungar.-deutscher Literaturwissenschaftler. Margarete Susman (1872–1966), deutsch-schweizerische Schriftstellerin, Essayistin. Mirjam Josephsohn (*1928, geb. Abeles), Tochter Ernst Blochs.

Nietzsche-Stein: Bei diesem Stein in Surlej im Oberengadin soll Friedrich Nietzsche nach einer Selbstauskunft der Gedanke der ewigen Wiederkunft des Gleichen gekommen sein.

meiner Frau Charlotte: Charlotte Zelka (1930–2001), Pianistin, Anders' dritte Ehefrau.

3

Bloch an Anders, Paris, 12.8.1959; Manuskript, NL Anders, LIT 237/B1483

Paris: Ernst Bloch hielt sich im Sommer 1959 anlässlich des Symposiums «Genèse et Structure» im französischen Cerisy-la-Salle und anschließend in Paris auf (vgl. Münster 2004: 299).

Ihr Buch, mit der ergreifenden Widmung an Ihren Vater, Ihr Buch der Trauer: Anders widmete seinem Vater William Stern die *Antiquiertheit des Menschen* (1956): «In Erinnerung an ihn […] sind diese traurigen Seiten über die Verwüstung des Menschen geschrieben worden.» (Anders 1956a: V)

index falsi… sui: vgl. Spinoza, 76. Brief an Albert Burgh (Anfang 1676): «Est enim verum index sui et falsi.», «Denn das

Wahre ist der Prüfstein seiner selbst und des Falschen.» (Spinoza 1986: 283–289, hier: 286). Vgl. auch Brief Nr. 5. – Vgl. Blochs Erweiterung des spinozistischen Satzes, «[...] der nach Einfügung von Zukunft und Latenz folgendermaßen zu lauten vermag: Verum nondum index sui, sed sufficienter iam index falsi.» (Bloch, «Kann Hoffnung enttäuscht werden? Eröffnungs-Vorlesung, Tübingen 1961», in: Bloch 1965: 385–392, hier: 389)

Ihrer Karte ... Adorno und Mirjam: s. Anm. zu Brief Nr. 2.

Im Oktober ... in Paris ... Vorlesung an der Sorbonne: Über einen Paris-Aufenthalt Blochs bzw. einen Vortrag an der Sorbonne im Oktober 1959 ist nichts bekannt (vgl. Zudeick 1985: 241 f.; Bloch, K. 1981: 231 ff.; Bloch-Zentrum 2007: 170). Arno Münster zufolge unternahm Bloch im Oktober 1959 eine Reise nach Südosteuropa (Münster 2004: 299 f.). Trotz seiner Zwangsemeritierung 1957 (s. Anm. u.) verfügte Bloch in der DDR zu dieser Zeit weiterhin über Privilegien, zu denen auch Auslandsreisen zählten.

Leipzig ... Meine Existenz dort ist wichtig, mein Schweigen ist beredt: Bloch geriet ab Mitte der 1950er Jahre in der DDR zunehmend in ideologischen Konflikt mit der SED, wurde von der Staatssicherheit überwacht; eine Kampagne gegen ihn führte schließlich zu seiner Zwangsemeritierung von der Universität Leipzig 1957 und seiner Isolierung vom wissenschaftlichen Betrieb in der DDR, worauf Bloch hier mit seinem «Schweigen» anspielt (vgl. Münster 2004: 281, 289; Bloch-Zentrum 2007: 167).

4

Anders an Bloch, Wien, 17.8.1959; Typoskript, Bloch-Archiv, EBA, BEB2, 003015
Briefkopf: Absender: Anders / Wien-Mauer / Ölzeltgasse 15 / Tel. 860 123.

Hiroshima, Nagasaki ... mein eben erschienenes Japanbuch: Seine Japan-Reise schildert Anders in *Der Mann auf der Brücke. Tagebuch aus Hiroshima und Nagasaki* (1959).

den zweiten Bd. der «Antiquiertheit»: Der 2. Band der *Antiquiertheit des Menschen* erschien 1980.

Wir wohnen hier nun im Grünen: Anders war an den Stadtrand Wiens, nach Wien-Mauer, übersiedelt.

Postkarte aus Sils… Mirjam… Adorno… Nietzsche-Ort: s. Brief Nr. 2 u. Anm. dazu.

Herbert Marcuse… Kritik der amerikanischen Pseudopsychoanalyse: Marcuse, *Eros and Civilization. A Philosophical Inquiry into Freud* (1955).

«Buch der Trauer»: Anders 1956a, s. Anm. zu Brief Nr. 3.

«Antiquiertheit»… einen dritten: Ein 3. Band der *Antiquiertheit des Menschen* ist nicht erschienen. In Anders' Nachlass finden sich Materialien dazu (NL Anders, LIT 237/W85).

Buch über Hiroshima und Nagasaki… Jasperskritik am Ende: vgl. zur Kritik an Karl Jaspers und dessen Schrift *Die Atombombe und die Zukunft des Menschen* (1958) am Ende von Anders' *Der Mann auf der Brücke. Tagebuch aus Hiroshima und Nagasaki* (1959): Anders 1982a: 152 ff.; vgl. zu Jaspers darin auch: 47 f.

Brief an den Hiroshimapiloten Eatherly: vgl. Anders' Brief an den US-Piloten Claude Eatherly (1918–1978) vom 3. Juni 1959 (Anders 1982a: 207 ff.), der in mehreren Zeitschriften veröffentlicht wurde, darunter in *Das Argument* (Anders 1959b), in den *Frankfurter Heften* (1959c), *Die Sammlung* (Anders 1959d), sowie Eatherlys Antwort vom 12. Juni 1959 (Anders 1982a: 213 ff.). In den Atombombenabwurf auf Hiroshima am 6. August 1945 war Eatherly als Pilot eines Wetteraufklärungsflugzeugs involviert. Als Anders mit ihm einen Briefwechsel begann (vgl. Anders/Eatherly 1961), befand sich Eatherly im Veterans Administration Hospital Waco, Texas.

5

Bloch an Anders, Leipzig, 5.12.1959; Manuskript, NL Anders, LIT 237/B1483

Briefkopf: Absender: Wilhelm-Wildstr. 8, Leipzig W 31.

Ihr Friedensbuch … Jaspers … in der Fluggastmaske: Seine Kritik an Karl Jaspers trägt Anders in *Der Mann auf der Brücke* (1959) in Form eines (fiktiven) Gesprächs mit einem Mitreisenden im Flugzeug vor, der als «dänischer Psychiater» vorgestellt wird und dessen Positionen deutlich an jene von Jaspers erinnern; s. Anm. o. zu Brief Nr. 4.

Brautzeit Israels (wie Hosea die Wüstenwanderung ante rem nennt): Der biblische Prophet Hosea beschrieb die Beziehung zwischen den Israeliten und Gott mit dem Bild der Ehe; ihre spätere Abkehr von Gott wird als Ehebruch gesehen, die Zeit der Wüstenwanderung (Ex 15–18) hingegen als gute frühe Brautzeit (Hos 2,16–17).

Suhrkamp Verlag … «Prinzip Hoffnung»: Blochs mehrbändiges Hauptwerk *Das Prinzip Hoffnung* war 1954–1959 im Ost-Berliner Aufbau Verlag, 1959 in der BRD bei Suhrkamp erschienen.

Ihrer Frau: Charlotte Zelka.

Und Jeremia wäre nicht ohne Jesajas, wie klärlich gerade ihr letztes Buch zeigt: Die biblischen Propheten Jesaja und Jeremia hatten die Israeliten vergeblich vor äußeren Bedrohungen gewarnt, Jeremia erlebte schließlich die Zerstörung Jerusalems (vgl. die Klagelieder Jeremias). In *Der Mann auf der Brücke* (1959) thematisiert Anders die Zerstörung von Hiroshima und Nagasaki.

verum index sui et falsi: vgl. Spinoza: «Est enim verum index sui et falsi.», «Denn das Wahre ist der Prüfstein seiner selbst und des Falschen.» (Spinoza 1986: 283–289, hier: 286); vgl. Anm. zu Brief Nr. 3.

6

Anders an Bloch, Wien, 11.12.1959; Typoskript, Bloch-Archiv, EBA, BEB2, 003016
Briefkopf: Absender: Günther.

das Büchl: *Der Mann auf der Brücke* (Anders 1959).
der Ozean Ihrer Hoffnungen: vgl. Blochs mehrbändiges Hauptwerk *Das Prinzip Hoffnung* (1954–1959).

«eschatologischen Untersuchungen»: vgl. Anders' Texte aus dem Band *Endzeit und Zeitenende* (Anders 1972).

7

Bloch an Anders, Leipzig, 8.1.1960; Manuskript, NL Anders, LIT 237/B1483
Briefkopf: Absender: Wilh-Wildstr. 8 / Leipzig W 31.

der letzte Satz der 2. Mahlersymphonie, mit den Klopstockversen: Gustav Mahler, *2. Symphonie in c-Moll* (im letzten Satz vertonte Mahler die ersten beiden Strophen von Friedrich Gottlieb Klopstocks Gedicht «Die Auferstehung»).

8

Anders an Bloch, Wien, 14.1.1960; Typoskript, Bloch-Archiv, EBA, BEB2, 003017; Typoskript (Durchschlag), NL Anders, LIT 237/B1483
Briefkopf: Absender: Günther Anders / Wien/Mauer / Ölzeltgasse 15. – Adressat: Herrn Prof. Ernst Bloch / Leipzig.

Ihr Gustav Mahler Hinweis: s. Anm. o. zu Brief Nr. 7.

9

Bloch an Anders, Leipzig, 14.8.1960; Manuskript, NL Anders, LIT 237/B1483
Briefkopf: Absender: Leipzig W 31 / Wilhelm Wildstr. 8.

eben kam Ihr Brief ... Ihrer Berliner Zeit: Anders hatte in einem nicht erhaltenen Brief an Bloch einen Berlin-Aufenthalt für August/September 1960 angekündigt.

Tübingen, wo ich einen Vortrag habe: Im August 1960 sprach

Bloch im Rahmen eines internationalen Germanistik-Kongresses in Tübingen zum Thema «Die Form der Detektivgeschichte und die Philosophie»; vgl. Bloch: «Philosophische Ansicht des Detektivromans», in: Bloch 1965: 242–263.

10

Bloch an Anders, Leipzig, 15.11.1960; Manuskript, NL Anders, LIT 237/B1483
Briefkopf: Absender: Leipzig W 31 / Wilhelm Wildstr. 8.

Ihren Grosz-Essay… «Löcher im Nichtseienden», «schwarze Ontologie» und das Strindberg'sche: «es ist schade um die Menschen»: Anders' Essay über *George Grosz* erschien 1961; wieder in: Anders 1984: 203–237; vgl. für die Zitate: ebd., 229. – Vgl. August Strindbergs Drama *Ein Traumspiel* (1902), in dem der Satz «Es ist schade um die Menschen» als Reaktion auf menschliches Leid leitmotivisch wiederkehrt (vgl. Strindberg 1963: 14, 16, 27, 35, 47, 53, 76).

11

Anders an Bloch, Wien, 28.11.1960; Typoskript, Bloch-Archiv, EBA, BEB2, 003018; Typoskript (Durchschlag), NL Anders, LIT 237/B1483
Briefkopf: Absender: Günther Anders / Wien/Mauer / Ölzeltg. 15.

aus Berlin zurück: Anders hielt sich im November 1960 für einen Vortrag in Berlin auf.

Grosz: Anders 1961; Anders 1984: 203–237.

das neue Buch von Adorno über Mahler: Adorno, *Mahler. Eine musikalische Physiognomik* (1960) (Adorno, GS 13, 149–319).

12

Anders an Bloch, Wien, 23.9.1961; Typoskript (Durchschlag), NL Anders, LIT 237/B1483
Briefkopf: Absender: Günther Anders / Wien/Mauer / Dreiständeg. 40.

Antiatom-Kongress in London: Anders hielt sich im September 1961 auf einem Kongress gegen Atomrüstung in London auf (vgl. Anders' Brief an Ava Helen Pauling, Wien, 4.8.1961, NL Anders, LIT 237/B1504; vgl. Kongressunterlagen, NL Anders, LIT 237/S48/3).

In der Süddeutschen Zeitung die Nachricht über Sie: «Ernst Bloch bricht mit der DDR. Der bekannte Philosoph kehrt nicht nach Leipzig zurück», in: *Süddeutsche Zeitung*, 21.9.1961. Zusammen mit dem Artikel wurde Ernst Blochs offener Brief an Werner Hartke, den Präsidenten der Deutschen Akademie der Wissenschaften zu Berlin (DDR), vom 19.9.1961 veröffentlicht, in dem Bloch seine Beweggründe dafür schilderte, dass er von einer Reise in die BRD im August 1961 nicht mehr in die DDR zurückgekehrt war (s. Anm. zu Brief Nr. 3).

13

Bloch an Anders, Tübingen, 30.9.1961; Manuskript, NL Anders, LIT 237/B1483
Briefkopf: Absender: Tübingen / Niethammerstr. 9.

Bin zunächst hier Gastprofessor: Nachdem Ernst und Karola Bloch von einer Reise in die BRD im August 1961 – überrascht vom Bau der Berliner Mauer – nicht mehr in die DDR zurückgekehrt waren, trat Bloch im Wintersemester 1961 zunächst eine Gastprofessur an der Universität Tübingen an (vgl. Münster 2004: 300).

Ulbricht, mit der Endstation Stacheldraht: Walter Ulbricht (1893–1973), Staatsratsvorsitzender der DDR. Unter seiner Führung wurde im August 1961 die Berliner Mauer errichtet.

14

Anders an Bloch, Wien, 11.10.1961; Typoskript (Durchschlag), NL Anders, LIT 237/B1483
Briefkopf: Absender: Günther Anders / Wien/Mauer / Dreiständeg. 40.

Hiroshima-Film: Eine geplante Zusammenarbeit zwischen Anders und dem Filmemacher Erwin Leiser kam schließlich nicht zustande (vgl. Anm. zum Brief Anders an Adorno, 18.6.1964, S. 282).

15

Anders an Bloch, Wien, 9.11.1962; Typoskript (Durchschlag), NL Anders, LIT 237/B1483
Briefkopf: Absender: Günther Anders / Wien/Mauer / Dreiständeg. 40.

aus dem Ulbricht-Deutschland emigrierten: Ernst und Karola Bloch waren von einer Reise in die BRD nicht mehr in die DDR zurückgekehrt; s. Anm. zu Brief Nr. 13.

16

Karola Bloch an Anders, Tübingen, 13.11.1962; Manuskript, NL Anders, LIT 237/B1483
Briefkopf: Absender: Im Schwanzer 35.

EB: Ernst Bloch.

neue Existenz mühsam aufgebaut haben: 1961 hatten Ernst und Karola Bloch die DDR verlassen und ließen sich in Tübingen, BRD, nieder; Ernst Bloch war damals 76 Jahre alt. (1938 waren sie in die USA emigriert, 1949 nach Leipzig, DDR, zurückgekehrt.)

Gefängnis… à la Augstein?… die «Spiegel»-Affäre… Ade-

nauer und Strauß … Döring: Im Oktober 1962 erschien im westdeutschen Nachrichtenmagazin *Der Spiegel* der Artikel «Bedingt abwehrbereit», in dem die Politik des Verteidigungsministers Franz Josef Strauß (1915–1988) und das Verteidigungskonzept der Bundeswehr im Falle eines Atomangriffs kritisiert wurden. Die Bundesanwaltschaft ließ daraufhin die Redaktionsräume des *Spiegel* durchsuchen und mehrere Mitarbeiter wegen Verdachts auf Landesverrat verhaften, darunter den Gründer und Herausgeber des *Spiegel*, Rudolf Augstein (1923–2002), der 103 Tage in Untersuchungshaft verbrachte. Öffentliche Proteste gegen diesen Eingriff in die Pressefreiheit und das Vorgehen der Regierung führten zu einer Regierungskrise. Bundeskanzler Konrad Adenauer (1876–1967) verteidigte die Maßnahmen; der FDP-Abgeordnete Wolfgang Döring (1919–1963) protestierte dagegen. Verteidigungsminister Strauß musste wegen seiner (zunächst geleugneten) Involvierung in die «Spiegel-Affäre» zurücktreten, das Regierungskabinett wurde umgebildet. Die Verdächtigungen gegen die *Spiegel*-Redaktion stellten sich als nicht haltbar heraus.

der Ulbrichtschen Traufe: vgl. Anm. zu Brief Nr. 13.

Österreich … Antisemitismus, Hitler, Seyß-Inquart … Hat man nicht auf der Hofburg Hitler zugejubelt? Und heute kann dort Brecht nicht gespielt werden: Karola Bloch spielt hier auf Adolf Hitlers (1889–1945) österreichische Herkunft und den sog. «Anschluss» Österreichs an das Deutsche Reich an, den Hitler am 15. März 1938 vor einer jubelnden Menschenmenge am Wiener Heldenplatz von der Hofburg aus verkündete. Der österreichische Politiker Arthur Seyß-Inquart (1892–1946) wurde als Vertrauter Hitlers am 11. März 1938 österreichischer Bundeskanzler und vollzog am 13. März formalrechtlich den «Anschluss» Österreichs an das Deutsche Reich; nach politischer Karriere im Nationalsozialismus wurde er 1946 im Zuge der Nürnberger Prozesse zum Tode verurteilt und hingerichtet. – Von Mitte der 1950er bis Anfang der 1960er Jahre wurden auf den großen Wiener Theaterbühnen keine Stücke Bertolt Brechts (1898–1956) gespielt. Dieser österreichische bzw. Wiener «Brecht-Boykott» war das Ergebnis einer öffentlichen Kampagne gegen Brecht, bei der die beiden Schriftsteller und Publizisten Friedrich Torberg

(1908–1979) und Hans Weigel (1908–1991) sowie der Direktor des Wiener Burgtheaters, Ernst Haeusserman (1916–1984), federführend waren (vgl. Palm 1983). Medium dieser antikommunistischen Kampagne war v. a. die von Torberg herausgegebene Zeitschrift *Forum* (vgl. Anm. zu Brief Nr. 19).

in Zusammenhang mit dem Harich Prozess, Ernst Bloch verhaftet werden sollte… gab bereits die Anordnung des Staatshenkers Melsheimer: Ab Mitte der 1950er Jahre organisierten sich in der DDR regimekritische Intellektuelle und Publizisten in Diskussionsgruppen, um Partei- und Staatsreformen zu diskutieren und einzufordern. Der dabei federführende Philosoph und Publizist Wolfgang Harich (1923–1995) wurde – neben anderen oppositionellen Intellektuellen – in einem Schauprozess im März 1957 durch das Oberste Gericht der DDR unter dem Chefankläger und ersten Generalstaatsanwalt Ernst Melsheimer (1897–1960) angeklagt. Harich wurde zu zehn Jahren Gefängnis verurteilt. Bloch stand der Gruppe um Harich nahe, gehörte ihr aber offiziell nicht an (vgl. Münster 2004: 275). Ein Verfahren gegen Bloch wegen seiner Nähe zu Harich wurde von obersten Stellen vorbereitet, zu einer Anklage kam es nicht (vgl. ebd.: 284, 297; vgl. auch Zudeick 1985: 235).

Herrn Calgéer… Gastspiel Ihrer Frau: Helmut Calgéer (1922–2010), dt. Musikpädagoge, Konzertorganisator. Ein Konzert Charlotte Zelkas in Tübingen konnte nicht nachgewiesen werden.

Frl. Gastl: Julie Gastl (1908–1999), Buchhandlung Gastl in Tübingen. Anders war dort in den 1960er Jahren als Vortragender zu Gast.

17

Bloch an Anders, Tübingen, 28.1.1965; Manuskript, NL Anders, LIT 237/B1483
Briefkopf: Absender: Tübingen / Im Schwanzer 35.

München… die einladende Organisation eine des Kalten Krieges… Haffner: Bei der hier angesprochenen Organisation handelt es sich vermutlich um den «Kongress für kulturelle Freiheit», dem Anders äußerst kritisch gegenüberstand (vgl. Brief Nr. 22). Welche Veranstaltung in München, an der der deutsche Publizist und Journalist Sebastian Haffner (1907–1999) teilgenommen hatte, hier gemeint ist, war nicht zu ermitteln. Haffner war ein viel eingeladener Redner und sprach in jenen Jahren auch bei Veranstaltungen der Münchner Sektion des «Kongresses für kulturelle Freiheit» (vgl. Hochgeschwender 1998: 517; s. Anm. zu den Briefen Nr. 22 u. 23).

18

Anders an Bloch, Wien, 26.7.1965; Typoskript (Durchschlag), NL Anders, LIT 237/B1483
Briefkopf: Absender: Günther Anders / Wien/Mauer / Dreiständeg. 40.

zu spät … als Gratulant: Bloch hatte am 8. Juli 1965 seinen 80. Geburtstag gefeiert.

von Liesl haben Sie wahrscheinlich gehört: Anders' zweite Ehefrau Elisabeth Freundlich stand in Briefkontakt mit den Blochs (vgl. Korrespondenz Freundlich-Bloch, Ernst-Bloch-Archiv).

einander bald wiedersehen werden: Im Mai 1965 hatte Ernst Bloch in Wien im Rahmen des von Studierenden organisierten «Symposion 600» zur 600-Jahr-Feier der Universität Wien gesprochen (vgl. Brief Elisabeth Freundlich an Ernst und Karola Bloch, Wien, 13.6.1965, Typoskript, Ernst-Bloch-Archiv, EBA, BEB2, 001184).

19

Anders an Bloch, Wien, 9.8.1965; Typoskript, Bloch-Archiv, EBA, BEB2, 002225; Typoskript (Durchschlag), NL Anders, LIT 237/B1483
Briefkopf: Absender: Günther Anders / Wien/Mauer / Dreiständeg. 40.

«Forum» einen Beitrag von Ihnen … Torberg … McCarthy … Kampf gegen Brecht … Jungk … Liesl Freundlich … Fischer: vgl. Ernst Bloch: «Der Mensch als Möglichkeit. Stegreif-Rede vor Wiener Studenten», in: Forum, H. 140–141, August/September 1965, S. 357–361. – Friedrich Torberg, Gründungsherausgeber der Zeitschrift *Forum*, machte aus seiner antikommunistischen Gesinnung keinen Hehl, was ihm den Ruf eines österreichischen Joseph McCarthy eintrug; am sog. österreichischen bzw. Wiener «Brecht-Boykott» war er federführend beteiligt (vgl. Anm. zu Brief Nr. 16); regelmäßig veröffentlichte Torberg publizistische Attacken und Seitenhiebe gegen linke Intellektuelle wie den Publizisten und Zukunftsforscher Robert Jungk (1913–1994), Anders' zweite Frau, die Schriftstellerin und Publizistin Elisabeth Freundlich, den Schriftsteller und KPÖ-Politiker Ernst Fischer (1899–1972) oder Günther Anders selbst (vgl. Anm. zum Briefwechsel Anders-Adorno, S. 281 f.).

20

Bloch an Anders, Tübingen, 1.9.1965; Manuskript, NL Anders, LIT 237/B1483
Briefkopf: Absender: Tübingen / Im Schwanzer 35.

Nenning … eine Stegreifrede vom Band im Forum … Aufsätzen, die vorher von Zeit zu Zeit im Forum erschienen sind … Lukács: vgl. Anm. zu Brief Nr. 19. Günther Nenning (1921–2006) hatte die redaktionelle Leitung des *Forum* inne, 1966 löste er Torberg als Herausgeber ab. Bloch hatte im *Forum* außerdem die Aufsätze «Philosophie des Kriminalromans» (H. 106), «Revolutionäre Verantwortung» (H. 115–116), «Traum von einer Sache» (H. 120) und «Über künstlerische und religiöse Wahrheit» (H. 122) veröffentlicht. Der ungar. Philosoph Georg Lukács (1885–1971) veröffentlichte seit den frühen 1960er Jahren immer wieder Aufsätze im *Forum*.

21

Anders an Bloch, Wien, 19.9.1965; Typoskript, Bloch-Archiv, EBA, BEB2, 002226; Typoskript (Durchschlag), NL Anders, LIT 237/B1483
Briefkopf: Absender: Günther Anders / Wien/Mauer / Dreiständeg. 40.

Forum … Torberg: s. Anm. zu Brief Nr. 19.

22

Anders an Bloch: Briefkopie Anders an Gertrud Ledebur (Kongress für die Freiheit der Kultur), Wien, 7.1.1966; Typoskript (Durchschlag), NL Anders, LIT 237/B1483
Briefkopf: Absender: Günther Anders / Wien/Mauer / Dreiständeg. 40. – Adressatin: Kongress für die Freiheit / der Kultur / z. H. Frau Gräfin Gertrud Ledebur.

Gräfin Gertrud Ledebur … vom «Kongress für die Freiheit der Kultur» organisierten Symposion über «Kulturpessimismus und Fortschrittsglaube»: Gertrud Ledebur war seit 1963 Mitarbeiterin im Münchner Büro des «Kongress für kulturelle Freiheit» bzw. «Kongress für die Freiheit der Kultur» (Congress for Cultural Freedom, CCF), jener im Kalten Krieg gegründeten (antikommunistischen) Kulturorganisation, die von 1950 bis 1967 (bzw. eine Nachfolgeorganisation bis 1979) bestand und u. a. Kulturzeitschriften wie den westdeutschen *Monat* oder das österreichische *Forum* finanzierte; ihrerseits wurde die Organisation – wie 1967 publik wurde – vom US-amerikanischen Geheimdienst CIA finanziert (vgl. Hochgeschwender 1998: 516, 17). Das geplante Symposium in München, zu dem Anders und Bloch eingeladen worden waren (beide sagten ab), kam nicht zustande (s. Brief Nr. 23).

Ihrer Münchner Sektion … als Sie fünf Sprecher einluden: vgl. zur Münchner Sektion des «Kongresses für kulturelle Freiheit», für deren Gründung 1962 sich vor allem der Schriftsteller und Intellektuelle Manès Sperber eingesetzt hatte: Hochgeschwender 1998: 513–518. Zu den Sprechern, die zu dem (letztlich abgesagten) Symposium eingeladen waren, zählten u. a. Anders, Bloch und Robert Jungk (s. Brief Nr. 23).

der (von Männern wie Professor Dr. Max Born, Professor Walter Dirks, Professor Dr. Eugen Kogon, Pater Franziskus Stratmann etc. initiierten) «Hilfsaktion Vietnam»: Max Born (1882–1970), deutscher Physiker, Mathematiker, Mitunterzeichner der «Göttinger Erklärung» gegen Aufrüstung mit Atomwaffen (vgl. Briefwechsel Anders-Born, NL Anders, LIT 237/B1484). Walter Dirks (1901–1991), deutscher Publizist und Journalist, gemeinsam mit dem deutschen Politikwissenschaftler, Soziologen und Publizisten Eugen Kogon (1903–1987) Gründer und Herausgeber der *Frankfurter Hefte.* Franziskus Maria Stratmann (1883–1971), deutscher Dominikaner, katholischer Theologe. Die 1965 initiierte Düsseldorfer «Hilfsaktion Vietnam e. V.» organisierte humanitäre Hilfe für Kriegsopfer und Proteste gegen den Vietnamkrieg (vgl. Vössing 2018: 381 ff.).

23

Anders an Bloch, Wien, 20.1.1966; Typoskript, Bloch-Archiv, EBA, BEB 2, 002227; Typoskript (Durchschlag), NL Anders, LIT 237/B1483
Briefkopf: Absender: Günther Anders / Wien/Mauer / Dreiständeg. 40.

nach Ihrer Absage die Veranstaltung in München abgeblasen … diese dubiose Organisation … Robert Jungk: Das geplante Symposion der Münchner Sektion des «Kongresses für kulturelle Freiheit», an dem neben Bloch und Anders auch der Publizist und Zukunftsforscher Robert Jungk (1913–1994) teilnehmen hätte sollen, fand nicht statt (s. Anm. zu Brief Nr. 22).

Kopie des Briefes an den «Kongress»: Brief Nr. 22.

24

Anders an Ernst und Karola Bloch, Wien, 16.7.1967; Typoskript, Bloch-Archiv, EBA, BEB2, 002224
Briefkopf: Absender: Günther Anders / 1238 Wien/Mauer / Dreiständeg. 40.

Glückwunsch: Ein Schreiben von Ernst und Karola Bloch zu Anders' 65. Geburtstag am 12. Juli 1967 ist nicht erhalten.

25

Karola Bloch an Anders, Tübingen, 24.7.1967; Manuskript, NL Anders, LIT 237/B1483

Süddeutschen Zeitung… Breslau-Wrocław. Das «Fenster» und die «Kriegskinder»: vgl. den Vorabdruck aus Anders' Tagebuch zu seiner Reise in seine Geburtsstadt Breslau 1966 in der *Süddeutschen Zeitung*, 22./23. Juli 1967. Vgl. Anders' «Besuch im Hades. Juli 1966», in: Anders 1967b: 269–426, darin: 339 ff. (Fenster), 385 ff. (Kinder).

26

Anders an Ernst und Karola Bloch, Wien, 30.7.1967; Typoskript, Bloch-Archiv, EBA, BEB2, 002223; Typoskript (Durchschlag), NL Anders, LIT 237/B1483
Briefkopf: Absender: Günther Anders / 1238 Wien/Mauer / Dreiständeg. 40.

mein Breslau-Tagebuch: s. Anm. zu Brief Nr. 25; vgl. «Besuch im Hades. Juli 1966», in: Anders 1967b: 269–426.

auch eben Geburtstag: Blochs 82. Geburtstag am 8. Juli, Anders' 65. Geburtstag am 12. Juli 1967.

Von Liesl hatten wir ein Telegramm: Nicht erhaltenes Telegramm von Elisabeth Freundlich (Anders' zweiter Ehefrau) an Anders und Charlotte Zelka (Anders' damalige dritte Frau).

27

Karola Bloch an Anders, Tübingen, 4.1.1969; Typoskript, NL Anders, LIT 237/B1466

dass Michael Landmann den Eckermann von Bloch spielt ... «Gespräche mit Ernst Bloch»: Michael Landmann (1913–1984), Professor für Philosophie an der Freien Universität Berlin. Das unveröffentlichte Typoskript «M. Landmann: E. Bloch im Gespräch» befindet sich im Ernst-Bloch-Archiv; eine Buchpublikation kam nicht zustande. Karola Bloch vergleicht hier Landmanns Gespräche mit Bloch mit Johann Peter Eckermanns Gesprächen mit Goethe.

Von Liesl weiß ich: Elisabeth Freundlich stand in Briefkontakt mit den Blochs (vgl. Korrespondenz Freundlich-Bloch, Ernst-Bloch-Archiv).

27a

Beilage: Ausschnitt aus Michael Landmann: «Ernst Bloch im Gespräch»; Typoskript, NL Anders, LIT 237/B1466; vgl. «M. Landmann: E. Bloch im Gespräch», unveröffentlichtes Typoskript, Bloch-Archiv, Bl. 155–157

Bloch hat ihn Mitte der Zwanziger Jahre in Paris noch als starren Husserlianer kennengelernt: Bloch und Anders hielten sich beide Mitte der 1920er Jahre in Paris auf; Anders war dort u. a. als freier Journalist für deutsche Zeitungen tätig. Anders hatte beim Phänomenologen Edmund Husserl in Freiburg studiert und promoviert (vgl. Anders 1924b).

Briefwechsel mit dem amerikanischen Piloten: Anders' Briefwechsel mit Claude Eatherly, *Off limits für das Gewissen* (Anders/Eatherly 1961).

Molusserroman: Anders, *Die molussische Katakombe* (Anders 2012).

was er über Grosz und Kafka schrieb: vgl. Anders, «Kafka – pro und contra. Die Prozeß-Unterlagen», «George Grosz», «Vorwort zu ‹Ecce Homo›» (Anders 1951; Anders 1984: 45–131 u. 203–248).

«Anders» nennt er sich wohl nach einem Juden: vgl. Anders' Richtigstellung und Kommentar in Brief Nr. 29.

Berlin 1958 … eine Philosophische Professur angeboten haben, die er … ablehnte: Michael Landmann war Professor für Philosophie an der Freien Universität Berlin. Anders war 1957 unter den Kandidaten für die Neubesetzung des philosophischen Ordinariats ebenda (vgl. Anm. zum Brief Anders an Adorno, 6.12.1963, S. 278). Im Zuge dieses Berufungsverfahrens hielt Anders 1957 einen Gastvortrag an der FU Berlin mit dem Titel «Bedürfnis und Seele. Ein Beitrag zum psycho-physischen Problem» (vgl. Briefe Anders-Alewyn, NL Anders, 237/B4 u. B433). Anders zog seine Bewerbung noch im Vorfeld zurück; vgl. seinen Absagebrief an den Dekan der Philosophischen Fakultät der FU Berlin Uvo Hölscher, S. 92.

Absage zu Gastvorträgen … das Russellsche War Crimes Tribunal: 1967 lehnte Anders das Angebot einer Gastprofessur an der Freien Universität Berlin mit dem Hinweis auf seine Teilnahme am u. a. von Bertrand Russell initiierten «Vietnam War Crimes Tribunal» ab (vgl. die Korrespondenz zur «Gastprofessur an der Freien Universität Berlin», NL Anders, LIT 237/B1468).

Kellers «Sinngedicht»: vgl. das Zehnte Kapitel «Die Geisterseher» aus Gottfried Kellers Novellenzyklus *Das Sinngedicht* (1881) (vgl. für die angesprochenen Stellen daraus: Keller 1998: 198, 208).

In der heutigen Süddeutschen Zeitung ist ein Vorabdruck des Tagebuchs von Günther Anders erschienen … Breslau … Fenster … seine Mutter … seine Frau … Eltern: vgl. zum Vorabdruck aus Anders' Breslau-Tagebuch 1966 die Anm. zu Brief Nr. 25 (vgl. zur «Fenster»-Szene: Anders 1967b: 339 ff.). Anders' Mutter Clara Stern (1877–1948), sein Vater William Stern (1871–1938), seine dritte Frau Charlotte Zelka.

Lichtenberg: Über die Zeit vor der Geburt redet man zu wenig: vgl. Georg Christoph Lichtenberg, *Sudelbücher*, Heft L, [865]: «Es ist immer sonderbar, daß man so viel von unserer Fortdauer nach dem Tode spricht, und so wenig von der *Vor-Dauer* vor der Geburt.» (Lichtenberg 1971: 513 f.)

Proust: vgl. Marcel Proust, *À la recherche du temps perdu* (1913–27).

28

Anders und Charlotte Zelka an Ernst und Karola Bloch, Wien, 5.1.1969; Typoskript (Postkarte), Bloch-Archiv, EBA, BEB2, 002228
Briefkopf: Absender: Anders / 1090 Wien / Lackiererg. 1/5. – Adressat: Frau Prof. Karola Bloch / 74 TÜBINGEN / Im Schwanzer 35.

29

Anders an Karola Bloch, Wien, 7.1.1969; Typoskript (Durchschlag), NL Anders, LIT 237/B1466
Briefkopf: Absender: Günther Anders / 1090 Wien / Lackiererg. 1/5.

Landmanns Eckermännerei: vgl. Beilage Nr. 27a und Anm. dazu.

neulich in Wien: Ernst und Karola Bloch hielten sich Anfang September 1968 anlässlich des «Internationalen Kongresses für Philosophie» (2.–9.9.1968) in Wien auf.

Brief von Eatherly … die Bombe nicht geworfen: vgl. Anders' Briefwechsel mit Claude Eatherly *Off limits für das Gewissen* (1961). Eatherly war Pilot eines Wetteraufklärungsflugzeugs über Hiroshima, und nicht der Enola Gay, von der die Atombombe abgeworfen wurde. Er sei, so Anders, «als Maschinenstück in einen technischen Apparat eingeschaltet gewesen und […] verwendet» worden (Anders 1982a: 210). Eatherly selbst beschreibt seine Rolle beim Bombenabwurf auf Hiroshima ausführlich im Brief vom 8. August 1960 (ebd., 293 ff.; vgl. auch: 238, 283).

durch Brecht an Ihering empfohlen … Börsencourier … dass ich Christ geworden sei: Dass Bertolt Brecht ihn an den *Berliner Börsen-Courier* bzw. an Herbert Ihering (1888–1977), Dramaturg, Journalist, Theater- und Filmkritiker beim *Berliner Börsen-Courier*, empfohlen hatte sowie die Anekdote von der Entstehung seines Pseudonyms «Anders», erwähnt Anders auch in anderen Selbstauskünften (vgl. Anders 1987: 29 f.). Hier betont er, dass Michael Landmanns Aussagen (s. o.) suggerieren könnten, er habe seinen Namen «Stern» aufgegeben, um seine jüdische Herkunft zu verbergen.

30

Anders an Ernst und Karola Bloch, Wien, 18.3.1969; Typoskript, Bloch-Archiv, EBA, BEB2, 002229

Vietnammaterial für die zweite Auflage: Anders' *Visit beautiful Vietnam. ABC der Aggressionen heute* (1968) erschien in einer (veränderten u. erweiterten) Lizenzausgabe in der DDR unter dem Titel *Eskalation des Verbrechens. Aus einem ABC der amerikanischen Aggression gegen Vietnam* (1971).

Essay über die Kosmonauten: Anders, «Der Blick vom Mond. Gedanken über Raumfahrt» (Anders 1969); vgl. Anders 1970.

George … «Ich spüre Luft von anderen Planeten»: vgl. den ersten Vers des Gedichts «Entrückung» von Stefan George: «Ich fühle luft von anderem planeten» (George 1907: 122).

Bonn: der Besuch des Sowjetbotschafters beim Exnazikanzler: Am 11. März 1969 kam es in Bonn zu einem Gespräch zwischen dem sowjetischen Botschafter in der BRD, Semjon K. Zarapkin (1906–1984), und dem damaligen westdeutschen Bundeskanzler Kurt Georg Kiesinger (1904–1988). Grund war der Grenzkonflikt zwischen der Sowjetunion und China: Anfang März 1969 war es zu einem Zwischenfall am Grenzfluss Ussuri mit Todesopfern auf beiden Seiten gekommen. Dass die UdSSR die BRD über ihre Sicht des Konflikts informierte, galt als ungewöhnlich. – Kiesinger war von 1933–1945 Mitglied der NSDAP gewesen; seine Berufung zum Bundeskanzler war wegen seiner NS-Vergangenheit umstritten.

31

Karola Bloch an Anders, Tübingen, 7.4.1969; Manuskript, NL Anders, LIT 237/B1483
Briefkopf: Absender: Karola Bloch 74 Tübingen Im Schwanzer 35.

Einladung des Republikanischen Clubs in Tübingen: s. Anders' Absage im Brief Nr. 32.

ASTA: Allgemeiner Studierenden Ausschuss.

Den schönen Fabeln: Anders, *Der Blick vom Turm* (Anders 1968b, 2022).

RC: Republikanischer Club.

32

Anders an Karola und Ernst Bloch, Wien, 14.4.1969; Typoskript (Durchschlag), NL Anders, LIT 237/B1483
Briefkopf: Absender: Günther Anders / 1090 Wien / Lackierergasse. 1/5.

einen längeren Aufsatz über Weltraumflug widmen: vgl. Anders' im September 1969 im *Merkur* erschienenen Aufsatz «Der Blick vom Mond. Gedanken über Raumfahrt»: Der Beitrag enthält die Ankündigung eines Buches über «die Probleme der Raumfahrt», das «Ernst Bloch in Freundschaft gewidmet» sein werde (Anders 1969: 817). Vgl. die spätere Widmung «Für Ernst Bloch in Freundschaft und Bewunderung» in Anders' *Der Blick vom Mond* (Anders 1970: 5).

33

Anders an Ernst Bloch, Wien, Juli 1969; Typoskript, Bloch-Archiv, EBA, BEB2, 002230
Ohne Ort und Datum.
Lou: Louise Eisler-Fischer (1906–1998), österr. Publizistin, Übersetzerin, verheiratet mit Ernst Fischer.

dieses in der Schweiz publizierten Artikels gegen H. M.... Brief... Leo Matthias: Der Journalist und Schriftsteller Leo Matthias (1893–1970) kolportierte den (falschen) Vorwurf, Herbert Marcuse sei ein Agent des amerikanischen Geheimdienstes CIA (gewesen). Vgl. L. L. Matthias, «Wer ist Herbert Marcuse?», in: Neutralität. Kritische Schweizer Zeitschrift für Politik und Kultur, 7. Jg., Juni 1969, Nr. 6, 10–12 (vgl. Matthias 1969). Anders legte Marcuse in einem Brief nahe, eine Klage gegen Matthias zu erwirken (vgl. Anders an Marcuse, Wien, 24.7.1969, S. 126, sowie die Anm. dazu S. 311).
Büchlein: *Der Blick vom Mond* (Anders 1970).

34

Karola Bloch an Anders, Tübingen, 27.7.1969; Typoskript, NL Anders, LIT 237/B1483

den Artikel... einmal im «Bulletin», eine Publikation des sowjethörigen «Fränkischen Kreises» (Prof. Schneider, Würzburg) und einmal in der «Neutralität»: Leo Matthias' Vorwürfe gegen Herbert Marcuse waren zunächst im *Bulletin des Fränkischen Kreises* erschienen (Matthias 1969), danach u. a. in der Schweizer Zeitschrift *Neutralität*; s. Anm. o. zu Brief Nr. 33. Franz Paul Schneider (1902–1970), Prof. für Staatswissenschaften an der Universität Würzburg, Mitbegründer des «Fränkischen Kreises. Freie Vereinigung von Angehörigen geistiger Berufe in der Bundesrepublik», der u. a. Petitionen gegen die atomare Aufrüstung der BRD organisierte und Verbindungen zum «Kulturbund der DDR» unterhielt (vgl. Zimmer 2019: 302 f.).

die Anti-Marcuse Rede des amerikanischen KP Chefs auf der internationalen KP Tagung in Moskau: Auf der Dritten Weltkonferenz der kommunistischen und Arbeiterparteien in Moskau vom 5.–17. Juni 1969 hielt Gus Hall (1910–2000), von 1959–2000 Generalsekretär der kommunistischen Partei der USA (CPUSA), eine Rede, in der er die CIA-Vorwürfe gegen Herbert Marcuse aufgriff: «On the basis of the upsurge in non-working-class sections many petty-bourgeois theoreticians in the U.S. have developed theories of revolution without the working class, theories of revolution made by those who are not involved in the production process. These concepts were articulated especially by ideologists on the C.I.A. payroll, such as Marcuse.» (Hall 1969: 242) Auch auf einer Pressekonferenz während der Tagung äußerte er sich dahingehend: «Hall pointed to Herbert Marcuse as a leading exponent of such ideology, and said for a long time only Communists were critical of him. Recent exposure of Marcuse's long-standing ties with the CIA, he said, punctured holes in Marcuse's ‹radical› reputation.» (Davidow 1970: 286)

Lou: Louise Eisler-Fischer.

M.: Herbert Marcuse.

Leserbrief von meinem Ernst in der nächsten Nummer der Zeit: vgl. Ernst Bloch, «Nicht gegen Marcuse», in: Die Zeit, Nr. 32, 8.8.1969. Der Leserbrief erschien als Reaktion auf: Nathias Neutert, «Ent oder weder. Mit Ernst Bloch im Café», in: Die Zeit, Nr. 30, 25. Juli 1969. Anlass waren die Vorwürfe, Herbert Marcuse sei CIA-Agent gewesen, und dessen Reaktionen darauf. (Vgl. die Zeitungsausschnitte im Teilnachlass Ernst Fischer, Literaturarchiv der Österreichischen Nationalbibliothek, Wien, LIT 37/B1578.)

Brief, den Du an M. geschrieben hast: vgl. Anders an Herbert Marcuse, Wien, 24.7.1969, S. 126.

Widmung: vgl. Anm. zu Brief Nr. 32.

35

Anders an Karola Bloch, Wien, 31.7.1969; Typoskript (Durchschlag), NL Anders, LIT 237/B1483
Briefkopf: Absender: Günther Anders / 1090 Wien / Lackiererg. 1/5.

Lou: Louise Eisler-Fischer.

Die Anti-Marcuse-Rede von Gus Hall: s. Anm. o. zu Brief Nr. 34.

meinen Brief an H. M.: s. Brief Anders an Herbert Marcuse, Wien, 24.7.1969, S. 126. (Im Briefwechsel Anders-Bloch nicht erhalten.)

H.... Spiegelinterviews ... entsetzlichen Gerüchte: vgl. «‹Revolution aus Ekel›. Spiegel-Gespräch mit dem Philosophen Herbert Marcuse», in: Der Spiegel, Nr. 31, 1969, 103–106. Darin antwortet Marcuse, angesprochen auf die CIA-Gerüchte («Ein gewisser Herr Matthias hat Sie ja zum Beispiel einen CIA-Agenten genannt.»): «Ich bin davon überzeugt, daß diese Lumpereien von bankrotten Figuren und Gruppen der alten Linken verbreitet werden, die der Argumentation ausweichen und daher nur durch Verleumdung versuchen, die ihnen allerdings sehr peinlichen Ideen, die ich diskutiere, zu entwerten oder zu diskreditieren. Die Verleumdungen richten sich auch nicht gegen mich, sondern dienen der Diskreditierung der Neuen Linken und besonders der Studentenbewegung.» (Ebd., 106)

36

Anders an Ernst Bloch, Wien, 15.9.1969; Typoskript, Bloch-Archiv, EBA, BEB2, 002231; Typoskript (Durchschlag), NL Anders, LIT 237/B1466
Briefkopf: Absender: Günther Anders / 1090 Wien / Lackiererg. 1/5.

Merkur: Anders 1969; vgl. Anm. zu Brief Nr. 32.

Frankfurt … Frau Gretl: Theodor W. Adorno war am 6. August 1969 verstorben, Ernst Bloch hatte am Begräbnis in Frankfurt teilgenommen. Gretl Adorno, Adornos Frau, hatte Anders eine Todesanzeige gesandt (vgl. NL Anders, LIT 237/B1479).

Treffen hier in Wien: Ernst Bloch hielt sich im August 1968 in Wien auf; s. Anm. zu Brief Nr. 29.

37

Anders an Ernst und Karola Bloch, Wien, 19.10.1969; Typoskript, Bloch-Archiv, EBA, BEB2, 002232; Typoskript (Durchschlag), NL Anders, LIT 237/B1483
Briefkopf: Absender: Günther Anders / 1090 Wien / Lackiererg. 1/5.

Brief von meinem Freund Menachem Arnoni … Minority of One … Board of Sponsors: Menachem S. Arnoni (1922–1985), gab seit 1959 die US-amerikanische Zeitschrift *The Minority of One* heraus, zu deren «Board of Sponsors» u. a. Anders, Linus Pauling, Bertrand Russell und Albert Schweitzer gehörten. Anders schlug Bloch als Beiträger und Mitglied des «Board of Sponsors» von *Minority of One* bereits in seinem Brief an Arnoni vom 31.7.1969 vor. Arnoni bat Anders daraufhin in seinem hier angesprochenen Brief vom 12.10.1969 darum, bei Bloch anzufragen (NL Anders, LIT 237/B1533). Die Zeitschrift erschien, nachdem sie Ende 1968 eingestellt worden war, nicht mehr.

38

Karola Bloch an Anders, Tübingen, 10.12.1970; Manuskript, NL Anders, LIT 237/B1466
[Irrtümlich auf 12.12.1970 datiert; Poststempel: 10.12.1970]

«Philosophischen Messungen»: recte: «Politische Messungen» (vgl. Bloch 1970a).

Frankfurter Rundschau … Besprechung … Walter: vgl. Hans-Albert Walter: «Vor Tische las man's anders … Politische Messungen Ernst Blochs an Ernst Bloch», in: Frankfurter Rundschau, 12.12.1970. Walter wies in seiner Rezension des elften Bandes der Gesamtausgabe der Werke Ernst Blochs *Politische Messungen, Pestzeit, Vormärz* (1970) darauf hin, dass Bloch darin einzelne Aufsätze aus den 1930er Jahren weggelassen und in anderen aufgenommenen Texten stillschweigend Eingriffe vorgenommen hatte, ohne die Abweichungen von den Erstdrucken kenntlich zu machen. Die Auslassungen und Eingriffe betrafen u. a. Blochs Aufsätze zu den Moskauer Prozessen unter Josef Stalin (1936–38) und seine damalige Bewertung bzw. Rechtfertigung derselben. – 1972 veröffentlichte Bloch, als Reaktion auf die Kritik an den *Politischen Messungen*, den Band *Vom Hasard zur Katastrophe. Politische Aufsätze aus den Jahren 1934–1939* (Bloch 1972).

Krokodilstränen über die möglichen Ausfälle von Schlamm: vgl. den Abschnitt aus Walter 1970: «Warum all diese Unterdrückungen und Verfälschungen? Warum begibt sich Ernst Bloch auf das Niveau eines Retuscheurs? Wem leistet er damit einen Dienst? Doch nur den Schlamm, Holthusen, Harpprecht e tutti quanti, doch nur den publizistischen Repräsentanten jener gesellschaftlichen Kräfte, die jeden Ansatz zu einer linken Alternative in diesem Staat zu verteufeln und zu diffamieren und moralisch abzuqualifizieren suchen.» – William S. Schlamm (1904–1978), österr. Publizist, kommunistischer Renegat, nach seiner Rückkehr aus dem US-amerikanischen Exil nach Europa ein in Westdeutschland bekannter antikommunistischer Journalist.

Entgegnung von Ernst … 16.12. in der Frankfurter Rundschau: Ernst Blochs Erwiderung auf Walters Artikel (Walter 1970) erschienen am 15.12.1970 in der *Frankfurter Rundschau* unter dem Titel «Skurrile Messungen».

eine andere Ausgabe dieser Aufsätze: vgl. den später erschienenen Band *Vom Hasard zur Katastrophe. Politische Aufsätze aus den Jahren 1934–1939* (Bloch 1972).

39

Karola Bloch an Anders, Tübingen, 10.12.1970; Manuskript (Postkarte), NL Anders, LIT 237/B1466
Briefkopf: Absender: Karola Bloch / 74 Tübingen / Im Schwanzer 35. – Adressat: Herrn Günther Anders / A-1090 Wien/Österreich / Lackierergasse 1.

Kritik über die «Politischen Messungen»: Walter 1970.

40

Karola Bloch an Anders, Tübingen, 14.12.1970; Typoskript, NL Anders, LIT 237/B1466

dem Walterschen Elaborat: Walter 1970.

Schreiben ... an Engelhard: s. Beilage 40a.

Südwestfunk ... Erwiderung: Blochs Erwiderung auf Walters Artikel (Walter 1970) wurde im Südwestfunk gesendet und erschien danach unter dem Titel «Skurrile Messungen» in der *Frankfurter Rundschau* vom 15.12.1970 (Bloch 1970b).

FR Redakteurs (Schütte): Wolfram Schütte (*1939), deutscher Journalist, Feuilleton-Redakteur der *Frankfurter Rundschau*.

FR ... ein Aufruf von Lukács ... für Angela Davis ... Nenning: Georg Lukács (1885–1971) hatte eine Unterstützungsaktion für die Bürgerrechtlerin und Wissenschaftlerin Angela Davis (*1944) initiiert, die in Kalifornien wegen angeblicher Beteiligung an einer Geiselnahme wegen Mordes, Entführung und Verschwörung angeklagt war und sich seit Oktober 1970 in Haft befand. Bei einem Schuldspruch drohte ihr die Todesstrafe (1972 erfolgte der Freispruch). Internationaler Protest und Solidaritätskampagnen für Angela Davis folgten. Lukács' Unterstützungsaufruf war am 12.12.1970 in der *Frankfurter Rundschau* erschienen (vgl. Bloch/Lukács 1984: 347). Lukács hatte sich in dieser Sache auch an Anders gewandt, dieser sollte österreichische Unterstützer organisieren und nahm auch Kontakt mit Günther Nenning, Herausgeber der Zeitschrift *Forum*, auf (vgl. Lukács an Anders, Budapest, 30.11.1970, Anders/Lukács 1998: 61 f.; vgl. Briefwechsel Anders/Lukács, NL Anders, LIT 237/B1500).

Erwiderung von Ernst: Bloch 1970b.

Holz wird im Januar in der FR eine Erwiderung … bringen: Hans Heinz Holz (1927–2011), deutscher Philosoph, promovierte bei Ernst Bloch. Sein für Januar 1971 angekündigter Artikel in der *Frankfurter Rundschau* ist nicht erschienen.

40a

Beilage (Kopie): Brief Karola Bloch an Ernst Günter Engelhard (Frankfurter Rundschau), Tübingen, 12.12.1970; Typoskript, NL Anders, LIT 237/B1466
Briefkopf: Adressat: Herrn / Ernst Günter Engelhard / Redaktion Frankfurter Rundschau / 6 Frankfurt am Main.

Hans Heinz Holz die Erwiderung: s. Anm. zu Brief Nr. 40.

den Titel des Walterschen Aufsatzes, den Untertitel, das Motto: vgl. Hans-Albert Walter: «Vor Tische las man's anders … Politische Messungen Ernst Blochs an Ernst Bloch» (Walter 1970) sowie das dem Artikel als Motto vorangestellte Zitat Blochs: «‹Wie doch ein bloßes Wegtun uns reich machen kann. Diesfalls ein Wegtun des Drückenden, Falschen, Hemmenden, das sich an der großen Sache angesetzt hatte.› Ernst Bloch, Politische Messungen, S. 357».

Brecht hat ständig seine alten, vormarxistischen Werke geändert («Trommeln in der Nacht»!): Bertolt Brecht, *Trommeln in der Nacht*; entstanden 1919, für die Uraufführung 1922 überarbeitet, für eine Ausgabe seiner *Stücke* erneut überarbeitet (Brecht 1953).

der beinah blinde Bloch: Blochs Sehkraft nahm im Alter immer mehr ab.

Walter … «Katastrophe»: vgl. den Abschnitt aus Walter 1970: «Deshalb ist das eine Katastrophe, eine Enttäuschung ersten

Rangs, und sie wird nicht dadurch gemildert, daß in Blochs späteren Aufsätzen der Stalinismus kenntnisreich analysiert wird.» (Vgl. Anm. zu Brief Nr. 38)

«Jubiläum der Renegaten»: vgl. Ernst Bloch, «Jubiläum der Renegaten» (1937), in: Bloch 1970a, 225–235.

41

Anders an Karola Bloch, Wien, 15.12.1970; Typoskript (Durchschlag), NL Anders, LIT 237/B1466
Briefkopf: Absender: Günther Anders / 1090 Wien / Lackiererg. 1/5.

Walter: s. Anm. zu Brief Nr. 38.

SZ: Süddeutsche Zeitung.

mein Kafka: Anders, *Kafka. Pro und Contra. Die Prozeß-Unterlagen* (Anders 1951; Anders 1984: 45–131).

42

Karola Bloch an Anders, Tübingen, 17.12.1970; Typoskript, NL Anders, LIT 237/B1466

«Über Hans Magnus Enzensberger» … Walter: vgl. Hans-Albert Walter, «Was zutage liegt, und was nicht» [1964], in: Über Hans Magnus Enzensberger. Hg. v. Joachim Schickel. Frankfurt/M. 1970, 144–153; vgl. darin u. a. S. 146: «[…] wie ja überhaupt seine [Enzensbergers] Arbeiten ohne die grundlegenden von Adorno und Günther Anders kaum gedacht werden können.»

den aufrechten Gang: Zentrale Denkfigur Blochs; die «Etablierung des aufrechten Gangs, auch gegen gepolsterte, auch gegen umgetaufte, ja retrograde Abhängigkeiten» gilt ihm als «Postulat aus dem Naturrecht». (Bloch 1961: 12)

EB: Ernst Bloch

Walter-Artikel … die Überschriften, der Untertitel des Bildes: vgl. Walter 1970 (vgl. Anm. zu Brief Nr. 38) und darin die

Zwischenüberschriften «Korrektur oder Verfälschung?», «Nachträgliche Prophezeiungen», «Verborgene Fehldeutungen», «Die Irrtümer waren verzeihlich», «Bitte um Rücknahme», sowie die Bildunterschrift unter einem Foto Blochs: «Ernst Bloch: ‹Wie doch ein bloßes Wegtun uns reich machen kann.›».

Die Nachrichten aus Polen: Im Dezember 1970 kam es in Polen in Folge einer Preiserhöhung für Lebensmittel zu einem Arbeiteraufstand. Proteste und gewaltsame Unruhen unter Einsatz des Militärs forderten Todesopfer.

43

Anders an Karola Bloch, Wien, 20.12.1970; Typoskript (Durchschlag), NL Anders, LIT 237/B1466
Briefkopf: Absender: Günther Anders / 1090 Wien / Lackiererg. 1/5.

Walter… Aufsatz: Walter 1964; s. Anm. zu Brief Nr. 42.

Fischer, Heer und Nenning: Ernst Fischer (s. Anm. zu Brief Nr. 19); Friedrich Heer (1916–1983), österr. Historiker und Publizist; Günther Nenning (s. Anm. zu Brief Nr. 20).

Liesl… Euch auch schreiben: Elisabeth Freundlich stand in Briefkontakt mit Ernst u. Karola Bloch (s. Anm. o.).

Angela Davis-Erklärung… Lukács längst an mich gewandt hat: vgl. Lukács an Anders, Budapest, 30.11.1970, in: Anders/Lukács 1998: 61 f.; vgl. Briefwechsel Anders/Lukács, NL Anders, LIT 237/B1500.

Polen verdüstert… Verteuerung: s. Anm. zu Brief Nr. 42.

44

Karola Bloch an Anders, Tübingen, 20.12.1970; Manuskript, NL Anders, LIT 237/B1466
Briefkopf: Absender: Karola Bloch / 74 Tübingen / Im Schwanzer 35.

beiliegend der gewünschte Ausschnitt: Beilage nicht erhalten.

die Zukunft Dutschkes: Rudi Dutschke (1940–1979), dt. marxistischer Soziologe, Studentenführer. Nachdem Dutschke ein auf ihn 1968 in West-Berlin verübtes Attentat überlebt hatte, lebte er u. a. in Großbritannien, von wo er, trotz Fürsprache (linker) Intellektueller und Unterstützer, wegen (angeblicher) politischer Aktivität im Januar 1971 ausgewiesen wurde. Er ließ sich daraufhin in Dänemark nieder. (Vgl. zum Verhältnis der Blochs zu Dutschke: Bloch/Dutschke 1988.)

Gespräch zwischen ihm und Fritz Vilmar: Ernst Bloch/Fritz Vilmar: «Ein Gespräch über ungelöste Aufgaben der sozialistischen Theorie» [1965], in: Über Ernst Bloch. Frankfurt/M. 1968, 82–103.

45

Karola und Ernst Bloch an Anders und Charlotte Zelka, Tübingen, 22.12.1970, Manuskript, NL Anders, LIT 237/B1466

Emigrationsaufsätze aus den Jahren 1933–1938: vgl. Ernst Bloch, *Vom Hasard zur Katastrophe. Politische Aufsatze aus den Jahren 1934–1939*. Frankfurt/M. 1972.

Angela-Davis Aufruf von Lukács … «Forum»: Lukács' von Anders, Bloch und zahlreichen weiteren Intellektuellen unterzeichneter Aufruf «Für Angela» erschien in: Forum, H. 207/208, Februar/März 1971, 18. Jg., 14.

46

Anders an Karola Bloch, Wien, 25.12.1970; Typoskript (Durchschlag), NL Anders, LIT 237/B1466

Briefkopf: Absender: Günther Anders / 1090 Wien / Lackierelg. 1/5.

die beiden Zeitungsausschnitte: Beilagen nicht erhalten.

seine Stellungnahme … FR … Rundfunk: s. Anm. zu Brief Nr. 40.

mein Vietnambuch «Visit Beautiful Vietnam»: Anders 1968a.

Dutschke: s. Anm. zu Brief Nr. 44.

47

Anders an Karola Bloch, Wien, 28.12.1970; Typoskript (Durchschlag), NL Anders, LIT 237/B1466
Briefkopf: Absender: Günther Anders / 1090 Wien / Lackiererg. 1/5.

Lukács … Vorschlag zur Textveränderung … telegraphierte: vgl. Anders an Lukács, Wien, 9.12.1970, in: Anders/Lukács 1998: 62 f.; vgl. Telegramm Lukács an Anders, Budapest, 14.12.1970, NL Anders, LIT 237/B1500.

DPA: Deutsche Presse-Agentur.

den Text Nenning übergeben: s. Anm. zu Brief Nr. 45.

48

Anders an Bloch, Wien, 22.11.1971; Typoskript, Bloch-Archiv, EBA, BEB2, 002233; Typoskript (Durchschlag), NL Anders, LIT 237/B1483
Briefkopf: Absender: Günther Anders / 1090 Wien / Lackiererg. 1/5.

über Euch unterrichtet durch Liesl: Anders' in Wien lebende zweite Frau Elisabeth Freundlich stand in Briefkontakt mit den Blochs (vgl. Korrespondenz Freundlich-Bloch, Ernst-Bloch-Archiv).

Beauvoir und Sartre angeklagt … Vladimir Dedijer: Simone de Beauvoir (1908–1986) und Jean-Paul Sartre (1905–1980) nahmen wiederholt öffentlich gegen Polizeigewalt und Verbote linker politischer Gruppierungen und Zeitschriften in Zusammenhang mit dem Pariser Mai 1968 Stellung; in diesem Zusammenhang wurde Sartre auch verhaftet und mehrmals angeklagt, ein Prozess für den Herbst 1971 war geplant, kam aber nicht zustande. Sartre plante im Gegenzug eine internationale Kommission zur Untersuchung der Rolle der französischen Polizei und Gerichte und hatte dies Mitte 1971 auch mit Vladimir Dedijer (1914–1990) besprochen, dem jugoslawischen Historiker, der auch Sitzungspräsident und Mitglied des von Bertrand Russell initiierten «Vietnam War Crimes Tribunal» gewesen war (vgl. Russell/Sartre 1968: 7). Dedijer bat Anders in einem Brief vom 3.11.1971 darum, Teil der Untersuchungskommission zu werden, weitere Mitglieder vorzuschlagen und diese zu kontaktieren (vgl. Briefwechsel Anders-Dedijer, NL Anders 237/B1487). Das Komitee kam letztlich nicht zustande.

Daly ... Noam Chomsky ... ein wichtiges Buch über Vietnam: Lawrence Daly (1924–2009), britischer Gewerkschafter, politischer Aktivist, Mitglied des Russell-Tribunals. Noam Chomsky (*1928), US-amerikanischer Linguist, Philosoph, politischer Aktivist. 1969 erschien sein Buch *American Power and the New Mandarins*, in dem er gegen das Vorgehen der USA im Vietnamkrieg und die mangelnde Kritik US-amerikanischer Intellektueller daran Stellung bezieht.

die Berrigan Brüder und ... Ahmad ... Prozess: Die Brüder Philip Berrigan (1923–2002) und Daniel Berrigan (1921–2016), US-amerikanische Friedensaktivisten und katholische Geistliche, im Protest gegen den Vietnamkrieg aktiv, in den USA wegen Protestaktionen im Mai 1968 angeklagt und zu Haftstrafen verurteilt. Philip Berrigan war u. a. zusammen mit dem pakistanischen, in den USA lehrenden und im Protest gegen den Vietnamkrieg engagierten Politikwissenschaftler Eqbal Ahmad (1932–1999) als Teil der Gruppe der «Harrisburg Seven» im Januar 1971 wegen Verschwörung im Zusammenhang mit Anti-Kriegs-Protesten angeklagt worden. Vom Vorwurf der Verschwörung wurden alle sieben Angeklagten freigesprochen.

Böll: Heinrich Böll (1917–1985), deutscher Schriftsteller. Vgl. Anders' Brief an Böll vom 22.11.1971, in dem er diesen um Unterstützung jenes Komitees bat, «das die juristischen und moralischen Justifikationen der Verfolgung» Sartres und Beauvoirs untersuchen sollte (NL Anders, 237/B34), sowie Bölls Zusage vom 21.12.1971 (NL Anders, 237/B500). Das Komitee kam letztlich nicht zustande (s. Anm. o.).

49

Anders an Ernst und Karola Bloch, Wien, 1.12.1971; Typoskript, Bloch-Archiv, EBA, BEB2, 002234
Briefkopf: Absender: Günther Anders / 1090 Wien / Lackiererg. 1/5.

tausend Dank für die Akzeptierung … Amerika, wo Dedijer momentan ist: Ernst Bloch hatte seine Teilnahme am (nicht zustande gekommenen) Unterstützungskomitee für Sartre und Beauvoir zugesagt; vgl. Anm. zum Brief Nr. 48. Vladimir Dedijer hielt sich damals als Gastprofessor an der University of Michigan in Ann Arbor/USA auf (vgl. Briefwechsel Anders-Dedijer, NL Anders, 237/B1487).

50

Anders an Ernst Bloch, Wien, 19.9.1974; Typoskript, Bloch-Archiv, EBA, BEB2, 002235
Briefkopf: Absender: Günther Anders / 1090 Wien / Lackiererg. 1/5.

alles, was Du über Musik gesagt hast: Bloch, *Zur Philosophie der Musik*. Frankfurt/M. 1974.

meine Musikphilosophie: Anders 2017; vgl. zu Anders' nicht eingereichter Habilitationsschrift S. 273.

Briefwechsel mit Helmuth Plessner (1925–1982)

Gesamter überlieferter Briefwechsel mit Helmuth Plessner (1892–1985), darunter in Plessners Auftrag verfasste Briefe seiner Frau Monika Plessner (1913–2008): Nachlass Günther Anders, Literaturarchiv der Österreichischen Nationalbibliothek, Wien; Nachlass Helmuth Plessner, Universitätsbibliothek Groningen, Special Collections.

1

Plessner an Anders, Wiesbaden, 15.8.1925; Typoskript (Durchschlag), NL Plessner, ples.137.260
Briefkopf: Absender: Wiesbaden, den 15. August 1925 / Taunusstraße 2. – Adressat: Herrn Dr. Günther Stern / Hamburg.

Arnold Metzger ... Ihre Kritik seines Buches: Günther Anders, «Über Gegenstandstypen. Phänomenologische Bemerkungen anläßlich des Buches: Arnold Metzger ‹Der Gegenstand der Erkenntnis›» (vgl. Anders 1926a; Metzger 1925). Das ursprüngliche Manuskript von Anders' Buchrezension, das Plessner vorlag und das er ihm später zurücksandte (vgl. Brief Nr. 2 u. 3), ist im Anders-Nachlass nicht vorhanden. Arnold Metzger (1892–1974) war 1920–24 Assistent von Edmund Husserl, ab 1952 Professor an der Universität München.

im «Philosophischen Anzeiger»: Plessner gründete 1925 die Zeitschrift *Philosophischer Anzeiger. Zeitschrift für die Zusammenarbeit von Philosophie und Einzelwissenschaften* (erschienen bei Cohen, Bonn, Jg. 1–4, 1925/26–1929/30) und fungierte als deren Herausgeber (zusammen mit einer Reihe namhafter Mitherausgeber).

2

Anders an Plessner, Oetz (Tirol), 20.8.1925; Manuskript, NL Plessner, ples.137.259
Briefkopf: Posthotel «Kassl» / Oetz / Besitzer Clemens Haid.

Dr. Metzgers Buch … Dr. M.: Arnold Metzger; vgl. Metzger 1925; s. Anm. zu Brief Nr. 1.

3

Anders an Plessner, Pertisau (Tirol), 25.8.1925; Manuskript, NL Plessner, ples.137.258
Handschriftliche Notiz von Plessner am oberen Briefrand: «beantw. 29.8.».

das Manuskript: s. Anm. zu Brief Nr. 1.
meines Vaters: William Stern (1871–1938), Psychologe, Professor an der Universität Hamburg.

4

Anders an Plessner, Hamburg, 8.9.1925; Manuskript, NL Plessner, ples.137.257
Briefkopf: Absender: Hamburg. Bei St. Johannis 10. – Handschriftliche Notiz von Plessner am oberen Briefrand: «beantw. 26.9.».

Das Manuskript: s. Anm. zu Brief Nr. 1.
Metzgerschen Arbeit: Metzger 1925.

«Über Ggsds-typen» anlässlich A. M. «D. G. d. E.»: s. Anm. zu Brief Nr. 1 (Anders 1926a).

Nach Wiesbaden: Plessner stammte aus Wiesbaden, wo er oft die Ferien in der elterlichen Wohnung verbrachte.

Cohen: Cohen Verlag, Bonn.

Parallelaufsatz über «Personen-Typen»: Der Text, von dem in den folgenden Briefen öfters die Rede ist (Briefe Nr. 8, 17–34, auch unter den Titeln «Persontypen», «Eigenschaftstypen», «Über Eigenschaftstypen»), erschien nicht im *Philosophischen Anzeiger*, sondern erst 1928 unter dem Titel «Über das Haben», in: Anders 1928: 71–106.

Sprangers «Lebensformen»: Eduard Spranger, *Lebensformen. Geisteswissenschaftliche Psychologie und Ethik der Persönlichkeit* (Spranger 1925).

5

Anders an Plessner, Hamburg, 12.9.1925; Manuskript, NL Plessner, ples.137.256
Briefende: Absender: z. Z. Hamburg 13 / Bei St. Johannis 10 I.

das Manuskript: s. Anm. zu Brief Nr. 1.

das Metzgersche Buch: Metzger 1925.

Die Arbeiten von Pos und Lipps … Ihre Arbeit: Hendrik Josephus Pos, «Vom vortheoretischen Sprachbewusstsein» (Pos 1925); Hans Lipps, «Bemerkungen zur Theorie der Prädikation» (Lipps 1925); Helmuth Plessner/F. J. J. Buytendijk, «Die Deutung des mimischen Ausdrucks. Ein Beitrag zur Lehre vom Bewußtsein des anderen Ichs» (Plessner/Buytendijk 1925).

6

Anders an Plessner, ohne Ort, 1.10.1925; Manuskript, NL Plessner, ples.137.255

Ihren Wirkungsort: Plessner habilitierte sich 1920 an der Universität Köln und wurde anschließend dort Privatdozent, im Wintersemester 1925/26 vertrat er den Lehrstuhl des beurlaubten Max Scheler.

Mein Manuskript: s. Anm. zu Brief Nr. 1.

Ihr Herr Vater: Helmuth Plessners Vater Fedor Plessner war in Wiesbaden als Kurarzt und Sanatoriumsdirektor tätig.

Ich lernte auf meiner Reise die letztsemestrige Vorlesung Heideggers kennen: Martin Heideggers Marburger Vorlesung vom Sommersemester 1925 («Geschichte des Zeitbegriffs. Prolegomena zu einer Phänomenologie von Geschichte und Natur», Heidegger 1979) hatte Anders durch seinen Freund Hans Jonas kennen gelernt (vgl. Arendt/Heidegger 1999: 51); das vorhergehende Wintersemester 1924/25 hatte Anders in Marburg zum Studium bei Heidegger verbracht.

Ich schrieb an Heidegger: Anders' Brief an Heidegger und dessen Antwortbrief sind in den Nachlässen von Anders und Heidegger nicht vorhanden. In einem Brief an Hannah Arendt berichtet Heidegger über die für ihn empörende Anfrage Anders' und seine Reaktion darauf (vgl. Arendt/Heidegger 1999: 50 f.).

halte ich in M.-Gladbach einen Vortrag: Hans Jonas, mit dem Anders befreundet war, stammte aus Mönchengladbach.

Kant-Gesellschaft … Vorsitz der Ortsgruppe: s. Anm. zu Brief Nr. 8.

Scheler oder Hartmann: Max Scheler (1874–1928) war ab 1919, Nicolai Hartmann (1882–1950) ab 1925 Professor für Philosophie an der Universität Köln.

7

Anders an Plessner, ohne Ort, 2.10.1925; Manuskript, NL Plessner, ples.137.254

Fortsetzung von Anmerkung auf S. 11: gemeint ist vermutlich die Anmerkung in Anders 1926a: 366.

Cohen: Cohen Verlag, Bonn.

8

Plessner an Anders, Wiesbaden, 6.10.1925; Typoskript (Durchschlag), NL Plessner, ples.137.253
Briefkopf: Absender: z.Zt. Wiesbaden, den 6.10.25, Taunusstr. 2. – Adressat: Herrn Dr. Günther Stern, Hamburg 13, Bei St. Johannis 10 I.

Ihr Manuskript: s. Anm. zu Brief Nr. 1.

Zusatz 11 a u. b: s. Anm. zu Brief Nr. 7.

die Beziehung Ihres Aufsatzes zu der Heideggerschen Vorlesung: s. Brief Nr. 6.

Aufsatz über «Persontypen»: s. Anm. zu Brief Nr. 4.

Dr. Bäcker: Hermann Rudolf Bäcker (1900–1944), promovierte 1924 in Köln bei Max Scheler und war Geschäftsführer der Kölner Ortsgruppe der Kantgesellschaft; er trat 1932 in die NSDAP, 1933 in die SA ein.

9

Anders an Plessner, Berlin, 10.10.1925; Manuskript, NL Plessner, ples.137.252
Briefkopf: Absender: Berlin Uhlandstr. 29 / bei Schlesinger.

2 größere Arbeiten: 1926 erschien der Aufsatz «Zur Problematik kunstwissenschaftlicher Grundbegriffe. Anlasslich Coellens Buch: ‹Methode der Kunstgeschichte›» (Anders 1926b); darüber hinaus arbeitete Anders an einem größeren musikphilosophischen Aufsatz «Zur Phänomenologie des Zuhörens», der 1927 erschien (Anders 1927a).

phil. Kurse u. Museumsführungen: 1926/27 und 1928 verbrachte Anders zweimal mehrere Monate in Paris, wo er nach eigener Aussage Führungen im Louvre machte (vgl. das in diesem Zusammenhang entstandene «Louvretagebuch» in: Anders 2020: 103–141). Anders führte in dieser Zeit ein Leben als Privatgelehrter und gab zuweilen auch Privatkurse.

von Heidegger einen völlig befremdenden Brief: vgl. Anm. zu Brief Nr. 6. Heidegger schilderte seinen (nicht erhaltenen) Brief an Anders in einem Brief an Hannah Arendt so: «Ich habe ihm kurz geantwortet ‹in einem Fall wo ich nicht entscheiden kann, was meine eigenen Gedanken sind und was die eines anderen, da denke ich nicht an eine Publikation. Mit freundlichem Gruß.›» (Arendt/Heidegger 1999: 51)

10

Anders an Plessner, Berlin, 2.11.1925; Manuskript, NL Plessner, ples.137.251
Briefkopf: Absender: Berlin W 15 Uhlandstr. 29 / bei Schlesinger.

eine kleine Anmerkung (betreffs Heidegger): vgl. die Anmerkungen in Anders 1926a: 359: «Den Anregungen *Martin Heideggers* hat dieser Aufsatz viel zu danken; sie haben aber innerhalb dieses anderen Zusammenhanges zu Positionen geführt, die sich wahrscheinlich mit den ursprünglichen Intentionen H.'s nicht decken.» Ebd.: 372: «Termini, die ich, wie überhaupt vieles, von *Heidegger* übernehme, (s. oben S. 359 Anm. 1).»

11

Plessner an Anders, Köln, 14.11.1925; Typoskript (Durchschlag), NL Plessner, ples.137.250
Briefkopf: Adressat: Herrn / Dr. Günther Stern / Berlin W 15 / Uhlandstr. 29 / B/Schlesinger.

ich Scheler … zu vertreten habe: Im Wintersemester 1925/26 vertrat Plessner an der Universität Köln den Lehrstuhl von Max Scheler, der für ein Semester beurlaubt war.

Ihre Anmerkungen betr. Heidegger: s. Anm. zu Brief Nr. 10.

12

Plessner an Anders, Köln, 30.11.1925; Typoskript (Durchschlag), NL Plessner, ples.137.249
Briefkopf: Adressat: Herrn / Dr. Günther Stern / Berlin W 15 / Uhlandstr. 29 b/Schlesinger.

13

Anders an Plessner, Berlin, 11.12.1925; Manuskript (Postkarte), NL Plessner, ples.137.247
Adressat: Herrn Dr. / H. Plessner / Köln a. Rh. / Universität / Philos. Seminar.

14

Anders an Plessner, Hamburg, 28.12.1925; Manuskript (Postkarte), NL Plessner, ples.137.248
Absender: Hamburg 13 / Bei St. Johannis 10. – Adressat: Herrn / Dr. H. Plessner / Wiesbaden / Taunusstr. 2.

15

Anders an Plessner, Hamburg, 28.1.1926; Manuskript, NL Plessner, ples.137.246

Arbeit über die «Einheiten in der Musik»: Anders arbeitete zu dieser Zeit an seiner Musikphilosophie, 1927 erschien der Aufsatz «Zur Phänomenologie des Zuhörens» (Anders 1927a), 1930/31 entstand die als Habilitationsschrift geplante Studie «Philosophische Untersuchungen über musikalische Situationen» (Anders 2017).

16

Anders an Plessner, Hamburg, 4.3.1926; Manuskript (Postkarte), NL Plessner, ples.137.245
Absender: GStern / Hamburg 13 / Bei St. Johannis 10. – Adressat: An / Herrn Dr. H. Plessner / Wiesbaden / Taunusstr. 2. – Handschriftliche Notiz von Plessner auf der Vorderseite der Postkarte: «Durch Katz 11.3. erl. mit 2. Revision Hartmann erklärt. – Initiative von Logos oder Dr. Wagner ausgehend».

Cohen: Cohen Verlag, Bonn.

«Ph. A.»: *Philosophischer Anzeiger*, s. Anm. zu Brief Nr. 1.

«Für Dr. Wagner» an den «Logos»: Ludwig Wagner schrieb damals Rezensionen für die Zeitschrift *Logos. Internationale Zeitschrift für Philosophie der Kultur*.

Prof. Hartmanns ... wie meine Arbeiten: vgl. Nicolai Hartmann, *Grundzüge einer Metaphysik der Erkenntnis* (1921), *Ethik* (1926) sowie der erste Band zur Philosophie des deutschen Idealismus *Fichte, Schelling und die Romantik* (1923). Anders' Arbeiten lagen damals noch kaum in publizierter Form vor: 1924 hatte er in der Zeitschrift *Logos* eine Rezension von Max Schelers *Wesen und Formen der Sympathie* veröffentlicht (Anders 1924a), im selben Jahr seine Dissertation abgeschlossen (Anders 1924b).

17

Anders an Plessner, Hamburg, 15.3.1926; Manuskript (Postkarte), NL Plessner, ples.137.244
Absender: Dr. GStern / Hamburg 13 / Bei St. Johannis 10. – Adressat: Herrn / Dr. H. Plessner / z. Z. Wiesbaden / Taunusstr. 2. – Handschriftliche Notiz von Plessner auf der Vorderseite der Postkarte: «Durch Karte bejahend erl. 20.3.26» / «Zusatz ja, wenn technisch möglich».

Arbeit über «Eigenschaftstypen»: s. Anm. zu Brief Nr. 4.

18

Anders an Plessner, Hamburg, 17.4.1926; Manuskript, NL Plessner, ples.137.243

«Eigenschaftstypen»: s. Anm. zu Brief Nr. 4.
«Gegenstandstypen»: Anders 1926a.

19

Anders an Plessner, Hamburg, 23.4.1926; Manuskript, NL Plessner, ples.137.242
Briefkopf: Absender: Hmbg. 13. Bei St. Johannis 10.

Herr Professor, die Möglichkeit dieser Anrede: Plessner wurde im April 1926 an der Universität Köln zum außerordentlichen Professor ernannt.
Ihre Schriften: vgl. Plessner 1923; Plessner 1924; Plessner/Buytendijk 1925.
Metzger-Besprechung: s. Anm. zu Brief Nr. 1.
«Ph. A.»: *Philosophischer Anzeiger*, s. Anm. zu Brief Nr. 1.

20

Plessner an Anders, Köln, 27.4.1926; Typoskript (Durchschlag), NL Plessner, ples.137.241
Briefkopf: Adressat: Herrn / Dr. Günther Stern / Hamburg 13 / Bei St. Johannis 10 I.

meiner Ernennung: s. Anm. zu Brief Nr. 19.
meinen Arbeiten: s. Anm. zu Brief Nr. 19.
Aufsatz über Gegenstandstypen: Anders 1926a.
Ihr Herr Vater: William Stern.
Ihren musikphilosophischen Plänen: Anders arbeitete in den 1920er Jahren an einer Arbeit über Musikphilosophie

und plante, sich mit einer solchen zu habilitieren (vgl. Anders 2017).

«Einheit der Sinne» … «Kosmologie des Leibes»: Plessners Buch *Die Einheit der Sinne* erschien 1923 (Plessner 1923); die «Kosmologie des Leibes» (auch als «Kosmologie der lebendigen Form» angekündigt) erschien 1928 unter dem Titel *Die Stufen des Organischen und der Mensch* und gilt als Plessners Hauptwerk (Plessner 1928).

21

Anders an Plessner, Hamburg, 27.5.1926; Manuskript, NL Plessner, ples.137.240
Briefende: Absender: Hamburg 13. Bei St. Johannis 10 I.

meines Aufsatzes: Anders 1926a.

«Über Eigenschaftstypen» … «Über das Haben»: s. Anm. zu Brief Nr. 4.

22

Plessner an Anders, Köln, 2.6.1926; Typoskript (Durchschlag), NL Plessner, ples.137.239
Briefkopf: Adressat: Herrn / Dr. Günther Stern / Hamburg 13 / Bei St. Johannis 10 I.

Ihre neue Arbeit: s. Anm. zu Brief Nr. 4.

Prof. Katz: David Katz (1884–1953), Psychologe, 1919–33 Professor für Psychologie und Pädagogik an der Universität Rostock; emigrierte 1933 nach Großbritannien, erhielt später eine Professur in Stockholm.

Aussicht auf einen Vortrag in Hamburg: Der geplante Vortrag Plessners kam nicht zustande (vgl. Brief William Stern an Plessner, Hamburg, 7.6.1926; NL Plessner, ples.137.262; Brief Plessner an William Stern, [Köln], 16.6.1926; NL Plessner, ples.137.263).

23

Anders an Plessner, Freiburg im Breisgau, 23.6.1926; Manuskript (Postkarte), NL Plessner, ples.137.238
Absender: Dr. G. Stern / Freiburg i. Br. / Dreikönigstr. 3 III. – Adressat: Herrn / Prof. Dr. H. Plessner / Köln a. Rh. / Universität.

24

Anders an Plessner, Paris, 25.8.1926; Manuskript (Postkarte), NL Plessner, ples.137.237
Absender: Paris 6me / 2 Rue Racine / Hôtel des Étrangers. – Adressat: Herrn / Prof. H. Plessner / Wiesbaden / Taunusstr. 2. – Handschriftliche Notiz von Plessner auf der Vorderseite der Postkarte: «Termin 15. Oktober äußerst – für 2. Jahrgang. 8.9.26».

meiner Arbeit, die Sie bereits angezeigt haben: Anders' Aufsatz wird im *Philosophischen Anzeiger* (1. Jg., 2. Halbbd., 1926) unter dem Titel «Erscheinungstypen» angekündigt (s. Anm. zu Brief Nr. 4).

hier in Paris: 1926/27 und 1928 verbrachte Anders zweimal mehrere Monate in Paris, wo er u. a. als freier Journalist für deutsche Zeitungen tätig war.

25

Anders an Plessner, Paris, 12.9.1926; Manuskript (Postkarte), NL Plessner, ples.137.236
Absender: GStern Paris VI / 2 Rue Racine / Hôtel des Étrangers. – Adressat: Herrn / Prof. H. Plessner / Taunusstr. 2 / Wiesbaden.

der Arbeit: s. Anm. zu Brief Nr. 4.

26

Anders an Plessner, Paris, 4.10.1926; Manuskript, NL Plessner, ples.137.235

in meiner Pariser Matratzengruft: s. Anm. zu Brief Nr. 24.
die Arbeit … «Über das Haben»: s. Anm. zu Brief Nr. 4.
«Ph. A.»: *Philosophischer Anzeiger*, s. Anm. zu Brief Nr. 1.

27

Plessner an Anders, Köln, 18.10.1926; Typoskript (Durchschlag), NL Plessner, ples.137.234
Briefkopf: Adressat: Herrn / Dr. Günther Stern / Paris VI / Rue Racine – Hôtel des Étrangers.

Ihr Manuskript: s. Anm. zu Brief Nr. 4.

28

Anders an Plessner, Paris, 18.10.1926; Manuskript (Postkarte), NL Plessner, ples.137.233
Absender: St. Paris 6me / 2 Rue Racine Hôtel des Étrangers. – Adressat: Herrn / Prof. H. Plessner / Universität / Köln a. Rh.

mein Manuskript: s. Anm. zu Brief Nr. 4.

29

Anders an Plessner, Paris, 25.10.1926; Manuskript, NL Plessner, ples.137.232
Briefkopf: Absender: Paris 6me / 2 Rue Racine.

des Manuskripts … meine Arbeit: s. Anm. zu Brief Nr. 4.
«Ph. A.»: *Philosophischer Anzeiger*, 1. Jg., 2. Halbbd., 1926.

30

Plessner an Anders, Köln, 29.10.1926; Typoskript (Durchschlag), NL Plessner, ples.137.231
Briefkopf: Adressat: Herrn / Dr. Günther Stern / Paris 6me, 2, Rue Racine.

Abschluss meines Buches: Plessner 1928.

eine Einladung Ihres Herrn Vaters, in der Hamburger Kantgesellschaft zu sprechen: Ein für den Sommer 1926 geplanter Vortrag Plessners an der Hamburger Kantgesellschaft kam nicht zustande (vgl. Anm. zu Brief Nr. 22). Die hier erwähnte neuerliche Einladung Plessners in die Hamburger Kantgesellschaft durch William Stern ist im Nachlass von Plessner nicht erhalten.

31

Anders an Plessner, ohne Ort, 1926; Manuskript, NL Plessner, ples.137.230
Ohne Datumsangabe, nur «Samstag».

Analysen gegenwärtiger franz. Musik: vgl. Anders' Aufsatz über Claude Debussy (Anders 1927b).

Ihren Band: Plessner 1928.

32

Anders an Plessner, Paris, 12.2.1927; Manuskript (Postkarte), NL Plessner, ples.137.229
Adressat: Herrn / Prof. Dr. H. Plessner / Köln a. Rh. / Universität.

meine Pariser Adresse: s. Anm. zu Brief Nr. 24.

den Verlag: Cohen Verlag, Bonn.

das Weitererscheinen des «Ph. A.»: Von der von Plessner 1925 gegründeten und im Verlag Cohen (Bonn) erscheinenden Zeitschrift *Philosophischer Anzeiger* war im Herbst 1926 der 2. Halbjahresband des 1. Jahrganges 1925/26 erschienen. Der Verleger Fritz Cohen verstarb im April 1927, danach übernahm Vittorio Klostermann den Verlag.

33

Anders an Plessner, Nizza, 18.2.1927; Manuskript (Postkarte), NL Plessner, ples.137.228
Adressat: Herrn / Prof. H. Plessner / Universität / Cologne (Köln a. Rh.).

den Verlag: Cohen Verlag, Bonn.

Adresse meines Vaters: William Stern, Hamburg 13. Bei St. Johannis 10 I.

34

Anders an Plessner, Hamburg, 14.3.1927; Manuskript (Postkarte), NL Plessner, ples.137.227
Absender: GStern / Hamburg 13. St. Johannis 10. – Adressat: Herrn Prof. H. Plessner / Wiesbaden / Taunusstr. 2. – Handschriftliche Notiz von Plessner am oberen Briefrand: «Ablieferungstermin 15. IV.» / «21. III. Mskpt eingesandt (eingeschr.)».

Rücksendung der Arbeit: s. Anm. zu Brief Nr. 4.

35

Anders an Plessner, Neubabelsberg (Potsdam), 13.8.1929; Manuskript, NL Plessner, ples.137.226

Briefkopf: Absender: Neubabelsberg / Merkurstr. 3. – Handschriftliche Notiz von Plessner im Briefkopf: «Buch Sonderheft Mannheim leider überholt» / «20.8. antw.».

Auseinandersetzung mit Karl Mannheims Buch: «Ideologie und Utopie»: Anders' Rezension zu Karl Mannheims *Ideologie und Utopie* (1929) erschien 1930 im *Archiv für Sozialwissenschaft und Sozialpolitik* (Anders 1930b).

36

Anders an Plessner, Neubabelsberg (Potsdam), 23.8.1929; Manuskript, NL Plessner, ples.137.225

Ich werde mich an Herrn Mannheim selbst wenden: Karl Mannheim war unter den Zuhörern, als Anders im Februar 1930 seinen Vortrag zur philosophischen Anthropologie vor der Frankfurter Kantgesellschaft hielt (vgl. Anders 1930c). Anfang der 1930er Jahre nahm Anders auch gemeinsam mit seiner damaligen Ehefrau Hannah Arendt an einem interdisziplinären Seminar teil, das Mannheim gemeinsam mit Kollegen an der Universität Frankfurt veranstaltete (vgl. Koolwaay 2010: 117).

Kölner Zeit: Anders hielt sich im Herbst/Winter 1928 oder im Wintersemester 1928/29 zu Studienzwecken in Köln auf, wo Plessner ao. Professor und Nicolai Hartmann Ordinarius für Philosophie waren.

bin ich verheiratet: Anders und Hannah Arendt heirateten 1929 in Nowawes bei Berlin (vgl. Arendt/Anders 2016).

die Musikarbeit … meine Habilitationsabsichten: Anders stellte seine als Habilitationsschrift geplante Studie *Philosophische Untersuchungen über musikalische Situationen* 1930/31 in Frankfurt fertig, reichte sie aber nicht ein; sie blieb zu seinen Lebzeiten unveröffentlicht (vgl. Anders 2017).

Sommerwohnung im Grünen … Übersiedelung: Anders und Arendt wohnten in Berlin bzw. Potsdam in wechselnden Quartieren und übersiedelten nach einem kurzen Aufenthalt in Heidelberg Anfang 1930 nach Frankfurt (wo Anders seine Habilitation anstrebte).

in Paris … philosophischen Louvreführer: Anders hielt sich zwischen 1926 und 1928 zweimal über mehrere Monate in Paris auf und besuchte öfters den Pariser Louvre. In diesem Kontext entstand eine kunstphilosophische Arbeit, die Fragment und zu Anders' Lebzeiten unveröffentlicht blieb (vgl. «Louvretagebuch», in: Anders 2020: 103–141).

«Inselschiff» … Exegese von Rilkes Duineser Elegien: Der Aufsatz «Rilkes *Duineser Elegien*» erschien in der *Neuen Schweizer Rundschau* (vgl. Arendt/Anders 1930), nicht in der hier genannten Verlagszeitschrift *Das Inselschiff*. Rainer Maria Rilke war seit 1900 Autor des Insel Verlags.

Die Hauptarbeit, mit der ich mich zu habilitieren hoffe: 1927–29 entstand eine Reihe von Entwürfen zu einer Arbeit über philosophische Anthropologie, Anfang 1930 hielt Anders vor der Frankfurter Kantgesellschaft einen Vortrag mit dem Titel «Die Weltfremdheit des Menschen», mit dem er sich für eine Universitätslaufbahn empfehlen wollte und der später in adaptierter Form in zwei Teilen auf Französisch erschien («Une interprétation de l'a posteriori», «Pathologie de la Liberté. Essai sur la non-identification»; vgl. Anders 2018). Tatsächlich versuchte sich Anders 1930/31 mit einer Arbeit über Musikphilosophie zu habilitieren (vgl. Anders 2017).

Ähnlichkeiten … mit Ihrem neuen Buche: gemeint ist Plessners 1928 erschienenes Buch zur philosophischen Anthropologie *Die Stufen des Organischen und der Mensch* (Plessner 1928).

37

Anders an Plessner, Frankfurt am Main, 4.4.1930; Manuskript, NL Plessner, ples.137.224
Briefkopf: Absender: Schwanthaler 73 II / Frkft. M.

«Phil. Anzeiger»: *Philosophischer Anzeiger*.

Vortrag über v. Gogh (zum 30. Todestage): In Anders' Nachlass ist kein Vortragsmanuskript über den Maler Vincent van Gogh (1853–1890) vorhanden; vgl. Anders' Schriften zur Kunst in: Anders 2020.

Aufsatz über Mannheim … Soziologie-Sonderheft: Anders' Rezension zu Karl Mannheims *Ideologie und Utopie* (1929) erschien nicht im *Philosophischen Anzeiger*, sondern im *Archiv für Sozialwissenschaft und Sozialpolitik* (Anders 1930b).

wohnen wir jetzt in Frankfurt: Anders und Hannah Arendt zogen Anfang 1930 nach Frankfurt am Main, wo Anders seine Habilitation bei Paul Tillich vorantreiben wollte (vgl. Anders 2017).

38

Anders an Plessner, Frankfurt am Main, 10.5.1930; Manuskript, NL Plessner, ples.137.223
Briefende: Absender: Frkft. M. / Schwanthalerstr. 73.

Ihre frdl. Aufforderung … habe ich mich umentschlossen: Anders hatte seine Mannheim-Rezension (Anders 1930b) Plessner angeboten (s. Brief Nr. 35), dann aber zurückgezogen. Anders legte seiner Absage einen Durchschlag seines Briefes an Vittorio Klostermann bei, der nach dem Tod von Fritz Cohen ab 1928 Leiter des Cohen Verlags (Bonn) war, bei dem der *Philosophische Anzeiger* erschien (s. Brief Nr. 38a: Beilage).

38a

Beilage (Briefdurchschlag): Anders an Vittorio Klostermann, Frankfurt am Main, 10.5.1930; Typoskript (Durchschlag), NL Plessner, ples.137.222
Briefkopf: Absender: Frankfurt/M. / Schwanthalerstr. 73.

39

Anders an Plessner, Wien, 18.3.1953; Manuskript, NL Plessner, ples.156.202
Briefkopf: Absender: Günther Stern / Wien, Prinz Eugenstr. 14 / bei Dr. Broda.

Sie … wieder sehen zu dürfen: Anders traf Plessner wahrscheinlich in Frankfurt am Main, wo er am 5.2.1953 einen Vortrag über den Jugendstil hielt und Plessner gerade den abwesenden Theodor W. Adorno am Frankfurter Institut für Sozialforschung vertrat (vgl. Briefwechsel mit Max Horkheimer, S. 19 ff.).

im Mai werde ich wieder in Deutschland sein … Köln … Frankfurt … Stuttgart … Göttingen: Anders plante für den Mai 1953 weitere Vorträge, die er auch mit Max Horkheimer besprach, vgl. Brief an Horkheimer, 8.3.1953, S. 26).

DIE VERLEUGNUNG DES ZEITALTERS, Theorie des Jugendstils: «Die Verleugnung. Theorie des Jugendstils», in: Anders 2020: 206–212.

HUNGER UND BEGRIFF: vgl. «Bedürfnis und Begriff», in: Anders 2018: 292–309.

ÜBER DEN POLYTHEISMUS DES 19. Jhdts.: Anders' Pluralismuskritik ist zentraler Bestandteil seiner in den 1940er Jahren entstandenen, Fragment gebliebenen «Kulturphilosophie» (vgl. LIT 237/W52–53); einige Gedanken dazu publizierte er in *Mensch ohne Welt* (Anders 1984: XV ff.; vgl. Biella 1992). Vgl. auch Anm. zum Brief an Horkheimer, 8.3.1953, S. 255.

auch Herrn Horkheimer für Frankfurt angeboten: s. Brief an Max Horkheimer, 8.3.1953, S. 26.

Ihre Gattin: Monika Plessner (1913–2008, geb. Atzert, gesch. Tintelnot).

40

Anders an Plessner, Wien, 16.4.1953; Typoskript, NL Plessner, ples.156.201; Typoskript (Durchschlag), NL Anders, LIT 237/B276a

Briefkopf: Absender: Dr. Günther Stern / bei Broda / Prinz Eugenstr. 14 / Wien IV. – Adressat: Herrn / Prof. Helmuth Plessner / Universität / Göttingen.

Ihrer Berufung nach Berlin: Plessner erhielt 1953 einen Ruf auf das Ordinariat für Philosophie an der FU Berlin, den er aber ablehnte.

diese ewige, anstrengende Pendelei: Plessner war ab 1951 Ordinarius für Soziologie an der Universität Göttingen und vertrat am Frankfurter Institut für Sozialforschung im Studienjahr 1952/53 zusätzlich Theodor W. Adorno, der sich für ein Jahr in den USA aufhielt.

die Reaktion der Frankfurter Studenten: vgl. Anders' Vortrag über den Jugendstil vom 5.2.1953 an der Universität Frankfurt (s. Anm. zu Brief Nr. 39).

meine Frau: Elisabeth Freundlich (1906–2001), Anders' zweite Frau.

41

Plessner an Anders, Göttingen, 9.6.1953; Typoskript (Durchschlag), NL Plessner, ples.156.200
Briefkopf: Absender: Professor Dr. H. Plessner. – Adressat: Herrn / Dr. Günther Stern / Institut für Sozialforschung / Frankfurt/Main / Senckenberganlage 26.

noch in Frankfurt sind und sich anhand des Materials ein deutliches Bild von den Gesprächen haben machen können: Anders nahm an der Konferenz des Frankfurter Instituts für Sozialforschung zum «Gruppenexperiment» im Mai 1953 teil, vgl. Anm. zu den Briefen Nr. 22 u. 23 im Briefwechsel Anders-Horkheimer, S. 256–258.

Herrn Osmer: Diedrich Osmer, Soziologe, war Anfang der 1950er Jahre Mitarbeiter am Frankfurter Institut für Sozialforschung und promovierte dort 1953 mit der Arbeit *Die Gruppendiskussionsmethode, ein neues Verfahren der empirischen Soziologie*.

42

Plessner an Anders, Göttingen, 21.10.1953; Typoskript, NL Anders, LIT 237/B1053; Typoskript (Durchschlag), NL Plessner, ples.156.199
Briefkopf: Absender: Soziologisches Seminar / der Georg-August-Universität / Professor Dr. H. Plessner / Göttingen / Auditorium, Weender Landstr. 2. – Adressat: Herrn / Dr. Günther Anders / c./o. Broda / Wien IV. / Prinz Eugenstr. 14. – Handschriftliche Notiz von Anders am unteren Briefrand: «Antwortete: 23. Okt. / dass ich zwischen 5. u. 9. Dezember / vorziehe und ihn auf Laufendem halte».

schickt mir Herr Schaeder Ihren an ihn gerichteten Brief vom 14.X. ... Ihrem Rundfunkgespräch über Heidegger: Hans Heinrich Schaeder (1896–1957), Orientalist und Religionshistoriker, 1946–57 Ordinarius an der Universität Göttingen, schrieb am 1.10.1953 einen enthusiastischen Brief an Anders, nachdem er dessen Radiogespräch mit Max Bense (1910–1990) über Martin Heidegger gehört hatte (anlässlich des Erscheinens von Heideggers *Einführung in die Metaphysik*, einer Vorlesung aus dem Jahr 1935; aufgenommen im Juni 1953, Erstsendung: 1.10.1953, SDR) (vgl. Anders/Bense 1953; Heidegger 1953): «was Sie soeben im Gespräch mit Herrn Bense – das hoffentlich ausgearbeitet und gedruckt wird – zu Heideggers ‹Einführung in die Metaphysik› und zu seinem Philosophieren überhaupt gesagt haben, hat mir entscheidend vorangeholfen» (Schaeder an Anders, Bad Mergentheim, 1.10.1953, Manuskript, NL Anders, LIT 237/B1133). Der Antwortbrief von Anders vom 14.10.1953 ist in den Nachlässen von Anders und Schaeder nicht vorhanden.

dürften Sie also in dieser Zeit lieber nicht kommen: Anders plante für November 1953 eine weitere Vortragsreise, die ihn u. a. nach Frankfurt, München und Berlin führen sollte und während der er auch an der Universität Göttingen Station machen wollte; thematisch widmete er sich dabei – auf Basis des Radiogesprächs mit Bense – Heideggers 1953 erschienener Vorlesung *Einführung in die Metaphysik* (Heidegger 1953) und sprach von einem «Anti-Heidegger-Vortrag» (vgl. Brief an Horkheimer, 17.7.1953, S. 31).

einer Tagung nach Hamburg: nicht ermittelt.

das Seminar ... mit meinem slavistischen Kollegen: Maximilian Braun, Slawist und Ordinarius an der Universität Göttingen, hielt im Wintersemester 1953/54 mit Plessner gemeinsam das Seminar «Die gedanklichen Grundlagen des russischen Marxismus».

43

Anders an Plessner, Wien, 23.10.1953; Manuskript, NL Plessner, ples.156.197
Briefkopf: Adressat: Herrn Prof. / H. Plessner / Göttingen. – Handschriftliche Notiz von Plessner am oberen Briefrand: «Wien, Prinz Eugenstr. 14 / bei Broda». – Im NL Anders befindet sich eine Entwurfsfassung (Briefdurchschlag, LIT 237/B276a).

Ihre Gattin: Monika Plessner.

Frankfurter ... Berliner Vorträge: s. Anm. oben.

tippende Frau: Charlotte Zelka (1930–2001), dritte Frau von Günther Anders.

44

Anders an Plessner, Wien, 14.11.1953; Manuskript, NL Plessner, ples.156.196
Briefkopf: Absender: Günther Stern-Anders/b. Broda / Prinz Eugenstr. 14 / Wien/Österreich. – Handschriftliche Notiz von Plessner im Briefkopf: «{Land ...} 16.11. beantwortet P.»

eine schizo-topische Existenz: s. Anm. zu Brief Nr. 40.

45

Plessner an Anders, Göttingen, 16.11.1953; Manuskript (Postkarte), NL Anders, LIT 237/B1053
Absender: Herzberger Landstr. 97 / Göttingen / 16.11.53. – Adressat: Herrn Dr. G. Stern-Anders / bei Broda / Wien / Prinz Eugenstr. 14.

meine schizo-topische Existenz aufgehört hat, denn Adorno ist zurück … und Horkheimer nicht mehr Rektor: s. Anm. zu Brief Nr. 40; Max Horkheimer war von 1951–53 Rektor der Frankfurter Universität.

46

Anders an Plessner, Frankfurt am Main, 19.11.1953; Manuskript (Postkarte), NL Plessner, ples.156.195
Absender: Anders-Stern / Studentenhaus der Universität / Ffm. Jügelstraße. – Adressat: Herrn Prof. H. Plessner / Göttingen / Herzberger Landstr. 97.

Nachricht aus Frankfurt, dass ich nächsten Montag dort beginnen soll: Im Zuge seiner Vortragsreise im November 1953 (s. Anm. zu Brief Nr. 42) hielt sich Anders vom 23.–26. November in Frankfurt auf.

Ankündigung … «Günther Anders spricht über ‹Was ist Heideggers Metaphysik?›»: s. Anm. zu Brief Nr. 42.

47

Plessner an Anders, Göttingen, 23.11.1953; Manuskript (Postkarte), NL Anders, LIT 237/B1053
Absender: Plessner / Göttingen / Herzberger Landstr. 97. – Adressat: Herrn Dr. G. Anders-Stern / Studentenhaus d. Universität / Frankfurt a. M. / Jügelstraße.

Hauptausschuss der Forschungsgemeinschaft ... meine große Untersuchung: Plessner führte an der Universität Göttingen von 1953–55 das von der DFG finanzierte Forschungsprojekt *Untersuchungen zur Lage der deutschen Hochschullehrer* durch (dessen Ergebnisse 1956 in drei Bänden erschienen, vgl. Plessner 1956a).

den Lehrer meiner Frau, Prof. Dagobert Frey: Dagobert Frey (1883–1962), österr. Kunsthistoriker, 1931–45 Ordinarius an der Universität Breslau, wo Monika Plessner bei ihm studierte; 1951–53 lehrte er an der TH Stuttgart.

48

Anders an Plessner, Frankfurt am Main, 24.11.1953; Manuskript, NL Plessner, ples.156.194
Briefkopf: Absender: Studentenhaus / der Johann Wolfgang / Goethe-Universität.

in Zürich bei der Familie meiner Frau: Anders' aus Wien stammende zweite Ehefrau Elisabeth Freundlich floh mit ihren Eltern 1938 über Zürich und Paris in die USA; ihre Eltern übersiedelten nach dem Zweiten Weltkrieg 1950 nach Zürich, wo ihr Vater 1951 verstarb.

denn ich halte meine letzte Vorlesung hier am Do abends: i. e. 26. November 1953, s. Anm. zu Brief Nr. 42 u. 46.

über «Was ist Heideggers Metaphysik?» sprechen: vgl. Anm. zu Brief Nr. 42.

49

Plessner an Anders, Göttingen, 25.11.1953; Typoskript (Durchschlag), NL Plessner, ples.156.193
Briefkopf: Absender: Prof. Dr. H. Plessner / Göttingen / Herzberger Ldstr. 97. – Briefende: Adressat: Herrn / Dr. Günther Anders-Stern / Frankfurt / Studentenhaus der Universität / Jügelstr.

50

Plessner an Anders, Göttingen, 3.12.1954; Typoskript, NL Anders, LIT 237/B1053; Typoskript (Durchschlag), NL Plessner, ples.156.191
Briefkopf: Absender: Soziologisches Seminar / der Georg-August-Universität / Direktor: Prof. Dr. H. Plessner / Göttingen / Reitstallstraße 1. – Adressat: Herrn / Dr. Günther Anders-Stern / c./o. Broda / Wien IV. / Prinz Eugen-Straße 14. – Auf dem Typoskriptdurchschlag Notiz von Plessner (getippt) am unteren Briefrand: «Hiervon Abschrift am 13. XII. 54 an Adresse / Dr. G. Anders-Stern / bei Dr. Freundlich / Zürich VIII. / Hornbachstr. 54.»

Von einer Universität: gemeint ist die FU Berlin.

51

Anders an Plessner, Wien, 13.12.1954; handschriftlich korrigiertes Typoskript mit Beilage, NL Plessner, ples.156.190; unkorrigiertes Typoskript (Durchschlag) ohne Beilage, NL Anders, LIT 237/B276a
Briefkopf: Absender: Dr. Günther Anders-Stern / Wien 4., Prinz Eugenstr. 14. – Adressat: An Herrn / Prof. H. Plessner / Göttingen / Universität.

kleine Arbeit über Sartre: «Emotion and Reality (In Connection with Sartre's ‹The Emotions›)» (Anders 1950).

meiner Lehrtätigkeit … an der New School: 1949/50 war Anders «lecturer» an der New School for Social Research in New York und hielt dort zwei Vorlesungen («Philosophy of Art», SS 1949; «The Philosophy of Culture», WS 1949/50, SS 1950), weitere geplante Kurse hielt Anders nicht mehr («The Philosophy of Culture. Problems and Roots of Present Day Culture», WS 1950/51; «Philosophy of Religion», SS 1951; vgl. New School Bulletin, Vol. 6, No. 1, Sept. 6th 1948, 75 f.; Vol. 7, No. 1, 1949/50, Sept. 5th 1949, 75 f.; Vol. 8, No. 1, 1950/51, Sept. 4th 1950, 60 f.).

Arbeiten: über Moral, philosophische Anthropologie, Kunstphilosophie: vgl. NL Anders, LIT 237/W79–81 (Typoskripte aus den 1940er Jahren u. d. T. «Moral-Probleme», «Philosophische Brocken über Moral im Nihilismus», «Moral»); Anders 2018; Anders 2020.

als Novellist … durch Heinrich Mann mit einem Preis ausgezeichnet: Die Exilzeitschrift *Die Sammlung*, die unter dem Patronat von André Gide, Aldous Huxley und Heinrich Mann von Klaus Mann im Amsterdamer Querido-Verlag herausgegeben wurde, veranstaltete 1934 ein Preisausschreiben für die beste literarische Novelle; Anders' Erzählung «Der Hungermarsch» erhielt von der Jury, bestehend u. a. aus Heinrich Mann, nicht den «Novellenpreis der Emigration», sondern eine lobende Erwähnung und wurde 1935 in der *Sammlung* abgedruckt (Anders 1935).

meine Dissertation: Anders 1924b.

«Über das Haben» 1927: Anders 1928 (von Anders irrtümlich auf 1927 datiert).

zwei Aufsätzen … im «Philosophischen Anzeiger» … im Max Weber-Archiv: Anders 1926a; Anders 1930b.

Musikphilosophische Beiträge … (Zeitschrift für Musikwissenschaft, Die Musik, Anbruch): Anders 1927a; Anders 1927b; Anders 1930a.

eine Musikphilosophie: Anders 1930/31.

Essay «Mensch ohne Welt»: Anders 1931.

Döblin hat damals: vgl. Anders' Schilderung, Alfred Döblin habe seinen Aufsatz nach der Lektüre als «drollig, aber joldrichtig» bezeichnet (Anders 1984: XXVIII).

«Die Weltfremdheit des Menschen» … «Recherches Philosophiques»: Anders' Vortrag «Die Weltfremdheit des Menschen», den er Anfang 1930 vor der Frankfurter Kantgesellschaft hielt (Anders 1930c), erschien in adaptierter Form zwei Teilen auf Französisch (Anders 1934/35; Anders 1936/37).

Amerikazeit 1937–50: Anders emigrierte 1936 in die USA (New York 1936–39, Los Angeles 1939–43, New York 1943–50) und kehrte 1950 nach Europa zurück, wo er sich in Wien niederließ.

Kafka-Schrift (in «Commentary»): Anders 1949c.

Farbers «Philosophy and Phenomenol. Research»: Der amerikanische Philosoph und Phänomenologe Marvin Farber (1901–1980) gründete 1940 die Zeitschrift *Philosophy and Phenomenological Research* (Buffalo, NY), in der Anders einige Arbeiten publizierte; Anders war Mitglied des «Editorial Staff» und einer von mehreren «Consulting Foreign Editors» der Zeitschrift.

«Homeless Sculpture» … von Jean Wahl übersetzt, im Deukalion: Anders 1944; Anders 1947b.

«The Acoustic Stereoscope»: Anders 1949a.

«On the pseudo-concreteness of Heidegger's Philosophy»: Anders 1948.

«Emotion and Reality»: Anders 1950.

«The Cyclopic effect»: Anders 1954b.

«Kafka – pro und contra»: Anders 1947a; Anders 1952c; Anders 1951; Anders 1955a; Anders 1960 (Bowes & Bowes); in der Yale University Press ist kein Titel erschienen.

Der Band hat Staub aufgewirbelt: Anfang der 1950er Jahre entstand eine rege Diskussion über Anders' Kafka-Interpretation, vgl. dazu: Marcuse, L. 1951; Brod 1952a; Brod 1952b; Karsch 1952; Emrich 1952; Walser 1952/53; Taubes 1953.

«Die Dichtstunde» und «Die Übersetzungsstunde»: Anders 1952a; Anders 1954d.

«Sammlung» … ein Dialog von mir, zwei weitere: Anders 1952b; Anders 1955b.

Auszüge aus meinen philosophischen Tagebüchern … «Wandlung» … Jahrbuch für Lyrik … Merkur: Anders 1949b; Anders 1954c; Anders 1953c.

«Sein ohne Zeit»: Anders 1954a; Anders 1973.

ersten Band meiner philosophischen Tagebücher: vgl. Anders 1967b.

«Die Welt als Phantom und Matrize»: Anders 1955c.

«Wir Titanen»: Arbeitstitel der *Antiquiertheit des Menschen*, Bd. 1 (Anders 1956a), darin u. a.: «Über die Bombe und die Wurzeln unserer Apokalypse-Blindheit».

«Philosophie des Jugendstils»: Anders 1953a; vgl. Anders 1953b.

Auseinandersetzung mit Heideggers neuer Phase: vgl. Anders 2001.

51a

Beilage: Günther Anders: Publikationsliste

52

Plessner an Anders, Göttingen, 17.12.1954; Typoskript, NL Anders, LIT 237/B1053; Typoskript (Durchschlag), NL Plessner, ples.156.189
Briefkopf: Absender: Soziologisches Seminar / der Georg-August-Universität / Direktor: Prof. Dr. H. Plessner / Göttingen / Reitstallstraße 1. – Adressat: Herrn / Dr. Günther Anders-Stern / Wien IV. / Prinz-Eugen-Straße 14.

die Zusendung zweier Arbeiten: Anders hatte Plessner zwei Texte zugesandt: «Pathologie de la Liberté. Essai sur la non-identification» (Anders 1936/37) und «Emotion and Reality (In Connection with Sartre's ‹The Emotions›)» (Anders 1950).

der nicht genannt sein wollenden Universität: gemeint ist die FU Berlin.

einer der Ordinarien: Wilhelm Weischedel (1905–1975), 1953–70 Ordinarius an der FU Berlin, vgl. sein Buch *Die Tiefe im Antlitz der Welt. Entwurf einer Metaphysik der Kunst* (Weischedel 1952).

53

Anders an Plessner, Wien, 20.12.1954; Manuskript (Postkarte), NL Plessner, ples.156.192
Absender: Anders-Stern / Prinz Eugenstr. 14 / Wien IV. – Adressat: Herrn Prof. Dr. / Helmuth Plessner / Soziolog. Seminar / Göttingen / Reitstallstr. 1

Arbeit über «Emotions»: Anders 1950.

54

Anders an Plessner, Wien, 4.6.1955; Typoskript, NL Plessner, ples.156.188
Briefkopf: Absender: Günther Stern (Anders) / Prinz Eugenstr. 14 / Wien IV.

NWDR … Darmstädter Akademie … Televisionskongress: Der Nordwestdeutsche Rundfunk und die Deutsche Akademie für Sprache und Dichtung Darmstadt veranstalteten vom 27.–30.6.1955 eine Fernsehtagung in Hamburg (vgl. Deutsche Akademie für Sprache und Dichtung Darmstadt: Jahrbuch 1955. Heidelberg, Darmstadt 1956, 21–54; hier auch die Wiedergabe eines Diskussionsbeitrags von Anders, 51 f.).

Nohl und Schaeder: Herman Nohl (1879–1960), 1920–37 und 1945–49 Professor für Philosophie und Pädagogik an der Universität Göttingen; zu Hans Heinrich Schaeder vgl. Anm. zu Brief Nr. 42.

philosophische Novelle: vgl. «Der Hungermarsch» (Anders 1935).

55

Plessner an Anders, Göttingen, 8.6.1955; Typoskript, NL Anders, LIT 237/B1053; Typoskript (Durchschlag), NL Plessner, ples.156.187
Briefkopf: Absender: Dr. Günther Anders-Stern / Wien 4., Prinz Eugenstr. 14. – Adressat: Herrn / Dr. Günther Stern-Anders / Prinz-Eugen-Straße 14 / Wien IV.

Jahresversammlung der Deutsch-Holländischen Gesellschaft einen Vortrag: nicht ermittelt.

Spranger-Schüler Lieber … «Wissen und Gesellschaft»: Eduard Spranger (1882–1963), Professor für Philosophie und Pädagogik an der Universität Berlin (1920–46); Hans-Joachim Lieber (1923–2012) promovierte 1945 bei Spranger und erhielt 1955 die angesprochene Professur für Philosophie und Soziologie an der FU Berlin; vgl. Lieber 1952.

Eduard May: Zoologe, Naturphilosoph (1905–1956), ab 1951 Ordinarius für Philosophie an der FU Berlin. May habilitierte sich an der Universität München und war ab 1942 bei der von Heinrich Himmler gegründeten SS-Forschungseinrichtung «Ahnenerbe» als Leiter des Entomologischen (insektenkundlichen) Instituts in Dachau tätig, arbeitete an Forschungen zur biologischen Kriegsführung mit und erhielt 1944 das «Kriegsverdienstkreuz II. Klasse». 1945 verlor er vorübergehend seine Lehrbefugnis (vgl. Reitzenstein 2014: 87 ff., 100 ff.; Deichmann 1992: 206 ff., 219 f.).

56

Anders an Plessner, Wien, 10.6.1955; Typoskript, NL Plessner, ples.156.186

Briefkopf: Absender: Günther Stern-Anders / Prinz Eugenstr. 14 / Wien IV.

Hamburger Tagung: s. Anm. zu Brief Nr. 54.

Staatsvertrag, Festwochen und Pen Club Kongress: Der Österreichische Staatsvertrag zur Wiederherstellung eines unabhängigen und demokratischen Österreich wurde am 15.5.1955 in Wien von den alliierten Besatzungsmächten und der österreichischen Bundesregierung unterzeichnet und trat am 27.7.1955 in Kraft. – «Wiener Festwochen» 5.–26.6.1955. – 27. Internationaler P.E.N.-Kongress in Wien 12.–19.6.1955 (Thema: «Theater als Ausdruck unserer Zeit»).

Beckmann-Tagebüchern ... Montag den 22. April 46: Anders irrt sich im Datum, in den posthum herausgegebenen Tagebüchern des Malers Max Beckmann ist zu lesen, dass er am 28. April 1946, Sonntagabend, in Amsterdam u. a. mit Plessner zusammentraf (Beckmann 1955: 151). Plessner lernte Beckmann im Mai 1945 im Amsterdamer Exil kennen (vgl. ebd.: 109, 112).

57

Anders an Plessner, Wien, 21.10.1956; Typoskript, NL Plessner, ples.156.185
Briefkopf: Absender: Günther Stern bzw. Anders / Wien IV / Prinz Eugenstr. 14.

Sie sich in dieses unphilosophischste aller Länder hineintrauen: Plessner hielt am 3.12.1956 an der Universität Wien einen Vortrag mit dem Titel «Die Funktion des Sports in der industriellen Gesellschaft» (Plessner 1956b).

Tagebücher: vgl. Anders 1967b.

ein Essayband: Anders 1956a.

Gurwitsch … In-Paris-Sein … wieder an seinem Platz: Aron Gurwitsch (1901–1973), Philosoph, promovierte 1928 in Göttingen bei Moritz Geiger und war anschließend dessen Assistent. 1933 Emigration nach Paris, wo er von 1933–40 an der Sorbonne lehrte, dann in die USA, wo er an verschiedenen Universitäten, u. a. an der New School for Social Research in New York tätig war. Nach Europa bzw. Paris kehrte Gurwitsch nicht zurück.

Ingarden: Roman Ingarden (1893–1970), polnischer Philosoph und Phänomenologe, promovierte 1918 bei Edmund Husserl und war Professor in Lemberg und Krakau.

Martinus Pontifex in der Unität: gemeint ist Martin Heidegger, der am 24.10.1956 an der Universität Wien einen Vortrag mit dem Titel «Der Satz vom Grund» hielt (Heidegger 1957: Vorwort, 191–211).

58

Plessner an Anders, Göttingen, 7.11.1956; Typoskript (Durchschlag), NL Plessner, ples.156.184
Briefkopf: Adressat: Herrn / Dr. G. Stern-Anders / Wien IV / Prinz Eugen-Str. 14.

Prof. Leo Gabriel: Leo Gabriel (1902–1987), 1950–72 Professor für Philosophie an der Universität Wien.

59

Anders an Plessner, Wien, 9.11.1956; Manuskript (Postkarte), NL Plessner, ples.156.183
Adressat: Herrn Prof. Dr. H. Plessner / Göttingen / Herzberger Landstr. 97.

die Ereignisse: Der Ungarnaufstand 23.10.–4.11.1956.

60

Plessner an Anders, Göttingen, 12.11.1956; Typoskript (Durchschlag), NL Plessner, ples.156.182
Briefkopf: Absender: Prof. Dr. H. Plessner / Göttingen / Herzberger Landstraße 97. – Adressat: Herrn / Dr. G. Stern-Anders / Wien – IV. / Prinz Eugen-Str. 14.

61

Anders an Plessner, Wien, 14.11.1956; Manuskript (Postkarte), NL Plessner, ples.156.181
Absender. St.-Anders / Prinz Eugenstr. 14 / Wien IV. – Adressat: Herrn Prof. / Helmuth Plessner / Göttingen / Herzberger Landstr. 97.

62

H. u. M. Plessner an Anders, Göttingen, 24.12.1956; Manuskript (Postkarte), NL Anders, LIT 237/B1053
Absender: Plessner / Herzberger Landstr. 97 / Göttingen. – Adressat: Herrn Dr. G. Anders-Stern / Wien IV / Prinz Eugenstr. 14.

das Buch: Anders 1956a.

Graz … Weinhandl: Ferdinand Weinhandl (1896–1973), Professor für Philosophie in Kiel, Frankfurt am Main und Graz, war seit den 1920er Jahren aktiver NS-Funktionär, ab 1933 NSDAP- und SA-Mitglied, Auftaktredner an der Universität Kiel zur Bücherverbrennung im Mai 1933. Weinhandl entwickelte eine NS-Philosophie, die sich ganz in den Dienst der NS-Ideologie stellte. 1946 wurde er in Graz entlassen, 1951 Wiederaufnahme der Lehrtätigkeit, ab 1958 wieder als ordentlicher Professor.

Soziol. des Sports: vgl. Plessners Vortrag «Die Funktion des Sports in der industriellen Gesellschaft» (Plessner 1956b).

in Ihren Anmerkungen einen sehr schönen Passus: vgl. Anders 1956a: 200 f., 343/Anm. 192.

van Gogh Ausstellung: München, Haus der Kunst, 1956.

63

Anders an H. und M. Plessner, Wien, 27.12.1956; Typoskript, NL Plessner, ples.156.180

Kortnersche Faustaufführung: Fritz Kortners (1892–1970) *Faust I*-Inszenierung am Residenztheater München hatte am 11.12.1956 Premiere.

Ihrer Ehrung: Plessner wurde im November 1956 zum Ordentlichen Mitglied der Philologisch-Historischen Klasse der Göttinger Akademie der Wissenschaften gewählt.

meine «Antiquiertheit»: Der erste Band von Anders' Hauptwerk *Die Antiquiertheit des Menschen* erschien 1956 (Anders 1956a).

der arme Gabriel … über meine «Antiquiertheit» etwas schreiben soll … jener «Presse» … das bei Tisch erzählte rencontre: In der österreichischen Tageszeitung *Die Presse* ist keine Rezension von Leo Gabriel erschienen, sondern von Kurt Marko, «Ist der Mensch bereits ein veralteter Begriff?» (Die Presse, 30.6.1957); die Zeitung hatte am 12.6.1952 einen Text von Anders, der zuvor im Berliner *Tagesspiegel* erschienen war («Die Schlüssel», in: Der Tagesspiegel, 21.5.1952), unautorisiert abgedruckt, worauf eine briefliche Auseinandersetzung folgte (vgl. Briefwechsel Anders – Die Presse, NL Anders, LIT 237/B279 u. B1063).

64

Plessner an Anders, Göttingen, 24.8.1957; Manuskript, NL Anders, LIT 237/B1053
Briefkopf: Absender: Dr. H. Plessner / Göttingen / Herzberger Landstr. 97.

Preis des Droste Verlages – Düsseldorf: vermutlich eine verklausulierte Anspielung auf die Berufungspläne der FU Berlin im Jahr 1957, bei denen Anders als Kandidat für ein philosophisches Ordinariat gehandelt wurde (s. Anm. zu Brief Nr. 65). (Der Heinrich-Droste-Literaturpreis wurde vom Droste-Verlag einmalig 1956 an den Schriftsteller Hugo Hartung für das Buch *Wir Wunderkinder*, das 1957 bei Droste erschien, vergeben.)

membre de l'Institut Int. de Philosophie … Tagung in Warschau: Plessner wurde 1956 zum deutschen Vertreter im Weltverband für Philosophie, dem *Institut International de Philosophie*, gewählt; die Warschauer Tagung fand vom 17.–26.7.1957 zum Thema *Rapports de la pensée et de l'action* statt.

Schottländer: Rudolf Schottländer (1900–1988), Philosoph und Altphilologe, war von 1922–26 in erster Ehe mit Anders' Schwester Hilde Marchwitza (1900–1961) verheiratet, mit der er zwei Kinder hatte.

dem Buch: *Die Antiquiertheit des Menschen* (Anders 1956a).

65

Anders an Plessner, Wien, 31.8.1957; Typoskript, NL Plessner, ples.156.179
Briefkopf: Absender: Günther Anders / Prinz Eugenstr. 14 / Wien IV.

Alewyn hat mich … aufgeklärt: Richard Alewyn (1902–1979), Germanist, nach seiner Rückkehr aus der Emigration (Paris, Österreich, Schweiz, USA) Ordinarius in Köln, Berlin und Bonn. Alewyn setzte sich 1957 für eine Berufung Anders' an die FU Berlin ein; nach längerem Zögern sagte Anders jedoch noch im Vorfeld der Besetzung ab (vgl. Brief Anders an Uvo Hölscher, 25.8.1957, S. 92; vgl. Briefwechsel Anders – Richard Alewyn, NL Anders, LIT 237/B4 u. B433).

einen internationalen Pianistenwettbewerb: Internationaler Klavierwettbewerb Ferruccio Busoni.

Jean Wahl: Jean Wahl (1888–1974), französischer Philosoph, ab 1936 Professor an der Sorbonne in Paris, Anfang der 1940er Jahre Flucht in die USA und Lehrtätigkeit an der New School for Social Research in New York, 1946 Rückkehr an die Pariser Sorbonne.

Gabriel Marcel: Gabriel Marcel (1889–1973), französischer Philosoph, Vertreter eines christlichen Existenzialismus. Anders kannte Marcel aus seiner Emigrationszeit in Paris. Marcel erwog eine Rezension der *Antiquiertheit des Menschen* (Anders 1956a) in der Zeitschrift *Preuves*, zu der es aber nicht kam.

Europarettungskongress: 2. Tagung des Internationalen Hochschulinstituts «Antonio Rosmini», Bozen 24.–31.8.1957, unter dem Thema «Problèmes et valeurs de la culture européenne dans les rapports entre l'Orient et l'Occident». Gabriel Marcel und Jean Wahl traten bei der Tagung als Vortragende auf.

Fr. Univ.: FU Berlin.

Kantorowicz: Alfred Kantorowicz (1899–1979), Publizist und Literaturwissenschaftler, ab 1931 Mitglied der KPD, 1946 Rückkehr aus dem Exil (Frankreich, Spanien, USA) nach Ostberlin, ab 1949 Professor an der Humboldt-Universität, floh 1957 in die BRD.

meinem Buch: Anders 1956a.

Text der engl. Übersetzung: eine englische Übersetzung der *Antiquiertheit des Menschen* (Anders 1956a) ist nicht erschienen.

66

Anders an Plessner, Wien, 8.9.1977; handschriftlich korrigiertes Typoskript, NL Plessner, ples.248.63; unkorrigiertes Typoskript (Durchschlag), NL Anders, LIT 237/B276a
Briefkopf: Absender: Günther Stern-Anders / 1090 Wien, Lackiererg. 1/5. – Handschriftliche Notiz am oberen Briefrand: «erl.».

Abdruck meines Erstlings im «Philos. Anzeiger»: Anders 1926a.

anthropologischer Vortrag … auf französisch erschienen: Anders 1930c; Anders 1934/35; Anders 1936/37. Anders hielt den Vortrag Anfang 1930.

den Einfluss, den Sie auf mich in Köln ausgeübt hatten: s. Anm. zu Brief Nr. 36.

hunderte von Seiten über philos. Anthropologie … «New School» Vorlesungen: vgl. Anders 2018; 1949/50 war Anders «lecturer» an der New School for Social Research in New York und hielt dort u. a. die Vorlesung «The Philosophy of Culture» (WS 1949/50, SS 1950; vgl. New School Bulletin, Vol. 7, No. 1, 1949/50, Sept. 5th 1949, 75 f.).

meine moralphilosophischen Schriften: vgl. NL Anders, LIT 237/W79–81: Typoskripte aus den 1940er Jahren u. d. T. «Moral-Probleme», «Philosophische Brocken über Moral im Nihilismus», «Moral».

Marcuse: Herbert Marcuse.

Mohaniquaner: Mohikaner.

67

M. [im Namen von H.] Plessner an Anders, Erlenbach (Zürich), 13.9.1977; Typoskript, NL Anders, LIT 237/B1054
Briefkopf: Absender: Professor Dr. Dr. h. c. Helmuth Plessner / CH-8703 Erlenbach-ZH / Seestraße 43.

Am 4.: Plessner hatte am 4. September 1977 seinen 85. Geburtstag gefeiert.

68

M. [im Namen von H.] Plessner an Anders, Erlenbach (Zürich), 17.4.1978; Typoskript, NL Anders, LIT 237/B1054
Briefkopf: Absender: Monika Plessner / Dr. phil. / CH-8703 Erlenbach / Seestr. 43.

«Kosmologische Humoreske»: Anders, *Kosmologische Humoreske und andere Erzählungen* (Anders 1978).

69

H. u. M. Plessner an Anders, Göttingen, 22.1.1980; Manuskript, NL Anders, LIT 237/B1054
Briefkopf: Absender: Monika Plessner / Dr. phil. / Charlottenburger Straße 19 / D-3400 Göttingen.

Ihr … Buch: *Besuch im Hades. Auschwitz und Breslau 1966. Nach «Holocaust» 1979* (Anders 1979).

Matthiasgymnasium … Ossolineum: Die Ossolinski-Nationalbibliothek Breslau (Ossolineum) hat ihren Sitz seit 1947 im ehemaligen Matthias-Gymnasium.

70

M. [im Namen von H.] Plessner an Anders, Göttingen, 28.4.1982; Typoskript, NL Anders, LIT 237/B1054
Briefkopf: Absender: Monika Plessner / Dr. phil. / 3400 Göttingen / Charlottenburger Str. 19.

«Ketzereien»: Anders 1982b.

71

Anders an Plessner, Wien, 5.5.1982; Manuskript, NL Plessner, ples.157.10
Briefkopf: Absender: Stern-Anders / 1090 Wien / Lackiererg. 1/5.

drei Bücher: vgl. Anders 1984; Anders 1985; Anders 1986.

Ihre gesammelten Werke: Helmuth Plessner, *Gesammelte Schriften in zehn Bänden*, 1980 ff.

die zwei Bände über Mannheim: Volker Meja und Nico Stehr (Hg.), *Der Streit um die Wissenssoziologie* (vgl. Meja/Stehr 1982).

sehr freundlich über mich geschrieben haben: Plessner erwähnte und zitierte Anders in seinem Aufsatz über Mannheim aus dem Jahr 1931 (vgl. Plessner 1931/1982: 651, 662).

72

Anders an Plessner, Wien, 17.9.1982; Telegramm, NL Plessner, ples.256.132
Adressat: Prof. Helmuth Plessner / Charlottenburgerstrasse 19 / 34-Göttingen.

Wünsche und Gratulation zur Werksrenaissance: Plessner hatte am 4.9.1982 seinen 90. Geburtstag gefeiert. In diesem Jahr erschienen Band 6 und 7 seiner *Gesammelten Schriften in zehn Bänden*.

73

H. u. M. Plessner an Anders, Göttingen, 23.10.1982; gedruckte Briefkarte/Manuskript, NL Anders, LIT 237/B1054

Nachwort

von Reinhard Ellensohn und Kerstin Putz

In seiner Fabel «Anonyme Briefe» gibt der Philosoph, Schriftsteller und politische Intellektuelle Günter Anders (1902–1992) die Empfehlung, die eigenen Bücher wie Briefe zu behandeln, sprich sie zu adressieren. Wer als Schreibender *etwas* erreichen wolle, müsse zunächst *jemanden* erreichen: «Weil Gegenstände, die nicht verraten, für wen sie da sind, auch nicht verraten, wofür sie gut sein sollen.»[1]

Von den hohen moralischen Ansprüchen an Intellektuelle und Schreibende, wie sie Anders nicht nur in dieser Fabel formulierte, zeugt auch der vorliegende Band: Er versammelt Günther Anders' bislang unveröffentlichte Briefwechsel mit Philosophen aus ihm nahestehenden Denkschulen, mit Theodor W. Adorno (1903–1969), Ernst Bloch (1885–1977), Max Horkheimer (1895–1973), Herbert Marcuse (1898–1979) und Helmuth Plessner (1892–1985).[2] Mit diesen intellektuellen Weggefährten verbanden

---

1 Günther Anders, «Anonyme Briefe», in: ders., Der Blick vom Turm. Fabeln. Mit einem Nachwort von Kerstin Putz. München 2022, 58.

2 Diese Briefwechsel ergänzen Anders' bereits publizierte (oder für die Veröffentlichung vorbereitete) Korrespondenzen mit Hannah Arendt, Karl Löwith, Georg Lukács, Hans Jonas und Robert Jungk: Hannah Arendt/Günther Anders, Schreib doch mal *hard facts* über Dich. Briefe 1939 bis 1975. Texte und Dokumente. Hg. v. Kerstin Putz. München 2016. / Günther Anders/Karl Löwith, [Korrespondenz (zusammengestellt und kommentiert von Gerhard Oberschlick)], in: sans phrase, H. 13, 2018, 113–131. / Günther Anders/Georg Lukács, «Briefwechsel zwischen 1964–1971», in: Lukács 1997. Jahrbuch der Internationalen Georg-Lukács-Gesellschaft. Hg. v. Frank Benseler, Werner Jung. Bern

Anders zentrale philosophische Interessen und biografische Überschneidungspunkte. Die persönliche Beziehung zu ihnen fiel indes höchst unterschiedlich aus: Während Anders zu Adorno und Horkheimer ein distanziertes, zuweilen von Spannungen geprägtes Verhältnis pflegte, war seine Beziehung zu Marcuse und Bloch freundschaftlich, zu Plessner auf großem Respekt und professioneller Wertschätzung beruhend. In allen Briefwechseln sind es das intellektuelle Profil und die (Schreib-)Biografie von Anders, die – in der Auseinandersetzung mit seinen Briefpartnern – an Kontur gewinnen. In seiner Korrespondenz zeigt sich Anders als transnationaler Denker[3] und leidenschaftlicher *philosoph engagée*, der zwei philosophische Hauptströmungen des 20. Jahrhunderts in sich vereinte: die phänomenologisch-ontologische bzw. existenzphilosophisch-anthropologische Linie auf der einen, die materialistisch-marxistische Dialektik und Kulturkritik auf der anderen Seite.

Als international vernetzter Intellektueller stand Anders nicht nur mit prominenten Philosophen, Publizisten oder Naturwissenschaftlern seiner Zeit in Briefkontakt, sondern veröffentlichte mit *Off limits für das Gewissen* auch einen Briefwechsel mit dem Hiroshima-Piloten Claude Eatherly oder legte unter dem Titel *Wir Eichmannsöhne* einen offenen Brief an Klaus Eichmann, den Sohn Adolf Eichmanns, vor. Seit den 1950er Jahren setzte er sich zudem – in und durch seine Korrespondenz – für zahlreiche Initiativen der Anti-Atom-, der Friedens- und Studentenbewegung ein, etwa indem er Unterstützungserklärungen unterzeichnete, Grußbotschaften für Kongresse verfasste, Unterschriftenlisten weiterleitete oder seine ZeitgenossInnen per Brief zum Engagement aufrief.[4] Auch von diesem vielfältigen Engagement zeugt

---

1998, 47–71. / Editionen von Anders' Briefwechseln mit Hans Jonas und Robert Jungk sind in Vorbereitung.

3 Vgl. Berthold Molden, «Günther Anders as a Transnational Intellectual in the Late 1960s», in: Günther Bischof/Jason Dawsey/Bernhard Fetz (Eds.), The Life and Work of Günther Anders. Émigré, Iconoclast, Philosopher, Man of Letters. Innsbruck, Wien, Bozen 2014, 59–69.

4 Vgl. Off limits für das Gewissen. Der Briefwechsel zwischen dem

der vorliegende Band, in dem Anders an einer Stelle, in einem Brief an Herbert Marcuse, vom Philosophen als dem «grundsätzlich ‹Anstößigen›»[5] spricht. Diese Formulierung enthält im Kern Anders' (Selbst-)Bild des nonkonformistischen Denkers, der Unabhängigkeit, Unnachgiebigkeit und Kompromisslosigkeit in der Sache als höchste intellektuelle Güter verficht und um ihrer willen auch die argumentative Konfrontation nicht scheut – etwa wenn, wie in den vorliegenden Briefen, auch politisch und persönlich heikle Themen angeschnitten werden. Das Philosophieren halte er, so Anders ganz in diesem Sinn in einem Brief aus den 1950er Jahren, «seit der platonischen Kampfstellung gegen die doxa für die häretische Aktivität schlechthin».[6]

Das jüdische Erbe, oder: «Verfremdung war unser aller Thema»

Sowohl mit den Vertretern der ersten Generation der Kritischen Theorie – mit Theodor W. Adorno, Max Horkheimer und Herbert Marcuse –, als auch mit Ernst Bloch und Helmuth Plessner teilte Anders eine weitreichende biografische Gemeinsamkeit: die Herkunft aus einem modernen, säkularen, großbürgerlichen deutsch-jüdischen Milieu und, damit verbunden, die historische Erfahrung der Vertreibung aus NS-Deutschland, des Exils und

---

Hiroshima-Piloten Claude Eatherly und Günther Anders. Hg. und eingeleitet von Robert Jungk, mit einem Vorwort von Bertrand Russell. Reinbek 1961. / Günther Anders, Wir Eichmannsöhne. Offener Brief an Klaus Eichmann. München 1964. / Vgl. auch die umfangreiche Korrespondenz mit AktivistInnen und Organisationen in Anders' Nachlass, Literaturarchiv der Österreichischen Nationalbibliothek, Wien, LIT 237/04.

5 Brief Günther Anders an Herbert Marcuse, Wien, 26.6.1978, in diesem Band, 130.

6 Brief Günther Anders an Uvo Hölscher (Dekan der philosophischen Fakultät der Freien Universität Berlin), Seis bei Bozen, 25.8.1957, in diesem Band, 94.

der Entfremdung von eben diesem kulturellen Milieu, dem sich die Genannten trotz allem verbunden, ja verpflichtet fühlten.[7] Sie alle gehörten, so Anders anlässlich der Verleihung des Theodor-W.-Adorno-Preises im Jahr 1983, «zur selben Generation», zur «Generation derer, die nicht hatten fertigwerden können mit der Tatsache der in Auschwitz Fertiggemachten und die die unverdiente Gunst, nicht selbst zu den Fertiggemachten zu gehören, niemals hatten bewältigen können.»[8] Wie Anders in seinem autobiografischen Essay «Mein Judentum» bemerkt, zählten sie außerdem zu jenen «letzten Juden»,[9] «die Deutschland als ihre Heimat, *die* Heimat, die deutsche Sprache als *die* Sprache, die deutsche Musik als *die* Musik angesehen haben.»[10] Und als diese Letzten, so Anders, «blicken wir zurück auf unsere Vorfahren: die Mendelssohns und Heines und Marxs und Einsteins, und wissen: Nach uns kommt keiner mehr».[11]

Zwei Aspekte dieses jüdischen Erbes sind es, die Anders rückblickend als für sich prägend beschreibt. Zum einen nennt er das jüdische Bilderverbot: «Aber jetzt kenne ich meine Wurzel», so Anders in der Nachbetrachtung seiner Reise nach Hiroshima im Jahr 1958: «Sie heißt: ‹Du sollst dir kein Bildnis machen›. Ihr entstammen alle meine Leidenschaften.»[12] Und an anderer Stelle: «Etwas hat mich von früh auf ans Judentum gebunden, und zwar

---

7 Helmuth Plessner galt in der NS-Terminologie aufgrund seines jüdischen Vaters Fedor Plessner als «Halbjude»; er verließ Deutschland 1933 und emigrierte (über die Türkei) in die Niederlande, wo er an der Universität Groningen tätig war (vgl. Carola Dietze, Nachgeholtes Leben. Helmuth Plessner 1892–1985. Göttingen 2006, 84 ff.).

8 Günther Anders, «Gegen ein neues und endgültiges Nagasaki» (Rede zur Verleihung des Theodor W. Adorno Preises, 11. September 1983), in: Günther Anders antwortet. Interviews & Erklärungen. Hg. v. Elke Schubert. Berlin 1987, 169–174, hier: 169 f.

9 Günther Anders, «Mein Judentum» (1974), in: Günther Anders, Die Zerstörung unserer Zukunft. Ein Lesebuch. Hg. v. Bernhard Lassahn. Zürich 1984, 234–251, hier: 235.

10 Ebd., 240.

11 Ebd.

12 Günther Anders, Hiroshima ist überall. München 1982, 125.

ein Gebot aus dem Dekalog: das Verbot der *Götzenherstellung und Götzenanbetung*.»[13] Anders' philosophisches Denken und Schreiben ließe sich demnach auf einen zentralen gemeinsamen Nenner zurückführen. Und in der Tat lässt sich konstatieren, dass es ihm in Theorie und Praxis – ob in seiner Musik- und Kunstphilosophie, seiner Medien- und Technikkritik oder in seinem politischen Engagement – stets um die Rettung des Authentischen, Individuellen, Konkreten und Diversen zu tun war, in entschiedener Opposition gegen jede Art von Konformismus, Kommerzialisierung und Phantomisierung.[14] Anders' Votum für das Nicht-Identische und gegen jegliche Form von Verdinglichung ist dabei nicht zu trennen von jenem für das Humane und das dem Menschen Angemessene, im politisch-moralischen wie ästhetischen Sinn.[15]

Ein zweiter Aspekt seines jüdischen Selbstverständnisses verweist auf eine Affinität zu Ernst Bloch: Anders konstatiert, dass die Zahl jüdischer Revolutionäre und Kommunisten Ende des 19. und Anfang des 20. Jahrhunderts unverhältnismäßig groß gewesen sei, und führt dies auf die spezifisch jüdische Erlösungserwartung zurück, worin auch er «gewiß sehr jüdisch»[16] gewesen sei. «‹*Noch nicht*› – diese Kategorie ist ja geradezu zum Leit-

---

13 Anders, «Mein Judentum», a. a. O., 246.

14 Als «Phantome» bezeichnete Anders in seiner Medientheorie jene medialen Bilder, in denen sich Sein und Schein, Wirklichkeit und Fiktion in verwirrender Weise vermischen und die, stets vorgeformt und prädisponiert, dennoch vorgeben, die Dinge selbst zu repräsentieren. Vgl. Günther Anders, «Die Welt als Phantom und Matrize», in: ders., Die Antiquiertheit des Menschen. Bd. 1: Über die Seele im Zeitalter der zweiten industriellen Revolution. 4. durchges. Aufl. München 2018 (1. Aufl. 1956), 115–237. / Vgl. dazu: Reinhard Ellensohn/Kerstin Putz, «‹Alles Wirkliche wird phantomhaft, alles Fiktive wirklich›. Medienphänomenologie und Medienkritik bei Günther Anders», in: Gerhard Schweppenhäuser (Hg.), Handbuch der Medienphilosophie. Darmstadt 2018, 63–71, hier: 65.

15 Vgl. dazu: Dietmar Dath/Mathias Greffrath, Das Menschen Mögliche. Zur Aktualität von Günther Anders. Wien 2018.

16 Anders, «Mein Judentum», a. a. O., 243.

begriff eines Philosophen geworden, der sich der Revolution sehr nahe gefühlt hat und der sehr viel jüdischer gewesen ist, als er es wahrhaben sollte: *Ernst Bloch*. Das Hinwarten auf das Noch-nicht-Eingetretene hat sich bei uns, den der Orthodoxie entflohenen Juden, säkularisiert und in revolutionäre Aktivität verwandelt. [...] Auch ich habe viele Jahre lang – und auch darin war ich eben sehr jüdisch – in der Erwartung des Noch-Nicht, des zu errichtenden messianischen Reichs, gelebt.»[17]

Ein gemeinsames Erkenntnisinteresse, eine gemeinsame Wurzel der Theoriebildung jener in diesem Band versammelten Philosophen resultierte nicht zuletzt aus der historischen Erfahrung der Shoa. Als «Antifaschisten» hätten sie es sich angesichts dieser Erfahrung, so Anders in der erwähnten Dankesrede zum Adorno-Preis, zur Lebensaufgabe gemacht, «die doppelte Niederlage», nämlich die «Selbstverfremdung der Entrechteten», philosophisch-analytisch zu durchdringen und praktisch-politisch zu bekämpfen: «‹Verfremdung› war unser aller Thema, das Thema von Marcuse, von Horkheimer, von Adorno und von mir.»[18] Anders' «aus Leid und Empörung geborene[s]» Denken und sein praktisch-politisches Engagement lassen sich demzufolge als «Reaktionen auf Verletzungen [...] einer ganzen Generation» lesen.[19] Die Entfremdungserfahrungen, von denen Anders spricht (er verwendet gelegentlich den Begriff «Verfremdung» statt «Entfremdung»), bildeten den Ausgangspunkt für die Denkbewegung einer ganzen Generation, die sich der Analyse und Bekämpfung ebendieser Entfremdungsprozesse widmete.

17 Ebd., 244.
18 Günther Anders antwortet, a. a. O., 173.
19 Rudolf Burger, «Die Philosophie des Aufschubs», in: Günther Anders kontrovers. Hg. v. Konrad Paul Liessmann. München 1992, 252–266, hier: 253.

Auf der Suche nach «Konkretion», oder: Die «Pseudokonkretheit» Martin Heideggers

Ein weiteres «Generationenproblem»,[20] das Anders mit den Hauptvertretern der Kritischen Theorie – mit Adorno, Horkheimer und Marcuse – verband, war deren frühe Suche nach einer konkreten Philosophie, jenseits des vor allem im Akademischen dominierenden Neukantianismus im Sinne einer reinen Bewusstseinsphilosophie bzw. Wissenschaftstheorie. Anvisiert war eine Philosophie, die in der Lage sein sollte, die konkrete historische und gesellschaftliche Wirklichkeit, die faktischen Existenzbedingungen des *hic et nunc* in die philosophische Reflexion zu integrieren und die Verwobenheit von Subjekt und Objekt, Theorie und Praxis philosophisch fruchtbar zu machen. Diese Konkretion sahen viele Philosophen dieser Generation in der Husserl'schen Phänomenologie und ihrem Schlagwort ‹Zu den Sachen selbst› sowie in Heideggers Existenzialontologie realisiert.[21]

Anders, der 1924 in Freiburg bei Edmund Husserl promoviert hatte, folgte 1925 Martin Heidegger zum Studium nach Marburg. In seinem frühen Aufsatz «Aktualität» aus dem Jahr 1924 formuliert Anders programmatisch: «Das *faktische* Sein im aktuellen Heute wirft die Erkenntnis nur ab […]. Das Praktische, […] das Faktische, das Darinstehen im Faktischen, ist […] Bedingung des Theoretischen. Nicht das interesselose Wohlgefallen, sondern das ‹Inter-esse›, das Darin-Sein, gibt Objektivität.»[22] Bereits in seiner Dissertation hatte Anders versucht nachzuweisen, dass die Beschränkung der Phänomenologie auf die Sphäre reinen Bewusstseins, d. h. die Auslassung der faktischen Situa-

---

20 Gespräche mit Herbert Marcuse. Gesprächsteilnehmer: Herbert Marcuse, Jürgen Habermas u. a. Frankfurt/M. 1978, 10.

21 Vgl. ebd.

22 Günther Anders, «Aktualität», in: Das Dreieck (Berlin), H. 2, 1924, 33–37, hier: 36.

tion, in der sich das Subjekt befindet, unzulässig sei. Anhand der sogenannten subjektiven und okkasionellen Ausdrücke versuchte er darzulegen, dass es eine «phänomenologisch nicht reduzierbare[] Faktizität»[23] gebe, was ihn in die Nähe der ontologischen Phänomenologie bzw. der Hermeneutik der Faktizität Heideggers bringt. Noch im hohen Alter konzedierte er Heidegger, den «Durchbruch [...] zur Ontologie»[24] geschafft zu haben.

Adorno, der im selben Jahr wie Anders, nämlich 1924, über die Phänomenologie Husserls seine Doktorarbeit geschrieben hatte und sich wiederholt mit dieser auseinandersetzte, gestand Husserl – bei aller Kritik – zu, ernsthaft und aufrichtig einen Weg zur Konkretion gesucht zu haben.[25] In Adornos Frankfurter Vortrag von 1931 zur «Aktualität der Philosophie» heißt es: «Husserl hat den Idealismus von jedem spekulativen Zuviel gereinigt und ihn auf das Maß der höchsten ihm erreichbaren Realität gebracht. Aber er hat ihn nicht gesprengt.»[26] Max Horkheimer und Herbert Marcuse wiederum knüpften, wie Anders, an Husserls Nachfolger Martin Heidegger an. Horkheimer studierte Anfang der 1920er Jahre zwei Semester in Freiburg, ehe er bei Hans Cornelius in Frankfurt promovierte und kurz darauf habilitierte. Das existentielle Pathos Heideggers und dessen (vermeintliche) Orientierung am Konkreten beeindruckten den jun-

---

23 Helmut Hildebrandt, «Günther Anders und die philosophische Tradition», in: Günther Anders. Text und Kritik, Heft 115. Hg. v. Heinz Ludwig Arnold. München 1992, 58–63, hier: 59.

24 Günther Anders antwortet, a. a. O., 22.

25 Vgl. Theodor W. Adorno, Die Transzendenz des Dinglichen und Noematischen in Husserls Phänomenologie, in: ders., Gesammelte Schriften, Bd. 1. Hg. v. Rolf Tiedemann. Frankfurt/M. 1973, 7–77. / Adorno, Zur Metakritik der Erkenntnistheorie. Studien über Husserl und die phänomenologischen Antinomien, in: ders., Gesammelte Schriften, Bd. 5. Hg. v. Gretel Adorno u. Rolf Tiedemann. Frankfurt/M. 1971, 7–245. / Vgl. auch: Rolf Wiggershaus, Die Frankfurter Schule. Geschichte. Theoretische Entwicklung. Politische Bedeutung. München 2001 [1986], 590ff.

26 Theodor W. Adorno, «Die Aktualität der Philosophie», in: ders., Gesammelte Schriften, Bd. 1, a. a. O., 325–344, hier: 328.

gen Horkheimer tief: «Ich weiß heute, daß Heidegger eine der bedeutendsten Persönlichkeiten war, die zu mir gesprochen haben», schrieb er 1921 in einem Brief unter dem Eindruck seiner Freiburger Studienzeit.[27] Heidegger war auch einer der «große[n] Anreger»[28] für Marcuse, der 1928 in Freiburg dessen Assistent wurde. In einem Gespräch mit Jürgen Habermas schilderte Marcuse die damalige Anziehungskraft Heideggers, aber auch die aufkeimende Kritik an dessen Philosophie, folgendermaßen: «Philosophie wurde damals durchaus gelehrt, die akademische Szene war beherrscht vom Neukantianismus, Neuhegelianismus, und da plötzlich erschien *Sein und Zeit* als eine wirklich konkrete Philosophie. Da war die Rede vom ‹Dasein›, von ‹Existenz›, vom ‹Man›, vom ‹Tode›, von der ‹Sorge›. Das schien uns anzugehen. Das dauerte bis ungefähr 1932. Dann haben wir allmählich gemerkt – und ich sage ‹wir›, weil es eben wirklich nicht nur eine persönliche Entwicklung war –, daß diese Konkretion ziemlich falsch war.»[29]

Die «Pseudokonkretheit» Heideggers, wie Anders und Adorno sie später nannten und die auch im gemeinsamen Briefwechsel zur Sprache kommt, dämmerte Anders und seinen Philosophenkollegen schon früh.[30] Was sie unisono kritisierten war, dass Hei-

---

27 Brief Max Horkheimer an Maidon bzw. Rose Riekher, [o. O.], 30.11.1921, zitiert nach: Wiggershaus, Die Frankfurter Schule, a. a. O., 60.

28 Wiggershaus, Die Frankfurter Schule, a. a. O., 113.

29 Gespräche mit Herbert Marcuse, a. a. O., 10. – Vgl. zum Einfluss Heideggers nicht nur auf Marcuse auch: Richard Wolin, Heidegger's Children. Hannah Arendt, Karl Löwith, Hans Jonas, and Herbert Marcuse. Princeton 2001.

30 Vgl. Brief Theodor W. Adorno an Günther Anders, Frankfurt am Main, 6.9.1962, sowie die Folgebriefe, in diesem Band, 51 ff. / Vgl. Günther Anders, «Die Schein-Konkretheit von Heideggers Philosophie» (New York 1948), in: ders., Über Heidegger. Hg. v. Gerhard Oberschlick in Verbindung mit Werner Reimann als Übersetzer. Mit einem Nachwort von Dieter Thomä. München 2001, 72–115. / Vgl. zu Adornos Kritik an Heidegger insbesondere dessen Aufsatz «Jargon der Eigentlichkeit» (in: Adorno, Gesammelte Schriften, Bd. 6. Hg. v. Rolf Tiedemann. Frankfurt/M. 1973, 413–526).

degger die konkrete geschichtliche Situation nicht in sein Denken mit aufgenommen habe, dass sich Konkretion in seiner Existenzialontologie in «schlecht abstrakte[] Begriffe[]»[31] auflöse und etwa Formen moderner Entfremdung völlig außen vor blieben. Heidegger liefere eine Ontologie «der ländlichen Schusterwerkstatt»,[32] so Anders, der dessen Existenzialontologie zuweilen auch despektierlich als «Baum-Philosophie»[33] und «Wurzel-Anthropologie»[34] bezeichnete. Für Anders hatte die Abkehr von «Martinus Pontifex»,[35] wie er Heidegger in einem späteren Brief an Plessner nicht ohne Süffisanz nennt, zweierlei Konsequenzen: Zunächst beschäftigte er sich intensiv mit der von Max Scheler und Helmuth Plessner in den 1920er Jahren konzipierten philosophischen Anthropologie, die den Menschen in eine umfassende Naturphilosophie bzw. Philosophie des Organischen einbetten sollte.[36] Zum anderen wandte er sich, wie auch Horkheimer und Marcuse, dem Marxismus zu, dabei dem Wunsch nach historisch-gesellschaftlicher Konkretion Folge leistend.

31 Gespräche mit Herbert Marcuse, a. a. O., 10.

32 Anders, «Die Schein-Konkretheit von Heideggers Philosophie», a. a. O., 80.

33 Günther Stern [Anders], Über das Haben. Sieben Kapitel zur Ontologie der Erkenntnis. Bonn 1928, 57.

34 Günther Anders antwortet, a. a. O., 24. / Vgl. zu Anders und Heidegger auch: Jason Dawsey, «Ontology and Ideology: Günther Anders's Philosophical and Political Confrontation with Heidegger», in: Critical Historical Studies, Vol. 4, No. 1, Spring 2017, 1–37.

35 Brief Günther Anders an Helmuth Plessner, Wien, 21.10.1956, in diesem Band, 230.

36 Vgl. Günther Anders antwortet, a. a. O., 27.

Anders und die philosophische Anthropologie, oder: Der Mensch zwischen Natur und Technik

Dass sich die philosophische Anthropologie in den 1920er Jahren als eine genuine philosophische Disziplin etablierte, kann als Reaktion auf den Zusammenbruch des Idealismus seit der zweiten Hälfte des 19. Jahrhunderts verstanden werden, im Zuge dessen das Selbstverständnis des Menschen zunehmend fragwürdig geworden war.[37] Diese Krise des Subjekts, genauer des traditionellen Subjekt-Objekt-Verhältnisses, hatte sich nach den Erfahrungen des Ersten Weltkriegs und den damit verbundenen politisch-gesellschaftlichen Umwälzungen verschärft und in zentralen existenzphilosophischen und anthropologischen Entwürfen niedergeschlagen: in Martin Heideggers *Sein und Zeit* (1927), Max Schelers *Die Stellung des Menschen im Kosmos* (1928) und Helmuth Plessners *Die Stufen des Organischen und der Mensch* (1928). Mit dem Paradigma vom Menschen als *Lebewesen* (Scheler, Plessner) und als *Existenz* (Heidegger) standen sich zwei Positionen gegenüber, «die sich etwa gleichzeitig in Konkurrenz zueinander» begründeten.[38] Die Auseinandersetzung zwischen existenzphilosophischen und anthropologischen Ansatzpunkten zur Lösung des fragwürdig gewordenen menschlichen Selbstverständnisses war ein zeit- und generationenspezifisches Phänomen.[39]

---

37 Vgl. Herbert Schnädelbach, Philosophie in Deutschland 1831–1933. Frankfurt/M. 1983, 264 ff. / Joachim Fischer, Philosophische Anthropologie. Eine Denkrichtung des 20. Jahrhunderts. Freiburg, München 2008, 507 ff.

38 Gerhard Arlt, Philosophische Anthropologie. Stuttgart, Weimar 2001, 68.

39 Vgl. Fischer, Philosophische Anthropologie, a. a. O., 94 ff, 507 ff. / Arlt, Philosophische Anthropologie, a. a. O., 40 ff. / Vgl. zum Verhältnis Anders-Plessner: Marcel Müller, Von der «Weltfremdheit» zur «Antiquiertheit». Philosophische Anthropologie bei Günther Anders. Marburg 2012. / Christian Dries, «Von der Weltfremdheit zur Antiquiertheit des Menschen. Günther Anders' negative Anthropologie» (Nachwort), in: Günther Anders, Die Weltfremdheit des Menschen. Schriften zur

In dieser philosophiehistorisch einzigartigen Phase wandte sich auch Anders zunächst Heideggers Existenzialontologie und – in kritischem Anschluss daran – der philosophischen Anthropologie zu. So entstanden in den 1920er Jahren zahlreiche, über Jahrzehnte unveröffentlicht gebliebene Arbeiten, die als «Variante einer Naturalisierung der Existenzphilosophie» gelesen werden können.[40] Der wichtigste Aufsatz dieses Komplexes trägt den Titel «Die Weltfremdheit des Menschen» und ging aus einem Vortrag vor der Frankfurter Kantgesellschaft («Freiheit und Erfahrung») aus dem Jahr 1930 hervor.[41] Anders hatte darin ganz im Sinn des Scheler'schen und insbesondere des Plessner'schen Ansatzes versucht, den leeren Existenzbegriff Heideggers, dessen «Daseinssolipsismus»,[42] durch den Rekurs auf die Natur und die Leiblichkeit des Menschen zu überwinden und auf diesem Weg eine adäquate Antwort auf die Frage nach dem ‹Wesen› des Menschen bzw. nach dessen ‹Identität›[43] zu finden. Den «Startpunkt»[44] dieses Anders'schen Unternehmens bildete sein Auf-

---

philosophischen Anthropologie. Hg. v. Christian Dries unter Mitarbeit v. Henrike Gätjens. München 2018, 437–535.

40 Fischer, Philosophische Anthropologie, a. a. O., 98. / Vgl. Anders: Die Weltfremdheit des Menschen, a. a. O.

41 Vgl. Günther Anders, «Die Weltfremdheit des Menschen», in: ders., Die Weltfremdheit des Menschen, a. a. O., 11–47. / Mitte der 1930er Jahre erschien dieser Text in zwei Teilen in franz. Übersetzung (Günther Stern, «Une interprétation de l'a posteriori» u. «Pathologie de la Liberté. Essai sur la non-identification», in: Recherches Philosophiques, IV, 1934/35, 65–80; VI, 1936/37, 22–54) u. beeinflusste die anthropologischen Konzepte von Jean-Paul Sartre u. Maurice Merleau-Ponty aus den 1940er Jahren: «Beide verdankten vermutlich Scheler und Plessner indirekt einige Anregungen, vermittelt über G. Sterns (Anders) Aufsatz zur ‹Pathologie der Freiheit›, der zentrale Theoreme der Philosophischen Anthropologie reformulierte […]». (Fischer, Philosophische Anthropologie, a. a. O., 220)

42 Max Scheler, Späte Schriften. Gesammelte Schriften, Bd. 9. Hg. v. Manfred S. Frings. Bern, München 1976, 260.

43 Vgl. dazu Schnädelbach, Philosophie in Deutschland 1831–1933, a. a. O., 266.

44 Dries, «Von der Weltfremdheit zur Antiquiertheit des Menschen», a. a. O., 443.

satz «Über Gegenstandstypen», den er 1926 in Plessners Zeitschrift *Philosophischer Anzeiger* veröffentlichte und der im ersten Teil des Briefwechsels zwischen Anders und Plessner ausführlich thematisiert wird.[45] In einem Brief an Plessner berichtet Anders davon, dass Heidegger ihm in einem «völlig befremdenden Brief» die Publikation dieses Aufsatzes untersagen wollte, da dieser «ein paar seiner Termini und Grundgedanken (ohne Zitationsmöglichkeit)» enthalte. Anders weist das Ansinnen Heideggers erstaunlich selbstbewusst zurück: «Ich ziehe selbstverständlich die Arbeit *nicht* zurück», lässt er Plessner wissen.[46]

An Heideggers Daseinsanalytik kritisierte Anders die Unterschlagung zentraler Elemente und Charakteristika des menschlichen Seins, die sich – laut Anders – aus einem defizitären Begriff vom «In-der-Welt-sein» ergebe. Zum einen setzt er dieser Formel die naturhafte und leibliche Dimension des Menschen entgegen: Der Mensch sei nicht nur «in» der Welt, sondern selbst «Teil» der Welt, also ein Naturwesen.[47] Zum anderen stellt Anders dem «In-der-Welt-sein» des Menschen das anthropologisch konstitutive «Insein in Distanz»,[48] also dessen Weltfremdheit entgegen. Während das tierische Leben durch einen hohen Grad an «Weltkongruenz»[49] und «Welteinbettung»,[50] durch eine

45 Günther Stern [Anders], «Über Gegenstandstypen. Phänomenologische Bemerkungen anläßlich des Buches: Arnold Metzger ‹Der Gegenstand der Erkenntnis›», in: Philosophischer Anzeiger. Zeitschrift für die Zusammenarbeit von Philosophie und Einzelwissenschaft. Hg. v. Helmuth Plessner. 1.Jg., 1925–1926, 359–381. / Vgl. Briefwechsel Anders-Plessner, in diesem Band, 187–211.

46 Brief Günther Anders an Helmuth Plessner, Berlin, 10.10.1925, in diesem Band, 193.

47 Anders, «Die Schein-Konkretheit von Heideggers Philosophie», a. a. O., 442.

48 Anders, «Die Weltfremdheit des Menschen», a. a. O., 16. / Vgl. Anders, «Die Schein-Konkretheit von Heideggers Philosophie», a. a. O., 442 («In-Distanz-sein»).

49 Anders, «Die Weltfremdheit des Menschen», a. a. O., 13.

50 Ebd., 12.

«feste Weltbindung»[51] charakterisiert sei, zeichne sich die «spezifische[] Lage des Menschen in der Welt»[52] durch eine konstitutive Distanz und Entfremdung von der Welt aus. «*Künstlichkeit ist die Natur des Menschen und sein Wesen ist Unbeständigkeit*», so Anders.[53] Dies ist auch die *conditio sine qua non* der menschlichen Freiheit und menschlicher Spezifika wie Theorie und Praxis, Kunst, Wissenschaft und Politik.

Die Affinität dieser Überlegungen zur Anthropologie Plessners liegt auf der Hand. So beschreibt Plessner das menschliche Sein als die höchste Steigerungsstufe der geschlossenen Organisationsform des Tieres, weshalb es selbstverständlich auch tierische Elemente enthalte. Allerdings ist die «exzentrische Positionalität», das «Außersichsein»[54] des Menschen laut Plessner die entscheidende *differentia specifica* zum Tier. Plessner formuliert in der Folge drei anthropologische Grundgesetze, darunter das «Gesetz der natürlichen Künstlichkeit»: Der Mensch sei von Natur aus «künstlich» und «konstitutiv heimatlos», und genau darin liege der Grund und die Basis aller seiner kulturellen Leistungen.[55]

Anders hatte sich nicht nur bereits früh mit den Schriften Plessners auseinandergesetzt, sondern stand mit ihm auch in persönlichem Kontakt.[56] In einem Brief an ihn aus dem Jahr 1977 schreibt Anders, dass sein Vortrag über die «Weltfremdheit des Menschen» «ohne den Einfluss, den Sie auf mich in Köln ausgeübt hatten, kaum möglich gewesen» wäre, kurzum: «ohne Sie ist

---

51 Ebd., 14.

52 Ebd., 11.

53 Anders, «Pathologie der Freiheit», in: ders., Die Weltfremdheit des Menschen, a. a. O., 48–81, hier: 48.

54 Helmuth Plessner, Die Stufen des Organischen und der Mensch. Einleitung in die philosophische Anthropologie. Reprint. Berlin, Boston 2020 [1928], 288 ff., 292, 293.

55 Ebd., 309 ff.

56 So zitiert Anders etwa Plessners *Die Einheit der Sinne. Grundlinien einer Ästhesiologie des Geistes* (Bonn 1923) im Aufsatz «Über Gegenstandstypen» (a. a. O., 364) sowie in *Über das Haben* (a. a. O., 42).

meine philosophische Entwicklung nicht vorstellbar».[57] Den eminenten Stellenwert der philosophischen Anthropologie in seiner intellektuellen Entwicklung belegt auch der Umstand, dass Anders 1929 eine Habilitation zur philosophischen Anthropologie in Erwägung zog, wie aus einem Brief an Plessner hervorgeht. Auch verfolgte er noch in den 1930er Jahren den Plan, auf Grundlage seiner Vorarbeiten «eine systematische philosophische Anthropologie zu verfassen».[58] Noch im hohen Alter hielt er wesentliche Grundgedanken seiner weitgehend «politikfreien» frühen Anthropologie, etwa das ‹Leibhaben›, für anschlussfähig.[59]

Spätestens seit den 1940er Jahren änderte sich Anders' Perspektive jedoch entscheidend. Den biografischen Hintergrund

---

57 Brief Günther Anders an Helmuth Plessner, Wien, 8.9.1977, in diesem Band, 237. – Dass sich Anders vermutlich im Herbst/Winter 1928 oder im Wintersemester 1928/29 in Köln aufgehalten hat, wo Plessner seit 1926 außerordentlicher Professor war und Nicolai Hartmann Ordinarius für Philosophie, legen Anders' Briefe an Plessner vom 23.8.1929 und vom 8.9.1977 nahe, in denen er auf diese Aufenthalte Bezug nimmt (vgl. in diesem Band, 208 u. 237). Zudem führte Anders in seinem Projektantrag an die New Yorker J.S. Guggenheim Memorial Foundation aus dem Jahr 1936 Köln (neben Marburg) als Studienort für die Zeit nach seiner Freiburger Promotion an (vgl. Anders, Musikphilosophische Schriften. Texte und Dokumente. Hg. v. Reinhard Ellensohn. München 2017, 142). Über die näheren Umstände dieses Köln-Aufenthaltes ist allerdings nichts bekannt. Bis zum August 1928 hielt sich Anders nachweislich in Paris auf, 1929 übersiedelte er nach Berlin, wo er noch im selben Jahr Hannah Arendt wiedertraf und heiratete.

58 Günther Anders antwortet, a. a. O., 27. / Vgl. Brief Günther Anders an Helmuth Plessner, Neubabelsberg (Potsdam), 23.8.1929, in diesem Band, 209. / Vgl. dazu u. a. das umfangreiche Konvolut «Bedürfnis und Begriff» aus den 1930er Jahren (in: Anders, Die Weltfremdheit des Menschen, a. a. O., 223–277). / Vgl. ferner: Dries, «Von der Weltfremdheit zur Antiquiertheit des Menschen», a. a. O., 441 f.

59 Günther Anders, Mensch ohne Welt. Schriften zur Kunst und Literatur. 2. Aufl. München 1993 (1. Aufl. 1984), XIV. / Vgl. dazu: Dries, «Von der Weltfremdheit zur Antiquiertheit des Menschen», a. a. O., 461. / Günther Anders: Ketzereien. München 1982, 191 f.

dieser Entwicklung bildeten die in den Jahren seines Exils in den USA (1936–1950) gemachten Entfremdungserfahrungen eines großbürgerlich sozialisierten, humanistisch gebildeten Europäers angesichts der US-amerikanischen Massen- und Konsumgesellschaft. Die zentrale Grundausrichtung seiner frühen Anthropologie erschien Anders zunehmend obsolet, «schließlich leben wir ja nicht vor der Folie von Bienen, Krabben und Schimpansen, sondern der von Glühbirnenfabriken und Rundfunkapparaten.»[60] Bildete zuerst die Pflanzen- und Tierwelt die Folie der anthropologischen Reflexionen, so verschiebt sich der Fokus nun auf die Apparate- und Dingwelt: Der philosophischen Anthropologie erschloss Anders damit – «neben dem konstitutiven Tier/Mensch-Vergleich» – «eine zweite Vergleichsfolie des Mensch/Maschine-Vergleichs».[61] Anders entwickelt seine Philosophie der Weltfremdheit vor der Folie einer modernen, technizistisch geprägten Welt zu einer «Diskrepanzphilosophie»,[62] die sich dem zunehmenden «prometheische[n] Gefälle»[63] zwischen der avancierten Ding- und Gerätewelt und den physiologischen, emotionalen und kognitiven Kapazitäten des Menschen annimmt. Rezeptionsgeschichtlich bleibt Anders damit allerdings, trotz seines «produktiven Gebrauchs» der philosophischen Anthropologie der 1920er Jahre, «ein Seitenautor des Denkansatzes in der akademischen und öffentlichen Welt, als dessen Protagonisten Gehlen und Plessner fungieren».[64] Mit seiner Hinwendung zu einer philosophisch fundierten Kultur- und Gesellschaftskritik, nicht zuletzt auch aufgrund neuer persönlicher Kontakte, rückte Anders seit Anfang der 1930er Jahre in das Umfeld einer Theorietradition, die wesentlich vom damals aufstrebenden Frankfurter Institut für Sozialforschung um Max Horkheimer vertreten wurde.

---

60 Anders, Die Antiquiertheit des Menschen. Bd. 1, a. a. O., 366.
61 Fischer, Philosophische Anthropologie, a. a. O., 299.
62 Anders, Ketzereien, a. a. O., 225; Günther Anders antwortet, a. a. O., 104.
63 Anders, Die Antiquiertheit des Menschen. Bd. 1, a. a. O., 29.
64 Fischer, Philosophische Anthropologie, a. a. O., 301.

Anders und das Institut für Sozialforschung

Günther Anders war nie Mitglied des Instituts für Sozialforschung und galt dort, nach eigener Einschätzung, «stets als ein kaum einordenbarer Outsider».[65] Der erste Kontakt zu einzelnen Vertretern des Instituts, namentlich zu Adorno und Horkheimer, kam vermutlich Anfang 1930 zustande, als Anders vor der Frankfurter Kantgesellschaft den erwähnten Vortrag «Freiheit und Erfahrung» hielt.[66] Unter den Zuhörern befanden sich damals außer Horkheimer und Adorno auch Paul Tillich, Kurt Riezler, Karl Mannheim und Anders' damalige Ehefrau Hannah Arendt.[67] Anders verfolgte Ende der 1920er, Anfang der 1930er Jahre den Plan, sich mit einer Arbeit über Musikphilosophie bei Paul Tillich zu habilitieren, und übersiedelte zu diesem Zweck mit Hannah Arendt für etwa eineinhalb Jahre – vom Frühjahr 1930 bis zum Herbst 1931 – nach Frankfurt am Main. Gefördert wurde er dabei u. a. von Kurt Riezler, dem damaligen Kurator der Frankfurter Universität, der mit Horkheimer befreundet und Mitglied des sogenannten «Kränzchens» war, eines Frankfurter Debattierkreises um Adorno, Horkheimer, Tillich, Mannheim und andere.[68] Riezler war darum bemüht, den in Frankfurt eher verpönten Martin Heidegger ‹salonfähig› zu machen sowie

---

65 Anders, «Gegen ein neues und endgültiges Nagasaki», a. a. O., 172.

66 Vgl. Anders, «Die Weltfremdheit des Menschen», a. a. O. / Christian Dries, «Von der Weltfremdheit zur Antiquiertheit des Menschen», a. a. O., 439. / Brief Günther Anders an Helmuth Plessner, Wien, 8.9.1977, in diesem Band, 237.

67 Vgl. Dries, «Von der Weltfremdheit zur Antiquiertheit des Menschen», a. a. O., 439. / Adorno hatte Anders bereits 1929, anlässlich der Einreichung seines Artikels «Spuk und Radio» bei der von Adorno (mit) redigierten Wiener Musikzeitschrift *Anbruch* kennen gelernt (vgl. Günther Anders, «Spuk und Radio», in: ders., Musikphilosophische Schriften, a. a. O., 248–250; vgl. Reinhard Ellensohn, «Günther Anders und die Musik» (Nachwort), in: ebd., 336–380, hier: 374).

68 Vgl. ebd., 349 ff. / Gespräche mit Herbert Marcuse, a. a. O., 12. / Wiggershaus, Die Frankfurter Schule, a. a. O., 112.

den Heidegger-Schüler Herbert Marcuse ans Institut zu holen, was 1933 mit der Hilfe Leo Löwenthals gelang.[69] Während sich Adorno im Februar 1931 bei Tillich erfolgreich habilitieren konnte, war Anders' Habilitationsversuch kein Erfolg beschieden: Seine Arbeit wurde nie offiziell als Habilitationsschrift eingereicht. Tillichs Einsprüche sowie dessen zögerliche Haltung angesichts der sich an der Universität (und nicht nur dort) radikalisierenden politischen Verhältnisse mögen dafür ausschlaggebend gewesen sein. Für Anders entstand aus dem Scheitern seiner Habilitationspläne eine persönliche Kränkung: Er selbst sah Adorno daran nicht unwesentlich beteiligt, habe dieser doch damals – wie Anders im Briefwechsel Jahrzehnte später formuliert – eine gewisse «Attitüde» gegen seine musikphilosophische Arbeit gehegt.[70] Adorno wiederum bekannte angesichts dieses Vorwurfs rückblickend, seine skeptische Haltung Anders' musikphilosophischer Arbeit gegenüber wäre einerseits der Tatsache geschuldet gewesen, dass ihm «der Text, nach Sprache und Gesamtverhalten, überaus Heideggerisch dünkte» und ihm andererseits «die spezifisch musikalische Basis – will sagen, das technisch Innerkompositorische – als zu schmal» erschien.[71] Noch während seiner Frankfurter Zeit jedenfalls dürfte Anders die Antrittsvorlesungen von Horkheimer (als neuer Direktor des Instituts für Sozialforschung) und Adorno (als neuer Privatdozent) im Januar und Mai 1931 gehört haben.[72] Nach seinem gescheiterten Frankfurter Habilitationsversuch übersiedelte er im Herbst 1931 nach Berlin, wo er auf Vermittlung Bertolt Brechts als Journalist im Feuilleton des *Berliner Börsen-Courier* arbeitete.[73]

---

69 Vgl. Wiggershaus, Die Frankfurter Schule, a. a. O., 55, 122, / Gespräche mit Herbert Marcuse, a. a. O., 12.

70 Vgl. Brief Günther Anders an Theodor W. Adorno, Wien, 27.8.1963, in diesem Band, 57.

71 Brief Theodor W. Adorno an Günther Anders, Frankfurt am Main, 31.10.1963, in diesem Band, 64 f.

72 Vgl. zu dieser Frankfurter Episode: Ellensohn, «Günther Anders und die Musik», a. a. O., 349–362.

73 Vgl. Günther Anders antwortet, a. a. O., 29.

Adorno und Horkheimer verhielten sich Anders gegenüber äußerst distanziert – wie «allen ihnen eigentlich nahestehenden Dritten» gegenüber.[74] Dies hatte nicht unwesentlich mit Anders' philosophischer Herkunft zu tun, nämlich der erwähnten Tatsache, dass Anders damals, wie er später selbst einbekannte, dem «dämonischen ‹spell›»[75] der Existenzialontologie Martin Heideggers noch durchaus erlegen war. Zudem pflegte er – Adorno erinnert ihn in einem Schreiben daran[76] – noch einen durchaus professoralen Habitus, in weitgehender Übereinstimmung mit der gängigen akademischen Philosophie, mit Neukantianismus und Phänomenologie sowie mit den neueren Strömungen der Existenzphilosophie und philosophischen Anthropologie. Wohl nicht ganz zu Unrecht meinte also insbesondere Adorno damals, in Anders' Texten «Freiburger Existentialdüfte»[77] zu riechen. Noch im hohen Alter klingt ein gewisser Groll nach, wenn Anders beklagt, Adorno hätte in ihm «jahrelang einen – wie soll ich es nennen? – Schwarzwälder Bazillenträger gesehen», mithin «einen in seinen [...] argwöhnischen Augen ganz verächtlichen Typ.»[78] Die persönliche Distanz, die seit den Frankfurter Jahren zwischen Anders und Adorno herrschte, konnte nie zur Gänze ausgeräumt werden, wie in den Briefen der beiden aus den 1960er Jahren deutlich wird, in denen auch einige Streitpunkte und «hot potatoes», Dritte wie Walter Benjamin oder Arnold Gehlen betreffend, ausgegraben und ausführlich zur Sprache gebracht werden.[79] Zu dieser brieflichen Aussprache kam es freilich erst lange

74 Wiggershaus, Die Frankfurter Schule, a. a. O., 511.

75 Günther Anders antwortet, a. a. O., 22. / Vgl. zum Verhältnis Heideggers zu seinem «Schüler» Anders auch Anders' Brief an Helmuth Plessner, Berlin, 10.10.1925, in diesem Band, 193.

76 Vgl. Brief Theodor W. Adorno an Günther Anders, Frankfurt am Main, 31.10.1963, in diesem Band, 68.

77 Günther Anders antwortet, a. a. O., 171.

78 Ebd., 173.

79 Vgl. dazu aus dem Briefwechsel zwischen Adorno und Anders besonders die Briefe Nr. 9–16, 54 ff. / Von «hot potatoes» spricht Anders in seinem Brief an Adorno vom 30.6.1963, 56. / Vgl. dazu auch: Konrad Paul Liessmann, «Hot Potatoes. Zum Briefwechsel zwischen Günther Anders

Jahre nach beider Rückkehr aus dem US-amerikanischen Exil nach Europa.

Im Frühjahr 1933 ging Anders unter dem Eindruck der sich verschärfenden politischen Verhältnisse von Berlin nach Paris, 1936 emigrierte er von dort aus nach New York. Bereits 1934 war das Institut für Sozialforschung nach New York übersiedelt, schon seit 1933 arbeitete es von Genf aus.[80] Wie aus Anders' Briefwechsel mit Horkheimer hervorgeht, hatte ihn dieser bei der Emigration unterstützt, indem er Anders eine Arbeitszusage für die USA, eine Mitarbeiteraufforderung des Instituts, verschaffte.[81] Anders bekräftigte Horkheimer gegenüber, «wie sehr mir Ihr Schreiben im Kampf um das Visa genutzt hat».[82] Fester Mitarbeiter des Instituts wurde Anders indes nicht, er zählte vielmehr zu jenem erweiterten Kreis, der dem Institut im Exil zuarbeitete. Als Anders 1936 von New York aus vorschlug, für die institutseigene *Zeitschrift für Sozialforschung* eine kritische Auseinandersetzung mit Rudolf Carnaps logischem Empirismus zu liefern, stand man diesem Vorhaben, wie der Briefwechsel mit Horkheimer belegt, ablehnend gegenüber; der Beitrag kam nicht zustande.[83] Auch Anders' noch von Paris aus an Horkheimer übermittelter Vorschlag, seine «Analyse des Döblinschen Alexanderplatzromans» für die Zeitschrift beizusteuern, blieb folgenlos.[84] Von 1937 bis 1939 schließlich schrieb Anders einige Rezen-

---

und Theodor W. Adorno», in: Zeitschrift für Sozialforschung, 6/1998, 29–38.

80 Vgl. Wiggershaus, Die Frankfurter Schule, a. a. O., 147 ff.

81 Vgl. die Briefbeilage: Institut für Sozialforschung an Günther Anders, New York, 14.3.1936, in diesem Band, 14.

82 Brief Günther Anders an Max Horkheimer, Paris, 5.6.1936, in diesem Band, 16.

83 Vgl. aus dem Briefwechsel zwischen Anders und Horkheimer dazu die Briefe Nr. 8–10, 16 ff.

84 Brief Günther Anders an Max Horkheimer, Paris, 25.2.1936, in diesem Band, 13 f. / Vgl. Anders, «Der verwüstete Mensch. Über Welt- und Sprachlosigkeit in Döblins ‹Berlin Alexanderplatz›» [1931], in: ders., Mensch ohne Welt, a. a. O., 3–41.

sionen für die *Zeitschrift für Sozialforschung*.[85] Horkheimer unterstützte Anders außerdem 1937 mit einem Empfehlungsschreiben bei seiner Bewerbung um ein Stipendium der John Simon Guggenheim Memorial Foundation in New York; darin heißt es: «Had it not been for the events in Germany, I believe that Dr. Stern [Anders] would have been well advanced on a professional career in one of the German universities.»[86] Das Stipendium sollte Anders nicht erhalten.

Dokumentiert ist eine Kooperation zwischen Anders und dem Institut für Sozialforschung aus der Zeit, als sich dessen Zentrum ab 1940/41 durch die Übersiedelung von Horkheimer und Adorno nach Kalifornien verlagerte.[87] Anders war bereits Ende 1939 von New York nach Los Angeles gezogen (ehe er 1943 wieder nach New York zurückkehrte), wohnte dort vorübergehend im Haus von Herbert Marcuse und war Teil jener im kalifornischen Exil lebenden deutschen Intellektuellen, die nicht nur er später als «das andere Deutschland» bezeichnen

---

85 Günther Anders, Rezensionen in der *Zeitschrift für Sozialforschung*: Aloys Fischer, Die Existenzphilosophie Martin Heideggers, VI. Jg. 1937, 416. / Rolf W. Göldel, Die Lehre von der Identität in der deutschen Logik-Wissenschaft seit Lotze, VI. Jg. 1937, 178. / Ernst Krieck, Völkisch-politische Anthropologie; Theodor Haering, Was ist deutsche Philosophie?; Max Wundt, Die Ehre als Quelle des sittlichen Lebens in Volk und Staat, VI. Jg. 1937, 653. / Factors Determining Human Behaviour. Harvard Tercentenary Publications. Harvard Univ. Press, VI. Jg. 1937, 431. / Gefühl und Wille. Hrsg. v. O. Klemm, VI. Jg. 1937, 678. / Wilhelm Pöll, Wesen und Wesenserkenntnis, VII. Jg. 1938, 230. / Adémar Gelb, Zur medizinischen Psychologie und philosophischen Anthropologie, VII. Jg. 1938, 423. / Carl Gustav Jung, Psychology and Religion, VII. Jg. 1938, 424. / Henry C. Link, The Return to Religion, VII. Jg. 1938, 249. / Christoph Steding, Das Reich und die Krankheit der europäischen Kultur, VIII. Jg. 1939–1940, 464. / Bertrand Russell, Power. A New Social Analysis, VIII. Jg. 1939–1940, 238.

86 Max Horkheimer, Empfehlungsschreiben Günther Anders, 1937 (für John Simon Guggenheim Memorial Foundation), in diesem Band, 34. / Vgl. dazu: Anders, Musikphilosophische Schriften, a. a. O., 142–144, 148 f.

87 Vgl. Wiggershaus, Die Frankfurter Schule, a. a. O., 293 ff., 327 ff.

sollte.[88] 1942 nahm Anders an einem Seminar des Instituts teil, in dessen Rahmen er einen Vortrag zur Theorie der Bedürfnisse hielt. An der anschließenden Diskussion nahmen u. a. Horkheimer, Adorno, Marcuse, Bertolt Brecht und Hanns Eisler teil.[89]

Dessen ungeachtet blieb das Verhältnis zum Institut distanziert. Anders beklagte später, «im Institutskreis wie ein gerade noch Tolerierter»[90] behandelt worden zu sein. Der durchaus prekäre Umgang jener Exilanten mit Anders, die in den USA hatten Fuß fassen können, zeigt sich etwa in einem Brief von Horkheimer an Adorno, in dem dieser über das Konzept für eine Zeitschriftenausgabe räsoniert: «Marcuse und ich könnten zum Beispiel zwei aufeinander abgestimmte Aufsätze über den Fortschritt schreiben. Ferner könnte der hungernde Günther Stern [Anders] gegen ein kleines Honorar eine ergänzende Arbeit liefern.»[91] Überliefert ist aus der Zeit in Kalifornien auch folgende Anekdote: «Anders kam, abgeholt vom Chauffeur, eines Abends in Horkheimers Haus, und sie arbeiteten bis Mitternacht. Als er sich dann verabschieden wollte, erschien Frau Horkheimer mit einer Tüte, die sie ihm mitgab. Anders öffnete sie erst zuhause. Ihr Inhalt waren eine Dose Ölsardinen, eine Tomate, ein Apfel und mehrere Schachteln Streichhölzer. Umgehend telefonierte Anders mit dem Spender, er möge sofort seinen Chauffeur schicken, da er ihm etwas zu übergeben habe. Der Chauffeur kam und holte die großzügige Gabe wie-

---

88 Günther Anders antwortet, a. a. O., 36. / Vgl. Max Beck, Günther Anders' Gelegenheitsphilosophie. Exilerfahrung – Begriff – Form. Mit einem Vorwort von Konrad Paul Liessmann. Wien 2017, 23 ff.

89 Vgl. «Thesen über ‹Bedürfnisse›, ‹Kultur›, ‹Kulturbedürfnis›, ‹Kulturwerte›, ‹Werte› [25. August 1942], in: Anders, Die Weltfremdheit des Menschen, a. a. O., 283–291.

90 Brief Günther Anders an Theodor W. Adorno, Wien, 27.8.1963, in diesem Band, 57.

91 Brief Max Horkheimer an Gretel und Theodor W. Adorno, Pacific Palisades, 4.8.1941, in: Theodor W. Adorno/Max Horkheimer, Briefwechsel 1927–1969, Band II: 1938–1944. Hg. v. Christoph Gödde u. Henri Lonitz. Frankfurt/M. 2004, 177–180, hier: 179.

der ab; der Kontakt zu Horkheimer blieb nach diesem Abend abgebrochen.»[92]

Die meisten Institutsmitarbeiter befanden sich zu dieser Zeit in einem äußerst fragilen Abhängigkeitsverhältnis zum Institut und hatten entsprechende Zukunftsängste. So schreibt etwa Friedrich Pollock, Geschäftsführer des Instituts, im Jahr 1941 an Horkheimer, Marcuse habe «die entsetzliche Angst, nach fünf Jahren als zweiter Günther Stern [d. i. Günther Anders] herumzulaufen».[93] Auch angesichts solcher Bemerkungen wird Anders' distanziertes Verhältnis zu den Hauptakteuren des Instituts nachvollziehbar. Im Rückblick resümiert er in einem Interview: «Sie stellen sich die Emigration etwas falsch vor, wenn Sie glauben, daß wir Zeit hatten, uns hinzusetzen und zu spekulieren. Dazu hatten vielleicht Adorno und Horkheimer Zeit, weil sie ein gesichertes Leben führten. Adorno und Horkheimer haben ja nie die Misere der Emigration durchlebt.»[94] Insgesamt sei die Exilzeit für ihn eine «philosophisch dialoglose» Zeit gewesen: «Ich gehörte nirgendwohin. Ich war nicht mehr Heideggerianer […], gehörte nicht zum Kreis von Adorno und Horkheimer, war niemals Mitglied des Frankfurter Instituts und gehörte nicht zur Partei.»[95]

Später, nach seiner Remigration nach Europa, schlug Anders eine mögliche Zusammenarbeit mit dem Institut aus. Dabei handelte es sich um den Auftrag, eine deutschsprachige Fassung der 1950 in den USA veröffentlichten Studie *The Authoritarian Personality* zu erstellen. Als Grund nannte Anders inhaltliche Bedenken, die vor allem die Methodik der Studie betrafen.[96] Er

---

92 Werner Fuld, Walter Benjamin. Zwischen den Stühlen. Eine Biographie. München, Wien 1979, 253.

93 Brief Friedrich Pollock an Max Horkheimer, [o. O.], 1.10.1941, zitiert nach: Wiggershaus, Die Frankfurter Schule, a. a. O., 296. / Vgl. ebd., 293 ff.

94 Günther Anders antwortet, a. a. O., 102.

95 Ebd.

96 Vgl. Anders' Briefe an Max Horkheimer vom 8.3.1953 u. 5.6.1953; sowie Anders' Briefe an Friedrich Pollock vom 7.3.1953 u. 23.3.1953, in diesem Band, 26 ff. u. 35 ff.

habe, so Anders in seinem Absagebrief an Friedrich Pollock aus dem Jahr 1953, niemals gelernt, seine Argumente nach seinen «needs» zu richten, wenngleich er – 1950 aus den USA nach Europa zurückgekehrt und seither in Wien lebend – solche ökonomischen «needs» als freier Intellektueller ohne universitäre Anstellung durchaus verspürte: «Hoffentlich habe ich mir durch meine Worte nicht die ersten dünnen Verbindungsfäden, die ich mit dem Institut geknüpft habe, auch schon wieder gefährdet; ein Risiko, das ich nicht nur sehr ungern einginge, sondern das ich auch aus ‹need›-Gründen fürchte.»[97] Zu einer Zusammenarbeit mit dem Institut kam es, trotz der hier formulierten Hoffnung, nicht mehr. Die Verbindung zu dessen Vertretern blieb äußerst lose. In der Rückschau konstatierte Anders nicht ohne Trotz, die Frankfurter Schule habe für ihn «keine formierende Rolle» und Adornos Schriften hätten nur «eine sehr geringe Rolle» gespielt.[98]

Gleichwohl liegt die Affinität von Anders' Werk zu den Vertretern der Frankfurter Schule auf der Hand, was auch durch zahlreiche Einzeluntersuchungen belegt wird.[99] Ein wesentlicher Grund dafür liegt in der erwähnten Suche nach «Konkretion» und der damit verbundenen Abkehr von der traditionellen Bewusstseinsphilosophie hin zu einer durch Marx inspirierten materialistischen Kultur- und Gesellschaftskritik. So konstatiert

---

97 Brief Günther Anders an Friedrich Pollock, Wien, 23.3.1953, in diesem Band, 42.

98 Günther Anders antwortet, a. a. O., 102.

99 Vgl. Berthold Wiesenberger, Enzyklopädie der apokalyptischen Welt. Kulturphilosophie, Gesellschaftstheorie und Zeitdiagnose bei Günther Anders und Theodor W. Adorno. München 2003. / Karl Wagner, «Adorno/Anders. Korrespondenzen und Diskrepanzen», in: Transatlantische Verwerfungen – Transatlantische Verdichtungen. Kulturtransfer in Literatur und Wissenschaft 1945–1989. Hg. v. Georg Gerber, Robert Leucht u. Karl Wagner. Göttingen 2012, 138–155. / Christian Fuchs, «Günther Anders und Herbert Marcuse», in: Geheimagent der Masseneremiten – Günther Anders. Hg. v. Dirk Röpcke u. Raimund Bahr. St. Wolfgang 2002, 113–127. / Susanne Martin, Denken im Widerspruch. Theorie und Praxis nonkonformistischer Intellektueller. Münster 2013.

Rolf Wiggershaus nicht nur, dass «seit den 30er Jahren theoretisch produktives linkes Denken im deutschsprachigen Bereich» im Frankfurter Institut für Sozialforschung seinen Fokus hatte, sondern auch, dass «noch einzelne wie Ernst Bloch, Günther Anders oder Ulrich Sonnemann sich in Relation zu diesem Fokus sehen ließen.»[100]

Anders und der Marxismus, oder: Theorie als propädeutische Praxis

Die Schriften von Karl Marx hatte Anders nach eigener Aussage in der zweiten Hälfte der 1920er Jahre kennen gelernt, noch vor jenen Hegels: Vor allem «der junge Marx fing an [...] eine Rolle zu spielen» – gemeint sind wohl die Pariser Manuskripte, die 1932 veröffentlicht und für eine ganze Generation prägend wurden.[101] «Hier war in einem gewissen Sinne ein neuer Marx, der wirklich konkret war», erinnert sich Marcuse.[102] Die Hinwendung von Heidegger zu Marx, die Anders, Marcuse und Horkheimer auf jeweils eigene Weise vollzogen, sei, so Marcuse, nicht die Reaktion auf ein «persönliches Problem» gewesen, sondern auf «ein Generationenproblem».[103]

Günther Anders war vielleicht derjenige Vertreter dieser Generation, der dem Husserl'schen und Heidegger'schen Denken – bei aller Kritik und trotz seiner Hinwendung zur marxistisch-materialistischen Theorie – am meisten verhaftet blieb. Das phänomenologisch-ontologische Erbe ist in seinen Schriften, etwa in seiner Technik- und Medienphilosophie, stets präsent. Was seine philosophische Beschäftigung auszeichnet, ist gerade

100 Wiggershaus, Die Frankfurter Schule, a. a. O., 729.

101 Günther Anders antwortet, a. a. O., 25. / Karl Marx: Ökonomisch-philosophische Manuskripte (1844), in: MEGA, Abt. 1, Bd. 3. Berlin 1932, 29–172.

102 Gespräche mit Herbert Marcuse, a. a. O., 11.

103 Ebd., 10.

eine eigentümliche Verbindung von Phänomenologie, Ontologie und Marxismus.[104] Zu einem Dialektiker vom Schlage Adornos oder Horkheimers ist Anders nie geworden. Wie Marcuse hat er darüber hinaus stets an einem humanen ‹Wesen› bzw. Ideal als Maßstab der Entfremdung festgehalten und damit das existenzialistische Erbe in verwandelter Form bewahrt.[105] Beider Marxismus hatte, wie Jürgen Habermas in Bezug auf Marcuse bemerkte, «einen stark anthropologischen Einschlag».[106]

Mit Anders' Hinwendung zu Marx ging auch seine Politisierung Anfang der 1930er Jahre einher. Der bis dahin professoral auftretende, eine Universitätslaufbahn anstrebende Philosoph entfernte sich angesichts von Faschismus und Kriegsgefahr zunehmend von der akademischen Welt und seinem «total politikfreien»[107] Gelehrtenleben und verstand sich fortan als *philosoph engagée* mit dem Anspruch, in die ‹reale› Welt einzugreifen und einzuwirken. Die traditionelle Trennung von Theorie und Praxis, von theoretisch-kontemplativer Reflexion und praktisch-politischer Aktion hielt er mehr denn je für widersinnig, seine Texte wollte er auch als Aktion verstanden wissen, zumindest als «propädeutisch[e] Praxis».[108] «Glauben Sie vielleicht, nach Hiroshima sei ich als ‹Theoretiker› geflogen? [...] Und mit Claude Eatherly oder Klaus Eichmann hätte ich als Theoretiker korrespondiert?»[109] In diesem Punkt stand Anders wohl Mar-

---

104 Vgl. Christian Dries, «‹Diese akademische Diktion trägt nicht›. Theorie als kritische (Sprach-)Praxis bei Günther Anders», in: Aufklärung und Kritik 2/2013, 138–154, hier: 140. / Ellensohn/Putz, «‹Alles Wirkliche wird phantomhaft, alles Fiktive wirklich›», a. a. O., 64.
105 Vgl. Wiggershaus, Die Frankfurter Schule, a. a. O., 121.
106 Gespräche mit Herbert Marcuse, a. a. O., 24.
107 Anders, Mensch ohne Welt, a. a. O., XIV.
108 Dries, «‹Diese akademische Diktion trägt nicht›», a. a. O., 140. / Vgl. Reinhard Ellensohn, «Trotz, Schwulst und literarischer Sadismus. Zu Günther Anders' Sprachkritik an Jaspers, Heidegger und Adorno», in: Max Beck/Nicholas Coomann (Hg.), Sprachkritik als Ideologiekritik. Studien zu Adornos «Jargon der Eigentlichkeit». Würzburg 2015, 162–176, hier: 162, 165.
109 Günther Anders antwortet, a. a. O., 98.

cuse um einiges näher als Adorno und Horkheimer, deren aus seiner Sicht mangelnde politische Aktivität und Rückzug in den Elfenbeinturm der Theorie er wiederholt problematisierte: Im Briefwechsel mit Adorno formuliert er diesen Vorwurf unter dem Stichwort der «Aktionsaskese».[110]

Angesichts der politischen Erfahrungen der Vorkriegszeit und der gesellschaftlichen Entwicklung der Nachkriegsjahre schien für die Vertreter der Kritischen Theorie die Arbeiterklasse als revolutionäre bzw. emanzipatorische gesellschaftliche Kraft diskreditiert. Nach der Rückkehr des Instituts für Sozialforschung aus dem US-amerikanischen Exil nach Deutschland Anfang der 1950er Jahre zog man daraus unterschiedliche Schlüsse. «Horkheimer und Adorno kehrten der gesellschaftlichen und politischen Praxis den Rücken und konzentrierten sich auf die Ausarbeitung und Verfeinerung der Theorie».[111] Dabei beschäftigten sie sich «immer mehr mit der Analyse spezifisch bürgerlich-individualistischer Werte, die durch die Heraufkunft der Massengesellschaft bedroht waren.»[112]

Marcuse und Anders hielten an der Möglichkeit politisch-gesellschaftlicher Veränderung fest. «Was Marcuse nach 1950 von Horkheimer und Adorno trennte» – und dies ließe sich auch auf Anders übertragen –, «war die Tatsache, daß er die praktische Beschäftigung mit Politik und Gesellschaft, insbesondere mit den Möglichkeiten radikaler Veränderung – für ihn das entscheidende Problem – wiederaufnahm.»[113] Marcuse, der aus dem US-amerikanischen Exil nicht mehr nach Deutschland zurückkehrte, avancierte in den 1960er Jahren zu einem der prominentesten Sprecher der Neuen Linken und der 68er-Protestbewe-

110 Brief Günther Anders an Theodor W. Adorno, Wien, 27.8.1963, in diesem Band, 58. / Vgl. dazu Ellensohn, «Trotz, Schwulst und literarischer Sadismus», a. a. O., 174 f.

111 Dies konstatiert Heinz Lubasz in: Gespräche mit Herbert Marcuse, a. a. O., 128.

112 Ebd., 135 f.

113 Ebd., 132.

gung.[114] Bereits in den 1950er Jahren wurde Günther Anders als Stichwortgeber der Anti-Atom-Bewegung zur öffentlichen Figur, in den 1960er Jahren wirkte er als Juror des von Bertrand Russell initiierten Vietnam War Crimes Tribunal. In ihrem jeweiligen Praxisbegriff differierten Anders und Marcuse freilich erheblich. Während Marcuse an der Idee der Revolution festhielt, erklärte Anders diese Idee – angesichts der umfassenden und avancierten Technologisierung der (Um-)Welt – für obsolet und legte den Fokus nicht auf *Veränderung*, sondern auf die schlichte *Erhaltung* der Welt. «Heute genügt es nicht, die Welt zu verändern», so Anders' Credo in Anspielung auf ein berühmtes Marx-Zitat, «es kommt darauf an, sie erst einmal zu bewahren.»[115]

An diesem Punkt unterscheidet sich Anders' Ansatz wohl am deutlichsten von jenem der Vertreter der Kritischen Theorie. Anders beschreibt die Spätmoderne als ein quasi-totalitäres System im Sinne einer Technokratie, durchaus im Wortsinn verstanden als ‹Herrschaft der Technik›. Die Technik wird zum Subjekt der Geschichte erklärt, ökonomisch-politische Aspekte scheinen angesichts einer alles überlagernden modernen Technik vernachlässigbar. In dieser Hinsicht, so Anders, lebten wir in einem post-ideologischen Zeitalter, da «*das Ideologische in die Produkte-* (namentlich in die Geräte-) *Welt selbst eingegangen*»[116] sei. Nicht die Politik, nicht die Ökonomie, sondern die Technik

---

114 Vgl. Wagner, «Adorno/Anders. Korrespondenzen und Diskrepanzen», a. a. O., 148, 152. / Vgl. auch Christian Dries, «Günther Anders und die 68er-Bewegung. Synoptisches Mosaik» (Langfassung), in: Günther Anders-Journal, 2019, hg. v. der Internationalen Günther Anders-Gesellschaft, https://www.guenther-anders-gesellschaft.org/s/anders-journal-dries-2019.pdf (abgerufen: 5.1.2022).

115 Günther Anders antwortet, a. a. O., 46. / Vgl. Fuchs, «Zu einigen Parallelen und Differenzen im Denken von Günther Anders und Herbert Marcuse», a. a. O., 113 f.

116 Günther Anders, Die Antiquiertheit des Menschen. Bd. 2: Über die Zerstörung des Lebens im Zeitalter der dritten industriellen Revolution. 4. durchges. Aufl. München 2018 (1. Aufl. 1980), 210.

sei heute «unser Schicksal».[117] Gegenüber dieser Analyse, so Micha Brumlik, sei «sogar noch Marcuses Bild von der eindimensionalen Gesellschaft, die sich aus der nämlichen – (links) heideggerianischen – Technikkritik speist, ein Muster an Dialektik».[118] Erst recht gilt dies in Bezug auf Adorno, der Anders «an Negativismus nichts nachgibt, aber nicht wie der Phänomenologe im Endgültigen denkt.»[119]

Genau an diesem Punkt wird die Nähe zu einem anderen Denker deutlich, der der Frankfurter Schule ebenfalls nahestand, ohne je Institutsmitarbeiter gewesen zu sein, nämlich zu Ernst Bloch. Bloch war – und man darf dieses Urteil getrost auch auf Anders übertragen – ein Einzelgänger, «ein monolithischer Block [...] in der akademischen und intellektuellen Landschaft der Bundesrepublik».[120] Im Briefwechsel zwischen Anders und Bloch wird die große gegenseitige Wertschätzung deutlich, etwa wenn Bloch von Anders' «sublimen Analysen» und deren «Sprachmacht» spricht oder wenn Anders brieflich das Einverständnis dafür einholt, Bloch sein 1970 erschienenes Buch *Der Blick vom Mond* zu widmen.[121] Kritisch stand Anders freilich Blochs *Prinzip Hoffnung*, oder genauer: der «Erhebung der Hoffnung zum Prinzip»[122] gegenüber (darin war er mit Adorno

117 Anders, Die Antiquiertheit des Menschen. Bd. 1, a. a. O., 20.

118 Micha Brumlik, «Günther Anders. Zur Existenzialontologie der Emigration», in: Dan Diner (Hg.), Zivilisationsbruch. Denken nach Auschwitz. Frankfurt/M. 1988, 111–149, hier: 131.

119 Burger, «Die Philosophie des Aufschubs», a. a. O., 258.

120 Wiggershaus, Die Frankfurter Schule, a. a. O., 646.

121 Brief Ernst Bloch an Günther Anders, Paris, 12.8.1959; Brief Ernst Bloch an Günther Anders, Leipzig, 15.11.1960, in diesem Band, 142 u. 147. / Brief Günther Anders an Karola und Ernst Bloch, Wien, 14.4.1969, in diesem Band, 165. / Vgl. Günther Anders, Der Blick vom Mond. Reflexionen über Weltraumflüge. München 1970. / Vgl. zu Anders' Beschäftigung mit Bloch außerdem: Günther Stern [Anders], «Ernst Bloch, Erbschaft dieser Zeit» (Rezension), in: Recherches philosophiques, Paris 1935/36, 411 f.

122 Wiggershaus, Die Frankfurter Schule, a. a. O., 646. / Vgl. Ernst Bloch: Das Prinzip Hoffnung. 3 Bände. Berlin 1954–1959.

einig). Bloch wiederum vermochte mit Anders' Philosophie der Atombombe nur wenig anzufangen.[123] Blochs «Metaphysik der Hoffnung» und Anders' «Metaphysik des Untergangs»[124] speisen sich allerdings aus derselben Wurzel und ergänzen einander insofern. Der Begriff der Apokalypse, für beide ein Zentralbegriff, ist theologischen Ursprungs.[125] Es ist ein teleologisches Geschichtsverständnis und ein eschatologisches Denken, das beide verbindet: Bei Bloch manifestiert sich dies in der Perspektive der Erlösung, einer Philosophie des ‹Noch-nicht›, bei Anders in einer Vision des Untergangs, einer Philosophie des ‹Nicht-mehr› bzw. des zweiten Futurums («Es wird gewesen sein»).[126]

Mit seinem Denken in end- und letztgültigen historischen Kategorien nähert sich Anders dem Konzept des Posthistoire.[127] In der Tat betrachtete er die Gegenwart in gewissem Sinn als letztes, unüberholbares Stadium der Geschichte. «*Die Epoche der Epochenwechsel ist seit 1945 vorüber*. Nunmehr leben wir in einem Zeitalter, das nicht mehr eine vorübergehende Epoche vor anderen ist, sondern eine ‹*Frist*›, während derer unser Sein pausenlos nichts anderes mehr ist als ein ‹*Gerade-noch-sein*›.»[128] Angesichts einer avancierten, sich zum «Weltzustand» steigern-

---

123 Vgl. Günther Anders antwortet, a. a. O., 85.

124 Wolfgang Matz, «Politik der Apokalypse», in: Günther Anders. Text und Kritik, Heft 115. Hg. v. Heinz Ludwig Arnold. München 1992, 49–57, hier: 50 f.

125 Vgl. ebd., 50. / Vgl. Burger, der die Anders'sche Apokalyptik im Sinne einer «auf das Gattungssubjekt übertragene[n] Heidegger'sche[n] Thanatologie» liest (Burger, «Die Philosophie des Aufschubs», a. a. O., 263) / Vgl. ferner: Jason W. Alvis, «Transcendence of the Negative: Günther Anders' Apocalyptic Phenomenology», in: Religions, 2017, Vol. 8, Iss. 4, 59, 1–16; https://doi.org/10.3390/rel8040059 (abgerufen: 30.12.2021).

126 Vgl. Anders, Die Antiquiertheit des Menschen. Bd. 1, a. a. O., 271 f. / Matz, «Politik der Apokalypse», a. a. O., 50 ff. / Burger, «Die Philosophie des Aufschubs», a. a. O., 265.

127 Vgl. Anna Pollmann, Fragmente aus der Endzeit. Negatives Geschichtsdenken bei Günther Anders. Göttingen 2020.

128 Anders, Die Antiquiertheit des Menschen. Bd. 2, a. a. O., 21.

den Technik und insbesondere angesichts der Existenz der Atombombe sei die Geschichte selbst «antiquiert», die gegenwärtige Epoche eine «Endzeit».[129]

Paradoxerweise hat Anders' Technikphilosophie, die Subjekt und Gesellschaft zu vernachlässigbaren Größen erklärt, dennoch stets die Rettung eines humanen Ideals zum Ziel. Diese Diskrepanz zwischen theoretisch-analytischer Schärfe und Unnachgiebigkeit auf der einen, einem pragmatisch-politischen Anspruch auf der anderen Seite ist nicht auflösbar und war Anders selbst durchaus bewusst. In seinen «Thesen zum Atomzeitalter»[130] drückte er diese Diskrepanz in jener paradoxen Formel aus, die ihm zum Leitmotiv wurde: «Wenn ich verzweifelt bin, was geht's mich an! Machen wir weiter, als wären wir es nicht!»[131]

Anders und die akademische Philosophie, oder: Philosophie als «häretische Tätigkeit»

Wie philosophische Theorie und politisch-aktivistische Praxis miteinander zu vereinbaren wären, ist eine für Anders wiederkehrende Problemstellung. Was er betreibe, sei, so Anders in einem Brief an Plessner, «ein konkretes Philosophieren, das nicht an Philosophien ansetzt, sondern an den Dingen selbst.»[132] Die

---

129 Ebd., 9. / Vgl. Günther Anders, «Die Antiquiertheit der Geschichte», in: ebd., 301–352. / Anders' Buch *Die atomare Drohung* erschien 1972 in erster Auflage unter dem Titel *Endzeit und Zeitenende*. / Vgl. Anna Pollmann, «Im Modus des Als-Ob. Günther Anders und das postmoderne Denken», in: Ein Paradigma der Moderne. Jüdische Geschichte in Schlüsselbegriffen. Festschrift für Dan Diner zum 70. Geburtstag. Hg. v. Arndt Engelhardt, Lutz Fiedler, Elisabeth Gallas, Natasha Gordinsky, Philipp Graf. Göttingen 2016, 351–374, hier: 360 f.

130 Günther Anders, Die atomare Drohung. Radikale Überlegungen zum atomaren Zeitalter. München 1981, 93–105.

131 Ebd., 105.

132 Brief Günther Anders an Helmuth Plessner, Wien, 13.12.1954, in diesem Band, 225.

Frage, ob und wie dies mit einer akademischen Lehrtätigkeit in Einklang zu bringen sei, wird in Anders' Korrespondenz immer wieder kontrovers diskutiert.

Anders, der bis zum Scheitern seiner Habilitationspläne eine akademische Laufbahn angestrebt hatte, bemühte sich nach seiner Rückkehr aus den USA – dort hatte er kurzzeitig an der New Yorker New School gelehrt – um eine akademische Stelle. Ernst Bloch setzte sich 1949/50 für eine Professur Anders' an einer ostdeutschen Universität – in «Leipzig, Berlin, Halle oder Jena» – ein, was allerdings nicht zustande kam.[133] Obwohl sich Anders 1950 in Wien niedergelassen hatte, dem Heimatort seiner damaligen Frau Elisabeth Freundlich, erwog er bis in die Mitte der 1950er Jahre einen Umzug nach Deutschland, denn: «Hier in Wien, wo die Universität ein gegen die Außenwelt hermetisch abgeschlossenes Leben einer Auster führt, die nur durch Zaubersprüche der politischen Parteien zum Öffnen ihrer Schalen veranlasst werden kann, ist für mich absolut nichts zu machen [...].»[134] 1951 bittet Anders Adorno darum, ihn über die «akademischen Verhältnisse drüben» (in Deutschland) zu informieren.[135] An Helmuth Plessner wandte er sich 1953 mit der Bitte, er würde «schrecklich gerne auch einmal Grundsätzliches über meine, durch die beinahe zwanzig Jahre Emigration zerrissene, akademische ‹Karrière› mit Ihnen besprechen; denn die Hoffnung, auf einer Universität zu lehren, habe ich bis heute nicht aufgegeben».[136]

---

133 Brief Ernst Bloch an Günther Anders, Leipzig, 16.10.1950, in diesem Band, 141. / Vgl. Brief Ernst Bloch an Joachim Schumacher, Leipzig, 7.7.1949; darin berichtet Bloch, er habe «Günther Stern für Halle» vorgeschlagen (Ernst Bloch, Briefe 1903–1975. Zweiter Band. Hg. v. Karola Bloch, Jan Robert Bloch, Anne Frommann, Hanna Gekle, Inge Jens, Martin Korol, Inka Mülder, Arno Münster, Uwe Opolka u. Burghart Schmidt. Frankfurt/M. 1985, 599–601, hier: 600).

134 Brief Günther Anders an Helmuth Plessner, Wien, 16.4.1953, in diesem Band, 213 f.

135 Brief Günther Anders an Theodor W. Adorno, Wien, 5.3.1951, in diesem Band, 45.

136 Brief Günther Anders an Helmuth Plessner, Wien, 16.4.1953, in diesem Band, 213.

Auf Fürsprache von Plessner hin war Anders in der Folge 1954/55 für eine Professur an der Freien Universität Berlin im Gespräch; eine Berufung kam nicht zustande.[137]

Von seinem Wunsch, eine «reguläre Lehrtätigkeit» aufzunehmen, setzte Anders 1953 auch Horkheimer in Kenntnis, nicht ohne auf seine «pädagogisch[e] Inklination und Begabung» hinzuweisen.[138] Er leide an «pädagogischer Abstinenz», habe «Lehrleidenschaft, aber wenig Lehrgelegenheit», so Anders an anderer Stelle.[139] 1954 war er, auf Vermittlung von Max Bense, für die Stelle eines «geistigen und künstlerischen Leiters» des Studentenhauses der Technischen Hochschule Stuttgart im Gespräch; auch diese Pläne zerschlugen sich.[140] Ein weiteres Angebot der Freien Universität Berlin im Jahr 1957, sich für ein Ordinariat zu bewerben – vermutlich das vielversprechendste, das er je erhalten hatte –, lehnte Anders nach reiflicher Überlegung ab.[141] In seinem Absagebrief an den Dekan der Philosophischen Fakultät legte er wortreich und unter Berufung auf Spinoza dar, warum eine akademische Anstellung für ihn nun – er hatte als freier Autor zunehmend Fuß gefasst, 1956 war sein philosophisches Hauptwerk, der erste Band der *Antiquiertheit des Menschen*, erschienen – nicht mehr in Frage kam. Zwar verfüge er über «pädagogisch[e] Leidenschaft», sei kein «am Schreibtisch solistisch brütender Privatgelehrter, sondern philosophisch durchaus ‹extravertiert›», und verfolge mit seinen Schriften «didaktisch[e] Absichten», doch die «häretische Tätigkeit» des Philosophierens

137 Vgl. dazu die Briefe: Helmuth Plessner an Günther Anders, Göttingen, 3.12.1954 u. Günther Anders an Helmuth Plessner, Wien, 13.12.1954, in diesem Band, 220 ff.

138 Brief Günther Anders an Max Horkheimer, Frankfurt am Main, 5.6.1953, in diesem Band, 28.

139 Brief Günther Anders an Helmuth Plessner, Wien, 13.12.1954, in diesem Band, 221.

140 Brief Günther Anders an Max Horkheimer, Frankfurt am Main, 5.6.1953, in diesem Band, 28.

141 Vgl. dazu die Briefe: Helmuth Plessner an Günther Anders, Göttingen, 24.8.1957 u. Günther Anders an Helmuth Plessner, Wien, 31.8.1957, in diesem Band, 234 ff.

sei für ihn im Rahmen einer Institution letztlich nicht denkbar: «man kann sich nicht für Widerspruch bezahlen lassen».[142] Sein politisches Engagement, die «nichttheoretische Arbeit», die Forderungen des Tages, ja «das Notwendige» rückten für Anders ab Mitte der 1950er Jahre so sehr in den Vordergrund, dass er es nicht länger für möglich hielt, «im akademischen Rahmen die geistigen und moralischen Aufgaben zu erfüllen».[143] Es wäre ihm geradezu als «Verrat» erschienen, so Anders rückblickend, «eine rein akademische Stellung anzunehmen, die mich daran gehindert hätte, aktiv aufzutreten».[144] Gerade im brieflichen Streitgespräch mit Adorno werden die Bruchlinien zwischen Theorie und Praxis, zwischen akademischer und eingreifender Philosophie, zwischen universitärer und ‹häretischer› Tätigkeit zum Thema, etwa wenn Anders konstatiert: «Mir scheint, man kann nicht als ein Professor Nietzsche leben oder als ein surrealistischer Geheimrat.»[145] Oder wenn Anders in den 1960er Jahren Adorno gegenüber, auch mit Blick auf die restaurativen Tendenzen an deutschen Universitäten und anderswo, unverhohlen diagnostiziert: «Es ist schwer, sich des Eindrucks zu erwehren, dass Sie sich, anerkannt als offiziell zugelassener Papst der Radikalität, in der ominösen und jämmerlichen Deutschen Bundesrepublik doch irgendwie häuslich eingerichtet haben.»[146] Demgegenüber betonte Anders seine eigene «Unnachgiebigkeit», die freilich mitunter mit einer, wie er ebenfalls eingestand, «(auch

142 Brief Günther Anders an Uvo Hölscher (Dekan der philosophischen Fakultät der Freien Universität Berlin), Seis bei Bozen, 25.8.1957, in diesem Band, 92 ff.

143 Brief Günther Anders an Theodor W. Adorno, Wien, 10.9.1962. / Brief Günther Anders an Ernst Bloch, Wien, 11.10.1961. / Brief Günther Anders an Theodor W. Adorno, Wien, 6.12.1963. – Alle in diesem Band: 52, 150, 70.

144 Günther Anders im Gespräch mit Konrad Paul Liessmann, in: Konrad Paul Liessmann, Günther Anders zur Einführung. 2. überarb. u. erw. Aufl. Hamburg 1993, 151–169, hier: 162.

145 Brief Günther Anders an Theodor W. Adorno, Wien, 27.8.1963, in diesem Band, 58.

146 Ebd.

mir nicht gerade angenehmen) jugendbewegten Direktheit» erkauft sei.[147] Nicht verlegen war Anders jedenfalls um eine solche Direktheit, wenn es um für ihn dringliche politische Interventionen oder Kommentare ging: Dies wird in seinen Briefwechseln deutlich, etwa wenn er gegen Friedrich Torbergs antikommunistische Publikationspraxis zur Feder greift oder sich für in politische Bredouille geratene KollegInnen und MitstreiterInnen – wie Angela Davis, Jean-Paul Sartre, Simone de Beauvoir oder Georg Lukács – einsetzt.

Anders & Friends: Sprachkritik, Kunst, Musik …

Neben dem kultur- und gesellschaftskritischen Impetus seines Denkens verbinden Anders mit den in diesem Band versammelten Korrespondenzpartnern zwei weitere wesentliche Elemente: sein sprachkritischer Ansatz und seine Affinität zu Kunst und Musik. Nicht Marx' Geschichtsphilosophie sei es gewesen, die ihn nachhaltig geprägt habe, so Anders in einer Selbstauskunft, sondern dessen Sprachkritik.[148] Zeitlebens hat Anders nicht nur in eigener Sache um eine adäquate Sprache gerungen, sondern auch theoretisch immer wieder über die Frage reflektiert, wie philosophische Prosa verfasst sein müsste, um einerseits ihrem Gegenstand gerecht zu werden und andererseits jene zu erreichen, an die ein Text gerichtet ist, ja an die er – wie die eingangs zitierte Fabel nahelegt – wie ein Brief adressiert sein sollte.[149]

Besonders im Briefwechsel mit Adorno werden Sprachkritik, akademischer Jargon und das Verhältnis des Schreibenden zu seiner Leserschaft zum Thema, etwa wenn Anders Adorno vorwift, dessen verklausulierte Sprache komme «Terrorismus» und

147 Ebd., 60.

148 Günther Anders im Gespräch mit Konrad Paul Liessmann, a. a. O., 156.

149 Vgl. Ellensohn, «Trotz, Schwulst und literarischer Sadismus», a. a. O., 162 ff.; Dries, «‹Diese akademische Diktion trägt nicht›», a. a. O.

«Sadismus» an seinen LeserInnen gleich.[150] In einem Brief an Anders bezeichnet Marcuse einen allzu prätentiösen Sprachstil als «Adorneske»[151] – und genau solche «Adornesken» gelte es zugunsten einer verständlichen und zugänglichen philosophischen Sprache zu vermeiden. Er begreife nicht, so formuliert Anders in einem Brief an Bloch, für wen Adorno schreibe, schließlich könne dessen Leserschaft doch nicht nur aus ihm ebenbürtigen «Adorni und gescheiten Adornamenten» bestehen.[152] Demgegenüber streitet Anders für einen unakademischen philosophischen Stil, der nichtsdestotrotz «streng und skrupelhaft» sein sollte.[153] Die Forderung nach einer nicht nur für ‹Eingeweihte› verständlichen philosophischen Diktion spielt in Anders' Denken und Schreiben eine zentrale Rolle. Sein 1968 erschienenes Buch *Visit beautiful Vietnam*, das eine scharfe Sprach- und Medienkritik enthält, hielt er selbst für eines seiner besten Bücher.[154] Seine letzten umfangreicheren Veröffentlichungen, die als Vorarbeiten für einen dritten Band der *Antiquiertheit des Menschen* vorgesehen waren, widmete Anders einer umfassenden Sprachanalyse und -kritik im Zeitalter moderner Technik und Medien.[155]

---

150 Brief Günther Anders an Theodor W. Adorno, Wien, 27.8.1963, in diesem Band, 57, 59.

151 Brief Herbert Marcuse an Günther Anders, Washington, 25.7.1947, in diesem Band, 99.

152 Brief Günther Anders an Ernst Bloch, Wien, 28.11.1960, in diesem Band, 148.

153 Brief Günther Anders an Helmuth Plessner, Wien, 13.12.1954, in diesem Band, 221.

154 Vgl. Brief Günther Anders an Herbert Marcuse, Wien, 2.9.1978, in diesem Band, 132.

155 Günther Anders, «Sprache und Endzeit I–VI»: «Sprache und Endzeit», in: FORVM, H. 423–424/März 1989, 4–5; «Sprache und Endzeit (II)», in: FORVM, H. 426–427/Juni-Juli 1989, 28–30; «Sprache und Endzeit (III)», in: FORVM, H. 428–429/August-September 1989, 50–55; «Sprache und Endzeit IV», in: FORVM, H. 430–431/Oktober-November 1989, 40–46; «Sprache und Endzeit (V)», in: FORVM, H. 432/Dezember 1989, 62–67; «Sprache und Endzeit (VI)», in: FORVM, H. 433–435/1990, 17–21.

Seine Affinität zu bildender Kunst und Musik teilte Anders insbesondere mit Adorno, Bloch und Plessner. In den Briefwechseln wird dies deutlich, wenn Anders von seiner Arbeit an einem «philosophischen Louvreführer», von seiner Beschäftigung mit Vincent van Gogh oder dem Jugendstil berichtet (an dem er die «Bekämpfung des Naturalismus durch Verwandlung der Produkte in Schein-Natur» herausstellen wollte), wenn er sich als «Velázquez- und Goya-‹fan›» zu erkennen gibt, oder aber mit Adorno über Musikphilosophie, über Gustav Mahler, Alban Berg, György Ligeti oder Friedrich Cerha korrespondiert.[156]

... oder: Ein Stück deutsche Philosophiegeschichte

Dass eine genuine Kunst und Tradition des Briefeschreibens im Verschwinden begriffen sei, notierte Anders an einer Stelle der *Antiquiertheit des Menschen*, sei der Erfindung des Telefons zu verdanken. Die «Verkümmerung» der Briefkunst sei bereits so «erfolgreich» von statten gegangen, «daß uns Heutigen nun jene Briefe, die durchschnittlich Gebildete vor hundert Jahren einander geschrieben haben, durchweg als Meisterwerke genauer Zuwendung und genauer Mitteilung vorkommen.»[157] Von einer solchen heute weitgehend verschwundenen Briefkultur zeugt auch der vorliegende Band: Die darin versammelten Briefwech-

---

156 Brief Günther Anders an Helmuth Plessner, Neubabelsberg (Potsdam), 23.8.1929, in diesem Band, 209. / Vgl. Anders' «Louvretagebuch» [Fragment 1927/28], in: ders., Schriften zu Kunst und Film. Hg. v. Reinhard Ellensohn u. Kerstin Putz. München 2020, 103–141. / Brief Günther Anders an Helmuth Plessner, Frankfurt am Main, 4.4.1930, in diesem Band, 210. / Brief Günther Anders an Max Horkheimer, Wien, 20.1.1953, in diesem Band, 24. / Brief Günther Anders an Herbert Marcuse, Wien, 2.9.1978, in diesem Band, 133. / Vgl. Anders' Briefwechsel mit Adorno in diesem Band, 45 ff.

157 Anders, Die Antiquiertheit des Menschen. Bd. 1, a. a. O., 374.

sel geben Einblick in exemplarische intellektuelle Biografien, sind Zeitdokumente, die von Emigration und Exil erzählen, von den Schwierigkeiten, denen sich die Remigranten bei ihrer Rückkehr nach Europa ausgesetzt sahen, von einer «völlig judenlosen»[158] Welt im Österreich der Nachkriegszeit oder der geistigen Enge Wiens, einer Stadt, die Anders lange Jahre als «ein höchst kontingentes Zuhause»[159] empfand. Nicht zuletzt werfen sie Schlaglichter auf Zeitgenossen wie Walter Benjamin, Hannah Arendt oder Martin Heidegger. Neben biografischen und zeithistorischen Aspekten machen diese Briefe auch ein Stück Philosophiegeschichte erfahrbar, mithin das Denken und Handeln einer Philosophengeneration, die nicht nur die Philosophie im engeren Sinn, sondern die gesamte intellektuelle Landschaft, die Politik und Kultur insbesondere Nachkriegsdeutschlands und Nachkriegseuropas entscheidend prägte.

158 Brief Günther Anders an Herbert Marcuse, Wien, 18.10.1965, in diesem Band, 114.

159 Brief Günther Anders an Max Horkheimer, Wien, 17.7.1953, in diesem Band, 31.

Editorische Notiz

Sämtliche Ergänzungen der HerausgeberInnen stehen in eckigen Klammern. Offensichtliche Fehler und Irrtümer wurden stillschweigend korrigiert, Unterstreichungen und gesperrter Druck werden kursiviert wiedergegeben. Eine behutsame Anpassung an die heutige Rechtschreibung wurde vorgenommen (Schreibung der s-Laute), orthografische Eigenheiten der Briefschreiber wurden beibehalten.

Editorische Zeichen:

[Text]	Ergänzung der HerausgeberInnen
{…}	Unleserliches Wort
{Text}	Unsicher entziffertes Wort

Zeittafel Günther Anders

1902	12. Juli: Günther Anders wird als Sohn von Clara Stern, geb. Joseephy, und William Stern als Günther Sigmund Stern in Breslau/Wrocław geboren
1910–20	Schulbesuch in Breslau und Hamburg, Anders lernt Geige und Klavier
1915	Umzug der Familie nach Hamburg
1917	Erste Erfahrungen mit Antisemitismus als Mitglied eines paramilitärischen Schülerverbands in Frankreich
1920	Abitur am Humanistischen Gymnasium in Hamburg
1920–24	Studium der Philosophie und Kunstgeschichte an den Universitäten Hamburg, Freiburg im Breisgau, München, Berlin und Marburg u. a. bei Ernst Cassirer, Edmund Husserl und Martin Heidegger
1924	Promotion bei Edmund Husserl mit der Arbeit *Die Rolle der Situationskategorie bei den «Logischen Sätzen»*; freier Schriftsteller und Philosoph, Journalist
1925	Studienaufenthalt an der Universität Marburg bei Martin Heidegger; Begegnung mit Hannah Arendt in einem Seminar von Heidegger
1926	Der Aufsatz «Über Gegenstandstypen. Phänomenologische Bemerkungen anläßlich des Buches: Arnold Metzger ‹Der Gegenstand der Erkenntnis›» erscheint in Helmuth Plessners Zeitschrift *Philosophischer Anzeiger*
1926–28	Aufenthalte in Paris und Hamburg; erste philosophische Monographie: *Über das Haben. Sieben Kapitel zur Ontologie der Erkenntnis* (1928); Bekanntschaft mit Ernst Bloch

1929 Wiederbegegnung mit Hannah Arendt in Berlin; 26. September: Heirat mit Arendt in Nowawes bei Berlin

1930 Vortrag vor der Kantgesellschaft in Frankfurt am Main über *Die Weltfremdheit des Menschen* (posthum 2018 erschienen). Umzug nach Frankfurt am Main mit der Absicht, sich mit einer Arbeit über *Philosophische Untersuchungen über musikalische Situationen* (posthum 2017 erschienen) bei Paul Tillich zu habilitieren; Bekanntschaft mit Theodor W. Adorno und Max Horkheimer

1931 Die Habilitationspläne scheitern; Umzug nach Berlin Journalist im Feuilleton des *Berliner Börsen-Courier*; veröffentlicht dort erstmals auch unter dem Pseudonym «Anders». Arbeit am antifaschistischen Roman *Die molussische Katakombe* (erscheint 1992)

1933 Im Frühjahr Flucht nach Paris; Hannah Arendt folgt ihm dorthin im Lauf des Jahres nach; Kontakte zu seinem Großcousin Walter Benjamin, zu Arnold Zweig u. a. – Der Vortrag *Die Weltfremdheit des Menschen* (1929) erscheint in zwei Teilen auf Französisch in der Zeitschrift *Recherches Philosophiques*: «Une interprétation de l'a posteriori» (1934) und «Pathologie de la Liberté. Essai sur la non-identification» (1936)

1936 10. Juni: Ausreise aus Paris und Flucht aus Frankreich per Schiff von Nizza aus in die USA mit Hilfe Max Horkheimers (Mitarbeiteraufforderung des Instituts für Sozialforschung); Ankunft in New York um den 21. Juni 1936; Arbeit in New Yorker Fabriken; journalistische Arbeiten

1937 August: briefliche Scheidung der Ehe mit Hannah Arendt

1938 Ausbürgerung, Aberkennung der deutschen Staatsbürgerschaft

1939	Übersiedelung nach Los Angeles/Kalifornien; dort Kontakt zu Theodor W. Adorno, Bertolt Brecht, Max Horkheimer, Herbert Marcuse, Berthold Viertel u. a.; Beiträge für die Wochenzeitung *Aufbau*; Rezensionen für die *Zeitschrift für Sozialforschung* (1937–39); Arbeit im Konstümfundus eines Hollywood Studios
1943	Rückkehr nach New York; dort kurzzeitig Mitarbeiter des Office of War Information
1945	Heirat mit der Schriftstellerin Elisabeth Freundlich in New York (Scheidung 1955)
1948	«On the Pseudo-Concreteness of Heidegger's Philosophy»
1949–50	Vorlesungen über «Philosophy of Art» und «Philosophy of Culture» an der New School for Social Research in New York
1950	Rückkehr nach Europa, seither Lebensmittelpunkt in Wien; Ernst Blochs Bemühungen, Anders für einen Lehrstuhl an einer ostdeutschen Universität (Berlin, Halle, Jena, Leipzig) zu empfehlen, bleiben folgenlos
1951	*Kafka – pro und contra. Die Prozeß-Unterlagen* (zuerst 1947); Österreichische Staatsbürgerschaft; Beginn des jahrelangen Engagements in der Anti-Atom-Bewegung
1953	Mehrere ausgedehnte Vortragsreisen durch Deutschland (u. a. Frankfurt, München, Köln, Berlin)
1954/55	Eine von Helmuth Plessner unterstützte Berufung an die Freie Universität Berlin kommt nicht zustande
1956	*Die Antiquiertheit des Menschen. Band 1. Über die Seele im Zeitalter der zweiten industriellen Revolution*
1957	Heirat mit der Pianistin Charlotte Zelka in Wien; Anders zieht seine Bewerbung auf eine Professur an der Freien Universität Berlin zurück
1958	Reise nach Japan zum *IV. Internationalen Kongress gegen Atom- und Wasserstoffbomben und für Abrüstung* in Tokyo; Besuch der Städte Hiroshima und Nagasaki; Tagebuchaufzeichnungen der Japan-Reise *Der Mann auf der Brücke* (1959)

1961	Der Briefwechsel mit dem Hiroshima-Piloten Claude Eatherly (1959–61) erscheint unter dem Titel *Off Limits für das Gewissen* mit einer Einleitung von Robert Jungk und einem Vorwort von Bertrand Russell
1964	*Wir Eichmannsöhne. Offener Brief an Klaus Eichmann*
1966	Reise nach Breslau und Auschwitz; Tagebuchaufzeichnungen der Reise in *Die Schrift an der Wand* (1967)
1967	Teilnahme am *Vietnam War Crimes Tribunal* («Russell-Tribunal») zu Kriegsverbrechen im Vietnam-Krieg unter dem Vorsitz von Jean-Paul Sartre
1968	*Visit beautiful Vietnam. ABC der Aggressionen heute*
1970	*Der Blick vom Mond. Reflexionen über Weltraumflüge* (Ernst Bloch gewidmet)
1972	*Endzeit und Zeitenende. Gedanken über die atomare Situation*
1975	Trennung von Charlotte Zelka (Die Ehe wurde nicht geschieden)
1978	Literaturpreis der Bayerischen Akademie der schönen Künste
1979	Österreichischer Staatspreis für Kulturpublizistik
1980	*Die Antiquiertheit des Menschen. Band 2. Über die Zerstörung des Lebens im Zeitalter der dritten industriellen Revolution*; Preis für Kulturpublizistik der Stadt Wien
1983	Theodor-W.-Adorno-Preis der Stadt Frankfurt
1992	17. Dezember: Günther Anders stirbt in Wien

VERZEICHNISSE

Literaturverzeichnis

Adorno, Theodor W.: Gesammelte Schriften. Hg. v. Rolf Tiedemann unter Mitwirkung v. Gretel Adorno, Susan Buck-Morss u. Klaus Schultz. 20 Bde. Frankfurt/M. 1970–1986.

Bd. 2: Kierkegaard. Konstruktion des Ästhetischen.

Bd. 6: Negative Dialektik. Jargon der Eigentlichkeit.

Bd. 10.1: Kulturkritik und Gesellschaft I: Prismen, Ohne Leitbild.

Bd. 10.2: Kulturkritik und Gesellschaft II: Eingriffe, Stichworte, Anhang.

Bd. 11: Noten zur Literatur.

Bd. 12: Philosophie der neuen Musik.

Bd. 13: Die musikalischen Monographien.

Bd. 15: Theodor W. Adorno/Hanns Eisler: Komposition für den Film / Theodor W. Adorno: Der getreue Korrepetitor.

Bd. 16: Musikalische Schriften I–III: Klangfiguren, Quasi una fantasia, Musikalische Schriften.

Bd. 17: Musikalische Schriften IV: Moments musicaux, Impromptus.

Bd. 19: Musikalische Schriften VI.

Bd. 20.1: Vermischte Schriften I.

Adorno 1963 = Adorno, Theodor W.: Drei Studien zu Hegel. Aspekte, Erfahrungsgehalt, Skoteinos oder Wie zu lesen sei. Frankfurt/M. 1963.

Adorno 1973 = Adorno, Theodor W.: Studien zum autoritaren Charakter. Aus dem Amerikanischen v. Milli Weinbrenner. Hg. vom Institut für Sozialforschung. Frankfurt/M. 1973.

Adorno 2003 = Adorno. Eine Bildmonographie. Hg. v. Theodor W. Adorno Archiv. Frankfurt/M. 2003.

Adorno/Krenek 1974 = Adorno, Theodor W.; Ernst Krenek: Briefwechsel. Hg. v. Wolfgang Rogge. Frankfurt/M. 1974.

Adorno/Tobisch 2003 = Adorno, Theodor W.; Lotte Tobisch: Der private Briefwechsel. Hg. v. Bernhard Kraller u. Heinz Steinert. Graz, Wien 2003.

Adorno et al. 1950 = Adorno, Theodor W.; Else Frenkel-Brunswik, Daniel J. Levinson, R. Nevitt Sanford (in collaboration with Betty

Aron, Maria Hertz Levinson and William Morrow): The Authoritarian Personality. New York 1950.

Anders 1924a = Anders [Stern], Günther: [Rez.] Max Scheler: Wesen und Formen der Sympathie, in: Logos. Internationale Zeitschrift für Philosophie der Kultur, Bd. XII (1923/24), 1924, 413–415.

Anders 1924b = Anders [Stern], Günther: Die Rolle der Situationskategorie bei den «Logischen Sätzen». Erster Teil einer Untersuchung über die Rolle der Situationskategorie. Diss., Universität Freiburg/Br. 1924.

Anders 1926a = Anders [Stern], Günther: «Über Gegenstandstypen. Phänomenologische Bemerkungen anläßlich des Buches: Arnold Metzger ‹Der Gegenstand der Erkenntnis›», in: Philosophischer Anzeiger, 1. Jg. (1925/26), 2. Halbbd., 1926, 359–381.

Anders 1926b = Anders [Stern], Günther: «Zur Problematik kunstwissenschaftlicher Grundbegriffe. Anlässlich Coellens Buch: ‹Methode der Kunstgeschichte›», in: Archiv für systematische Philosophie und Soziologie (Berlin), Bd. XXIX., 1926, S. 213–219.

Anders 1927a = Anders [Stern], Günther: «Zur Phänomenologie des Zuhörens. (Erläutert am Hören impressionistischer Musik)», in: Zeitschrift für Musikwissenschaft, 9. Jg., H. 11/12, 1927, 610–619. (Wieder in: Anders 2017: 211–225.)

Anders 1927b = Anders [Stern], Günther: «Polemische Gefolgschaft», in: Die Musik, XX. Jg., 1. Halbjahrsbd., H. 2, November 1927, 90–93. (Wieder in: Anders 2017: 226–230.)

Anders 1928 = Anders [Stern], Günther: Über das Haben. Sieben Kapitel zur Ontologie der Erkenntnis. Bonn 1928.

Anders 1930a = Anders [Stern], Günther: «Spuk und Radio», in: Anbruch. Monatsschrift für moderne Musik, XII. Jg., H. 2, 1930, 65–66. (Wieder in: Anders 2017: 248–250.)

Anders 1930b = Anders [Stern], Günther: «Über die sog. ‹Seinsverbundenheit› des Bewußtseins. Anläßlich Karl Mannheim ‹Ideologie und Utopie›», in: Archiv für Sozialwissenschaft und Sozialpolitik 64, 1930, 492–509. (U. a. wieder in: Arendt/Anders 2016: 148–168.)

Anders 1930c = Anders [Stern], Günther: «Die Weltfremdheit des Menschen. Vortrag unter dem Titel ‹Freiheit und Erfahrung› gehalten in der Frankfurter Ortsgruppe der Kantgesellschaft, Februar 1930», in: Anders 2018: 11–47.

Anders 1930/31 = Anders [Stern], Günther: Philosophische Untersuchungen über musikalische Situationen, nicht eingereichte Habilitationsschrift, Frankfurt/M. 1930/31. In: Anders 2017: 13–140.

Anders 1931 = Anders [Stern], Günther: «Der verwüstete Mensch. Über Welt- und Sprachlosigkeit in Döblins ‹Berlin Alexanderplatz›» [1931], in: Festschrift zum achtzigsten Geburtstag von Georg Lukács. Hg. v. Frank Benseler. Neuwied, Berlin 1965, 420–442. (Wieder in: Anders 1984: 3–30.)

Anders 1934/35 = Anders [Stern], Günther: «Une interprétation de l'a posteriori». Übers. v. Emmanuel Levinas, in: Recherches Philosophiques, H. 4, 1934/35, 65–80. (Dt. auch in: Anders 2018: 11–26.)

Anders 1935 = Anders, Günther: «Der Hungermarsch», in: Die Sammlung (Amsterdam), II. Jg., 1935, 294–314. (U. a. wieder in: Anders 1978: 190–227.)

Anders 1936/37 = Anders [Stern], Günther: «Pathologie de la Liberté. Essai sur la non-identification». Übers. v. P.-A. Stéphanopoli, in: Recherches Philosophiques, H. 6, 1936/37, 22–54. (In dt. Rückübersetzung in: Anders 2018: 48–81.)

Anders 1937a = Anders [Stern], Günther: [Rez.] Rolf W. Gödel: Die Lehre von der Identität in der deutschen Logik-Wissenschaft seit Lotze, in: Zeitschrift für Sozialforschung, Jg. VI, 1937, H. 1, 178 f.

Anders 1937b = Anders [Stern], Günther: [Rez.] Aloys Fischer: Die Existenzphilosophie Martin Heideggers; [Rez.] Factors Determining Human Behaviour, in: Zeitschrift für Sozialforschung, Jg. VI, 1937, H. 2, 416 f., 431 f.

Anders 1937c = Anders [Stern], Günther: [Rez.] Ernst Krieck: Völkisch-politische Anthropologie, Theodor Haering: Was ist deutsche Philosophie?, Max Wundt: Die Ehre als Quelle des sittlichen Lebens in Volk und Staat; [Rez.] Gefühl und Wille. Bericht über den 15. Kongress der Deutschen Gesellschaft für Psychologie. Hg. v. Otto Klemm, in: Zeitschrift für Sozialforschung, Jg. VI, 1937, H. 3, 653–657, 678 f.

Anders 1938a = Anders [Stern], Günther: [Rez.] Wilhelm Pöll: Wesen und Wesenserkenntnis; [Rez.] Henry C. Link: The Return to Religion, in: Zeitschrift für Sozialforschung, Jg. VII, 1938, H. 1/2, 230 f., 249 f.

Anders 1938b = Anders [Stern], Günther: [Rez.] Adémar Gelb: Zur medizinischen Psychologie und philosophischen Anthropologie; [Rez.] Carl Gustav Jung: Psychology and Religion, in: Zeitschrift für Sozialforschung, Jg. VII, 1938, H. 3, 423 f., 424–426.

Anders 1938c = Anders [Stern], Günther: [Rez.] Bertrand Russell: Power. A New Social Analysis, in: Zeitschrift für Sozialforschung, Jg. VIII, 1939, H. 1/2, 238–240.

Anders 1939 = Anders [Stern], Günther: [Rez.] Christoph Steding: Das Reich und die Krankheit der europäischen Kultur, in: Studies in Philosophy and Social Science, Vol. VIII, 1939, Nr. 3, H. 3, 464–469.

Anders 1944 = Anders [Stern], Günther: «Homeless Sculpture», in:

Philosophy and Phenomenological Research, Vol. 5, No. 2, 1944, 293–307. (Dt. wieder in: Anders 2020: 174–195.)

Anders 1947a = Anders, Günther: «Franz Kafka – pro und contra», in: Die Neue Rundschau, Jg. 1947, 119–157.

Anders 1947b = Anders [Stern Anders], Günther: «La sculpture sans foyer (Étude sur Rodin)», in: Deucalion. Cahiers de philosophie, Neuchâtel, 2. Jg., 1947, 97–113.

Anders 1948 = Anders [Stern (Anders)], Günther: «On the Pseudo-Concreteness of Heidegger's Philosophy», in: Philosophy and Phenomenological Research, Vol. 8, No. 3, 1948, 337–371. (In dt. Rückübersetzung in: Anders 2001: 72–115.)

Anders 1949a = Anders [Anders-Stern], Günther: «The Acoustic Stereoscope», in: Philosophy and Phenomenological Research, Vol. 10, No. 2, 1949, 238–243. (Wieder in: Anders 2017: 256–270.)

Anders 1949b = Anders, Günther: «Dichten heute. Aus Tagebüchern» / «Die Sprache besucht den siebzigjährigen Ovid im Exil» [Gedicht], in: Die Wandlung (Heidelberg), 4. Jg., 1949, H. 1, 40–55.

Anders 1949c = Anders, Günther: «Kafka: Ritual without Religion. The Modern Intellectual's Shamefaced Atheism», in: Commentary (New York), Vol. 8, No. 6, December 1949, 560–569.

Anders 1950 = Anders [Stern (Anders)], Günther: «Emotion and Reality (In Connection with Sartre's ‹The Emotions›)», in: Philosophy and Phenomenological Research, Vol. 10, No. 4, 1950, 553–562.

Anders 1951 = Anders, Günther: Kafka. Pro und Contra. Die Prozeß-Unterlagen. München 1951. (Wieder in: Anders 1984: 45–131.)

Anders 1952a = Anders, Günther: «Die Dichtstunde», in: Merkur, H. 49, 1952, 224–240.

Anders 1952b = Anders, Günther: «Philosophie – für wen? Über echte und unechte Esoterik (aus den ‹Philosophischen Tagebüchern›)», in: Die Sammlung (Göttingen), 7. Jg., 1952, 475–489. (Wieder u. d. T. «Über die Esoterik der philosophischen Sprache» u. a. in: Günther Anders antwortet. Interviews & Erklärungen. Hg. v. Elke Schubert. Berlin 1987, 181–202.)

Anders 1952c = Anders, Günther: «Kafka, Pro und Kontra. Replik», in: Neue Schweizer Rundschau, N. F. 20. Jg. (1952/53), H. 1, Mai 1952, 43–47.

Anders 1952d = Anders, Günther: «Die Schlüssel», in: Der Tagesspiegel, 21.5.1952; auch in: Die Presse, 12.6.1952.

Anders 1953a = Anders: «Die Verleugnung. Theorie des Jugendstils». Typoskript mit zahlreichen handschriftlichen Korrekturen, ca. 120 Bl. [1953]. NL Anders, LIT 237/W24.

Anders 1953b = Anders, Günther: «Die Verleugnung. Theorie des Jugendstils» [Radiobeitrag, 1953], in: Anders 2020: 206–212.

Anders 1953c = Anders, Günther: «Kultur und Umweg», in: Merkur, H. 67, 1953, 864–872.

Anders 1954a = Anders, Günther: «Sein ohne Zeit. Bemerkungen zu Samuel Becketts Stück ‹En attendand Godot›», in: Neue Schweizer Rundschau, N. F. 21. Jg. (1953/54), H. 9, Januar 1954, 526–540. (Wieder in: Anders 1956a: 213–231.)

Anders 1954b = Anders, Günther: «3-D Film and Cyclopic Effect», in: Philosophy and Phenomenological Research, Vol. 15, No. 2, 1954, 295–298. (Wieder in: Anders 2020: 96–99.)

Anders 1954c = Anders, Günther: «Dichten heute», in: Das Gedicht. Jahrbuch zeitgenössischer Lyrik 1954/55. Hg. v. Rudolf Ibel. Hamburg 1954, 140–144.

Anders 1954d = Anders, Günther: «Die Übersetzungsstunde oder Hamburgisch ist Hamburgisch / Aber Deutsch ist nicht Deutsch», in: Merkur, H. 73, 1954, 294–300.

Anders 1955a = Anders, Günther: Kafka – za i protiv. (osnovi spora). Übers. v. Ivan Foht. Sarajevo 1955.

Anders 1955b = Anders, Günther: «Die Krise der Phantasie. Zwei philosophische Dialoge», in: Die Sammlung – Zeitschrift für Kultur und Erziehung, 10. Jg., 1955, 122–134. (Wieder u. d. T. «Die Antiquiertheit der Phantasie» in: Anders 1980: 316–333.)

Anders 1955c = Anders, Günther: «Die Welt als Phantom und Matrize. Philosophische Gedanken zu Rundfunk und Fernsehen» / «Die Welt als Phantom und Matrize (II). Das Phantom» / «Die Welt als Phantom und Matrize (III). Die Matrize». In: Merkur, H. 87–89, 1955, 401–416, 533–549 u. 636–652. (Wieder in: Anders 1956a: 97–211.)

Anders 1956a = Anders, Günther: Die Antiquiertheit des Menschen. Bd. 1. Über die Seele im Zeitalter der zweiten industriellen Revolution. München 1956. (Neuaufl. 2018)

Anders 1956b = Anders, Günther: «Reflections on the H Bomb». Transl. by Norbert Guterman, in: Dissent, Vol. III, Spring 1956, 146–155.

Anders 1956c = Anders, Günther: «The World as Phantom and as Matrix». Transl. by Norbert Guterman, in: Dissent, Vol. III, Winter 1956, 14–24.

Anders 1959a = Anders, Günther: Der Mann auf der Brücke. Tagebuch aus Hiroshima und Nagasaki. München 1959.

Anders 1959b = Anders, Günther: Brief an Claude Eatherly; Claude Eatherly: Antwortbrief, in: Das Argument, H. 6, 1. Jg., Juli 1959, 1–3.

Anders 1959c = Anders, Günther: «Ein Brief», in: Frankfurter Hefte. Zeitschrift für Kultur und Politik. H. 7, 14. Jg., Juli 1959, 466–469.

Anders 1959d = Anders, Günther: «Ein Brief und die Antwort», in: Die Sammlung. Zeitschrift für Kultur und Erziehung, 14. Jg., 1959, 477–482.

Anders 1960 = Anders, Günther: Franz Kafka. Transl. by A. Steer and A. K. Thorlby. London 1960.

Anders 1961 = Anders, Günther: George Grosz. Zürich 1961.

Anders 1962a = Anders, Günther: Bert Brecht. Gespräche und Erinnerungen. Zürich 1962.

Anders 1962b = Anders, Günther: «Der Emigrant», in: Merkur, H. 173, 1962, 601–622. (Wieder in: Anders 2021.)

Anders 1964a = Anders, Günther: Wir Eichmannsöhne. Offener Brief an Klaus Eichmann. München 1964. (2., um einen weiteren Brief ergänzte Auflage 1988.)

Anders 1964b = Anders, Günther: Die Toten. Rede über die drei Weltkriege. Köln 1964. (Wieder in: Anders 1982a: 361–394.)

Anders 1964c = Anders, Günther: «Vorbild und Maßstab. Ansprache am Denkmal der Ghetto-Kämpfer in Warschau», in: Ausweg. Monatsschrift für Demokratie und Koexistenz. Jg. 3, Nr. 1, 1964, 19.

Anders 1964d = Anders, Günther: «Der sanfte Terror. Theorie des Konformismus» / «Der sanfte Terror (II). Theorie des Konformismus», in: Merkur, H. 193–194, 1964, 209–224, 334–354. (Wieder u. d. T. «Die Antiquiertheit des Individuums» in: Anders 1980: 131–187.)

Anders 1965 = Anders, Günther: «Der verwüstete Mensch. Über Welt- und Sprachlosigkeit in Döblins ‹Berlin Alexanderplatz›», in: Festschrift zum achtzigsten Geburtstag von Georg Lukács. Hg. v. Frank Benseler. Neuwied, Berlin 1965, 420–442.

Anders 1966a = Anders, Günther: «Über das Protestieren oder Sinjawski, Daniel und Vietnam», in: Deutsche Volkszeitung (Düsseldorf), 11.3.1966. (Auch in: Blätter für deutsche und internationale Politik, Heft 3, 1966, 242–243; Wiederabdruck u. d. T. «Über das Protestieren», in: Anders 1968a: 142–144.)

Anders 1966b = Anders, Günther: «Open Letter To Secretary of State Dean Rusk. Vienna, February 4, 1966», in: Alternatives. The new magazine of politics and society, Vol. 1, No. 2, Summer 1966, 5.

Anders 1966c = Anders, Günther: Nuremberg et le Vietnam. Mosaïque. Traduit de l'anglais par Josette Hesse, in: Les Temps Modernes, 21e année, Juin 1966, No. 241, 2283–2294.

Anders 1966d = Anders, Günther: «Brechts ‹Leben des Galilei›», in: Programmheft des Burgtheaters, Wien 1966. (Wieder in: Anders 1984: 154–158.)

Anders 1967a = Anders, Günther: Nürnberg und Vietnam. Synoptisches

Mosaik. Voltaire Flugschrift 6. Hg. v. Bernward Vesper-Triangel. Berlin [1967].

Anders 1967b = Anders, Günther: Die Schrift an der Wand. Tagebücher 1941–1966. München 1967.

Anders 1967c = Anders, Günther: «Der amerikanische Krieg in Vietnam oder Philosophisches Wörterbuch heute», in: Das Argument, 9. Jg., 1967, H. 45, 349–397.

Anders 1968a = Anders, Günther: Visit beautiful Vietnam – ABC der Aggressionen heute. Köln 1968.

Anders 1968b = Anders, Günther: Der Blick vom Turm. Fabeln. München 1968.

Anders 1969 = Anders, Günther: «Der Blick vom Mond. Gedanken über Raumfahrt», in: Merkur, H. 257, 23. Jg., September 1969, 817–835.

Anders 1970 = Anders, Günther: Der Blick vom Mond. Reflexionen über Weltraumflüge. München 1970.

Anders 1971 = Günther Anders: Eskalation des Verbrechens. Aus einem ABC der amerikanischen Aggression gegen Vietnam. Berlin (Ost) 1971.

Anders 1972 = Anders, Günther: Endzeit und Zeitenende. Gedanken über die atomare Situation. München 1972. (Neuaufl. u. d. T.: Die atomare Drohung. Radikale Überlegungen zum atomaren Zeitalter. München 1981.)

Anders 1973 = Anders, Günther: «Sein ohne Zeit. Zu Becketts Stück ‹En attendand Godot›», in: Materialien zu Samuel Becketts «Warten auf Godot». Zusammengestellt u. übersetzt v. Ursula Dreysse. Frankfurt/M. 1973, 31–48.

Anders 1978 = Anders, Günther: Kosmologische Humoreske und andere Erzählungen. Frankfurt/M. 1978. (Wiederaufgelegt u. d. T.: Erzählungen. Fröhliche Philosophie. Frankfurt/M. 1984.)

Anders 1979 = Anders, Günther: Besuch im Hades. Auschwitz und Breslau 1966. Nach «Holocaust» 1979. München 1979.

Anders 1980 = Anders, Günther: Die Antiquiertheit des Menschen. Bd. 2. Über die Zerstörung des Lebens im Zeitalter der dritten industriellen Revolution. München 1980. (Neuaufl. 2018)

Anders 1982a = Anders, Günther: Hiroshima ist überall. München 1982.

Anders 1982b = Anders, Günther: Ketzereien. München 1982.

Anders 1984 = Anders, Günther: Mensch ohne Welt. Schriften zur Kunst und Literatur. München 1984.

Anders 1985 = Anders, Günther: Tagebücher und Gedichte. München 1985.

Anders 1986 = Anders, Günther: Lieben gestern. Notizen zur Geschichte des Fühlens. München 1986.

Anders 1987 = Günther Anders antwortet. Interviews & Erklärungen. Hg. v. Elke Schubert. Berlin 1987.

Anders 2001 = Anders, Günther: Über Heidegger. Hg. v. Gerhard Oberschlick in Verbindung mit Werner Reimann als Übersetzer. Mit einem Nachwort von Dieter Thomä. München 2001.

Anders 2012 = Anders, Günther: Die molussische Katakombe. Zweite, erweiterte Auflage. Hg. u. mit einem Nachwort versehen v. Gerhard Oberschlick. München 2012 (1. Aufl. 1992).

Anders 2017 = Anders, Günther: Musikphilosophische Schriften. Texte und Dokumente. Hg. v. Reinhard Ellensohn. München 2017.

Anders 2018 = Anders, Günther: Die Weltfremdheit des Menschen. Schriften zur philosophischen Anthropologie. Hg. v. Christian Dries unter Mitarbeit v. Henrike Gätjens. München 2018.

Anders 2020 = Anders, Günther: Schriften zu Kunst und Film. Hg. v. Reinhard Ellensohn u. Kerstin Putz. München 2020.

Anders 2021 = Anders, Günther: Der Emigrant. Mit einem Nachwort von Florian Grosser. München 2021.

Anders 2022 = Anders, Günther: Der Blick vom Turm. Mit einem Nachwort von Kerstin Putz. München 2022.

Anders/Bense 1953 = Anders, Günther; Max Bense: Gespräch über Martin Heidegger (anlässlich des Erscheinens von Heideggers *Einführung in die Metaphysik*). Erstsendung: 1.10.1953, SDR. Veröfffentlicht in: Heidegger verstehen. Vorträge und Gespräche. 5 CDs und 1 DVD. München 2009, CD Nr. 1.

Anders/Eatherly 1961 = Off limits für das Gewissen. Der Briefwechsel zwischen dem Hiroshima-Piloten Claude Eatherly und Günther Anders. Hg. u. eingeleitet v. Robert Jungk. Mit einem Vorwort v. Bertrand Russell. Reinbek bei Hamburg 1961. (Wieder in: Anders 1982a: 191–360.)

Anders/Löwith 2018 = Anders, Günther; Karl Löwith: [Korrespondenz (zusammengestellt und kommentiert von Gerhard Oberschlick)], in: sans phrase, H. 13, 2018, 113–131.

Anders/Lukács 1998 = Anders, Günther; Georg Lukács: Briefwechsel zwischen 1964–1971, in: Lukács 1997. Jahrbuch der Internationalen Georg-Lukács-Gesellschaft. Hg. v. Frank Benseler, Werner Jung. Bern 1998, 47–71.

Arendt/Anders 1930 = Arendt, Hannah; Günther Anders [Stern]: «Rilkes *Duineser Elegien*», in: Neue Schweizer Rundschau, 23. Jg., 1930, 855–871. (U. a. wieder in: Arendt/Anders 2016: 104–127.)

Arendt/Anders 2016 = Arendt, Hannah; Günther Anders: Schreib doch mal *hard facts* über Dich. Briefe 1939–1975. Texte und Dokumente. Hg. v. Kerstin Putz. München 2016.

Arendt/Heidegger 1999 = Arendt, Hannah; Martin Heidegger: Briefe 1925 bis 1975. Und andere Zeugnisse. Aus den Nachlässen hg. v. Ursula Ludz. 2. durchges. Aufl. Frankfurt/M. 1999.

Beckmann 1955 = Beckmann, Max: Tagebücher 1940–1950. Zusammengestellt v. Mathilde Q. Beckmann. Hg. v. Erhard Göpel. München 1955.

Benjamin 1955 = Benjamin, Walter: Schriften. Hg. v. Theodor W. Adorno u. Gretel Adorno unter Mitwirkung v. Friedrich Podszus. 2 Bde. Frankfurt/M. 1955.

Benjamin 1985 = Benjamin, Walter: Gesammelte Schriften, Bd. VI: Fragmente vermischten Inhalts, Autobiographische Schriften. Hg. v. Rolf Tiedemann u. Hermann Schweppenhäuser. Frankfurt/M. 1985.

Berg 1965 = Berg, Alban: Briefe an seine Frau. Hg. v. Helene Berg. München, Wien 1965.

Biella 1992= Biella, Burkhard: «Zur Toleranz verurteilt? Die Pluralismus-Kritik von Günther Anders», in: Text+Kritik, Heft 115: Günther Anders, Juli 1992, 64–72.

Bloch 1961 = Bloch, Ernst: Naturrecht und menschliche Würde. Gesamtausgabe, Bd. 6. Frankfurt/M. 1961.

Bloch 1965 = Bloch, Ernst: Literarische Aufsätze. Gesamtausgabe, Bd. 9. Frankfurt/M. 1965.

Bloch 1970a = Bloch, Ernst: Politische Messungen, Pestzeit, Vormärz. Gesamtausgabe, Bd. 11. Frankfurt/M. 1970.

Bloch 1970b = Bloch, Ernst: «Skurrile Messungen», in: Frankfurter Rundschau, 15.12.1970.

Bloch 1972 = Bloch, Ernst: Vom Hasard zur Katastrophe. Politische Aufsätze aus den Jahren 1934–1939. Frankfurt/M. 1972.

Bloch 1985 = Bloch, Ernst: Briefe 1903–1975. Zweiter Band. Hg. v. Karola Bloch u. a. Frankfurt/M. 1985.

Bloch, K. 1981 = Bloch, Karola: Aus meinem Leben. Pfullingen 1981.

Bloch/Dutschke 1988 = Lieber Genosse Bloch ... Briefe Rudi Dutschkes an Karola und Ernst Bloch. Hg. v. Karola Bloch u. Welf Schröter. Mössingen-Talheim 1988.

Bloch/Lukács 1984 = Ernst Bloch und Georg Lukács. Dokumente zum 100. Geburtstag. Georg-Lukács-Archiv, Budapest 1984.

Bloch-Zentrum 2007 = Bloch. Eine Bildmonographie. Hg. vom Ernst-Bloch-Zentrum. Bearbeitet von Karlheinz Weigand. Frankfurt/M. 2007.

Brecht 1953 = Brecht, Bertolt: Stücke, Bd. 1: Baal. Trommeln in der Nacht. Im Dickicht der Städte. Frankfurt/M. 1953.

Brecht 1988 = Brecht, Bertolt: Werke, Bd. 3. Große kommentierte Berliner und Frankfurter Ausgabe. Hg. v. Werner Hecht, Jan Knopf, Werner Mittenzwei, Klaus-Detlef Müller. Berlin, Weimar, Frankfurt/M. 1988.

Brecht 1989 = Brecht, Bertolt: Werke, Bd. 6. Große kommentierte Berliner und Frankfurter Ausgabe. Hg. v. Werner Hecht, Jan Knopf, Werner Mittenzwei, Klaus-Detlef Müller. Berlin, Weimar, Frankfurt/M. 1989.

Brod 1952a = Brod, Max: «Ermordung einer Puppe namens Franz Kafka», in: Neue Schweizer Rundschau, N. F. 19. Jg. (1951/52), H. 10, Februar 1952, 613–625.

Brod 1952b = Brod, Max: «Duplik», in: Neue Schweizer Rundschau, N. F. 20. Jg. (1952/53), H. 1, Mai 1952, 47–49.

Burde 1993 = Burde, Wolfgang: György Ligeti. Eine Monographie. Zürich 1993.

Critchfield 2008 = Critchfield, Richard D.: From Shakespeare to Frisch: The Provocative Fritz Kortner. Heidelberg 2008.

Dalos 2006 = Dalos, György: 1956. Der Aufstand in Ungarn. Dt. Bearbeitung v. Elsbeth Zylla. München 2006.

Dahms 1994 = Dahms, Hans-Joachim: Positivismusstreit. Die Auseinandersetzungen der Frankfurter Schule mit dem logischen Positivismus, dem amerikanischen Pragmatismus und dem kritischen Rationalismus. Frankfurt/M. 1994.

Davidow 1970 = Davidow, Mike: «Hall pulls no punches with press in Moscow». In: World Communism, 1967–1969: Soviet efforts to re-establish control. A study … by the Legislative Reference Service of the Library of Congress. Washington 1970, 285–287.

Deichmann 1992 = Deichmann, Ute: Biologen unter Hitler. Vertreibung, Karrieren, Forschung. Frankfurt/M, New York 1992.

Emrich 1952 = Emrich, Wilhelm: [Rez.] Günther Anders, Kafka, Pro und Contra. Die Prozeß-Unterlagen, in: Erasmus. Speculum Scientiarum, Vol. 5, 1952, 430–436.

Ertelt 2018 = Ertelt, Thomas: Art. Berg, Alban, in: MGG Online. Hg. v. Laurenz Lütteken. Kassel u. a. 2016 ff., veröffentlicht Juli 2018, https://www.mgg-online.com/mgg/stable/46622 (abgerufen: 28.3.2022).

Forum 1962. Hg. v. Friedrich Torberg. Reprint, hg. v. Günther Nenning unter Mitarbeit v. Peter Csulak u. Evi Födermair. Wien 2002.

Freundlich 1992 = Freundlich, Elisabeth: Die fahrenden Jahre. Erinnerungen. Hg. u. mit einem Nachwort v. Susanne Alge. Salzburg 1992.

George 1907 = George, Stefan: Der siebente Ring. Berlin 1907.

Gide 1891 = Gide, André: Le Traité du Narcisse (Théorie du symbole) (1891), in: ders.: Le Retour de l'Enfant Prodigue. Précédé de cinq autres Traités. 11. Éd. Paris [1925], 7–27.

Grass 1968 = Grass, Günther: Die Plebejer proben den Aufstand. Ein deutsches Trauerspiel. Frankfurt/M., Hamburg 1968.

Hachtmann 2006 = Hachtmann, Rüdiger: «‹Arbeiter der Stirn und Arbeiter der Faust›. Aufwertung des Arbeitsbegriffs durch den Nationalsozialismus?», in: Die Praxis und die höheren Sphären. «Zwei Kulturen» oder nur ein Missverständnis? Hg. v. Stefan Krimm u. Martin Sachse. München 2006, 128–152.

Hall 1969 = Hall, Gus: «Toward Unity against world imperialism». Speech at the World Conference of Communist and Workers' Parties, Moscow, June 5–17, 1969. In: World communism, 1967–1969: Soviet efforts to re-establish control. A study ... by the Legislative Reference Service of the Library of Congress. Washington 1970, 237–249. (Vgl. Gus Hall: Toward Unity against world imperialism. Speech at the World Conference of Communist and Workers' Parties, Moscow, June 5–17, 1969. New York 1969.)

Heidegger 1953 = Heidegger, Martin: Einführung in die Metaphysik. Tübingen 1953.

Heidegger 1957 = Heidegger, Martin: Der Satz vom Grund. Pfullingen 1957. (Gesamtausgabe, I. Abt., Bd. 10. Frankfurt/M. 1997)

Heidegger 1979 = Heidegger, Martin: Prolegomena zur Geschichte des Zeitbegriffs. Marburger Vorlesung Sommersemester 1925. Hg. v. Petra Jaeger. Frankfurt/M. 1979. (Gesamtausgabe. Bd. 20)

Heinemann/Wiggershaus 1999 = Heinemann, Winfried; Norbert Wiggershaus (Hg.): Das internationale Krisenjahr 1956. Polen, Ungarn, Suez. München 1999.

Hochgeschwender 1998 = Hochgeschwender, Michael: Freiheit in der Offensive? Der Kongreß für kulturelle Freiheit und die Deutschen. München 1998.

Horkheimer 1985 = Horkheimer, Max: Gesammelte Schriften, Bd. 12: Nachgelassene Schriften 1931–1949. Hg. v. Gunzelin Schmid Noerr. Frankfurt/M. 1985.

Horkheimer/Adorno 1962 = Horkheimer, Max; Theodor W. Adorno: Sociologica II. Reden und Vorträge. (Frankfurter Beiträge zur Soziologie, Bd. 10). Frankfurt/M. 1962.

Horkheimer/Adorno 1987 = Horkheimer, Max; Theodor W. Adorno: Dialektik der Aufklärung. Philosophische Fragmente, in: Horkheimer, Max: Gesammelte Schriften, Bd. 5. Hg. v. Gunzelin Schmid Noerr. Frankfurt/M. 1987.

Jansen 1999 = Jansen, Peter-Erwin: «Deutsche Emigranten in amerikanischen Regierungsinstitutionen. Herbert Marcuse, Franz Neumann, Leo Löwenthal und andere», in: Peter-Erwin Jansen, Redaktion «Perspektiven» (Hg.): Zwischen Hoffnung und Notwendigkeit. Texte zu Herbert Marcuse. Frankfurt/M 1999, 39–54.

Karsch 1952 = Karsch, Walter: «Von und über Kafka», in: Der Tagesspiegel, 24.2.1952.

Kaufmann 1993 = Kaufmann, Harald: Von innen und außen. Schriften über Musik, Musikleben und Ästhetik. Hg. v. Werner Grünzweig u. Gottfried Krieger. Hofheim 1993.

Keller 1998 = Keller, Gottfried: Sämtliche Werke. Historisch-Kritische Ausgabe, Bd. 7: Das Sinngedicht. Sieben Legenden. Hg. v. Walter Morgenthaler, Ursula Amrein, Thomas Binder, Peter Villwock. Basel, Frankfurt/M., Zürich 1998.

Klibansky/Paton 1936 = Klibansky, Raymond; H. J. Paton: Philosophy & History. Essays presented to Ernst Cassirer. Oxford 1936.

Klingmann 1955 = Klingmann, Guenter: «Kulturkritik und Gesellschaft. Notizen zu Adornos ‹Prismen›», in: Augenblick. Aesthetica, Philosophica, Polemica. Hg. v. Max Bense. 1. Jg., H. 3/1955, 50–53.

Koolwaay 2010 = Koolwaay, Jens: «Zwischen Profession und Experiment. Karl Mannheim in Frankfurt», in: Soziologie in Frankfurt. Eine Zwischenbilanz. Hg. v. Felicia Herrschaft u. Klaus Lichtblau. Wiesbaden 2010, 105–121.

Kraus 1987 = Kraus, Karl: Sittlichkeit und Kriminalität. Schriften, Bd. 1. Hg. v. Christian Wagenknecht. Frankfurt/M. 1987.

Laudani 2013 = Laudani, Raffaele (Hg.): Secret Reports on Nazi Germany. The Frankfurt School Contribution to the War Effort. Franz Neumann, Herbert Marcuse, Otto Kirchheimer. Princeton, Oxford 2013.

Leiser 1963 = Leiser, Erwin: Wähle das Leben! Das Buch zum Film. Wien, Stuttgart, Basel 1963.

Lichtenberg 1971 = Lichtenberg, Georg Christoph: Schriften und Briefe. Zweiter Band: Sudelbücher II, Materialhefte, Tagebücher. Hg. v. Wolfgang Promies. München 1971.

Lieber 1952 = Lieber, Hans-Joachim: Wissen und Gesellschaft. Die Probleme der Wissenssoziologie. Tübingen 1952.

Ligeti 2007 = Ligeti, György: «Erinnerung an Adorno», in: ders.: Gesammelte Schriften, Bd. 1. Hg. v. Monika Lichtenfeld. Mainz u. a. 2007, 505–507.

Lipps 1925 = Lipps, Hans: «Bemerkungen zur Theorie der Prädikation», in: Philosophischer Anzeiger, 1. Jg. (1925/26), 1. Halbbd., 1925, 57–71.

Mahler-Werfel 1960 = Mahler-Werfel, Alma: Mein Leben. Frankfurt/M. 1960.

Manstein 1961 = Manstein, Bodo: Im Würgegriff des Fortschritts. Umgearbeitete u. auf den letzten Stand gebrachte Neuausgabe. Frankfurt/M. 1961.

Marcuse 1948 = Marcuse, Herbert: «Existentialism: Remarks on Jean-Paul Sartre's *L'Être et le Néant*», in: Philosophy and Phenomenological Research, Vol. 8, No. 3, 1948, 309–336.

Marcuse 1955 = Marcuse, Herbert: Eros and Civilization. A philosophical inquiry into Freud. Boston, Mass. 1955. (Eros und Kultur. Ein philosophischer Beitrag zu Sigmund Freud. Übersetzt v. Marianne von Eckardt-Jaffe. Stuttgart 1957; später u. d. T.: Triebstruktur und Gesellschaft. Ein philosophischer Beitrag zu Sigmund Freud. Übersetzt v. Marianne von Eckhardt-Jaffe. Schriften, Bd. 5. Frankfurt/M. 1979.)

Marcuse 1958 = Marcuse, Herbert: Soviet Marxism. A Critical Analysis. London, New York 1958. (Die Gesellschaftslehre des sowjetischen Marxismus. Übersetzt v. Alfred Schmidt. Neuwied, Berlin 1964; Schriften, Bd. 6. Frankfurt/M. 1989.)

Marcuse 1964 = Marcuse, Herbert: One-Dimensional Man. Studies in the Ideology of Advanced Industrial Society. Boston, Mass. 1964. (Der eindimensionale Mensch. Studien zur Ideologie der fortgeschrittenen Industriegesellschaft. Übersetzt v. Alfred Schmidt. Neuwied, Berlin 1967; Schriften, Bd. 7. Frankfurt/M. 1989.)

Marcuse 1966 = Marcuse, Herbert: «Die Analyse des Exempels». Hauptreferat des Kongresses «Vietnam – Analyse eines Exempels», 22. Mai 1966, in: Wolfgang Kraushaar (Hg.): Frankfurter Schule und Studentenbewegung. Von der Flaschenpost zum Molotowcocktail 1946 – 1955. Bd. 2: Dokumente. Hamburg 1998, 205–209.

Marcuse 1967a = Marcuse, Herbert: «Ziele, Formen und Aussichten der Studentenopposition», in: Das Argument, 9. Jg., 1967, H. 45, 398–408.

Marcuse 1967b = Marcuse, Herbert: Das Ende der Utopie. Herbert Marcuse diskutiert mit Studenten und Professoren Westberlins an der Freien Universität Berlin über die Möglichkeiten und Chancen einer politischen Opposition in den Metropolen in Zusammenhang mit den Befreiungsbewegungen in den Ländern der Dritten Welt. Hg. v. Horst Kurnitzky u. Hansmartin Kuhn. Berlin 1967.

Marcuse 1968 = Marcuse, Herbert: Psychoanalyse und Politik. Frankfurt/M., Wien 1968.

Marcuse 1970 = Marcuse, Herbert: «Der Humanismus in der fortgeschrittenen Industriegesellschaft», in: Oskar Schatz (Hg.): Die erschreckende Zivilisation. Salzburger Humanismusgespräche. Wien, Frankfurt/M., Zürich 1970, 15–33.

Marcuse 1978 = Marcuse, Herbert: «Protosozialismus und Spätkapitalismus – Versuch einer revolutionstheoretischen Synthese von Bahros

Ansatz», in: Kritik. Zeitschrift für sozialistische Diskussion, 6. Jg., 1978, Nr. 19, 5–27.

Marcuse 2008 = Marcuse, Herbert: Der Mensch in einer sozialisierten Welt. Vorträge und Gespräche. 4 CDs. CD 1: Das Salzburger Humanismusgespräch. München 2008.

Marcuse, L. 1951 = Marcuse, Ludwig: «Anti-Kafkaiana», in: Aufbau (New York), 24.8.1951, 9.

Matthias 1969 = Matthias, L. L.: «Wer ist Herbert Marcuse?», in: Bulletin des Fränkischen Kreises, Nr. 121, Mai 1969, 13–15. (Auch in: Neutralität. Kritische Schweizer Zeitschrift für Politik und Kultur, 7. Jg., Juni 1969, Nr. 6, 10–12.)

Meja/Stehr 1982 = Meja, Volker; Nico Stehr (Hg.): Der Streit um die Wissenssoziologie. 2 Bde. Frankfurt/M. 1982.

Melichar 1960 = Melichar, Alois: Schönberg und die Folgen. Eine notwendige kulturpolitische Auseinandersetzung. Wien 1960.

Metzger 1925 = Metzger, Arnold: «Der Gegenstand der Erkenntnis. Studien zur Phänomenologie des Gegenstandes. (Erster Teil)», in: Jahrbuch für Philosophie und phänomenologische Forschung. Bd. 7. Halle 1925, 613–769.

Münster 2004 = Münster, Arno: Ernst Bloch. Eine politische Biographie. Berlin, Wien 2004.

ÖGfL-Archiv = Veranstaltungsarchiv der Österreichischen Gesellschaft für Literatur, http://www.ogl.at/archiv/ (abgerufen: 5.1.2022)

Palm 1983 = Palm, Kurt: Vom Boykott zur Anerkennung. Brecht und Österreich. Wien 1983.

Pipes 1998 = Pipes, Daniel: Verschwörung. Faszination und Macht des Geheimen. Aus dem Amerikanischen v. Gerhard Beckmann. München 1998.

Plessner 1923 = Plessner, Helmuth: Die Einheit der Sinne. Grundlinien einer Ästhesiologie des Geistes. Bonn 1923. (Wieder in: Gesammelte Schriften. Bd. 3.)

Plessner 1924 = Plessner, Helmuth: Grenzen der Gemeinschaft. Eine Kritik des sozialen Radikalismus. Bonn 1924. (Wieder in: Gesammelte Schriften. Bd. 5.)

Plessner 1928 = Plessner, Helmuth: Die Stufen des Organischen und der Mensch. Einleitung in die philosophische Anthropologie. Berlin, Leipzig 1928. (Wieder in: Gesammelte Schriften. Bd. 4.)

Plessner 1931/1982 = Plessner, Helmuth: «Abwandlungen des Ideologiegedankens», in: Der Streit um die Wissenssoziologie. Zweiter Band: Rezeption und Kritik der Wissenssoziologie. Hg. v. Volker Meja u. Nico Stehr. Frankfurt/M. 1982, 637–662. (Erstveröffentlichung in:

Kölner Vierteljahreshefte für Soziologie, 10. Jg., 1931, 147–170; wieder in: Gesammelte Schriften. Bd. 10.)

Plessner 1956a = Plessner, Helmuth (Hg.): Untersuchungen zur Lage der deutschen Hochschullehrer. 3 Bde. Göttingen 1956.

Plessner 1956b = Plessner, Helmuth: «Die Funktion des Sports in der industriellen Gesellschaft», in: Wissenschaft und Weltbild, 9. Jg., 1956, H. 4, 262–274. (Wieder in: Gesammelte Schriften. Bd. 10.)

Plessner/Buytendijk 1925 = Plessner, Helmuth; F. J. J. Buytendijk: «Die Deutung des mimischen Ausdrucks. Ein Beitrag zur Lehre vom Bewußtsein des anderen Ichs», in: Philosophischer Anzeiger, 1. Jg. (1925/26), 1. Halbbd., 1925, 72–126. (Wieder in: Gesammelte Schriften. Bd. 7.)

Pollock 1955 = Pollock, Friedrich: Gruppenexperiment. Ein Studienbericht. Bearbeitet von Friedrich Pollock. (Frankfurter Beiträge zur Soziologie. Im Auftrag des Instituts für Sozialforschung hg. v. Theodor W. Adorno u. Walter Dirks, Bd. 2). Frankfurt/M. 1955.

Pos 1925 = Pos, Hendrik Josephus: «Vom vortheoretischen Sprachbewusstsein», in: Philosophischer Anzeiger, 1. Jg. (1925/26), 1. Halbbd., 1925, 43–56.

Pöschl 2007 = Pöschl, Gabriele: «(K)ein Applaus für die österreichische Justiz – Der Geschworenenprozess gegen Franz Murer», in: Kriegsverbrechen, NS-Gewaltverbrechen und die europäische Strafjustiz von Nürnberg bis Den Haag. Hg. v. Heimo Halbrainer, Claudia Kuretsidis-Haider. Graz 2007, 297–301.

Rabassiere 1956 = Rabassiere, Henry: «Some Aspects of Mass Culture», in: Dissent, Vol. III, No. 3, Summer 1956, 327–332.

Reed 1968 = Reed, Edward (Hg.): Beyond Coexistence. The Requirements of Peace. Introduction and Summary by Robert M. Hutchins. New York 1968.

Reitzenstein 2014 = Reitzenstein, Julien: Himmlers Forscher. Wehrwissenschaft und Medizinverbrechen im «Ahnenerbe» der SS. Paderborn 2014.

Rode-Breymann 1966 = Rode-Breymann, Susanne: Alma Mahler-Werfel. Muse – Gattin – Witwe. Eine Biographie. München [2]2015.

Russell/Sartre 1968 = Russell, Bertrand; Jean-Paul Sartre: Das Vietnam-Tribunal oder Amerika vor Gericht. Reinbek bei Hamburg 1968.

Salisbury 1967 = Salisbury, Harrison E.: Behind the Lines – Hanoi. December 23, 1966–January 7, 1967. London 1967.

Sartre 1968 = Sartre, Jean-Paul: On Genocide and a summary of the evidence and the judgments of the International War Crimes Tribunal by Arlette El Kaim-Sartre. Boston 1968.

Sartre 1994 = Sartre, Jean-Paul: Überlegungen zur Judenfrage. Deutsch von Vincent von Wroblewsky. (Gesammelte Werke in Einzelausgaben, Politische Schriften, Bd. 2.) Reinbek bei Hamburg 1994.

Schlegel 1967 = Schlegel, Friedrich: Kritische Friedrich-Schlegel-Ausgabe, Bd. 2: Charakteristiken und Kritiken 1 (1796–1801). Hg. u. eingeleitet v. Hans Eichner. München u. a. 1967.

Spiegel 1960 = Art. «Alma Werfel: Genies im Ziergarten» [anonym], Der Spiegel, Nr. 1/2 1960.

Spiegel 1966 = Art. «Berg-Briefe: Kusserln vom Floh» [anonym], Der Spiegel, Nr. 4, 1966.

Spinoza 1986 = Spinoza, Baruch de: Briefwechsel. Übersetzung u. Anmerkungen von Carl Gebhardt. Dritte Auflage. Hg., mit Einleitung, Anhang u. erweiterter Bibliographie v. Manfred Walther. (Sämtliche Werke in sieben Bänden, Bd. 6.) Hamburg 1986.

Spranger 1925 = Spranger, Eduard: Lebensformen. Geisteswissenschaftliche Psychologie und Ethik der Persönlichkeit. 5., vielfach verbesserte Auflage. Halle 1925.

Stern 1906–1924 = Stern, William: Person und Sache. System der philosophischen Weltanschauung. 3 Bde. Leipzig 1906–1924.

Strindberg 1963 = Strindberg, August: Ein Traumspiel. Die Brandstätte. Übersetzt v. Willi Reich. Frankfurt/M., Hamburg 1963.

Taubes 1953 = Taubes, Jacob: [Rez.] Kafka, pro und contra. Guenther Anders, in: Philosophy and Phenomenological Research, Vol. 13, No. 4, 1953, 582–583.

Torberg 1964a = Torberg, Friedrich: «Das Unbehagen in der Gesinnung», in: Forum, H. 124, April 1964, 212 f.

Torberg 1964b = Torberg, Friedrich: «Ein Meinungsaustausch in Sachen demokratischer Gesinnung» (Günther Anders: Anders ruft Torberg, Friedrich Torberg: Falsch verbunden), in: Forum, XI. Jg., H. 126–127, Juni/Juli 1964, 306–311.

Vössing 2018 = Vössing, Michael: Humanitäre Hilfe und Interessenpolitik. Westdeutsches Engagement für Vietnam in den 1960er und 1970er Jahren. Göttingen 2018.

Walser 1952/53 = Walser, Martin: «Contra Günther Anders». [Rez.] Günther Anders: Kafka pro und contra. Die Prozeß-Unterlagen, in: Aufklärung, Jg. 2, 1952/53, H. 2, 133–134.

Walter 1964 = Walter, Hans-Albert: «Was zutage liegt, und was nicht» [1964], in: Über Hans Magnus Enzensberger. Hg. v. Joachim Schickel. Frankfurt/M. 1970, 144–153.

Walter 1970 = Walter, Hans-Albert: «Vor Tische las man's anders ... Politische Messungen Ernst Blochs an Ernst Bloch», in: Frankfurter Rundschau, 12.12.1970.

Walter 1997 = Fritz H. Landshoff und der Querido Verlag 1933–1950. Bearbeitet v. Hans-Albert Walter. Marbacher Magazin, Sonderheft 78/1997.

Weischedel 1952 = Weischedel, Wilhelm: Die Tiefe im Antlitz der Welt. Entwurf einer Metaphysik der Kunst. Tübingen 1952.

Werfel 1931 = Werfel, Franz: Realismus und Innerlichkeit. Berlin, Wien, Leipzig 1931.

Werfel 1941 = Werfel, Franz: Das Lied von Bernadette. Stockholm 1941.

Wilder 1928 = Wilder, Thornton: The Bridge of San Luis Rey. New York, London u. a. 91928.

Wirth 2015 = Wirth, Maria: Ein Fenster zur Welt. Das Europäische Forum Alpbach 1945–2015. Hg. v. Europäischen Forum Alpbach. Innsbruck, Wien, Bozen 2015.

Zimmer 2019 = Zimmer, Andreas: Der Kulturbund in der SBZ und in der DDR. Eine ostdeutsche Kulturvereinigung im Wandel der Zeit zwischen 1945 und 1990. Wiesbaden 2019.

Zudeick 1985 = Zudeick, Peter: Der Hintern des Teufels. Ernst Bloch – Leben und Werk. Bühl-Moos 1985.

Personenregister

GÜNTHER ANDERS BEI C.H.BECK

SCHRIFTEN ZU KUNST UND FILM
Herausgegeben von Reinhard Ellensohn und Kerstin Putz
2020. 487 Seiten. Hardcover in Leinen.

DIE WELTFREMDHEIT DES MENSCHEN
Schriften zur philosophischen Anthropologie
Herausgegeben von Christian Dries.
Unter Mitarbeit von Henrike Gätjens
2018. 544 Seiten. Hardcover in Leinen

DIE ANTIQUIERTHEIT DES MENSCHEN
Bd. I: Über die Seele im Zeitalter
der zweiten industriellen Revolution
4., durchgesehene Auflage. 2018. 397 Seiten.
Klappenbroschur
Beck Paperback Band 319

DIE ANTIQUIERTHEIT DES MENSCHEN
Bd. II: Über die Zerstörung des Lebens im Zeitalter
der dritten industriellen Revolution
4., durchgesehene Auflage. 2018. 526 Seiten.
Klappenbroschur
Beck Paperback Band 320

MENSCH OHNE WELT
Schriften zur Kunst und Literatur
3. Auflage. 2022. 249 Seiten mit 15 Abbildungen.
Klappenbroschur
Beck Paperback Band 1011

Verlag C.H.Beck München

GÜNTHER ANDERS BEI C.H.BECK

MUSIKPHILOSOPHISCHE SCHRIFTEN
Texte und Dokumente
Herausgegeben von Reinhard Ellensohn.
2017. 417 Seiten. Hardcover in Leinen

Günther Anders/Hannah Arendt
SCHREIB DOCH MAL ‹*HARD FACTS*› ÜBER DICH
Briefe 1939 bis 1975
Herausgegeben von Kerstin Putz.
2016. 286 Seiten mit 6 Abbildungen. Hardcover in Leinen

DER EMIGRANT
Mit einem Nachwort von Florian Grosser
2021. 86 Seiten. Broschur
Beck Paperback Band 6453

MARIECHEN
Eine Gutenachtgeschichte für Liebende, Philosophen
und Angehörige anderer Berufsgruppen
2021. 86 Seiten. Broschur
Beck Paperback Band 1013

KETZEREIEN
2. Auflage. 2022. 358 Seiten. Broschur
Beck Paperback Band 1165

PHILOSOPHIE BEI C.H.BECK

Clare Mac Cumhaill/Rachael Wiseman
THE QUARTET
Wie vier Frauen die Philosophie zurück ins Leben brachten
Aus dem Englischen von Jens Hagestedt, Frank Lachmann
und Andreas Thomsen.
2022. 504 Seiten mit 52 Abbildungen. Gebunden

Philipp Felsch
WIE NIETZSCHE AUS DER KÄLTE KAM
Geschichte einer Rettung
2022. 287 Seiten mit 24 Abbildungen. Gebunden

Sarah Bakewell
MONTAIGNE
oder Das Glück mit Büchern zu leben
2022. 109 Seiten mit 13 Abbildungen. Gebunden

Volker Reinhardt
VOLTAIRE
Die Abenteuer der Freiheit
2022. 607 Seiten mit 52 Abbildungen und 2 Karten. Gebunden

Corine Pelluchon
MANIFEST FÜR DIE TIERE
Aus dem Französischen von Michael Bischoff
2020. 125 Seiten. Broschiert
Beck Paperback Band 6409